Imperium Romanum
Mare Caspicum
Pontus Euxinus
…nia
Bithynia
Mare …gaeum
Asia
Mesopotamia
Syria
Creta
Cyprus
…ternum
Arabia
Aegyptus
Mare Rubrum

AUSPICIA

Unterrichtswerk für
Latein als zweite Fremdsprache
in drei Bänden

Die Römer in Deutschland

AUSPICIA

Unterrichtswerk für
Latein als zweite Fremdsprache
in drei Bänden

I
Roms Aufstieg zur Weltmacht

Von Klaus Karl
Harald Kloiber
Nicole Schönberger
Dr. Günther Wolf

LATEIN-BUCH-VERLAG LAPPERSDORF
Inhaber: Klaus Karl

AUSPICIA
Unterrichtswerk für Latein als zweite Fremdsprache
in drei Bänden

Band I
von Klaus Karl
Harald Kloiber
Nicole Schönberger
Dr. Günther Wolf

Bildernachweis

Die Verfasser bedanken sich sehr herzlich bei folgenden Stellen für die Abdruckerlaubnis der Bilder bzw. für die Überlassung von Vorlagen:

Akropolismuseum Athen
Archäologisches Nationalmuseum Athen
Archäologisches Nationalmuseum Neapel
Archäologische Staatssammlung München (Weißenburg)
Gäubodenmuseum Straubing
Griechische Zentrale für Fremdenverkehr Frankfurt
Historisches Museum Regensburg
Dr. Marcus Junkelmann
(Die Legionen des Augustus, Mainz 2003;
Das Spiel mit dem Tod, Mainz 2000)
Kapitolinische Museen Rom
Landesverband Bayern im Deutschen Altphilologenverband
Museum Mykonos
Museum Rhodos/Kos
Rheinisches Landesmuseum Trier
Saalburg-Museum
Staatliche Antikensammlungen und Glyptothek München

Die restlichen Bilder stammen von
Roland Götz
Günter Kornprobst
Siegfried Rosskopf
Dr. Dr. Thomas F. Sturm
Dr. Peter Sturm
Sandra Wiegand
und den Verfassern selbst.

2. Auflage

Herausgeber: LATEIN-BUCH-VERLAG LAPPERSDORF, Inhaber: Klaus Karl
Gesamtherstellung: Vormals Manzsche Buchdruckerei und Verlag, Regensburg
ISBN: 3-938119-03-9

Vorwort zur 2. Auflage

Bereits nach einem Jahr ist eine Neuauflage von Auspicia I erforderlich geworden. Das Buch hat viel Anklang gefunden und ist seit Monaten vergriffen. Eine Neuauflage ermöglicht es auch, Versehen zu berichtigen, die sich im Vorjahr wegen des Zeitdrucks eingeschlichen hatten. Beide Auflagen sind jedoch nebeneinander verwendbar, denn an Aufbau, Grammatik und Wortschatz hat sich nichts geändert; Abweichungen kleinerer Art liegen in den Texten vor; sie sind in einer Korrekturliste beim Verlag kostenlos erhältlich.

Auspicium, ein vielschichtiger Begriff, ist zunächst einmal die Vogelschau, die in Rom Priester angestellt haben, um die Zukunft voraussagen zu können. Dann heißt dieses Wort auch die oberste Leitung, das Vorzeichen und die glückliche Unternehmung. Etwas von der Vielfalt dieser Bedeutungen – deshalb auch der Plural *auspicia* – möchte dieses Buch widerspiegeln: Unter seiner Anleitung soll der Lateinunterricht unter günstigen Vorzeichen zu einem glücklichen Unternehmen führen.

„Lateinunterricht zwischen Tradition und Fortschritt" lautet der Titel einer Didaktik von F. Maier. Für Auspicia ist diese Formulierung Programm. Bewährte methodische und didaktische Ansätze sollen erhalten bleiben, neue übernommen werden. Prinzip ist es, die Systematik, die in der lateinischen Sprache liegt, zu nutzen. Die Anordnung der Stoffgebiete erfolgt nach sprachimmanenten Kriterien; nach Möglichkeit werden sie jeweils aus den vorhergehenden entwickelt. Die Einführung dessen, was spezifisch für das Lateinische ist etwa das Konjugieren und Deklinieren sowie die Formenbildung der Tempora -, erfolgt langsam Schritt für Schritt. Dagegen werden gleiche Elemente, wo sie vorliegen, über die einzelnen Konjugationen und Deklinationen hinweg gemeinsam behandelt. Die Verwendung der horizontalen bzw. der vertikalen Methode richtet sich ausschließlich nach sprachlichen Voraussetzungen. Sprachkontrastierung wird gebührend berücksichtigt; bei der Übersetzung aus dem Lateinischen geht es immer auch um gutes und richtiges Deutsch.

Auspicia will nicht nur Latein lehren, sondern auch ausführlich Kultur vermitteln. Diesem Ziel dienen die zahlreichen Abbildungen und die deutschen Lesestücke (A-Teile), die jedem Kapitel vorangestellt sind. Sie wollen zunächst generell die inhaltliche Grundlage aufbereiten; dann sollen sie helfen, das Lesestück (C-Teil) zu verstehen; nicht zuletzt sollen sie das Wissen über die Antike erweitern und vertiefen. Diese A-Stücke sollten zur Vorbereitung auf die jeweilige Stunde zu Hause vorher durchgearbeitet werden.

Die B-Teile ermöglichen es, den gesamten neuen Stoff – nicht nur einige Aspekte – induktiv durchzunehmen; sie können auch als Übung eingesetzt werden. Das C-Stück enthält alle neuen Wörter und Formen und sollte stets ganz besprochen werden. Vielfältig und zahlreich sind die Übungen (D-Teil). Es ist nicht daran gedacht, dass stets alle bewältigt werden. Ziel ist es, dass eine breite Auswahlmöglichkeit geboten wird, aus der ausgesucht werden kann, was der vorliegenden Klassensituation besonders entspricht. Ferner können die Aufgaben, die weggelassen wurden, der zusätzlichen häuslichen Übung oder der Wiederholung vor Schulaufgaben dienen. Diese Auswahl, die auf die individuelle Klasse zugeschnitten werden kann, ist unerlässlich; andernfalls wird man mit dem Buch in einem Jahr nicht fertig. Hinweise für die Arbeit mit Auspicia – generelle Aspekte, Jahresplanung, Stundenmodelle – sind auf einer CD erhältlich, die von Lehrern kostenlos beim Verlag angefordert werden kann.

Nach jeweils drei Kapiteln ist eine Stunde für Wiederholung eingeplant. Hier finden sich noch einmal alle Wörter und Formen der betreffenden Sequenz. Auf permanente Wiederholung und Vertiefung wurde ferner dadurch Wert gelegt, dass jedes gelernte Wort nicht nur im betreffenden Kapitel, sondern auch in späteren mehrmals verwendet wird.

Den vielen Kollegen, die aus der Praxis heraus bei der Neuauflage von Auspicia I wertvolle Ratschläge erteilt haben, sei auf diesem Wege herzlich gedankt, insbesondere Herrn Dr. Wolfgang Flurl, München, der das Buch in aller Gründlichkeit durchgesehen hat.

Lappersdorf, im Mai 2005. Die Verfasser

Inhaltsverzeichnis

K 1 Latein

A "Wohl in keiner anderen Sprache ist über den Zeitraum von mehr als 2000 Jahren eine solche Fülle menschlicher Äußerungen festgehalten worden wie in der lateinischen. Und so ist es nicht verwunderlich, dass diese Sprache jung genug geblieben ist." (C. Vossen, Mutter Latein und ihre Töchter, Düsseldorf[13]1992, S. 187.) Dennoch gilt Latein vielfach als "tote Sprache". Das ist freilich nicht richtig. Denn es diente das ganze Mittelalter hindurch bis herauf in die Neuzeit in Politik und insbesondere in der Wissenschaft als Mittel der Verständigung über alle Völkergrenzen hinweg. Noch im 20. Jahrhundert wurden an manchen Universitäten lateinische Vorlesungen gehalten. Vor allem aber war Latein die Sprache der römischen Kirche und noch beim 2. Vatikanischen Konzil (1962 – 1965) benutzten es die aus aller Welt versammelten Bischöfe für ihre Diskussionen. Päpstliche Schreiben an die Gläubigen sind bis heute in Latein verfasst.

B Latein war die Sprache der Römer. Sie hatten ein Weltreich geschaffen, das unter Kaiser Trajan (98 – 117 n. Chr.) vom Atlantischen Ozean bis zum Kaspischen und Roten Meer reichte. In ihm lebten viele Völker, die einander nur deshalb verstehen konnten, weil zahlreiche Bewohner neben ihrer angestammten Muttersprache auch Latein beherrschten. Nach dem Zerfall des Reiches entwickelte es sich in den Gebieten, die am längsten unter römischer Herrschaft gestanden hatten bzw. in denen es die maßgebliche Umgangssprache geworden war, zu unterschiedlichen Dialekten; so bildeten sich allmählich die heutigen sog. romanischen Sprachen heraus (Italienisch, Spanisch, Portugiesisch, Französisch, Rumänisch). Aber auch ins Englische und Deutsche sind in verschiedenen Epochen und auf mehreren Wegen lateinische Wörter eingedrungen. Viele Sprachen des europäischen, aber auch des nord- und südamerikanischen Kontinents („Lateinamerika") haben somit Wurzeln im Lateinischen.

C Wie heißt in der folgenden Tabelle jeweils das entsprechende deutsche Wort?

lateinisch	italienisch	portugiesisch	spanisch	rumänisch	französisch	englisch
piscis	pesce	peixe	pescado	peschte	poisson	fish
frater	fratello	frade (als Mönch)	fraternal (brüderlich)	frate	frère	brother
fructus	frutto	fruta (Obst)	fruto (Obst)	fructe	fruit	fruit
nomen	nome	nome	nombre	nume	nom	name

D a) Benenne auf der Karte die mit Ziffern bezeichneten Länder!

b) In welchen ist die heutige Sprache eine unmittelbare Weiterentwicklung des Lateinischen?

c) Welche anderen sind durch Latein stark beeinflusst?

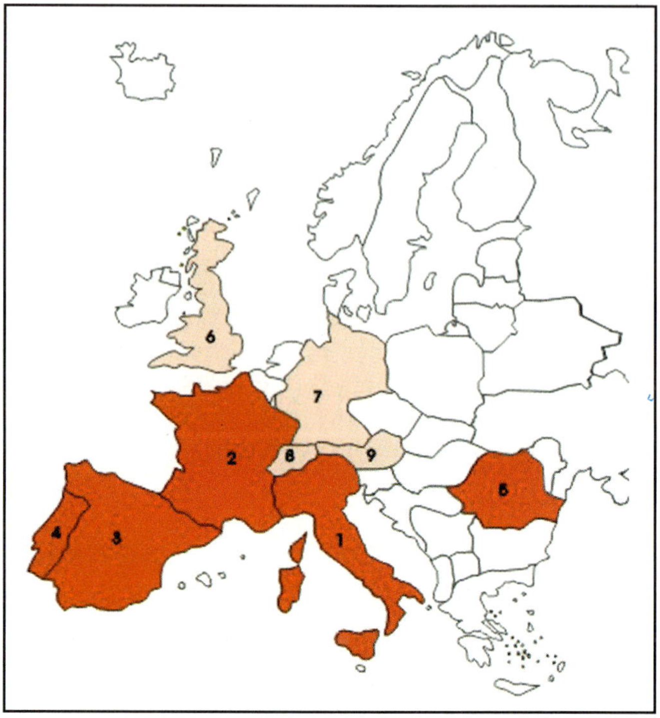

K 2 ē-Konjugation 1

A **Die Entstehung Roms**

Der Aufstieg des Bauern- und Hirtendorfes Rom zur Hauptstadt einer Weltmacht zählt zu den erstaunlichsten Ereignissen der alten Welt. Kurz nach 1100 v. Chr. waren in Italien die ersten indoeuropäischen Stämme eingewandert. Sie ließen sich an Orten nieder, die für Ackerbau und Viehzucht, aber auch für den Handel günstig gelegen waren und gut verteidigt werden konnten. Die Gegend um Rom bot sich dazu an. In der Niederung floss der Tiber, der nach etwa zehn Kilometern ins Meer mündete, wo man einen guten Hafen für den Seeverkehr anlegen konnte. Hügel an diesem Fluss ermöglichten überschaubare und abgegrenzte wehrhafte Siedlungen. Am Fuße des Palatins, eines dieser Hügel, gab es eine Furt, an der der Tiber überquert und der Handel kontrolliert werden konnte. Um die Mitte des 8. Jahrhunderts schlossen sich diese Dörfer zu einer gemeinsamen Stadt zusammen; so entstand Rom. Dies spiegelt auch der Merkvers wider: „Sieben fünf drei kroch Rom aus dem Ei."(d. h. 753 v. Chr.).

B 1. Arcere debeo.
2. Habes.
3. Quia tacet, me terret.
4. Exercere debes.

C Übersetze: exercere debes – terreo – non tacet – non exercet – te arceo – habet – quia me terres, taceo – me arcet – habeo – taces – te arcere debeo – exerces – tacere debet – habes – te terreo, quia non taces

D a) Bestimme folgende Verbalformen und übersetze sie dann: arceo – habet – terres – exercet – taceo – non debes – arcet – habes – terret – exerceo – taces – debeo – arces – habeo – exerces – tacet – terreo – non debet

b) Verbinde die richtigen Begriffe miteinander!

Zeitwort	Infinitiv
Ein Zeitwort beugen	Singular
Einzahl	Präsens
Grundform	Numerus
Wirklichkeitsform	Indikativ
Gegenwart	Verbum
Zahl	konjugieren

c) Erkläre folgende Fremdwörter (Wörter, die aus einer anderen Sprache übernommen wurden und sich in Schreibweise und Betonung oft noch nicht voll der aufnehmenden Sprache angepasst haben): Terror – Exerzitien

d) Schreibe aus der Karte von Rom die Namen der sieben Hügel heraus!

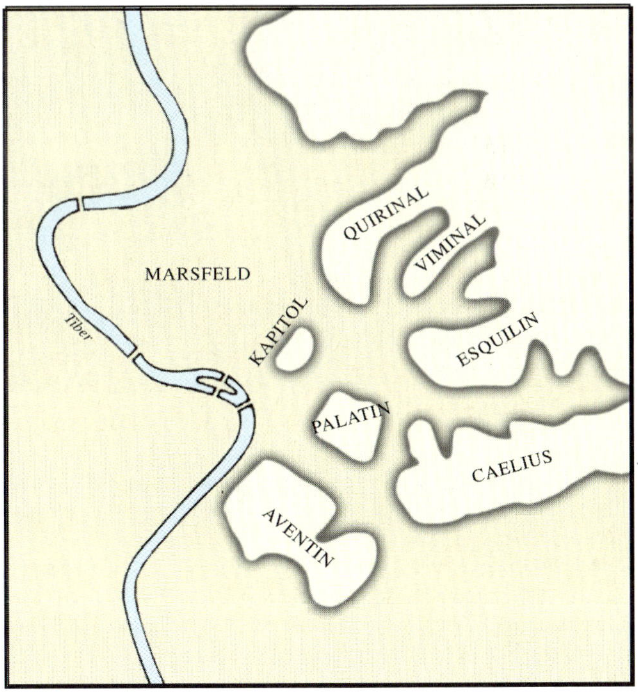

Plan der Stadt Rom

A Die Sage von der Gründung Roms

König Procas von Alba Longa, der Mutterstadt Roms, hatte zwei Söhne. Der ältere von ihnen, Númitor, übernahm die Herrschaft von seinem Vater, wurde aber von seinem Bruder Amúlius gestürzt und auf ein fernes Landgut verbannt. Damit es niemanden gebe, der für diese Untat Rache nehmen könne, tötete Amúlius den Sohn seines Bruders und machte dessen Tochter Rhea Sílvia zur Priesterin, die damit ehelos bleiben musste. Dennoch gebar sie Zwillinge, nämlich Rómulus und Remus, deren Vater der Kriegsgott Mars war. Unter dem Vorwand, dass Rhea Sílvia damit gegen ihre Pflicht als Priesterin schwer verstoßen habe, ließ Amúlius sie im Tiber ertränken und die Zwillinge im Strom aussetzen. Der Flussgott jedoch hatte Erbarmen; er nahm Rhea Sílvia zur Gemahlin und verlieh ihr die Unsterblichkeit. Das Körbchen aber, in dem die Knaben lagen, blieb im Geäst eines Feigenbaumes am Fuße des Pálatins hängen. Eine Wölfin

Die sog. Kapitolínische Wölfin ist eines der bekanntesten Kunstwerke der Frühzeit Roms. Sie ist aus Bronze und entstand zwischen 500 und 480 v. Chr. Wahrscheinlich ist sie etruskischer Herkunft. Die Etrusker, ein Volk, das heute noch viele Rätsel aufgibt, siedelten in Mittelitalien (Toskana) zwischen dem Arno und dem Tiber; sie wiesen zwischen 600 und 500 v. Chr. den Höhepunkt ihrer Macht auf; in dieser Zeit stand auch Rom unter etruskischer Herrschaft; die letzten drei römischen Könige waren Etrusker. Mit dem Sturz des Tarquínius Supérbus, des siebten und letzten Königs, um das Jahr 510 v. Chr. verloren sie entscheidend an Einfluss. Die Kapitolínische Wölfin ist ca. 75 cm hoch. Die Zwillinge sind eine spätere Ergänzung. Sie stammen erst aus dem Mittelalter und wurden kurz nach 1470 hinzugefügt. Die Gruppe steht heute im Museum des Konservatorenpalastes auf dem Kapitól in Rom.

fand die Buben, trug sie in ihre Höhle und säugte sie zusammen mit ihren Jungen. Später wurden die Zwillinge vom Hirten Faústulus entdeckt, der sie wie seine eigenen Kinder aufzog. Als sie herangewachsen waren und erfahren hatten, wer sie seien, töteten sie Amúlius aus Rache für dessen Verbrechen an ihrer Mutter und setzten ihren Großvater Númitor wieder als König ein. Weil Alba Longa zu viele Bewohner hatte, wollten sie an dem Ort, an dem die Wölfin sie gefunden hatte, eine neue Siedlung gründen. Rómulus zog mit dem Pflug eine Furche; hier sollte die Stadtmauer verlaufen. Remus aber verspottete das Werk seines Bruders und sprang aus Übermut über diese Furche. Rómulus geriet in Zorn, schlug Remus nieder und tötete ihn mit den Worten: „So soll es künftig jedem ergehen, der es wagt, die Mauern der neuen Stadt zu übersteigen.“ Rómulus wurde König und benannte die Stadt nach seinem Namen: Roma.

B 1. Studemus.
2. Me monetis, quia non pareo.
3. Te non timent.

C Übersetze: parere debent – timetis – parent, quia eos (sie) monetis – studere debetis – timemus, quia nos (uns) terretis – non dolemus – nos (uns) timent, quia eos (sie) monemus – dolent – me terrere studetis – te monent, quia non pares – doletis – student

D a) Bestimme folgende Formen und übersetze sie dann: parent – monemus – timetis – studemus – doletis – paremus – monetis – timemus – dolent – student – paretis – monent – dolemus – studetis – timent

Mars Ultor (der Rächer), der von den Römern zwar nicht geliebte, doch wegen der vielen Kriege oft verehrte Kriegsgott; Kapitolinische Museen Rom.

b) Erkläre folgende Fremdwörter: Studium, Student, Monument, parieren

c) Übersetze ins Lateinische: wir gehorchen – ihr mahnt – sie fürchten – ihr bemüht euch – wir empfinden Schmerz – sie müssen gehorchen – wir mahnen – wir fürchten – ihr empfindet Schmerz – sie bemühen sich

W Wiederholung 1

1) Bestimme und übersetze folgende Formen: habemus – taces – student – debeo – monetis – terret – exercent – arceo – doletis – times – paremus – habes – tacemus – studeo – debent – monet – terretis – exerces – arcent – doleo – timemus – pares

2) Übersetze folgende Ausdrücke: parere debemus – tacetis, nam me timetis – doles et taces – te arcere studet – doleo, nam te timeo – exercere debes

3) Übersetze ins Lateinische: ihr habt – sie schweigt – du bemühst dich – wir müssen – ich mahne – sie erschrecken – er übt – wir wehren ab – du empfindest Schmerz – ihr fürchtet – ich gehorche

4) In welchen Ländern der Welt wird heute eine Sprache gesprochen, die Wurzeln im Lateinischen hat? Welche Sprachen zählen zu den romanischen?

5) Erzähle mit eigenen Worten die Gründungssage Roms nach! Wie entstand Rom wirklich? Warum war für die Gründung einer Stadt die Gegend bei Rom besonders günstig?

6) In Rom kann man ein Plakat kaufen, das die kapitolinische Wölfin zeigt – freilich etwas anders. Beschreibe, was du auf dem nebenstehenden Bild siehst! Welche Unterschiede erkennst du? Wie nennt man eine so verzerrende Darstellung?

7) „**Lehnwörter**“ wurden meist in sehr früher Zeit von einer anderen Sprache aufgegriffen („entlehnt“), machten in der Folge alle Lautveränderungen mit und passten sich der neuen Sprache so sehr an, dass ihre fremde Herkunft oft nicht mehr zu erkennen ist. Schon während der Römerzeit wurden lateinische Wörter von den Germanen übernommen; sie glichen sich völlig an (wurden „eingedeutscht“). Wenn man ihren Ursprung aufdecken möchte, muss man insbesondere auf die Konsonanten (Mitlaute) achten; die Vokale (Selbstlaute) spielen dabei kaum eine Rolle. Die wichtigsten Konsonanten (Mitlaute) teilt man nach der Art ihrer Aussprache und nach dem Ort ihrer Bildung folgendermaßen ein:

	harter Laut tenuis	Reibe-(Hauch)laut aspirata	weicher Laut media
Lippenlaute	p	f, pf	b
Zahnlaute	t	th	d
Gaumenlaute	k	ch, h	g

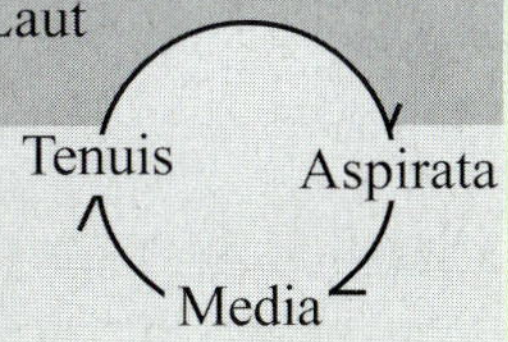

Die Laute jeder waagrechten Reihe haben im Laufe der Entwicklung verschiedene Verschiebungen erfahren und können somit als gleichwertig angesehen werden; z. B.: **f**agus – **B**u*ch*e; **p**a*t*er – **fa*th***er.

Suche aus dem nachstehenden Text Wörter, die sich auf folgende lateinische Vokabeln zurückführen lassen (Der Einfachheit halber soll hier nicht zwischen Wörtern unterschieden werden, die aus dem Lateinischen stammen, und solchen, die einen gemeinsamen indogermanischen Ursprung haben, so genannten Erbwörtern!): cámera – cella – fenéstra – gramen – hortus – murus – pater – piscis – porta – rosa – tectum – tégere – tégula – ventus – vinum – víola:

Mein Vater besitzt ein altes Haus. Das Dach ist mit Ziegeln gedeckt; an den Mauern rankt sich Wein empor, die Fenster sind klein. Durch eine schlichte Pforte gelangt man ins Innere. Vom Gang aus führt eine Treppe in den Keller. In den beiden Stockwerken liegen geräumige Zimmer und Kammern. Um das Haus gibt es einen Garten mit viel Gras und einem Teich, in dem Fische schwimmen. Rosen, die sich im Winde wiegen, säumen die Wege und im Frühling blühen Veilchen. Oft und gerne halte ich mich hier auf.

K 4 ā-Konjugation

A Römische Götter

Die Römer glaubten an viele Götter, von denen jeder eine eigene Zuständigkeit hatte. Die wichtigsten sind:

Júpiter (lateinisch: Iuppiter): ursprünglich der Wettergott, der mit Blitz und Donner die Menschen erschreckt, weshalb er oft mit dem Blitz dargestellt ist; der höchste Gott, der Herrscher über Götter und Menschen, der Verbrecher bestraft und Fromme belohnt; griechisch: Zeus.

Jupiter, der einen Blitz schleudert; aus Dodona, einer Orakelstätte des Zeus; ca. 450 v. Chr.; Archäologisches Nationalmuseum Athen.

Apóllo: der Gott der Musik und Meister der Kithara, eines Musikinstruments, das er oft in der Hand hat; der Gott der Jugend und des Bogenschießens; der ursprüngliche Gott der Heilkunst; der Gott der Weissagung; griechisch: Apollon.

Neptún: der Gott des Meeres, der mit seinem Dreizack die Wellen und Stürme erregen kann; der Gott der Erdbeben, dem die Pferde heilig sind; griechisch: Poseídon.

Mars: der grausame, weder von Göttern noch von Menschen geliebte Kriegsgott, dessen Kult freilich in Rom wegen der vielen Kriegszüge bedeutend war; Kennzeichen: Schild und Lanze; griechisch: Ares.

Poseidon; der Dreizack, den er schleudert, ist verloren; ca. 450 v. Chr.; Archäologisches Nationalmuseum Athen.

Merkúr: der Gott der Wanderer, Kaufleute und auch der Diebe; der Begleiter der Toten in die Unterwelt; der Götterbote, der die Befehle des Jupiter überbringt; seine Kennzeichen sind der Heroldsstab und Flügel am Hut und an den Schuhen, die ihm Schnelligkeit verleihen; griechisch: Hermes.

Vulkán: der Gott des Feuers und der Schmiede, der unter einem Vulkan seine Werkstätte hat; griechisch: Hephaístos.

B 1. Tibi imperamus.
2. Narratis et recitatis.
3. Te laudo, quia recitas.
4. Non dant.
5. Ornat.

C Übersetze: Narramus, non recitamus. – Imperare debes. – Narras et recitas. – Te laudo. – Mihi das. – Cur non ornatis? – Quia tibi imperamus, pares. – Laudare debetis. – Laudas me, quia recito. – Non ornamus. – Narro, quia mihi imperant. – Damus. – Ornant.

D a) Bestimme folgende Formen und übersetze sie dann: laudant – ornas – imperatis – narrat – recitamus – do – laudas – ornant – impero – narramus – recitat – datis – laudat – ornamus – imperas – narratis – dant – recito.

b) Setze die Singularformen der Aufgabe a in die entsprechende Person des Plurals, die Pluralformen in die entsprechende Person des Singulars!

c) Der Kuckuck legt, wie du weißt, seine Eier in fremde Nester. Wo findest du in den folgenden Reihen solch ein Kuckucksei (das nicht zu den übrigen Formen passt):

1. damus – narratis – laudas – mones – imperat
2. recitas – imperat – laudo – ornamus – dat
3. ornat – laudat – dat – narras – recitat

d) Erkläre folgende Fremdwörter:
Rezitation – narrativ – Ornat

e) Übersetze ins Lateinische: sie loben, denn wir lesen vor – du erzählst – ich schmücke, denn ihr befehlt – er gibt – wir loben – sie liest vor – ihr befehlt – ich erzähle nicht – sie schmücken – du gibst

K 5 ē- und ā-Konjugation: Imperativ

A **Römische Göttinnen**

Die römischen Götter glichen den Menschen. Sie hatten menschliche Gestalt, menschliche Vorzüge und Schwächen. Allerdings zeichneten sie sich dadurch aus, dass sie unsterblich und ewig jung waren.

Juno: Gemahlin des Jupiter; Schutzherrin der Ehe und der gebärenden Frauen; griechisch: Hera.

Diána: Göttin der Jagd; ursprünglich wohl eine Fruchtbarkeitsgöttin und Schützerin des neugeborenen Lebens bei Menschen und Tieren; Zwillingsschwester des Apollo; Kennzeichen: Pfeil und Bogen; griechisch: Artemis.

Venus: die reizende, bezaubernde Göttin der Liebe und der Schönheit; griechisch: Aphrodíte.

Juno, Mitte des 1. Jahrhunderts v. Chr.; aus einem Tempel in Trier; Rheinisches Landesmuseum Trier.

Ceres: Göttin der Fruchtbarkeit und der Feldfrüchte, speziell des Getreides, das sie den Menschen schenkte; griechisch: Démeter.

Minérva: Göttin der Weisheit, der Künste, Wissenschaften und des Handwerks; griechisch: Athéne (als Stadtgöttin und Beschützerin von Athen oft mit Rüstung und Lanze dargestellt).

Vesta: die von allen Himmlischen geliebte Göttin des Herdfeuers, Schützerin der Familien; griechisch: Hestía.

Diana, zweites Jahrhundert nach Christus; Museum von Kos.

B 1. Pare et canta!
2. Tacete et orate!

C 1. Unterscheide und übersetze:
ora – orna – ornate – orate – pareo – pare – exercetis – exercete – da – do – time – timeo – terretis – terrete – dona – dono

2. Übersetze: non cantas, sed clamas – ad-vocate et monstrate – vocamus et cantamus – vocate et clamate

D a) Bestimme folgende Formen und übersetze sie dann: oramus – cantas – dona – vocatis – clamate – monstrant – ora – cantate – dono – clamat – oro – cantamus – donate – voca – clamas – monstratis – ad-vocatis – ad-vocate – ad-vocas

b) Erkläre folgende Fremdwörter:
Oratorium – Kantate – demonstrativ – deklamieren

c) Beschreibe das Standbild der Athene aus dem Parthenon auf der Akropolis!

Römische Kopie aus dem 3. Jahrhundert n. Chr. vom Kultbild der Athene aus dem Parthenon; Nationalmuseum Athen.

d) Löse folgendes Silbenrätsel, indem du nachstehende Formen ins Lateinische übersetzt! ar – ar – cas – ce – ce – ce – ce – ci – de – de – er – ex – mo – mus – ne – o – re – stu – stu – ta – ta – te – te – te – tis – tis – vo

1. mahnt! – 2. ihr wehrt ab – 3. wir lesen vor – 4. bemühe dich! – 5. du rufst – 6. übt! – 7. ihr bemüht euch – 8. ich schweige – 9. wehre ab!

Die ersten Buchstaben ergeben von oben nach unten gelesen einen ungeliebten Gott und eine geschätzte Göttin.

K 6 Arbeitstechniken

A Weitere römische Gottheiten

Pluto: der Gott der Unterwelt, Herr über die Toten; griechisch: Pluto oder Hades.

Prosérpina: Gattin des Pluto; Tochter der Démeter, die Pluto raubte und mit sich in die Unterwelt nahm; griechisch: Perséphone.

Bacchus (oder **Liber**): Gott des Weines und der Vegetation; griechisch: Bakchos oder Diónysos.

Äskulap: Gott der Ärzte und der Heilkunst; galt als Sohn des Apollo, der ursprünglich diese Aufgabe hatte; sein Kennzeichen, der Stab, um den sich eine Schlange windet, ist noch heute das Symbol der Ärzte; griechisch: Asklepios.

Diónysos, gestützt auf seinen Begleiter Silen; zu Füßen Eros mit einem Panther, dem heiligen Tier des Gottes; unter der linken Achsel bläst Pan auf seiner Flöte; Museum von Kos.

Satúrn: Vater des Jupiter; Gott der Fruchtbarkeit und des Ackerbaus, Schutzherr von Látium; nach ihm ist das Saturnálienfest (eine Art römischer Fasching) benannt; ihm ist ein großer Tempel auf dem Forum geweiht; griechisch: Kronos.

Sol: der Sonnengott; er taucht mit seinem vierspännigen Wagen am Morgen aus den Fluten des Ozeans auf, fährt den Tag über durch den Äther und versinkt abends wieder im Meer; griechisch: Hélios.

B
1. Laborare paramus.
2. Dare parant.
3. Ora et labora!

C 1. Unterscheide und übersetze: vasta – vasto; da – do – date – datis – dant; amatis – amate; laboro – labora – laborat – laborate; parete et parate – orate et laborate – etiam nos (wir) laboramus

2. Übersetze: amas et appellas – laborare parate

D a) Bestimme folgende Formen und übersetze sie dann: vastant – laboratis – appellate – para – vasto – appella – vastamus – amas – appellat – parate

b) Erkläre folgende Fremdwörter: Laboratorium – appellativ – präparieren – Appell

c) Übersetze ins Lateinische: ihr verwüstet – du liebst – er redet an – du bereitest – sie verwüsten – ich liebe – wir arbeiten – redet an – sie schicken sich an zu arbeiten – ich erzähle

d) In einem lateinischen Schulwörterbuch stehen folgende Angaben:
amo: a) lieben, lieb haben; b) in sich verliebt, von sich eingenommen sein; c) sich verpflichtet fühlen, verbunden sein; d) gern haben, Gefallen finden an; e) zu tun gewohnt sein, f) in jemanden verliebt sein. Versuche nun für folgende Beispiele eine treffende deutsche Wiedergabe!

a) Die jungen Leute der Germanen ..., auch im Winter in kalten Flüssen zu baden.
b) Markus ... in Claudia zum ersten Mal in seinem Leben ...
c) An diesem Buch werden viele Menschen ...
d) Weil du mir sehr geholfen hast, ...
e) Nicht selten sind stolze Menschen ...
f) Markus ... Claudia.

appello: 1. Konjugation; 1. ansprechen, anreden, begrüßen, anfahren; 2. a) um Schutz anrufen, anflehen; b) an jemanden appellieren; c) mahnen; d) zur Rede stellen, gerichtlich belangen; 3 a) aussprechen; b) namentlich bezeichnen; c) nennen.
Versuche wiederum, eine passende deutsche Wiedergabe zu finden:

a) Als der Freund mich besuchte, ... ich ihn.
b) Markus ... mich seinen Freund.
c) In Notzeiten ... die Menschen oft die Götter an.
d) Warum hast du mich so heftig ...
e) Weil du gestohlen hast, wirst du nun ...
f) Als ich spazieren ging, ... mich ein Fremder an.
g) Welches Wort hast du ...

Äskulap, der Gott der Ärzte. Kopie einer Statue aus dem vierten Jahrhundert vor Christus; Museum Epidauros.

W Wiederholung 2

1. Bestimme und übersetze folgende Formen: laudamus – orna – imperatis – recitate – oro – cantant – donas – vocat – clama – vastatis – laborate – narras – paretis – arce – recitamus

2. Übersetze folgende Ausdrücke: Narramus et recitamus. – Laborare debemus. – Non impero, sed oro. – Non cantatis, sed clamatis. – Cantare studes. – Recitare paratis.

3. Übersetze ins Lateinische: ihr lobt – sie schmückt – du befiehlst – wir erzählen – ich gebe – sie lesen vor – bitte – schenkt – schickt euch an zu geben – wir verwüsten – liebe – arbeitet – redet an

4. Ordne den folgenden Göttinnen und Göttern ihre Aufgabengebiete und ihre Kennzeichen zu:

1. Apollo	a) Heilkunst	I. Donnerkeil
2. Äskulap	b) Herrschaft	II. Dreizack
3. Diana	c) Jagd	III. Flügelschuhe
4. Jupiter	d) Meer	IV. Leier
5. Merkur	e) Musik	V. Pfeil und Bogen
6. Neptun	f) Totengeleit	VI. Stab mit Schlange

Apollo, ca. 450 v. Chr.; Museum Olympia.

K 7 ā-Deklination 1

A Wie heißen römische Mädchen?

Der Name eines römischen Mannes besteht meist aus drei Bestandteilen: Vorname, Familienname, Beiname (Gaius – Iúlius – Caesar); der Vorname wurde einem Buben neun Tage nach der Geburt individuell gegeben; der Familienname weist die Zugehörigkeit zu einem meist adeligen Geschlecht aus; der Beiname bezeichnet ein herausragendes Merkmal, etwa die Erinnerung an eine große Leistung, eine hervorstechende Eigenschaft oder auch eine körperliche Auffälligkeit (z. B. Africánus = der Sieger über Carthágo, einer Großmacht in Afrika, Cunctátor = der Zögerer, Zauderer; Naso = der mit der langen Nase). Der Beiname wurde oft auch vererbt, musste also nicht unbedingt auf seinen Träger zutreffen. Anders ist es bei Mädchen. Sie tragen nur einen Namen, nämlich den ihrer Familie: Iúlia; Túllia; Semprónia, d. h. das Mädchen (Frau) aus dem Geschlecht der Júlier, der Túllier, der Semprónier. Zur Unterscheidung konnten die Mädchen gezählt werden: Túllia Secúnda („die zweite Túllia"); Iúlia Quinta („die fünfte Julia"). Der Grund für diese Namengebung liegt wohl darin, dass Frauen ursprünglich nur als Angehörige der Familie wichtig genommen wurden; hier war ihr Platz; hier hatten sie ihre Aufgabe und großes Ansehen. Die Öffentlichkeit war ihnen weitgehend verschlossen.

B
1. Puella orat:
2. „Recita fabulam!"
3. Puellae orant:
4. „Recitate fabulas!"

C Fleißige Mädchen

Femina imperat: „Laborate! Vias et villam ornate!" Puellae parent. Nam feminam amant. Puellae feminam orant: „Narra fabulam!" Sed femina non paret. Poetam appellat et monet: „Recita fabulas!" Poeta non tacet, sed recitare parat. Poeta fabulas narrat. Puellae tacent. Tum[1] puellae poetam laudant et cantant.

[1] *tum* dann

D a) Bestimme zunächst alle Formen und übersetze sie dann: viam monstrare – feminas oramus – puellae clamant – sed villam ornare studetis – puellas monere non debemus – femina dolet – poetae fabulas narrant – vias vastare

b) Setze die Endungen des Akkusativs im Singular und Plural ein und übersetze: poet__ laudare – puell__ monere – femin__ amare – vill__ ornare – via__ monstrare – fabul__ narrare

c) Erkläre folgende Fremdwörter: Feministin – feminin – fabulieren – Poetik

d) Übersetze ins Lateinische: 1. Ihr lobt die Mädchen, denn sie schmücken die Wege und das Landhaus. 2. Die Mädchen mahnen den Dichter: „Erzähle Geschichten!“ Aber der Dichter gehorcht nicht. 3. Er liest keine (= nicht) Geschichten vor. 4. Die Mädchen und Frauen aber empfinden Schmerz.

K 8 ā-Deklination 2

A Frauen in Rom

„Frauen sind von allen staatlichen Ämtern ausgeschlossen“. Auf diese knappe Formel bringt der Jurist Ulpián (3. Jahrhundert n. Chr.) die Stellung der Frau in Rom. Ein anderer Rechtsgelehrter, Paulus, gibt als Begründung dafür an, dass dies römischer Sitte entspreche und immer schon so gewesen sei; es liege also nicht daran, dass es den Frauen an Urteilsvermögen fehle. Allerdings war die Frau für den römischen Staat von entscheidender Bedeutung. Ihr Betätigungsfeld war insbesondere die Familie, die wichtigste Einrichtung der römischen Gesellschaft. Ein wesentlicher Bereich war hier die Erziehung der Kinder. Durch den Einfluss, den die Frauen dabei ausübten, formten sie viele Generationen Roms. Im Haus waren die Frauen weitgehend selbständig. Sie teilten die Arbeit ein und ihnen unterstand das Personal. Dabei war die römische Frau keineswegs nur an das Haus gebunden. Sie begleitete ihren Mann zu Festen und Feiern, auch ins Theater und in den Zirkus, trat also durchaus in der Öffentlichkeit auf. Insgesamt war ihr Ansehen sehr groß.

B
1. Piratae insulam vastant.
2. Piratae curas parant.
3. Femina puellam laudat.
4. Nam puella patriam amat.

C Eine freundliche Frau

Femina puellam amat. Femina puellam appellat et monet: „Orna villam!“ Puella paret et villam ornat. Tum[1] femina pecuniam dat et fabulam narrat: „Piratae insulam vastant et curas parant. Feminae et puellae piratas non arcent. Piratas appellant: ‘Cur patriam vastatis? Terram amamus et piratas timemus. Pecuniam vobis[2] donamus.’ Et piratae tacent et terram non vastant.“

[1] *tum* dann [2] *vobis* euch

D a) Übersetze folgende Sätze! Vollziehe dabei zuerst die Schritte, die im Wortschatz- und Grammatikteil zu K 8a aufgezeigt sind: 1. Patriam poetae laudant. 2. Poeta terram amat. 3. Piratae insulam vastare parant. 4. Curas feminae et puellae timent. 5. Cur pecuniam non datis?

b) Bilde aus den folgenden Singularformen den Plural und aus den Pluralformen den Singular: patriam – piratae – insulas – pecunia – curam – terrae – curae – patria – piratam – terra – pecuniam – insula

c) Erkläre folgende Fremdwörter: Terrarium – Parterre – Piraterie – Patriotismus – kurieren – Insulaner

d) Übersetze ins Lateinische: 1. Auch das Mädchen liebt und lobt die Frauen. 2. Denn die Frauen schenken Geld. 3. Eine Frau redet das Mädchen an. 4. Die Frau wehrt die Sorgen ab. 5. Der Dichter liebt die Heimat und lobt das Land. 6. Warum wehrt ihr die Seeräuber nicht ab? 7. Sie verwüsten die Insel.

Tafelgeschirr: Terra-Sigillata-Gefäße (rote Gefäße aus glänzendem Ton); ca. 200 n. Chr.; Historisches Museum Regensburg.

K 9 ā-Deklination 3

A Frauen als Priesterinnen

Wenngleich Frauen in Rom keine politischen Ämter übernehmen konnten, waren ihnen doch einige öffentliche Aufgaben zugedacht. Insbesondere handelte es sich dabei um Priesterämter, die manchmal nur mit Frauen besetzt werden konnten. Das beste Beispiel sind die Vestálinnen, die Priesterinnen, die im Tempel der Vesta das heilige Feuer zu bewahren hatten.
Die Religion bildete einen wichtigen Bereich des staatlichen Lebens und war von diesem nicht zu trennen. Zu vielen Anlässen, nicht nur zu Götterfesten, gehörten Opfer und andere gottesdienstliche Handlungen wie Gebete, Lieder und Prozessionen, beispielsweise wenn den Göttern für Erfolge gedankt wurde oder wenn man sie bat, drohendes Unheil abzuwenden. Da standen nun oft Frauen im Mittelpunkt und leisteten somit einen wichtigen Beitrag zum öffentlichen Leben.

B 1. Amica dominae villam intrat.
2. Filia amicae viam monstrat.
3. Puellae statuas dearum ornant.
4. Femina puellis pecuniam dat.

C Frauen bitten die Göttin

Feminae et puellae villam dominae intrant. Deam terrae laudare parant. Feminae puellis imperant: „Ornate statuam deae!“ Puellae feminis parent, nam dea curas feminarum arcet. Etiam filia dominae villam intrat et deam laudat. Amicas appellat et monet: „Cantate et orate deam: Ama feminas et puellas, terre aut arce piratas!“ Filia amicis pecuniam donat, nam parent et deam laudant.

Vestalin; Abguss der Statue einer Vesta-Priesterin aus dem Hof des Hauses der Vestalinnen auf dem Forum in Rom.

D a) Übersetze folgende Sätze! Vollziehe dabei zuerst die Schritte, die im Wortschatz- und Grammatikteil zu K 8a aufgezeigt sind: 1. Piratae feminis et puellis insulae curas parant. 2. Poeta filiis dominae fabulam narrat. 3. Domina terrae poetae pecuniam dat. 4. Filia dominae amicas ad-vocat: „Monstrate feminis viam!“ 5. Intrate et ornate statuas dearum! 6. Amicae intrant, statuam deae laudant.

b) Bestimme folgende Formen: dea – deae (3) – deam – deis – deas – filiarum – amicae (3) – dominam – statuis

c) Setze die Singularformen der Aufgabe b in den Plural und die Pluralformen in den Singular!

d) Welches Kuckucksei ist in den folgenden Reihen versteckt:
1) femina – filia – poeta – dea – domina – puella
2) femina – puella – filia – statua – domina – dea
3) terris – deam – pecuniae – statuis – amicae

e) Übersetze ins Lateinische: 1. Die Töchter der Frau lieben und loben die Göttin des Landes. 2. Die Freundinnen der Töchter betreten das Landhaus der Herrin. 3. Sie lieben das Standbild der Göttin. 4. Die Herrin befiehlt den Mädchen: „Tretet ein!“

Vesta-Tempel auf dem Forum in Rom

W Wiederholung 3

1. Bestimme folgende Formen: fabulae (3) – feminam – poetis – puellarum – villas – via – terrae (3) – pecuniam – insulis – pirata – curas – filiarum – patriam – filiis – dominae (3) – dea – amicas – statuarum

2. Setze in Aufgabe 1 die Formen des Singulars in den Plural und umgekehrt!

3. Bilde aus folgenden Wörtern sinnvolle lateinische Sätze und übersetze sie! Die Reihenfolge der Wörter, die alphabetisch angeordnet sind, darf verändert werden. Beachte im Lateinischen die Stellung des Prädikats:
a) domina – fabula – filia – narrare – poeta
b) amica – domina – intrare – puella – villa
c) dea – femina – ornare – statua
d) cura – et – femina – insula – parare – pirata – puella

4. Welches Kuckucksei ist in den folgenden Reihen versteckt?
a) fabulas – villas – piratas – narras – statuas
b) feminas – poetam – insulae – amicam – deas
c) terris – terras – terram – terres – terrae
d) cura – amica – intra – via – villa
e) deae – das – deis – deas – deam

5. Übersetze ins Lateinische: a) Die Frau lobt die Mädchen, denn sie zeigen den Freundinnen die Wege der Insel. b) Seeräuber verwüsten die Villen des Landes und bereiten der Herrin Sorgen. c) Dichter lieben die Heimat und erzählen den Töchtern Geschichten. d) Mädchen schmücken das Standbild der Göttin; die Herrin gibt den Mädchen Geld.

6. Du hast jetzt vier Satzteile kennen gelernt. Wie heißen die entsprechenden Fachbegriffe und welches Gewicht haben sie im Satz? Skizziere das bisher behandelte Satzmodell und erkläre es!

7. Erläutere mit eigenen Worten, dass die Frau in der römischen Gesellschaft eine wichtige Rolle gespielt hat und dass die Römer ihren Frauen sehr viel zu verdanken hatten!

Rekonstruktion des Ostgiebels des Parthenon auf der Akropolis in Athen. Dargestellt ist die Geburt der Athene. Athen, Akropolismuseum.

K 10 o-Deklination 1

A Die römische Familie

Die römische „Familie“ unterscheidet sich sehr von unserer heutigen. In Rom bedeutet „Familie“ mehr als Eltern und Kinder; es ist vielmehr die Gemeinschaft all derer, die unter der Gewalt des *pater familias* („Familienoberhaupt“) leben. Dazu gehören neben den Kindern vor allem auch die Sklaven. Der *pater familias* gebietet über alle Personen, die ihm unterstehen, und bestimmt über den gesamten Besitz der Gemeinschaft. Die Gewalt des *pater familias* ist umfassend; er verfügt über alle Personen und kann auch über deren Leben entscheiden, sogar Söhne hinrichten lassen, wenn sie sich eines Verbrechens schuldig gemacht haben. Auch Kinder müssen nach ihrer Geburt vom *pater familias* anerkannt und aufgenommen werden; andernfalls werden sie ausgesetzt; viele sterben dabei; aber auch das Los der Findelkinder ist nicht rosig. Wenn Angehörige der „Familie“ heiraten, bleiben sie trotzdem unter der Gewalt des *pater familias*. Dies gilt auch für volljährige Söhne, die bereits alle Rechte eines Bürgers wahrnahmen und sogar in Staatsämter gewählt wurden. Die Loslösung aus der „Familie“, die sog. Emanzipation, ist ein komplizierter Vorgang, bei dem zahlreiche Rechtsvorschriften beachtet werden müssen.

Hausaltar mit einem Lar (Hausgott), mit Fortuna (Göttin des Schicksals), Genius (persönlicher Schutzgott) und Merkur; ca. 200 n. Chr.; Gäubodenmuseum Straubing.

B

1. Filius domini medicum laudat.
2. Dominus medico pecuniam dat.
3. Servus statuas dei et deae ornat.

C Der Herr hat Sorgen

Dominus servo imperat: „Labora et orna statuam dei! Nam deum orare paro, quod doleo. Amicum habeo, sed curae amicum terrent. Medicum non ad-voco. Nam deus, non medicus curas amici arcet.“ Filius domini villam intrat et servum monet: „Pare domino, quia servus domino parere debet!“ Dominus, filius, servus deum orant.

D a) Übersetze folgende Sätze! Vollziehe dabei zuerst die Schritte, die im Wortschatz- und Grammatikteil zu K 8a aufgezeigt sind: Cur filius domini medicum advocare parat? Filius medicum advocare studet, quia servus dolet. Dominus servum amat, quia sedulo (fleißig) laborat. Filius medicum orat: „Arce curas domini et servi! Nam curae servi etiam dominum terrent. Para servo medicinam (*medicina* das Heilmittel)!“ 2. Medicus amicum monet: „Ama deum!“ 3. Dominus et filius deum orant. Medico pecuniam dant.

b) Bestimme folgende Formen: dea – dei – deae (3) – deum – deam – deus – deo – filiam – filio – filii – filiae (3) – filia – filius – filium.

c) Dekliniere im Singular: deus et dea – dominus et domina – filia et filius – amica et amicus.

d) Übersetze ins Lateinische: 1. Der Sohn des Herrn ruft einen Freund herbei. Er zeigt dem Freund das Landhaus. Ein Sklave schmückt die Standbilder des Gottes und der Göttin des Landes. Der Sklave schweigt, weil er arbeiten muss. Der Herr lobt den Sklaven, weil er gehorcht. 4. Dem Arzt befiehlt der Herr: „Wehre die Sorgen meines° Sohnes ab!“

K 11 o-Deklination 2

A Sklaven und Herren

Das Verhältnis zwischen Sklaven und Herren war in Rom sehr unterschiedlich. Es reichte von Freundschaft bis zu Ausbeutung und brutaler Unterdrückung. Rechtlich waren Sklaven „belebte Sachen“, Haustieren vergleichbar. Sie wurden demnach nicht selten unmenschlich behandelt. Später änderte sich das, als vor allem auch Griechen, zum Teil gebildete Leute, als Sklaven tätig waren. Unter dem Einfluss der stoischen Philosophie und des Christentums begann man ab dem 1. Jahrhundert n. Chr., in Sklaven Menschen zu sehen. So schrieb z. B. der Philosoph Seneca in einem Brief an seinen Freund Lucilius: „Zu meiner Freude erfuhr ich, dass du freundschaftlich mit deinen Sklaven zusammenlebst: Das passt zu deiner Klugheit, das passt zu deiner Bildung. „Sklaven sind sie.“ – Nein, Menschen. – „Sklaven sind sie.“ – Nein, Hausgenossen. „Sklaven sind sie.“ – Nein, Freunde aus niederem Stand.“ (Seneca, ep. 47)

B 1. Servi dominis cibos parant.
2. Medici morbos servorum sanant.
3. Medici servis medicinam dant.

C Sklaven sind krank

Dominus medicum ad-vocat et orat: „Visita servos, quia dolent! Morbus servorum mihi curas parat. Morbos servorum timeo. Cibi servos non delectant.“ Medicus paret et villam domini intrat. Servis medicinam dat et morbos sanat. Medicus dominum et dominam delectat, quia servi rursus[1] laborant. Dominus medico pecuniam donat.

[1] *rursus* wieder

D a) Übersetze folgende Sätze! Vollziehe dabei zuerst die Schritte, die im Wortschatz- und Grammatikteil zu K 8a aufgezeigt sind: 1. Dominus medicum advocat. 2. Filius domini medico viam monstrat, quia dominum visitare parat. 3. Medicus filiae domini medicinam dat et morbum sanat. 4. Tum (dann) servi domino et filio et filiae et medico cibos parant.

b) Bilde aus folgenden alphabetisch geordneten Wörtern jeweils einen sinnvollen lateinischen Satz und übersetze ihn! Beachte dabei die übliche Stellung des lateinischen Prädikats:

1. delectare – dominus – filius – poeta
2. dominus – medicus – morbus – sanare – servus

c) Dekliniere im Singular und Plural: morbus et medicina – filia et amicus – poeta et medicus

d) Übersetze ins Lateinische: 1. Dichter erzählen den Söhnen der Herren Märchen. 2. Ärzte bemühen sich die Krankheiten der Söhne des Herrn zu heilen und geben ein Heilmittel. 3. Freunde besuchen den Herrn und die Herrin. 4. Speisen erfreuen die Freunde.

Römischer Backofen, der heute noch für Brot nach römischem Rezept genutzt wird; 2. Jahrhundert n. Chr.; Kastell Saalburg.

K 12 o-Deklination 3

A Der Kern der römischen Familie

Zur römischen Familie gehörten alle im Haushalt lebenden Personen (einschließlich der Sklaven, die auch verheiratet sein konnten); zu ihr zählten auch weitgehend freie eigene Lebensgemeinschaften, etwa verheiratete, aber noch nicht emanzipierte (aus dem Familienverband entlassene) Kinder. Der Familienverband konnte also einige hundert Menschen umfassen. Dennoch dürfte sich die Kernfamilie nicht sehr von unserer heutigen unterschieden haben. Vater, Mutter und in der Regel ein bis drei Kinder bildeten sie. Dass die Kinderzahl nicht sehr groß war, zeigt das *ius trium liberórum* (Drei-Kinder-Recht) der Kaiserzeit, das Ehepaaren mit drei und mehr Kindern finanzielle Vorteile verschaffte; Kinderreichtum sollte damit gefördert werden. Ein besonders liebevoller Vater soll, wie der griechische Biograph Plutarch berichtet, der ansonsten harte und sittenstrenge Cato der Ältere (234 149 v. Chr.) gewesen sein. Er war nur dann nicht dabei, wenn seine Frau den kleinen Sohn badete und ihm zu trinken gab, wenn er ganz wichtige Staatsgeschäfte zu erledigen hatte. Auch lehnte er körperliche Züchtigung als Erziehungsmaßnahme ab; Schläge waren damals freilich gang und gäbe.

Köpfe der Fruchtbarkeitsgöttin Maia und des Merkur; 3. Jahrhundert n. Chr.; Historisches Museum Regensburg.

B 1. Puer vesperum exspectat.
2. Viris liberi parent.
3. Morbus pueri viro curas parat.

C Am Abend

Pueri vesperum exspectant. Nam tum non laborant, sed amicos visitant. Vesper pueris viam monstrat. Villam amicorum intrant. Amici pueros exspectant, quia domina villae liberis fabulas recitare parat. Pueri et puellae tacent, nam fabulae liberos delectant. Quia fabulae curas arcent, liberi cantant. Tum virum spectant. Viro femina et liberi parent; dominus familiam amat.

D a) Übersetze folgende Sätze! Vollziehe dabei zuerst die Schritte, die im Wortschatz- und Grammatikteil zu K 8a aufgezeigt sind: 1. Viri et feminae liberis villam monstrant. 2. Medicus morbos puerorum et puellarum sanare studet. 3. Puer et puella amicos familiae visitant. 4. Dominus medicum ad-vocat, quia morbus pueri familiam terret. 5. Dominus et domina medicum exspectant, nam morbos liberorum arcere studet. 6. Puella medicum spectat et orat: „Intra villam et sana morbos!“ 7. Etiam servi vesperum amant, quia tum laborare non debent.

b) Setze passende Endungen ein, damit sich sinnvolle Sätze ergeben, und übersetze:
1. Femin__ liber__ fabul__ poet__ recit__.
2. Pirat__ vesper __ exspect__, quod vesp__ pirat__ vi__ monstrat.

c) Dekliniere im Singular und Plural: puer et puella – vir et femina

d) Übersetze ins Lateinische: 1. Buben und Mädchen lieben den Abend, weil sie dann nicht arbeiten. 2. Freunde erwarten den Mann, die Frau und (!) die Kinder. 3. Die Kinder sehen den Abendstern. 4. Ein Freund besucht die Buben und die Mädchen der Familie.

W Wiederholung 4

1. Bestimme folgende Formen: filii (2) – dominorum – deo – amicis (2) – servorum – medicum – morbus – cibos – pueri (2) – vespero – liberorum – viris

2. Setze in Aufgabe 1 die Formen des Singulars in den Plural und umgekehrt!

3. Bilde aus folgenden Wörtern sinnvolle lateinische Sätze und übersetze sie! Die Reihenfolge der Wörter, die alphabetisch angeordnet sind, darf verändert werden. Beachte im Lateinischen die Stellung des Prädikats:
a) amicus – medicus – morbus – puer – sanare.
b) et – et – exspectare – familia – intrare – puella – puer – vesper – villa.
c) dominus – liberi – monstrare – terra – villa – vir.

4. Welches Kuckucksei findest du in den folgenden Reihen:
a) filios – dominos – deos – pueros – amicos
b) servi – liberi – medici – viri – pueri
c) medicina – delecta – familia – amica – statua
d) pueri – liberi – vesperi – viri – cibi

5. Übersetze ins Lateinische: a) Knaben und Mädchen singen und erfreuen den Herrn und die Herrin. b) Der Mann redet die Kinder an: „Warum arbeitet ihr nicht?“ c) Die Freunde lieben den Abend, weil sie dann den Sohn des Herrn besuchen und ihn° erfreuen. d) Auch die Sklaven erwarten den Abend, weil sie dann nicht arbeiten.

6. Der Begriff *familia* bedeutete in Rom etwas ganz anderes als heute. Wo liegen die wesentlichen Unterschiede?

7. Beschreibe kurz verschiedene Aufgaben, die Sklaven in Rom zu erledigen hatten!

K 13 o-Deklination 4

A Die römische Schule

Öffentliche Schulen sind eine Einrichtung der Neuzeit. Ein staatliches Schulwesen mit Schulpflicht gab es demnach in Rom nicht. Unterricht war Privatsache. Entweder hatte man einen Privatlehrer im Haus oder die Kinder – Buben wie Mädchen – gingen zu einem Lehrer, der bezahlt werden musste. „Klassenräume" waren häufig dunkle Hinterzimmer in Häusern, Bretterbuden oder gar nur Flächen, die mit Vorhängen von Straßen und öffentlichen Plätzen abgetrennt waren; nicht selten fand die Unterweisung sogar ohne diese „Trennwand" im Freien oder in einer belebten Säulenhalle statt. Natürlich wurde der Unterricht durch den Straßenlärm, die Gespräche der Passanten und das Schreien der Händler usw. empfindlich gestört. Auch von der Schule ging eine Lärmbelästigung für die Nachbarschaft aus. Die Lehrer waren für ihr Brüllen bekannt; die Kinder mussten laut buchstabieren oder schrieen, wenn sie körperlich gezüchtigt wurden, was alltäglich war. Schulferien gab es nur an hohen Feiertagen – viel seltener und kürzer als heute.

B

1. Magister scholam intrat.
2. Liberi magistro parent.
3. Pueri et puellae magistrum amant.
4. Fabulae magistri liberos delectant.

C In der Schule

Servi filiis domini scholam monstrant. Pueri scholam intrant. Magister liberos exspectat et monet: „Laborate! Nam industria liberorum magistrum delectat." Magister liberis fabulam recitat, quod fabulae magistri pueros semper delectant: „Piratae agros insulae vastare parant, viri piratas arcere student. Sed quia viri piratas timent, clamant ..."; magister non iam[1] recitat, sed imperat: „Narrate finem[2] fabulae!" Liberi fabulas magistri et libros poetarum amant.

[1] *non iam* nicht mehr [2] *finem* (Akk.) das Ende

D a) Übersetze folgende Sätze! Vollziehe dabei zuerst die Schritte, die im Wortschatz- und Grammatikteil zu K 8a aufgezeigt sind: 1. Magistri industriam puerorum semper laudant. 2. Libri magistrorum liberos delectant, quia liberi libros semper amant. 3. Industria liberorum viros delectat. 4. Dominus servos ad-vocat et monet: „Ornate villam et arate (*arare* pflügen) agros!“ 5. Filia dominae scholam intrat, magister puellae librum donat.

b) Bilde den Genitiv und Dativ Singular und Plural von folgenden Wörtern: puer – liber – magister – vir – ager – vesper

c) Dekliniere: puer et ager – libri et liberi

d) Erkläre folgende Fremdwörter: Agrarwirtschaft – Magistrat – Magisterprüfung – Industriegebiet

e) Löse folgendes Zahlenrätsel: Jede Zahl entspricht einem Buchstaben. Es müssen sich sinnvolle Wörter ergeben. Tipp: Der Buchstabe a kommt fünfmal vor.

1	2	3	4	3	13	5		
6	7	8	3	4	9			
5	1	2	7	9	11	3	4	
5	1	2	7	9	11	3	13	5
9	14	15	4	6	1	12		
7	10	16	13	9	11	3	7	1
9	12	5	17	12	3			

Die Buchstaben 9, 17, 12, 14, 11, 1, 5, 13, 9 ergeben eine lateinische Verbalform. Wie heißt sie?

Schulrelief, 2. Jahrhundert n. Chr.; Rheinisches Landesmuseum Trier.

f) Übersetze ins Lateinische: 1. Der Lehrer lobt die Kinder, weil sie Bücher lieben. 2. Der Fleiß der Sklaven erfreut den Herrn. 3. Sklaven lieben die Äcker nicht, weil sie dort immer arbeiten müssen. 4. Sklaven zeigen den Kindern die Schule.

K 14 o-Deklination 5

A Der antike Tempel

Tempel haben in der griechischen und römischen Antike eine andere Aufgabe als heutzutage die Kirchen. Tempel sind die Wohnstätten der Götter unter den Menschen; deshalb sind sie in frühester Zeit ähnlich gebaut wie die Häuser der Menschen; meist kennzeichnen nur einige Säulen am Eingang ein Bauwerk als Wohnung eines Gottes oder einer Göttin. Im Laufe der Zeit werden die Tempel gemäß ihrer Bestimmung immer größer und prunkvoller. Die Funktion, nämlich die Wohnung der Gottheit, behalten sie jedoch bei. Deshalb steht im Inneren ein Standbild des Gottes; ferner sind Weihegeschenke aufgestellt und werden Kultgegenstände aufbewahrt. Die Menschen betreten den Tempel nicht; dies ist den Priestern vorbehalten. Opfer, Gebete und gottesdienstliche Feiern finden am und um den Altar statt, der außerhalb des Tempels steht. Als das Christentum sich als Religion durchsetzt, verfallen viele alte Tempel. Andere werden umgebaut und als Kirchen benutzt. Damit werden sie Versammlungs- und Gebetsräume, was sie vorher nicht waren.

B

1. Templum Minervae liberos delectat.
2. Liberi templum Minervae spectant.
3. Statuam templi Minervae poetae laudant.
4. Templa deorum terram ornant.

C Besuch des Tempels der Minerva

Dominus servis imperat: „Ornate templum Minervae deae!“ Servi imperio domini parent. Tum dominus et domina templum visitant et studium servorum laudant. Deam orant: „Arce curas, delecta liberos, serva[1] tecta. Minervae paremus, nam verba deae semper laudamus et amamus.“ Tum dominus et domina theatrum intrant. Etiam theatrum statuae deae ornant.

[1] *servare* bewahren

D a) Übersetze folgende Sätze! Vollziehe dabei zuerst die Schritte, die im Wortschatz- und Grammatikteil zu K 8a aufgezeigt sind: 1. Viri et feminae templa deorum visitant. 2. Servi verbis domini parent. 3. Magister studium puellarum et puerorum laudat et liberis templum et theatrum monstrat. 4. Servi imperio domini parent et tecta ornant, nam amici dominum visitant. Tum dominus amicis tecta monstrat.

b) Dekliniere: industria et studium – villa et tectum – magister et verbum – deus et theatrum

c) Bilde den Genitiv Singular, den Akkusativ Singular und den Akkusativ Plural folgender Wörter: dea – amicus – vir – puer – magister – verbum – templum

d) Lateinische Wörter entsprechen nicht immer voll den Bedeutungen, die wir im Deutschen dafür lernen. Es ist deshalb nicht selten nötig, eine Übersetzungsmöglichkeit zu wählen, die inhaltlich besser passt. Beispiel: *exercere*: üben; das Wort ist zusammengesetzt aus *ex* = aus und *arcere* = abwehren, schützen, in Ruhe halten; *ex-ercere* heißt demnach etwa: aus dem Zustand der Ruhe heraushalten, nicht ruhen lassen, ohne Rast beschäftigen. Wähle nun für die deutsche Wiedergabe der kleinen lateinischen Sätze aus den folgenden Vorschlägen eine treffende Wendung: ausüben – beschäftigen – bewirtschaften – plagen – quälen – üben: 1. Servi agrum exercent. 2. Dominus servos exercet. 3. Dominus filium exercet. 4. Curae puellas exercent. 5. Amicus verba (Redefähigkeit) exercet. 6. Dominus imperium exercet.

e) Übersetze ins Lateinische:
1. Die Kinder betrachten die Tempel der Götter; Tempel sind (*sunt*) Häuser der Götter. 2. Dann betreten die Kinder ein Theater. 3. Dort liest ihnen° der Lehrer Worte der Dichter vor. 4. Weil der Lehrer den Eifer der Kinder liebt und lobt, fürchten sie die Befehle des Lehrers nicht.

Tempel des Antoninus und der Faustina (Altar auf der Treppe!); Kaiser Antoninus Pius (138 - 161) errichtete ihn im Jahre 141 n. Chr. auf dem Forum in Rom zu Ehren seiner verstorbenen Gattin.

K 15 Adjektive der ā- und o-Deklination 1

A Der Tempel der Göttin Minerva

Minerva, die römische Göttin der Künste, Wissenschaften und des Handwerks, wurde schon früh mit der griechischen Athene gleichgesetzt. Wie diese außerdem die Schutzgöttin Athens war, wurde Minerva auch zur Stadtgöttin Roms. Schon seit dem 6. Jahrhundert gab es auf dem Kapitol eine Kultstätte für Jupiter, Juno und Minerva; diese drei Gottheiten wurden auch im Haupttempel von Ostia, der Hafenstadt Roms, verehrt. Ihren bedeutendsten Tempel hatte Minerva jedoch in Athen auf der Akropolis. Der sog. „Párthenon", der Tempel der jungfräulichen (parthénos) Athene, wurde zwischen 448 und 432 v. Chr. erbaut. In ihm befand sich ein Kultbild der Göttin, das der berühmteste Bildhauer der Antike, Phídias, geschaffen hatte. Sein Kern war aus Holz; Haupt, Hände und Füße bestanden aus Elfenbein; das Gewand bildeten Goldplatten. Phídias benötigte für dieses Kunstwerk, das etwa 12 Meter hoch war, nicht weniger als 1.140 Kilogramm Gold.

B 1. Dominus bonus servos malos monet.
2. Servi beati dominum bonum delectant.
3. Domina bona magnam industriam liberorum beatorum laudat.

C Vertrauen auf die Göttin

Viri et pueri templum antiquum Minervae visitant. Etiam feminae et puellae beatae viam longam non timent, nam magnam statuam deae bonae amant. Cum curae malae puellas terrent, magnum templum et statuam antiquam visitant et deam orant: „Sana morbos malos puellarum, da viris et feminis liberos beatos, dona magnam pecuniam!" Dea malas curas rursus[1] arcet.

[1] *rursus* wieder

D a) Übersetze: 1. Domini beati magnam industriam servorum bonorum laudant. 2. Magnae curae feminam terrent; etiam puellae curas malas timent et dolent. 3. Medici etiam longos morbos sanant. 4. Templa deorum antiquorum etiam nunc (heute noch) visitamus; vias longas non timemus, quia templa amamus.

b) Dekliniere: deus beatus et dea bona

c) Suche für *bonus* jeweils eine treffende Übersetzung! Benutze folgende Möglichkeiten: brav – fleißig – fruchtbar – gehorsam – gnädig – rechtschaffen – umsichtig: ager bonus – deus bonus – dominus bonus – filius bonus – puer bonus – servus bonus – vir bonus.

d) Erkläre folgende Fremdwörter: Bonität – Bonbon – Antiquität – Antike – Antikensammlung – ein Buch antiquarisch kaufen – Malheur.

e) Die Geschichte hat manchen Persönlichkeiten den Beinamen „Magnus" zuerkannt. Wen kennst du? Was weißt du über diese Person?

f) Wie heißt die Göttin Minerva im Griechischen? Welche Aufgaben hat sie?

g) Übersetze ins Lateinische: 1. Glückliche Kinder erfreuen die gütige Herrin. 2. Lange Krankheiten bereiten den Ärzten schlimme Sorgen. 3. Tüchtige Lehrer lesen den Kindern Geschichten alter Bücher vor. 4. Die Sklaven bearbeiten (vgl. K 14 D d) große, fruchtbare Äcker.

Der Parthenon war der vollendetste Tempel der Antike. Er wurde in der Zeit zwischen 448 und 432 v. Chr. errichtet. Baumeister war Iktinos, die künstlerische Oberleitung hatte Phidias. Der Tempel war der jungfräulichen Athene geweiht. Er ist heute noch das Wahrzeichen der Akropolis von Athen.

W Wiederholung 5

1. Suche zu den folgenden Substantiven ein passendes Adjektiv, setze es in denselben Kasus und übersetze dann! Wähle aus folgenden Adjektiven aus:
antiquus – beatus – bonus – longus – magnus – malus:
agri – industriae – liberorum – templa – theatro – verbum.

2. Bilde aus folgenden Wörtern sinnvolle lateinische Sätze und übersetze sie! Die Reihenfolge der Wörter, die alphabetisch angeordnet sind, darf verändert werden. Beachte im Lateinischen die Stellung des Prädikats:
a) antiquus – et – magister – magnus – monstrare – puer – templum – theatrum
b) antiquus – liber – magister – servus – dare – schola

3. Dekliniere: ager bonus – magnum imperium – industria et studium – tectum longum

4. In folgenden Reihen ist wieder ein Kuckucksei versteckt: Suche es:
a) femina – templa – tecta – verba – theatra
b) studio – agro – magistro – intro
c) verbi – pueri – beati – industriae – tecti
d) magistrum – librum – agrum – deum – studium

5. Suche in den folgenden kleinen Sätzen für *malus* jeweils eine treffende Übersetzung: a) Pueri mali magistro non parent. b) Verba mala puerorum magistrum non delectant. c) Servi mali dominum timent. d) Medici morbos malos sanare student. e) Viros malos semper timemus.

6. Übersetze ins Lateinische: a) Die Kinder lieben die Geschichten alter Bücher. b) Der tüchtige Lehrer lobt den großen Fleiß und den Eifer der Kinder; sie gehorchen nämlich seinem° Befehl und lesen alte Märchen vor. c) Ein glücklicher Lehrer liebt und lobt seine° Schüler (Kinder) immer. d) Dann zeigt er den Kindern ein altes Theater und große Tempel.

7. Worin bestehen wesentliche Unterschiede zwischen den antiken Tempeln und heutigen Kirchen?

8. Welche Aufgaben hat Minerva allgemein? Wie ist sie jedoch hier dargestellt?

9. Warum haben die Schüler von heute es besser und schöner als die Schüler im alten Rom?

Sinnende Athene, klassisches Relief ca. 440 v. Chr.; Akropolismuseum Athen.

K 16 esse 1

A Europa

Der Name unseres Kontinents stammt aus der griechischen Sagenwelt. Schon im 2. Jahrtausend v. Chr. entwickelten sich die Phönízier, deren bedeutendste frühe Städte Tyros und Sidon waren (an der Ostküste des Mittelmeeres; heute im Libanon in der Nähe von Beirut gelegen), zu einem Seefahrervolk, das im ersten Jahrtausend v. Chr. auf Inseln (z. B. auf Zypern, Rhodos, Sizilien) und in Nordafrika (Karthágo) wichtige Stützpunkte für ihren Handel hatte. Einer ihrer sagenhaften Könige war Agénor. Er hatte eine reizende Tochter, Europa mit Namen. Einmal spielte sie am Meeresstrand mit ihren Freundinnen. Zeus, der höchste griechische Gott, der eine Schwäche für schöne Frauen hatte, verwandelte sich in einen prächtigen Stier; er näherte sich ganz zahm den Mädchen und lud sie ein, auf seinen Rücken zu steigen. Europa hatte keine Angst, denn das Tier war sehr zutraulich. Als jedoch Europa auf dem Stier saß, sprang dieser auf, stürmte ins Meer und schwamm mit seiner „Beute" nach Kreta. Dort ging er mit Europa an Land. Er warf seine Stiergestalt ab und stand nun als strahlender junger Mann vor dem Mädchen. Der sagenhafte König Minos und seine Brüder Rhadamánthys und Sarpédon sind die Söhne des Zeus und der Europa.

B

1. Amici boni esse debent.
2. Amicus bonus sum. – Amici boni sumus.
3. Amica bona es. – Amicae bonae estis.
4. Templum antiquum est. – Templa antiqua sunt.
5. Beatus es. – Beatae estis.
6. Beati esse non semper possumus.

C Ein bisschen Geographie

Germania et Italia magnae terrae Europae sunt. Etiam Gallia terra Europae est. Roma caput[1] Italiae et patria Romanorum est. Romani antiqui domini magni imperii sunt. Italia, Gallia, Sicilia terrae imperii Romanorum sunt. Patria Claudii Roma (est), patria Arminii et Caroli Germania est. Claudius Arminium et Carolum exspectat; tum amicos appellat: „Beatus sum, quod me visitatis. Germani estis, sed amici boni sumus. Nam Germani et Romani amici boni esse possunt." Et Arminius[2]: „Romam amamus, quia amicus es. Amici esse possumus et debemus."

[1] *caput* die Hauptstadt [2] ergänze: antwortet

D a) Übersetze: 1. Romani antiqui domini terrae sunt. 2. Sicilia et Britannia magnae insulae Europae sunt. 3. Arminius et Carolus (erg.: sagen zu Claudius): „Germani sumus; tamen (dennoch) amicus es. Viri et feminae Europae, Germani, Romani, Galli, Britanni, amici esse possunt et debent." 4. Claudius (erg. antwortet): „Germania patria vestra (eure) est; Germani estis. Amicus Germaniae sum, nam Germani viri boni sunt."

b) Übersetze folgende Formen von *esse* und bilde dann die entsprechenden Formen von *posse*! du bist – wir sind – ihr seid – ich bin – sie sind – er ist

c) Setze jeweils den richtigen Buchstaben ein und übersetze! po_estis – po_sum – po_es – po_sunt – po_est – po_sumus

d) Suche auf einer Landkarte (Innenseite des Bucheinbandes) die Länder, Inseln und Städte, die in den Texten A und C angesprochen sind.

e) Wo ist wieder ein Kuckucksei versteckt:
1. Italia – Gallia – Europa – Germania
2. Italia – Gallia – Britannia – Germania
3. Britanni – Germani – Romani – Persae

f) Übersetze ins Lateinische: 1. Ich liebe Rom, denn Rom ist meine° Heimat. 2. Dichter preisen (loben) das alte Italien, denn die Äcker Italiens sind fruchtbar (vgl. K 15 D c). 3. Markus sagt°: „Ich bin ein Sohn des Claudius. Julia ist eine Tochter des Antonius. Wir sind glückliche Kinder." 4. Ihr seid brave (vgl. K 15 D c) Töchter. 5. Du bist ein Sklave des Julius. 6. Die Kinder Europas können und müssen gute Freunde sein.

Europa auf dem Stier; Archäologisches Nationalmuseum Neapel.

K 17 esse 2; Adjektive der ā- und o-Deklination 2

A Das Saturnálienfest

Die Saturnálien waren eines der beliebtesten Feste in Rom; es gab sogar schulfrei. Ursprünglich wurde es nur am 17. Dezember gefeiert, dann verlängert; in der Kaiserzeit dauerte es eine ganze Woche. Anfangs war es wohl eine Art Erntedankfest; der Ertrag der Felder war eingebracht und nun konnte man feiern. Das Fest begann mit einem großen Gelage auf dem Forum (Marktplatz) Roms vor dem Tempel des Satúrn, eines alten Fruchtbarkeitsgottes in Látium. Es handelte sich dabei um ein *lectistérnium*; d. h. es wurden Polster ausgebreitet, auf die man Götterstatuen stellte; ihnen wurden Speisen vorgesetzt (Erntedank!). Charakteristisch für das Fest waren Fröhlichkeit und Ausgelassenheit, ferner Redefreiheit. So durften die Sklaven ungestraft ihren Herren die Meinung sagen. Auch speiste man gemeinsam, wobei oft die Herren ihre Sklaven bedienten. Es waren also die sozialen Schranken gefallen; die Zusammengehörigkeit der *familia* wurde betont. „Ich darf, so viel ich will, mich betrinken, mit Würfeln spielen (was sonst verboten war!), Festkönige (im Trinken!) bestellen, Sklaven bewirten, das Gesicht mit Ruß beschmieren ...“; so ähnlich sagt es der Dichter Lukan (1. Jh. n. Chr.). Vor allem wurde viel getrunken. Der Dichter Horaz (1. Jh. v. Chr.) wundert sich einmal darüber, dass jemand ohne Rausch das Fest verlassen hat (Satire II 3, 5). Es war gewissermaßen Fasching in Rom.

B

1. Pulchrum est amicos visitare.
2. Es bonus! – Este boni!
3. Es (amica) integra! – Este (amicae) integrae!

C Fasching in Rom

Romae[1] magnum templum Saturni sacrum est. Cum Saturnalia[2] sunt, dominus familiam advocat et servis imperium mandat[3]. Tum servi domini sunt, domini parent. Servi dominos miseros appellant: „Nunc[4] servi beati sunt. Este domini boni, laborate, parate servis cibos! Servi nunc[4] liberi sunt, vos[5] servi estis. Sed quia dominam amamus, libera est. Nam saepe imperia dominae aspera non sunt, quia servos integros amat. Es amica!“ Tum servi et dominus et domina cenant[6], cantant, deos laudant, beati sunt. Pulchrum est villam intrare, cum Saturnalia sunt.

[1] *Romae* in Rom [2] *Saturnalia* (Neutr. Pl.) das Saturnalienfest [3] *mandare* übergeben [4] *nunc* jetzt [5] *vos* ihr [6] *cenare* speisen

D a) Übersetze: 1. Servi miseri verba aspera dominorum saepe timent. 2. Pueri boni non semper estis; este pueri integri! 3. Statua deae pulchra est. 4. Viri liberi (sunt), feminae beatae sunt. 5. Templum Minervae sacrum est. 6. Este beatae puellae!

b) Das Adjektiv *integer* bedeutet eigentlich „unangetastet." Setze jeweils die entsprechende Form von *integer* zu den folgenden Substantiven und wähle aus den folgenden Möglichkeiten eine treffende Übersetzung aus: gesund – unbescholten – ungemischt – ungeschwächt – unverdorben:
cibi ... – femina ... – pueri ... – vinum ... (der Wein) – viri ...

c) Ersetze die folgenden Imperative von *laudare* durch die entsprechende Form von *esse*: lauda – laudate

d) In den Texten A und C hast du einiges über das Saturnalienfest erfahren. Welche Gemeinsamkeiten erkennst du zu unserem Fasching?

e) Übersetze ins Lateinische: 1. Die Sklaven sind unverletzt. 2. Seid frei und glücklich! 3. Du bist ein schönes Mädchen. Sei tüchtig! 4. Sei tüchtig und rufe deine° Freundinnen herbei! 5. Der Tempel ist dem (!) Neptunus geweiht. 6. Der Weg ist lang und hart.

Die Reste des Saturn-Tempels auf dem Forum in Rom.

K 18 Adjektive der ā- und o-Deklination 3; natürliches Geschlecht

A Warum sind die Bäume weiblich, die Flüsse männlich?

Überall, wo in der Natur sich Leben regt, vermuten die Menschen in der Antike göttliches Wirken. Häufig verbinden sie damit Naturdämonen, beispielsweise Nymphen, die sie sich als stets jugendliche mädchenhafte Gestalten mit einem langen Leben denken. Zu ihnen gehören die Dryáden, spezielle Baumnymphen, die in ihren Bäumen geboren werden, in ihnen leben und schließlich auch mit ihnen sterben. Im sanften Rauschen der Blätter glaubt man ihren Gesang zu vernehmen.
Anders verhält es sich bei den Flüssen. Sie sind ein gewaltiges Naturelement, das den Menschen in vielfacher Weise gefährlich oder hinderlich sein kann. Man nimmt deshalb im Altertum an, dass in den Flüssen Götter wohnen. In ihrer Verehrung liegt der Wunsch, sie gnädig zu stimmen und Schaden abzuwehren. Somit wird noch etwas von einer ursprünglichen Naturreligion sichtbar. Flussgötter haben mitunter eine Tiergestalt (vor allem Schlange oder Stier) oder sind Mischwesen (z. B. Stier mit gehörntem Menschenkopf) oder meist finster blickende bärtige Männer. Wasser ist äußerst beweglich; wenn man es in Formen schüttet, nimmt es sofort deren Gestalt an. So ist es wohl auch zu erklären, dass Flussgötter in der Mythologie sich oft verwandeln können.

B

1. Agricolae boni agros exercent (Felder bewirtschaften).
2. Libri poetae boni feminas et viros delectant.
3. Vita piratarum malorum aspera est.
4. Persae antiqui incolas liberos Europae terrent.
5. Magnae copiae Romanorum Aegyptum antiquam vastant.

C Gefährliche Überfälle

Insula pulchra patria agricolarum liberorum est. Agricolae agros ibi exercent[1], magna tecta ibi sunt. Agri boni sunt. Vita agricolarum integrorum beata est. Sed piratas malos timent, nam incolas saepe terrent et terram vastant. Tum incolae miseri sunt. Nam copiae incolarum magnae non sunt. Cum piratae villas et agros vastare parant, feminae insulae agricolas ad-vocant et orant: „Animum magnum laudamus. Arcete piratas! Servate[2] agros, patriam, feminas, liberos!“ Tum agricolae piratas arcere student. Tandem piratis magnam copiam pecuniae dant et insulam servant.

[1] *agros exercere* Felder bewirtschaften [2] *servare* bewahren, schützen

D a) Übersetze: 1. Piratae mali incolas beatos insulae pulchrae saepe terrent. Animus agricolarum bonorum magnus est, nam piratas non timent, sed arcere parant. 2. Tandem piratae copias integras agricolarum spectant et timent. 3. Poetae antiqui vitam beatam agricolarum integrorum amant et laudant, sed vita agricolarum aspera saepe est. 4. Feminae copiam ciborum parant et animos agricolarum bonorum delectant.

b) Setze das in Klammern stehende Adjektiv in die richtige Form und übersetze: Aegyptus (antiquus) – Persae (antiquus) – poetae (bonus) – copiarum (integer) – piratas (malus) – incolam (beatus) – agricolas (miser)

c) Bestimme im Text **C** das Genus aller Substantive! Gib jeweils eine Begründung an!

d) Erkläre folgende Fremdwörter: Agrikultur – kopieren – Kopie – Vitamin

e) Übersetze ins Lateinische: 1. Die Frau erzählt den Buben und Mädchen Geschichten des tüchtigen Dichters und erfreut das Herz (Plural) der glücklichen Kinder. 2. Der Herr besucht oft die freien Bewohner seines° Landes. Er betritt die Häuser, weil er das harte Leben der redlichen (unbescholtenen) Bauern liebt. 3. Endlich wehren die unversehrten Truppen die bösen Seeräuber ab. 4. Der Lehrer zeigt den Kindern eine Menge Bücher.

Turm der Winde auf der römischen Agora (Marktplatz) von Athen; 1. Jahrhundert n. Chr.; jede Seite weist genau in eine Himmelsrichtung; die Reliefs stellen raue Männer (Winde!) dar.

W Wiederholung 6

1. Bilde die richtige Form des Adjektivs, die mit dem vorgegebenen Substantiv in Kasus, Numerus und Genus kongruent ist, und übersetze! Beachte dabei, dass es mitunter mehrere Möglichkeiten gibt:
agricolae (liber) – templa (sacer) – piratarum (malus) – puellas (pulcher) – viam (asper) – copiae (integer) – incolam (miser) – animo (magnus) – Persae (liber) – Aegyptus (antiquus) – vita (beatus)

2. Wandle das attributiv gebrauchte Adjektiv der Ausdrücke in Nr. 1 in ein prädikatives um und übersetze: (z. B.: die freien Bauern: die Bauern sind frei; den jeweiligen Kasus in Nr. 1 brauchst du nicht zu berücksichtigen, wohl aber den Numerus.)

3. Übersetze: a) Pulchrum est magistrum bonum visitare. Liberis magnam copiam librorum antiquorum monstrat. b) Graeci magnas copias Persarum asperorum timent. Nam Persae templum Minervae sacrum vastant. Tandem Graeci Persas arcent.

4. Unterscheide und übersetze: es (2) – est – este – estis –sum – sumus – sunt

5. Wie lautet die lateinische Bezeichnung der Länder, deren Völker hier aufgezählt sind? Wie ist die heutige deutsche Bezeichnung?
Germani – Galli – Itali – Britanni – Graeci – Hispani

6. Bilde die Deklinationsschlange:

templum sacrum:	(Akk. Sg.) => (Gen. Sg.) => (Nom. Pl.) => (Akk. Pl.) => (Dat. Pl.)
puer beatus:	(Gen. Sg.) => (Akk. Sg.) => (Nom. Pl.) => (Dat. Pl.) => (Gen. Pl.) => (Akk. Pl.)
agricola miser:	(Dat. Sg.) => (Gen. Sg.) => (Nom. Sg.) => (Akk. Pl.) => (Dat. Pl.)
Corinthus antiqua:	(Akk.) => (Gen.) => (Dat.)

7. Welche römischen Vornamen, die heute noch gebräuchlich sind, kennst du?

8. Beschreibe das Bild, das du auf dieser Seite siehst, und erzähle den Mythos!

9. Auf dem Bild unten siehst du den Gott Mäander; er steht in den Thermen, die Faustina, die Gattin des Kaisers Marc Aurel (161 – 180 n. Chr.), in Milet erbaute. Was könnte das für ein Gott sein? Woraus schließt du das?

10. Inwiefern zeigt das Saturnalienfest, dass die *familia* in Rom eine Lebensgemeinschaft war, zu der auch die Sklaven gehörten ?

K 19 Das Possessivpronomen

A Der Dichter Vergil preist Italien

Der römische Dichter Vergil (70 – 19 v. Chr.) fügt in sein Werk „Geórgica“ (Leben auf dem Lande) einen Preis auf Italien ein:

„Nein, hier prangt mit Früchten die Flur, mit erlesenen Weinen,
Ölbäume grünen am Hang und fröhlich weiden die Rinder (...).
Hier blüht dauernder Lenz, hier strahlt fast zeitlos der Sommer,
zweimal ist trächtig das Vieh, zweimal bringt Früchte der Obstbaum.
Reißende Tiger jedoch sind fern und grimmiger Löwen
Brut. Kein Giftkraut bringt Verderben dem harmlosen Sammler,
nicht schlingt Windungen hier so gewaltig die schuppige Schlange.“
(Vergil, Georgica II, 143 bis 154; übersetzt von J. und M. Götte)

B

1. Patriam meam (nostram) amo (amamus).
2. Etiam patria tua (vestra) pulchra est.
3. Amicus (amici) patriam suam amat (amant).
4. Nostra vita beata est, vestra (vita) misera (est).
5. Servi dominum saepe non amant.

C Claudius bekommt Besuch

Claudius Arminio amico villam suam monstrat. Claudius amicum appellat: „Intra parvam villam nostram et specta vitam beatam amici tui! Multi et clari poetae patriam meam laudant et cantant. Agricolae integri nostri incolis magnam copiam ciborum semper parant. Venti asperi agris nostris non multum nocent. Malae bestiae[1] terram nostram non vastant, quia hic[2] non sunt. Ubi est patria tua, ubi sunt agri vestri?“

[1] *bestia* das Tier [2] *hic* hier

D a) Übersetze: 1. Nostri agri magni sunt, vestri parvi. 2. Vita vestra beata non est, quia multi piratae incolas patriae vestrae terrent et venti asperi agros vestros vastant. 3. Magister industriam tuam et studium meum laudat, nam animum nostrum exercemus et multas fabulas poetarum clarorum recitamus. 4. Ubi copiae Graecorum antiquorum adversarios (*adversarius* der Gegner) suos exspectant et arcent?

b) Bilde die passenden Endungen des Possessivpronomens und übersetze: verba (meus) – studio (tuus) – libros (suus) – agricolarum (noster) – amici (vester) – agrum (suus)

c) Der römische Dichter Martial freut sich über den Anklang, den seine Lieder in Rom finden. Übersetze folgenden Vers! Beachte dabei genau die Endungen! Versuche zu erklären, wie Martial durch die Stellung der einzelnen Wörter seinen Stolz ausdrückt!
„Laúdat, amát, cantát nostrós mea Róma libéllos“ (libros).

d) Vergils Preis auf Italien ist gewiss nicht wörtlich aufzufassen. An welchen Stellen übertreibt der Dichter bewusst? Was will er damit aussagen?

e) Übersetze ins Lateinische: 1. Berühmte Dichter loben die unbescholtenen Bauern ihrer Heimat Italien, wo raue Winde den Äckern nicht viel schaden. Sklaven bearbeiten (üben) die fruchtbaren (guten) Felder ihrer Herren. 2. Unsere Söhne sind eure Freunde, meine Tochter ist deine Freundin. 3. Der Dichter Horaz liebt sein kleines Landhaus.

K 20 Substantivierungen

A Germanien

Der römische Geschichtsschreiber Tacitus (ca. 55/56 – ca. 120 n. Chr.) verfasst wohl im Jahre 98 eine Schrift über Germanien. In einer Zeit, in der Naturvölker gerne idealisiert werden und die Kraft des römischen Reiches langsam nachlässt, möchte Tacitus seinen Landsleuten u. a. zeigen, dass die Germanen einmal gefährlich werden könnten. Das Land schildert er folgendermaßen:
„Die Landschaft zeigt zwar im Einzelnen eine gewisse Abwechslung, ist aber im Ganzen doch durch ihre Wälder oder durch Sümpfe entstellt, reicher an Niederschlägen im Westen, windreicher nach Osten hin. Das Land ist fähig, die Saat zur Reife zu bringen, kaum gewillt, Obstbäume zu tragen, zwar reich an Vieh, aber das ist meist wenig ansehnlich. Nicht einmal das Pflugvieh hat Hörner. Die Germanen freuen sich, wenn sie viel Vieh haben, und das ist ihr einziger und der ihnen willkommenste Reichtum. Ob ihnen die Götter aus Gnade oder im Zorn Silber und Gold versagt haben, vermag ich nicht zu entscheiden; dabei will ich nicht etwa behaupten, keine Ader in Germanien führe Silber oder Gold; denn wer hätte je danach geforscht? Jedenfalls machen Besitz und Gebrauch auf sie keinen sonderlichen Eindruck.“
(Tacitus, Germania 5, 1 – 2, Übersetzung nach: Arno Mauersberger)

B
1. Multi Germanos antiquos laudant.
2. Etiam Tacitus multa narrat.
3. Vita libera Germanis magnum bonum est.
4. Germani suos et sua servare (bewahren) student.

C In Germanien ist manches anders

Tum Arminius Claudio multa et nova monstrat: „Tacitus multa narrat, pauca vera non sunt. Etiam nostri agricolae boni sunt, sed parvis agris venti asperi multum nocent. Vina[1] vestra nostris nota non sunt, sed mulsum[2] amant. Copiam taurorum[3] habere magnum bonum est. Caelum Germaniae asperum pauci laudant, sed tamen multae et pulchrae plantae[4] sunt et incolas delectant. Vita servorum Germanis magnum malum est et imperio alieno non parent. Patriam et suos amant et amici veri sunt."

[1] *vinum* der Wein [2] *mulsum* der Met, Honigwein [3] *taurus* der Stier [4] *planta* die Pflanze

D a) Übersetze: Quia Claudio multa i-gnota (nota non) sunt, Arminius (erg. glaubt): „Meum est amico nova et vera monstrare. Amicitia (*amicitia* Freundschaft) vera Germanis magnum bonum est; pulchrum est multos et integros amicos habere. Dominis alienis parere et vitam non liberam habere mala sunt. Antiqui magnum animum Germanorum laudant. Semper se (sich) multum exercent et alienos non timent. Caelum asperum Germaniae paucis curas parat. Cum mala exspectant, se et sua deis mandant (*mandare* anvertrauen)."

b) Übersetze folgende Ausdrücke: multa et magna bona – vestrum est – antiquos et antiqua amare – paucis notum est – vera laudare – mea et meos amo – nostris notum non est – nova parare – vestros monere – tuum est laborare – aliena spectare – multum, non multa – paucos orare – alienos appellare – tuis imperare – suos vocare

c) Löse die folgende Wortschlange in ihre einzelnen Bestandteile auf: (Beachte, dass die Wörter sich am Ende und am Anfang überlappen, z.B.: *vitacere* = *vita* – *tacere!*) s e r v i t a c e r e c i t a t e m p l i b e r .

d) Die Römer kennen Germanien nicht genau, denn nur wenige haben das Land selbst gesehen. An welchen Stellen ist die Schilderung des Tacitus gewiss einseitig und nicht richtig?

e) Was könnte der Grund dafür sein, dass Tacitus so deutlich betont, dass Gold und Silber bei den Germanen keine große Rolle spielen?

f) Übersetze ins Lateinische: 1. Den Freunden ist nur° Weniges (Pl.) bekannt. Es ist deine Aufgabe, Neues (Pl.) und Wahres (Pl.) zu erzählen. 2. Du befiehlst viel (Pl.) Abwegiges (Fremdes). Dennoch gehorchen dir viele. 3. Das Klima Italiens ist nicht rau.

Ein heiliger Bereich mit einem typischen Umgangtempel und zwei kleineren Heiligtümern sowie Altären, geweiht dem Gott Merkur, der in Gallien und im keltischen Teil Germaniens am meisten verehrt wurde; Historisches Museum Regensburg.

K 21 Der Vokativ

A Frühe antike Seefahrt

Völker wie die Griechen und Römer, die vom Meer umgeben sind, fuhren schon früh auf die hohe See hinaus. Bereits im 6. und 5. Jahrtausend v. Chr. wurden zahlreiche Inseln in der Ägäis besiedelt. Natürlich war diese Seefahrt noch sehr beschwerlich und gefährlich. Die Schiffe waren nicht langlebig; es fehlten Imprägniermittel und das Holz wurde rasch faul. Sie waren ferner nicht hochseetauglich, weshalb stets Land in Sichtweite sein musste, wo man bei schlechtem Wetter Schutz suchen konnte. Hilfen zur Navigation waren gering und beschränkten sich meist auf Sonne, Mond und Sterne. Eine besondere Gefahr ging von den Seeräubern aus, die schon im 3. Jahrtausend v. Chr. Schiffe, aber auch Städte und Dörfer an den Küsten überfielen und ausplünderten, die Bewohner beraubten und sie in die Sklaverei verkauften. Der sagenhafte König Minos von Kreta, der um 2000 v. Chr. über ein großes Inselreich in der Ägäis herrschte, befreite erstmals das Meer von den Seeräubern. Um 1190 v. Chr. fand im Nildelta die erste bekannte Seeschlacht statt, in der der ägyptische König Ramses III. eine Invasion von Piraten stoppte. Das Seeräuberunwesen konnte zwar immer wieder eingeschränkt, aber nie ganz beseitigt werden.

B 1. Etiam tu (du), mi fili!
2. Gloria tua magna est, amice.
3. Amicus populi Romani es, Armini.
4. Victoria vestra clara est, amici.
5. Puellae te (dich) amant, domina.
6. Verbum Dei, nos (uns) delectas.
7. Serva populum tuum, Deus!

C Das Leben der Seeleute ist hart

Dominus Tullium filium advocat: „Beatus es, mi fili Tulli, nam vita tua aspera non est.“ Tum filio parvas villas nautarum miserorum monstrat et nautas appellat: „Vita vestra aspera est, nautae boni, quia venti saepe mali sunt. Tum oratis: ‚Serva nos[1], Neptune deus, quia ventos asperos timemus.‘ Etiam multi piratae animum vestrum terrent, viri. Tum doletis, dum piratae villas et agros vestros vastant, et deos appellatis: ‚Date nobis[2] victoriam, dei! Populus noster vos[3] amat et laudat.‘“

[1] *nos* uns [2] *nobis* uns [3] *vos* euch

D a) Übersetze: 1. Dominus filios advocat et monet: „Cur non laboratis, Marce et Luci? Etiam industria tua magna non est, mi fili Gai. Spectate industriam puellarum, pueri!“ 2. Ventos asperos et piratas malos timetis, nautae boni. 3. Dum nautae piratas arcere parant, feminae et puellae Neptunum orant: „Serva, deus noster, populum tuum!“ 4. Magister narrat: „Romani domini terrae sunt. Gloria Romanorum magna est; multae victoriae Romanorum clarae sunt.“

b) Setze die folgenden Ausdrücke in den Vokativ Singular und Plural: agricola bonus – puer beatus – deus verus – filius integer – poeta clarus – magister meus

c) Erkläre folgende Fremdwörter: Popularität – Populist – Kosmonaut – nautisch – glorifizieren – glorios – glorreich

d) Übersetze ins Lateinische: 1. Die Römer herrschen über die Völker (befehlen den Völkern). Viele Völker gehorchen den Römern. Berühmte Dichter preisen (loben) den Ruhm und die Siege des römischen Volkes. 2. Während schlimme Winde die tüchtigen Bewohner der Insel erschrecken, beten die Frauen: „Rettet die Seeleute, gute Götter! Sei gnädig (*propitius*), Gott Neptunus!“

Auf Kap Sunion in Attika, wo die Schiffe die schützende Küste verließen und aufs offene Meer hinausfuhren, stand ein Tempel des Neptun; hier riefen die Seeleute die Hilfe des Gottes der Meere an.

W Wiederholung 7

1. Bilde von folgenden Adjektiven zunächst die entsprechende Form im Nominativ und setze dann den ganzen Ausdruck in den Vokativ: nauta (bonus) – filii (clarus) – populus (meus) – poetae (notus) – amicus (verus) – venti (asper) – vir (alienus) – filius (meus parvus) – patria (pulcher)

2. Bilde zu den vorgegebenen Substantiven die entsprechende Form des Possessivpronomens und übersetze: populo (noster) – gloriam (vester) – caeli (vester) – nautas (noster) – populi (tuus) – amicorum (meus) – dominos (suus) – victoriae (noster) – amicis (meus) – insulae (tuus)

3. Übersetze folgende Ausdrücke: multum laborare – multis nocere – pauca imperare – paucis imperare – alienum est – nova, tamen vera – dum multa spectas – antiquos et antiqua amare – bona et mala – boni et mali – vestrum est – nostri et vestri – sua et suos amare – magnum bonum est – multum, tamen non multa

4. Erkläre folgende Fremdwörter: Multiplikator – renovieren – Ventil – notieren – nota bene – Notizbuch – multikulturell – Popularität – glorifizieren – nautisch.

5. Welche Eigenheiten stellen Vergil und Tacitus in den Texten über Italien und Germanien heraus? Welche Rückschlüsse lassen sich daraus auf die Völker ziehen?

6. Inwiefern schwingt im Text des Tacitus auch eine Kritik an den Römern mit?

7. Welche Gefahren drohten der Schifffahrt in frühen Zeiten?

8. Die Ägäis ist ein junges Meer. Früher gab es zwischen Griechenland und der Türkei eine Landbrücke, die aus hohen Gebirgen bestand. Als sie in der Erde versank, flutete das Meer in diese Senke. Überlege, was mit den Gipfeln hoher Berge geschehen sein könnte und weshalb die Ägäis demnach für die Seefahrt sehr geeignet war!

K 22 Der Ablativ der Trennung

A Die Verschwörung des Catilína

Im 1. Jahrhundert v. Chr. herrschten in Rom unruhige politische Zustände. Weil der Staat schwach geworden war, versuchten mehrere Männer, unter ihnen Cäsar und Pompeíus, die alleinige Macht an sich zu reißen. Dieses Ziel verfolgte auch Catilína. Er wurde um das Jahr 108 v. Chr. geboren und stammte aus altem Patrizieradel. Erfüllt von brennendem politischem Ehrgeiz wollte er das höchste Amt erreichen, das Konsulat. Allerdings kam er mehrmals mit dem Gesetz in Konflikt und wurde deshalb vor Gericht gestellt. Während eines laufenden Prozesses konnte man sich um kein Staatsamt bewerben, so dass Catilína bis zum Jahre 64 warten musste, bis er zum Konsul für das Jahr 63 kandidieren durfte. Gewählt aber wurde nicht er, sondern Cicero. Catilína trat im Jahre 63 erneut zur Wahl an, fiel aber wiederum durch. Da plante er einen Putsch. Cicero deckte die Verschwörung auf und konnte einen gewaltsamen Umsturz verhindern. Er ließ die Freunde Catilínas in Rom verhaften und hinrichten. Catilína sammelte ein Heer, das im Februar 62 bei Pistória nördlich des Arno geschlagen wurde; er selbst kam dabei ums Leben. Der römische Geschichtsschreiber Sallúst (86 – ca. 35 v. Chr.) hat über die Verschwörung des Catilína ein berühmtes Werk verfasst.

B

1. Populus Romanus curis non vacat.
2. Sed Cicero populum Romanum magno periculo liberat.
3. Catilina amicis non caret.
4. Cicero Catilinam iniuria arcet.

Cicero (106 - 43 v. Chr.)
Kapitolinische Museen Rom

C Cicero rettet Rom

Romani magnis curis non vacant, quia Catilina iniuria non abstinet. Multos incolas Romae multis bonis spoliare parat. Sed Cicero Catilinam iniuria arcere et populum periculo liberare studet. Tandem Catilina auxilio caret, quod Cicero eum[1] multis amicis spoliat. Victoria Romanorum clara est et incolas Romae periculis liberat. Curis et periculis vacare pulchrum est.

[1] *eum* ihn

D a) Übersetze: 1. Viri et feminae deos orant: „Liberate nos (uns) curis et periculis, dei boni! Catilina nos (uns) pecunia et vita spoliare studet. Si (wenn) auxilio vestro caremus, patria nostra libera non est.“ 2. Germani Romanos terra sua arcere parant, quia imperio Romano vacare student. Romani enim (nämlich) iniuria non abstinent, sed incolas multarum terrarum pecunia et copiis spoliant.

b) Setze folgende Ausdrücke in den Ablativ Singular und Plural: auxilium vestrum – iniuria mala – periculum asperum – ager bonus – vir integer – populus clarus

Die Kurie auf dem Forum in Rom war der Versammlungsort des Senats; der jetzige Bau stammt von Kaiser Diokletian aus dem Jahr 303 n. Chr.

c) Beschaffe dir eine deutsche Übersetzung der „Verschwörung des Catilina" von Sallust und lies darin besonders die Kapitel 5 und 14 – 16. Versuche dann eine Charakteristik Catilinas!

d) Übersetze ins Lateinische: 1. Die tüchtigen Bewohner der Insel wehren die schlimmen Piraten von der Heimat ab und befreien Männer und Frauen von Sorgen und Gefahren. 2. Denn die Seeräuber rauben den Bewohnern (= berauben die Bewohner) Geld und Nahrung (Speisen, Abl.), wenn sie keine Hilfe (Abl.) haben. 3. Haltet euch vom Unrecht (Abl.) fern! 4. Ihr seid frei von Krankheiten.

K 23 Der Ablativ des Mittels

A Imperium Romanum

Der Aufstieg Roms vom kleinen Bauern- und Hirtendorf zur Weltmacht versetzt heute noch viele Menschen in Erstaunen. Eiserne Disziplin, unablässiger Einsatz des Einzelnen und bedingungslose Unterordnung privater Interessen unter die des Staates bildeten die Voraussetzungen für diese Entwicklung. Langsam und unter manchen Rückschlägen eroberten die Römer bis ins frühe 3. vorchristliche Jahrhundert Mittel- und Unteritalien. In drei langen und schweren Kriegen wurde zwischen 264 und 146 v. Chr. Karthago, eine punische Handelsstadt in Nordafrika, besiegt; Rom stieg auf zur Herrschaft im westlichen Mittelmeerraum. Es folgte die Unterwerfung Griechenlands und weiterer Gebiete im Osten. Cäsar eroberte zwischen 58 und 51 v. Chr. das riesige Gallien und griff nach Britannien hinüber; er unternahm gegen diese Insel zwei Feldzüge und errang Siege, ohne dass er freilich nachhaltigen Erfolg hatte; Britannien wurde etwas über hundert Jahre später römische Provinz. Unter Kaiser Trajan (98 - 117 n. Chr.), der bei seinen Kriegen im Osten Armenien und Mesopotamien in das römische Reich eingliederte, hatte dieses seine größte Ausdehnung. Die Römer unterwarfen aber andere Völker nicht nur; sie beließen ihnen viele Freiheiten, gaben den Bewohnern zum Teil sogar das römische Bürgerrecht, bauten Straßen, sorgten für eine gute Verwaltung und förderten die Wirtschaft. Den Menschen ging es im römischen Reich materiell oft nicht schlechter als früher. Deshalb konnte es sich auch so lange halten.

Die bekannteste der römischen Fernstraßen ist die Via Appia. Sie führte von Rom nach Süden über Capua und Tarent bis Brundisium.

B 1. Romani multos populos bellis terrent.
2. Copiae victoriis incolas Romae delectant.
3. Multi incolae imperii Romani inopiā non laborant.

C Roms Weltreich

Magister Romanus verbis suis liberos delectat: „Bellis Romani magnum imperium sibi[1] parant, quod cunctos adversarios animo superant. Adversarii Romanos bello terrere saepe temptant, sed copiae nostrae pericula non timent. Romani alios populos pecunia, cibis, bonis non spoliant, sed vitam beatam parant, quod inopia non laborant. Auxilio Romanorum alii populi liberi sunt, alii multa bona exspectant, cuncti vita sua contenti sunt. Nam imperium Romanum asperum non est, quia Romani humani sunt."

[1] *sibi* sich

D a) Übersetze: 1. Romani domini humani sunt. Nam non animo aspero et magnis bellis imperium sibi (sich) parare temptant, sed liberis populis imperare student. 2. Quia amicus morbo laborat, medicum advocamus. Medicus nova medicina amicum morbo liberare temptat. 3. Alii incolae inopia laborant, alii pecunia multos superant et vita sua tamen contenti non sunt. 4. Romani Germanos Italia arcere temptant; cunctae copiae adversarios exspectant.

b) *Temptare* ist ein Wort, das vieles heißen kann. Die Grundbedeutung ist etwa „betasten, berühren, befühlen". Verbinde die verschiedenen Übersetzungsmöglichkeiten von *temptare* mit den angegebenen Objekten und übersetze: auf die Probe stellen – angreifen – in seine Gewalt zu bringen versuchen – zu gewinnen suchen – aufregen: animos populi – copias adversariorum – amicum – animum amici – bona adversariorum.

c) Setze dich mit dem Text des C-Stückes kritisch auseinander und beziehe folgende Punkte in deine Überlegungen ein! An welchen Stellen beschönigt der Lehrer das Vorgehen der Römer? Was ist an seinen Aussagen sogar falsch? Welche Haltung weckt er auf diese Weise in den Schülern? Welche Gefahr besteht, wenn Lehrer ihre Kinder so unterrichten?

d) Übersetze ins Lateinische: 1. Der Herr ist mit dem Eifer seines Sohnes nicht zufrieden. Er ermahnt den Sohn: „Übertriff endlich die Freunde an Fleiß!" 2. Gallier (*Galli*) greifen die Truppen der Römer an, aber die Römer wehren mit großem Mut die Gegner ab. 3. Alle Bewohner des Landes leiden Not, weil sie den Krieg fürchten. 4. Die einen loben das harte (raue) Leben der Germanen, die anderen lieben das glückliche Leben vieler Römer. 5. Sklaven lieben menschliche Herren.

K 24 Der Ablativ des Ortes und der Zeit

A Griechenlands Rolle im römischen Reich

Im Jahre 338 v. Chr. fand bei Chaironeía in Mittelgriechenland eine schicksalsträchtige Schlacht statt. Athen und Theben hatten sich gegen die Makedónen erhoben; nun wurden diese beiden Städte von Philipp II. vernichtend geschlagen; sein 18-jähriger Sohn Alexander befehligte damals die Reiterei und trug wesentlich zum Sieg bei. Von nun an stand Griechenland unter makedonischer Herrschaft und ging wenig später im Weltreich Alexanders auf, in dem es wegen seiner Randlage und seiner geringen Größe politisch keine Rolle spielte. Daran änderte sich auch nichts, als Griechenland im 2. Jahrhundert v. Chr. römische Provinz wurde. Allerdings war Athen immer noch ein Zentrum des geistigen Lebens der Antike. Hier gab es insbesondere berühmte Philosophen und Redelehrer. Deshalb studierten vornehme junge Römer meist einige Zeit in Athen. Auch der römische Schriftsteller Aulus Géllius, ein Autor des 2. Jahrhunderts n. Chr., verbrachte einige Jahre hier. Er schrieb 20 Bücher mit dem Titel „*Noctes Atticae*" – attische Nächte. In Attika, der Gegend, in der Athen liegt, hatte er ein Landgut; hier las er an den Abenden viele Bücher. Auszüge aus ihnen hat er in seinem Werk zusammengetragen.

B

1. Autumno (*autumnus* der Herbst) agricolae inopiā non laborant.
2. Vesperi liberi domi sunt.
3. Multis locis pericula timemus.
4. Pauci totā vitā miseri sunt.

C Der Schriftsteller Aulus Gellius

Vesperi liberi domi sunt; ibi dominus multa narrat; libris Auli Gellii animos liberorum saepe delectat: „Aulus Gellius tota Italia clarus est. Idoneo loco Atticae villam pulchram habet et paucos annos ibi est. Multis locis Atticae sunt villae Romanae, quia ibi[1] pueri clararum familiarum Romanarum viros doctos[2] visitant et auxilio magistrorum notorum studio se dant[3]. Iam[4] primo anno Gellius multos libros sibi[5] parat et legit[6]. Feriis, cum studiis vacat, amicos vesperi advocat. Cum annus bonus est, autumno[7] cantant et deos laudant. Tum cibis se[8] delectant et multa narrant."

[1] *ibi* gemeint ist: in Athen [2] *doctus* gelehrt [3] *studio se dare* sich wissenschaftlicher Beschäftigung hingeben [4] *iam* schon [5] *sibi* sich [6] *legit* er liest [7] *autumnus* der Herbst [8] *se* sich

D a) Übersetze: 1. Primo anno belli Gallici Helvetii et Suebi adversarii Romanorum sunt. Tota Gallia populi Romanos timent, quia Gallos bello superare temptant.

2. Autumno (*autumnus* der Herbst) feriae sunt; feriis liberi beati sunt, quod domi curis vacant. Vesperi amicos exspectant. 3. Templa antiquorum idoneis locis sunt. Feriis multi viri et feminae illa (jene) loca visitant.

b) *Parare* ist ein Wort, das vieles heißen kann. Die Grundbedeutung ist etwa „bereiten, vorbereiten". Übersetze möglichst prägnant; verwende dabei die nachstehenden Möglichkeiten: bereitstellen – erwerben – rüsten zu – sich anschicken – sich verschaffen – zubereiten: amicos – bellum – cibos – copias – laborare – pecuniam.

c) Gellius überliefert folgende Fabel: Eine Haubenlerche hatte in einem Saatfeld ihr Nest mit Jungen. Als sie eines Tages von der Nahrungssuche zurückkam, sagten diese: „Der Bauer war hier und befahl seinem Sohn, er solle morgen mit Freunden das Feld abernten." Die Mutter beruhigte die Jungen und flog in der Frühe wieder fort, um Nahrung zu besorgen. Am Abend hatten die Jungen noch größere Angst; denn der Bauer war wieder da gewesen und hatte seinem Sohn den Auftrag gegeben, er solle morgen mit Verwandten die Ernte einbringen. Die Lerche blieb ruhig und unternahm nichts; den Jungen sprach sie wiederum Mut zu. Am nächsten Tag berichteten diese zitternd: „Der Bauer war erneut gekommen. Er hatte zu seinem Sohn gesagt: „Besorge morgen zwei Sicheln, eine für dich, eine für mich; dann werden wir beide das Getreide abmähen." Da meinte die Lerche: „Jetzt ist Zeit wegzugehen" und sie verlegte das Nest anderswohin.
(Gellius, Noctes Atticae II 29) Welche Lehre kannst du aus dieser Fabel ziehen?

d) Übersetze ins Lateinische: 1. Im ganzen römischen Reich sind viele Bewohner mit ihrem Leben zufrieden. Denn es gibt (sind) schöne Orte, wo sie sich in den Ferien von Sorgen fernhalten und durch die Hilfe geeigneter Ärzte Krankheiten heilen können. 2. Zu Beginn des Jahres (im ersten Jahr) bitten Männer und Frauen die Götter: Befreit uns (*nos*) zu Hause von Not! 3. Bauern leben (sind) oft zu Hause.

Die römische Agora; in Athen gab es ab dem 1. Jahrhundert v. Chr. einen römischen Stadtteil, zu dem ein eigener Marktplatz gehörte; er bildete einen wichtigen Treffpunkt.

W Wiederholung 8

1. Welche der folgenden Formen sind:
a) keine Ablative: iniuriā – anni – inopia – adversario – feriarum – locis – bellis – auxilium – pericula
b) Dative und Ablative: iniuriae – anno – inopiam – adversariis – feriis – loci – bella – auxilio – periculis
c) Dative, aber keine Ablative: iniuriam – inopiae – adversariis – ferias – locum – bellorum – auxilio – periculi – anno – familiae

2. Übersetze folgende Wendungen: iniuria abstinere – incolas bonis spoliare – cibis carere – amicos animo superare – primo anno belli – idoneo loco – inopia vacare – amicos periculis liberare – auxilio deorum – adversarios magnis copiis temptare – paucis bonis contentus – cuncti amici domi sunt – tota terra – alius alium librō delēctat.

3. Bilde von folgenden Wörtern den passenden Ablativ (Singular oder Plural), füge ihn in die folgenden Lücken ein und übersetze die einzelnen Sätze: animus – cibus – cura – feriae – morbus – pecunia – periculum – tota terra – vita sua:
a) Viri cum ..... contenti non sunt, saepe alios ..... superare temptant. b) Romani ..... multos adversarios superant et cunctos incolas ..... liberant. c) Dominus ..... laborat, medicus imperat: „Abstine .....!“ d) ... liberi ... vacant et beati sunt, nam magister eos (sie) non monet. e) ... loca pulchra sunt.

4. Beschreibe kurz die Ausdehnung des römischen Reiches! Warum hatte es so lange Bestand?

5. Der römische Dichter Horaz schreibt in seiner Satire II 6 über das Leben auf seinem Landgut in den Sabinerbergen in der Nähe von Rom: Schön sind die Abende, an denen er gemeinsam mit seinen Leuten und seinen Gästen zunächst den Hausgöttern opfert und dann speist. Auch das Trinken kommt nicht zu kurz. Dabei ergibt sich manches Gespräch, nicht über prächtigen Villenbesitz und große Häuser der anderen, nicht, ob der Schauspieler, der gerade in Rom auftritt, gut oder schlecht tanzt; es geht vielmehr darum, was diejenigen, die sich zum Gelage versammelt haben, näher berührt, nämlich ob die Menschen durch Reichtum oder durch gutes Handeln glücklich werden, was Menschen zu Freunden macht, was ganz allgemein das Gute und was das höchste Gut ist.
Beschreibe mit eigenen Worten das hier und in K 24 C geschilderte Leben am Abend auf einem Landgut! Wo findest du Gemeinsamkeiten zwischen Gellius und Horaz?

K 25 Präpositionen mit Ablativ

A Die Angst der Römer vor den Germanen

Die Heimat der Kimbern und Teutónen, germanischer Stämme, die in der Gegend des heutigen Jütland (Schleswig-Holstein) lebten, war kurz nach 115 v. Chr. durch Springfluten zerstört worden. So wanderten sie aus und gelangten bis zum Jahre 113 an den Rhein, die Ostalpen und nach Gallien. Sie schlugen mehrere römische Heere; dann baten sie den Senat um Landzuweisungen; sie wollten sich friedlich ansiedeln. Rom aber lehnte ab. Nun trennten sie sich. Die Teutónen blieben in Gallien, die Kimbern zogen nach Spanien. Als sie später – wieder getrennt voneinander – den erneuten Versuch machten in Italien einzufallen, wurden sie von Márius in den Jahren 102 und 101 geschlagen. Der Schrecken, den sie den Römern eingejagt hatten, blieb jedoch noch lange erhalten (*furor Teutónicus*). Dies zeigt sich besonders im Jahre 58 v.Chr., als Ariovíst, der Anführer der germanischen Sueben, in Gallien einfiel und es zum Konflikt mit Cäsar kam.

B

1. Sine amicis vita misera est.
2. Cum amicis esse pulchrum est.
3. E Britannia et ex Italia amici nos (uns) visitant.
4. Magister liberis de Romanis antiquis narrat.

C Ariovist jagt mit seinen Germanen den Römern Schrecken ein

E Germania magnae copiae appropinquant[1]. Ariovistus cum magnis copiis e Germania Rhenum superare et Gallos agris et tectis spoliare parat. Germani Romanos terrent, nam a prima pueritia[2] se[3] bellis exercent; pericula non timent. Galli Romanis de magno Germanorum animo multa narrant. Tum Romani deos orant: „Liberate nos[4] periculis et curis! Pro amicis nostris Germanos Gallia arcere studemus, sed sine auxilio vestro victoriam non exspectamus."

[1] *appropinquare* sich nähern, [2] *pueritia* die Kindheit [3] *se* sich [4] *nos* uns

D

a) Übersetze: 1. Sine auxilio Romanorum Galli Germanos patria sua arcere non possunt, nam Germani se (sich) a prima pueritia (Kindheit) bellis exercent. 2. Quia agri Gallorum boni sunt, Germani etiam cum parvis copiis saepe Rhenum superant et sine magnis periculis Gallos temptant. 3. Galli pro feminis et liberis deos orant: „Cum amicis Germanos arcere et a periculis liberi esse studemus. E Germania multi adversarii appropinquant (sich nähern) et Rhenum superant. Liberate nos (uns)!" 4. Tandem dei Gallis victoriam de Germanis dant.

b) Setze in den richtigen Kasus (beachte den Numerus) und übersetze: de (tectum) – ex (tecta) – a (tectum) – sine (amici) – pro (femina et liberi) – cum (puer) – de (Romani antiqui) – ex (multi anni) – cum (dominus) – pro (nautae) – sine (pecunia)

c) Welchen Fehler begingen die Kimbern und Teutonen?

d) Übersetze ins Lateinische: 1. Ein Lehrer erzählt römischen Knaben über die Kindheit (*pueritia*) der Germanen: 2. „Sie sind oft mit Freunden zusammen° und rufen sie (*eos*) aus den Häusern herbei. 3. Ohne den Befehl der Männer üben sie sich (*se*) von Kindheit (*pueritia*) an, denn sie sorgen sich (haben Sorge) für (über) ihre Heimat. 4. Es ist schön, für das Vaterland Ruhm zu erwerben (bereiten)."

Waffen eines römischen Soldaten: Metallhelm, Schild, Langschwert und Pilum, ein Wurfspeer, der halb aus Holz und halb aus weichem Eisen mit gehärteter Spitze bestand; dieses bog sich z. B. beim Aufprall auf einen Schild um und konnte nicht leicht entfernt werden. Modell aus dem Historischen Museum Regensburg.

K 26 Präpositionen mit Akkusativ

A Die Siedlungsformen der Germanen

„Das germanische Haus ist aus der Landschaft erwachsen und wurde von Menschen geschaffen, die durch Jahrtausende mit dem Wald aufs engste verbunden waren.“ (E. Nack, Germanien, S. 69). Die frühen Wohnstätten waren demnach aus Holz und das blieb lange so. Als Volk, das vorwiegend aus Jägern und Bauern bestand, lebten die Germanen im Gegensatz zu den Römern nicht in großen Orten; Städte kannten sie nicht. Ursprünglich war das Haus von den Äckern umgeben; es herrschte also eine sehr lockere Siedlungsform vor. Das änderte sich nicht wesentlich, als sich im Laufe der Zeit Sippen zu größeren Dorfgemeinschaften (*vicus*) zusammenschlossen; die Felder lagen dann um das Dorf herum. Weide, Wald und Gewässer gehörten allen gemeinsam (*Allmende*), waren also im Gegensatz zu den Feldern kein Privateigentum. Einige Siedlungen – meist größere – waren mit Wällen oder Mauern befestigt (*oppidum*); im Kriegsfall konnte sich die Landbevölkerung hierhin zurückziehen. Insgesamt galten die Germanen bei den Römern als ein urwüchsiges Naturvolk, nicht verweichlicht wie vielfach die Bevölkerung in Städten; die Angst der Römer vor ihnen war demnach nicht unbegründet.

B

1. Apud Germanos antiquos agri circum tecta sunt.
2. Romani contra Germanos bellum parant.
3. Ante bella copiae pericula saepe timent.
4. Post bellum miseria (Elend) incolarum saepe magna est.

C Das Leben der Germanen

Apud Germanos antiquos magnae silvae sunt. Silvae circum agros et vicos sunt. Ibi se[1] exercent et bestias[2] superare temptant; tum ex silvis ad tecta et vicos properant. Germani bella contra adversarios saepe parant. Ante bellum feminae viros monent: „Temptate et superate adversarios!“ Post bellum magnum animum virorum laudant. Circum tecta agri sunt; ibi viri et feminae magna industria laborant. Magna oppida Germanis non sunt, nam idonea non sunt ad vitam agricolarum.

[1] *se* sich [2] *bestia* das (wilde) Tier

D a) Übersetze: 1. Circa oppida et vicos Germanorum agri et silvae sunt. 2. Saepe cum amicis ex vicis ad silvas properant, ubi bestiae (*bestia* das wilde Tier) sunt. Bestiae agros vastant. 3. Quia apud Germanos bestiae sacrae non sunt, viri eas (sie) superant. 4. Post victoriam feminae viros ante tecta exspectant, tum cibos bonos parant. 5. Germani saepe contra alios populos bellum parant. Cunctis viris magnus animus est.

b) Setze in den richtigen Kasus (beachte den Numerus) und übersetze:
ad (vicus) – apud (Romani) – ante (templa) – post (villa) – contra (Romani) – circa (villa) – ad (agri) – apud (amicus) – ante (multi anni) – post (tectum) – circum (agri) – contra (bestiae)

c) *Superare* ist ein Wort, das vieles heißen kann. Die Grundbedeutung ist etwa „oben sein, überlegen sein". Verbinde die angegebenen Übersetzungsmöglichkeiten mit folgenden Objekten und übersetze: besiegen – überqueren – überschreiten – übertreffen: adversarios – Alpes – amicum animo – Rhenum.

d) Welche Unterschiede zwischen den Römern und den Germanen kannst du den Texten dieses Kapitels entnehmen?

e) Übersetze ins Lateinische: 1. Bei den alten Germanen gibt es (sind) Dörfer, keine (nicht) Städte. Felder und Wälder liegen (sind) um Häuser und Dörfer. 2. Vor dem Krieg fürchten die Germanen ihre Gegner nicht, nach dem Sieg preisen (loben) sie die Hilfe der Götter. 3. Die Gallier rüsten oft zum Krieg (bereiten ... vor) gegen die Germanen und eilen zum Rhein (*Rhenus*). Aber die Germanen haben (übersetze mit: zu eigen sein) gute Truppen.

Die römischen Häuser waren weit komfortabler als die germanischen; es gab vielfach für die kalte Jahreszeit eine Heizung; der Fußboden ruhte auf Tonpfeilern; durch die Kanäle, die so entstanden, strömte von einer Heizanlage aus heiße Luft, die durch Hohlziegel in den Wänden auch ins Obergeschoss gelangen konnte. Modell aus dem Historischen Museum Regensburg.

K 27 Präpositionen mit Ablativ und Akkusativ

A Der Wein

Der Wein gehört zu den ältesten Kulturpflanzen in Europa. Schon im dritten Jahrtausend v. Chr. war er auf der Insel Kreta neben der Olive bekannt. In Griechenland und Rom war er neben dem Wasser das wichtigste Getränk, gewissermaßen ein Grundnahrungsmittel für alle Schichten der Bevölkerung, auch für Sklaven. In Rom trank ein erwachsener Mann durchschnittlich einen Liter Wein am Tag (Frauen die Hälfte). In Italien kannte man neben vielen leichten Tafelweinen rund 80 verschiedene Spitzenweine, die oft viele Jahre in geschlossenen Krügen gelagert wurden. Sonst wurde der Wein in offenen Fässern gekeltert; vor dem Trinken filterte man die Hefe in leinenen Säcken ab. Der Wein war meist schwer und hatte einen hohen Alkoholgehalt. Deshalb verdünnte man ihn mit Wasser, das kalt (oft mit Schnee oder Eis vermischt) oder auch warm war. Das Mischungsverhältnis lag etwa bei 2 : 1 oder 3 : 2 zugunsten des Wassers.

B

1. In Italia agri boni sunt.
2. Agricolae saepe in agros properant.
3. Vespae (*vespa* die Wespe) sub tecto sunt.
4. Vespae sub tectum volant.

C Wespenplage

Autumno[1], cum uvae[2] maturae[3] sunt, agricolae in agros properant et uvas in villas ap-portant. Tum ex uvis vinum bonum parant. Sed vespae quia iucunda[4] amant, ad-volant et viros et feminas et liberos et servos terrent. Extra villam sunt, intra villam sunt, villam per-volant, sub tecto sunt, sub tectum volant. Servi student vespas vino arcere, sed vespae servos temptant. Servi clamant et dolent. Toto tecto vespae sunt. Muri[5] vespas non arcent, trans muros in villam volant, cuncti vespas timent. Tum vespae domini veri villae sunt.

[1] *autumnus* der Herbst [2] *uva* die Traube [3] *maturus* reif [4] *iucundus* angenehm, süß [5] *murus* die Mauer

D a) Übersetze: 1. Intra villam multi servi laborant et ex uvis (*uva* die Traube) vinum parant. Extra villam agri sunt. Agricolae per agros properant et uvas in villam portant. 2. Magnum vallum (Wall) oppidum circum-dat. Intra vallum tecta sunt, extra vallum agri et silvae et fluvius (Fluss). Trans fluvium parvus vicus est. Viri in silvis sunt, in vico feminae viros exspectant. 3. Vespae sub tecta volant, nam sub tectis nidi (*nidus* das Nest) sunt.

b) Setze in den richtigen Kasus (beachte den Numerus) und übersetze: in (*silvae* [2]) – sub (*terra* [2]) – per (*patria*) – extra (*templum*) – intra (*vici*) – trans (*fluvius* der Fluss).

c) Erkläre die Zusammensetzung folgender Verben und gib ihre deutsche Bedeutung an: acclamare – adorare – advolare – advocare – apparare – circúmdare – exspectare – pervolare.

d) Erkläre folgende Fremdwörter: Import – Export – Transport – Advokat – Subordination – Akklamation – submarin.

e) Warum tranken wohl die Römer den Wein mit Wasser gemischt?

f) Der Dichter Horaz schreibt (Satiren I 4, 89): *Cóndita cúm veráx aperít praecórdia Líber ...* (Wenn der die Wahrheit sagende Liber (Gott des Weines) das verborgene Innere öffnet ...). Ein mittelalterliches Sprichwort lautet: *In vino veritas.* (Im Wein liegt Wahrheit.) Was ist wohl damit gemeint?

g) Übersetze ins Lateinische: 1. In den Wäldern leben (sind) viele Tiere (*bestia*) unter der Erde. Wenn sie in Gefahr (Pl.) sind, flüchten (eilen) sie in die Wälder und unter die Erde. 2. Die Römer führen (*exportare*) Wein in viele Länder aus. Auch außerhalb Italiens gibt (ist) es römischen Wein. 3. Innerhalb des Walls (*vallum*) liegt (ist) ein kleines Dorf. Durch das Dorf führt (ist) ein Weg. Pfeile (*sagitta* der Pfeil) der Gegner fliegen über den Wall.

Dionysos, der Gott des Weines, reitet auf dem Panther, dem Tier, das ihm heilig ist. Museum Pella.

Neumagener Weinschiff; Rheinisches Landesmuseum Trier.

W

Wiederholung 9

Das römische Lager

Wenn ein römisches Heer auf dem Marsch war, schlug es jeden Abend ein Lager (*castra, -orum*) auf, das am Morgen wieder abgebrochen wurde. Eine Vorhut hatte dazu einen geeigneten Platz ausgekundschaftet, bei der Ankunft gingen die Soldaten sofort ans Werk. Sie hoben einen Graben (*fossa* - A) aus und warfen die Erde nach innen; dadurch entstand der Wall (*vallum* - B); er wurde durch eine Reihe von Palisaden erhöht und verstärkt, die die Soldaten mitbrachten. Das Lager hatte vier Tore: das Haupttor (*porta praetoria* - C), ihm gegenüber die *porta decumana* (D); an den Seiten: links die *porta principalis sinistra* (E), rechts die *porta principalis dextra* (F). Gegliedert wurde das Lager durch zwei Hauptstraßen, die *via praetoria* (G) und die *via principalis* (H); größere Lager konnten durch weitere Straßen in verschiedene Quartiere unterteilt werden. In der Mitte stand an der Kreuzung der *via praetoria* und der *via principalis* das Feldherrnzelt (*praetorium* - I), das von den Unterkünften der Offiziere umgeben war; die Soldaten übernachteten in Zelten, die in einer festgelegten Ordnung aufgestellt waren. Dieses sog. Marschlager war die Grundlage aller anderen Anlagen dieser Art: Das Winterlager beispielsweise hatte statt der Zelte Baracken; das Standlager oder auch das

Kastell zur Bewachung der Grenzen wies Mauern (*murus*) und zusätzliche Gebäude aus Stein auf, z. B. Getreidespeicher, Thermen, Krankenhaus oder die *Principia*, ein Kult- und Verwaltungszentrum, das an der Stelle des Feldherrnzeltes stand; der Befehlshaber wohnte in einem eigenen Haus daneben.

Setze die folgenden Verbindungen mit Präpositionen in den richtigen Kasus und suche zu den Soldaten, die du auf dem Bild findest, die entsprechende Nummer! Denk daran, dass das lateinische Wort für Lager *castra, -orum* ein Neutrum ist und nur im Plural verwendet wird (vgl. K 30 a)!

1. a (castra)
2. ad (vallum)
3. ante (praetorium)
4. apud (amici)
5. circa (castra)
6. contra (castra)
7. cum (amici)
8. de (vallum)
9. e (castra)
10. extra (vallum)
11. in (vallum)
12. in (fossa)
13. intra (vallum)
14. per (porta)
15. post (praetorium)
16. pro (porta decumana)
17. sine (amici)
18. sub (tectum)
19. trans (murus)

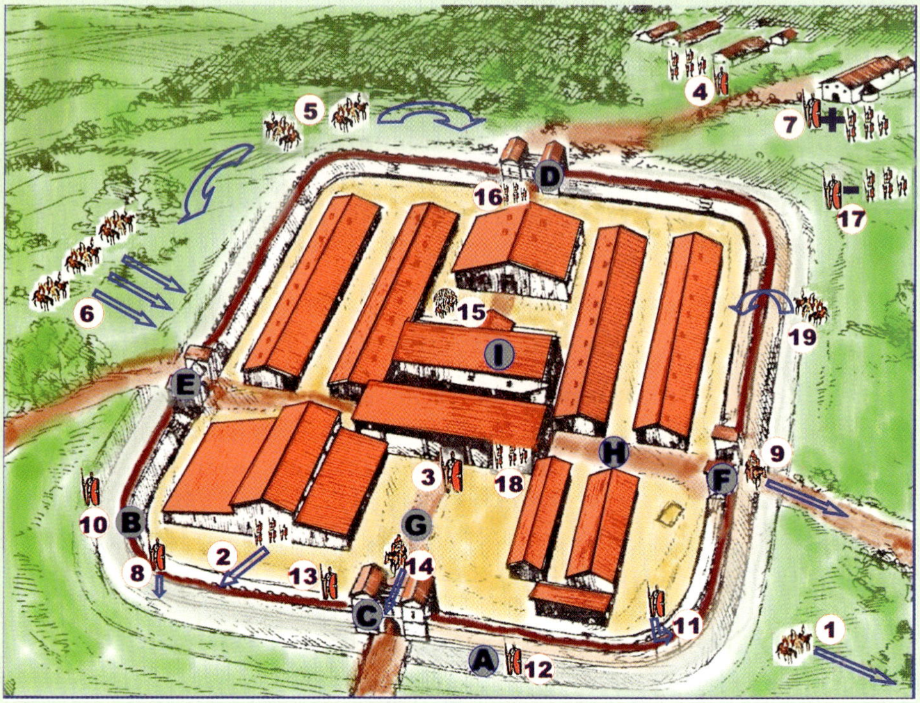

K 28 Das Imperfekt der ē- und ā-Konjugation

A Mäcenas und Horaz

Mäcénas, ein einflussreicher Vertrauter und Berater des Kaisers Augustus, stammte aus höchstem Adel und war sehr begütert. Er war ein großer Gönner von Kunst und Wissenschaft; insbesondere war er Dichtern gewogen. Noch heute sprechen wir daher von einem Mäzén und wir verstehen darunter einen großzügigen Förderer. Der Dichter Horáz (65 – 8 v. Chr.; er starb wenige Monate nach Mäcénas) war einer seiner bevorzugten Günstlinge; diesem schenkte er in der Abgeschiedenheit der Sabinerberge ein kleines Landgut, wo er sich in der Ruhe und in guter Luft seiner Dichtung widmen konnte. Hier war für Horaz alles besser als in Rom und so zog er es vor, möglichst oft hier zu weilen, auch wenn Mäcénas ihn gerne bei sich in der Hauptstadt gehabt hätte. Nicht selten schlug Horaz deshalb eine Einladung aus.

B

1. Maecenas dolebat, quod Horatio poeta carebat.
2. Horatius: „Me saepe invitabas, sed non semper parebam, amice.“
3. Horatius et alii poetae Romam amabant.
4. Sed Romae (in Rom) semper esse non studebant.

C Auf dem Lande ist es schöner

Maecenas Horatium Romam[1] saepe invitabat. Nam amicos circum se[2] habere studebat. Horatius autem quia parvam villam suam amabat, amico[3]: „Romae[4] multis curis semper laborabam. Multa me terrebant et vexabant, multa timebam. Imprimis[5] otio carebam. Saepe in circum properabamus, ubi ludos spectabamus. Vesperi ad cenam amicos invitabas, quia amici te semper delectabant. Etiam poetam exspectabatis, quia vos[6] verbis suis delectabat. Sed sine otio poeta miser est.“

[1] *Romam* nach Rom [2] *se* sich [3] *amico* ergänze: schrieb [4] *Romae* in Rom [5] *imprimis* vor allem
[6] *vos* euch

D a) Übersetze: 1. Maecenas poetas saepe invitabat. Nam quia poetas amabat, saepe eos (diese) advocabat. Poetae autem Romam non amabant, quia ibi curae animos vexabant. Tum poetae otio carebant. 2. In villam meam amicos saepe ad cenam invitabam; saepe etiam amicos visitabam. Tum servi cibos ap-parabant; fabulas narrabatis et animos curis liberabatis, amici. In animo semper habebas, Horati, amicos a curis servare.

b) Bilde zu folgenden Präsensformen das Imperfekt und übersetze:
oro – ornat – studemus – vocas – clamatis – arcent

c) Erkläre, was in den folgenden Sätzen das Imperfekt bedeuten kann (es gibt zum Teil mehrere Möglichkeiten)! Gib jeweils eine treffende Übersetzung an; umschreibe das Imperfekt dabei mit: versuchen, dabei sein, pflegen, gewohnt sein, immer wieder, ständig: 1. Germani Rhenum superabant. 2. Maecenas Horatium poetam invitabat. 3. Romani Germanos timebant. 4. Multi incolae inopia laborabant. 5. Piratae tecta insulae vastabant. 6. Piratae incolas insulae vexabant. 7. Amici tectum domini intrabant. 8. Cur me terrebas? 9. Liberi domino parebant. 10. Servi cibos ap-parabant.

d) Warum wollte wohl Mäcenas den Dichter Horaz gern in Rom bei sich haben? Warum ist Horaz lieber in seinem Landgut?

e) Übersetze ins Lateinische und lasse dabei die Wörter unübersetzt, die den Gebrauch des Imperfekts kennzeichnen: 1. Besonders (*imprimis*) zur° Zeit° der Spiele (bloßer Ablativ) *pflegten* die Römer in den Zirkus *zu eilen*; denn die Spiele erfreuten die Herzen der Römer. 2. Du ludest *immer wieder* Freunde zum Essen ein, weil Freunde dich *stets* erfreuten. 3. Der Freund *war gerade dabei*, dein Haus *zu betreten*. 4. *Immer wieder* erwartete ich Ruhe, aber die Kinder schrien *stets*. 5. Ihr quältet euere Sklaven *beständig*, Herren. Wir mahnten euch (*vos*) *immer wieder*.

K 29 Das Imperfekt von esse

A Die Fabel von der Stadtmaus und der Landmaus

In einem seiner Gedichte (Satiren II 6) erzählt Horaz die Fabel von der Stadtmaus und der Landmaus. Letztere lebte in einem ärmlichen Loch. Einmal bekam sie Besuch von einer Bekannten aus der Stadt. Die Landmaus, die wegen des langen Winters sehr sparsam mit ihren Vorräten umgehen musste, setzte dem Gast das Beste vor, was sie hatte: Erbsen, Hafer, trockene Trauben und ein paar Bissen Speck; sie selbst begnügte sich mit Dinkel und Spelt, mit billigem Getreide also. Die Stadtmaus jedoch nagte an allem ein wenig herum und verachtete diese Speisen. Nun lud sie die Landmaus zu sich in ein herrschaftliches Haus in der Stadt ein. Dort fanden sie die Reste von einem abendlichen Mahl. Die beiden Mäuse schwelgten im Genuss erlesener Speisen. Plötzlich öffneten sich die Türen und mit entsetzlichem Gebell sprangen Molosserhunde (scharfe Jagdhunde) herein. Ängstlich und zitternd liefen die Mäuse durch das Zimmer und entkamen mit Mühe und Not der Gefahr. Da sagte die Landmaus: „Solch ein Leben brauche ich nicht. Leb wohl! In meinem Wald und in meiner Höhle, die mich schützen vor solchen Gefahren, tröste ich mich mit einfachem Wildkorn." Und sie kehrte nach Hause zurück.

B 1. Horatius poeta clarus Romanorum erat.
2. Libri Horatii poetae multis Romanis noti erant.
3. Horatius: „In villa mea paucis cibis contentus semper eram.“
4. Cum Horatio beati saepe eratis, amici.

C Zufriedenheit macht glücklich

Horatius poeta in parva villa sua vita contentus erat. Vesperi amici apud poetam saepe erant. Variis verbis, etiam fabulis, se[1] delectabant et beati erant. Horatius narrabat: „Romae[2] saepe eram. Vesperi cum domino nostro ad vinum et varios cibos eramus. Alii cena contenti erant et dominum laudabant, ego[3] autem beatus esse non poteram. Nam multa negotia aspera Romae[2] erant, otium autem numquam erat. Beati estis, quod Romae[2] saepe non eratis.“ Paucis cibis semper contentus eras, Horati, sed ea[4] est fortuna vera.

[1] *se* sich, einander [2] *Romae* in Rom [3] *ego* ich [4] *ea* das

D a) Übersetze: 1. Romanis antiquis multa bona erant. Varia ex alienis terris importabant, tamen multi fortuna et vita sua contenti non erant. 2. Tu (du) autem paucis et parvis cibis contentus semper eras, Horati. 3. Saepe narrabas: „Romae (in Rom) numquam beatus esse poteram, nam multa negotia animum terrebant. In villa mea miseri non eramus, quod ibi otium erat. Amici veri semper eratis.“

b) Setze die folgenden Präsensformen ins Imperfekt und bilde dazu die entsprechenden Formen von *esse*: servas – mones – exercetis – voco – vacat – tacemus

c) Wenn *esse* kein Hilfszeitwort ist, kann es vielerlei bedeuten. Im Deutschen soll eine präzise Wiedergabe gesucht werden. Übersetze und verwende dabei folgende Möglichkeiten: leben – sich befinden – besitzen – geben (es gibt) – sitzen – herrschen (es herrscht) – verweilen – schweben – sich aufhalten: ad vinum eramus – multa bona erant – otium non erat – Horatius in villa saepe erat – in oppido multi incolae erant – Horatio villa parva erat – extra patriam eratis – in periculo eram – in insula eras

d) Welche Aussage verbirgt sich ganz allgemein hinter der Fabel von der Stadtmaus und der Landmaus? Deute diese Fabel auch auf dem Hintergrund, dass Horaz mit der Stadtmaus Mäcenas und mit der Landmaus sich selbst meint. Warum wählt Horaz diese verschlüsselte Form der Aussage?

e) Übersetze ins Lateinische (Beachte dabei D c): 1. In der Stadt gab es schöne Häuser. Dort lebten zufriedene Bewohner. 2. In den Ferien wart ihr nicht glücklich, weil schlechtes (raues) Wetter (Klima) herrschte. 3. Ich war glücklich, weil wir ohne Not lebten. 4. Mit unserem Schicksal konnten wir zufrieden sein.

K 30 Das Plurale tantum

A Die Unzufriedenheit verhindert das Glück der Menschen

In seinen Satiren greift Horaz immer wieder menschliche Laster und Schwächen auf, etwa Habsucht, Geiz, das luxuriöse Leben in der Stadt, Anmaßung, Verlogenheit und Unzufriedenheit. Er geht dabei nicht böse, bissig oder aggressiv vor, sondern möchte seine Mitbürger zur Einsicht führen und bessern. Sein Motto ist: *Ridentem dicere verum* (lachend die Wahrheit sagen).

Am Anfang seiner ersten Satire fragt Horáz, weshalb die Menschen nicht mit dem Schicksal zufrieden sind, das ihnen zuteil geworden ist. Und dann bringt er Beispiele: Wenn der Soldat von langem Kriegsdienst erschöpft ist, preist er den Kaufmann glücklich, der keine solchen Mühen und Gefahren ertragen muss. Der Kaufmann wiederum wäre, wenn sein Schiff im Sturm hin und her geworfen wird und er lange in Todesgefahr schwebt, lieber Soldat, der entweder siegt oder wenigstens schnell stirbt. Der Rechtsanwalt, der in der Stadt lebt, wird am Tage des Prozesses schon beim Morgengrauen von seinem Klienten geweckt; da möchte er lieber ein Bauer auf dem Lande sein und die Ruhe genießen. Wenn dieser jedoch als Zeuge vor Gericht in der Stadt auftreten muss und das dortige Leben sieht, ist es sein Wunsch, immer dort zu bleiben und nicht mehr aufs Land zurückzukehren. Sollte aber wirklich ein Gott diesem gewünschten Wechsel zustimmen, dann würde trotzdem keiner von diesen Menschen mit denen tauschen wollen, die er gerade noch beneidet hat.

B

1. Multi fortunis suis contenti non sunt.
2. Divitias aliorum laudant et amant.
3. Divitiae autem saepe impedimentum vitae beatae sunt.
4. Impedimenta copiarum magna erant.

C Menschliche Schwächen – schon im alten Rom

Horatius poeta multa et varia de vita Romanorum antiquorum narrat. Saepe Romanos monet, quia fortunis imprimis[1] student: „Magnis divitiis contenti non estis. Sed divitiae fortuna vera non sunt." Mercator[2] clamat: „Miser sum, quia ventus asper fortunis meis nocet et piratae insidias parant." Mercennarius[3] vocat: „Malum est semper adversarios timere, in armis et in castris esse, impedimenta servare." Horatius: „Este contenti fortuna vestra! Studete litteris philosophorum[4]! Nam verba virorum clarorum auxilium parant et vitam impedimentis liberant."

[1] *imprimis* besonders [2] *mercator* der Kaufmann [3] *mercennarius* der Söldner 4 *philosophus* der Philosoph

D

a) Übersetze: 1. Copiae insidias adversariorum semper timebant. Post victoriam adversarios armis spoliabant. Impedimenta intra castra servabant.

Impedimentum victoriae non exspectabant. 2. Litterae philosophorum (*philosophus* der Philosoph) non semper delectant, quia saepe monent: „Divitiae et fortunae bona vera non sunt.“ 3. In statua litteras pulchras spectamus.

b) Das Verbum *servare* (eigentlich: Acht geben, schützen) kann vielerlei bedeuten. Verbinde die verschiedenen Möglichkeiten der Wiedergabe mit einem der folgenden Ausdrücke und übersetze: aufbewahren – bewachen – bewahren – in Acht nehmen – nicht aus den Augen lassen – retten – schützen – sparen: castra servare – copias e periculo servare – feminas et liberos servare – pecuniam servare – populum servare – se (sich) servare – vinum servare – viam servare.

c) Welches Laster prangert Horaz im obigen Text (**A**) an? Wie sind die Argumente der jeweiligen Gegenspieler zu bewerten? Was bedeutet der Schluss: „Sie würden nicht (tauschen) wollen.“

d) Übersetze ins Lateinische: 1. In den Wäldern fürchteten die Truppen stets einen Überfall der Gegner. 2. Der Tross der Truppen war im Lager. 3. Mit ihren° Waffen erschreckten die römischen Truppen oft ihre° Gegner. 4. In der Schule bemühen sich die Kinder um die Wissenschaften. 5. Reichtum erfreut nicht alle. 6. Auf dem Weg sehen wir kein (nicht) Hindernis. 7. Es ist menschlich, Hab und Gut zu lieben. 8. Oft schriebst du dem Freund einen Brief.

Beinschienen zum Schutz im Kampf; diese prächtigen Exemplare (mit der Darstellung des Gottes Mars, 2. von links) gehörten allerdings zu Paraderüstungen, die man bei Aufmärschen oder Turnieren trug; Gäubodenmuseum Straubing.

W Wiederholung 10

1. Setze folgende Präsensformen ins Imperfekt: invitas – vexatis – sum – estis – exerceo – servamus – spectant – sunt – vocat – es – dono – sumus – donamus – est.

2. Übersetze das Imperfekt in den folgenden Sätzen möglichst präzis! Es gibt dabei einige Male mehrere Möglichkeiten: Maecenas Horatium invitabat. – Varia negotia poetam vexabant. – Copiae insidias non timebant. – Etiam servos ad cenam advocabamus. – Liberi in silvam properabant. – Saepe divitiae multis nocebant. – Dominus in bello fortunas suas servabat. – Horatius poeta otio studebat. – Litteras ad amicum dabas. – Magister ludi liberos monebat.

3. Suche für *esse* eine treffende Bedeutung: Romae (in Rom) eramus. – Horatius in villa sua erat. – Amici ad vinum erant. – In circo ludi erant. – Romae (in Rom) tecta pulchra erant. – In via impedimentum erat. – In statua litterae pulchrae erant. – Domino magnae divitiae erant.

4. Übersetze ins Lateinische: a) Die Truppen schützten mit ihren Waffen den Tross. b) Oft waren sie mit ihrem Schicksal nicht zufrieden. c) Die Truppen versuchten sich (*se*) vor (*ab*) schlimmen Überfällen zu retten, aber sie konnten die Gegner nicht abwehren. d) Oft gab es auf dem Weg ein Hindernis. e) Niemals aber waren sie ohne Hilfe.

5. Sieh dir noch einmal folgende Texte an: K 24 A + C + Dc; W 8, 5; K 28 A + C; K 29 A + C. Wie verbrachten gebildete Römer die Abende auf ihren Landgütern? Welche Inhalte hatten ihre Gespräche? Warum erzählten sie auch Fabeln?

6. In einem Lied dankt der mittelhochdeutsche Dichter Walther von der Vogelweide (ca. 1160/70 – ca. 1228) Kaiser Friedrich II. dafür, dass er ihm ein Lehen (einen Hof) wohl in der Nähe von Würzburg geschenkt hat:

Ich hân mîn lêhen, al die werlt, ich hân mîn lêhen.
nû enfürhte ich niht den hornunc an die zêhen,
und wil alle bœse hêrren dester minre flêhen.
der edel künec, der milte künec hât mich berâten,
daz ich den sumer luft und in dem winter hitze hân...
Ich habe mein Lehen, hört es, ihr Leute alle, ich hab' mein Lehen!
Nun fürchte ich nicht mehr den Februarfrost an den Zehen
und will in Zukunft die geizigen Herren nicht mehr anbetteln.
Der edelmütige König, der großzügige König hat so für mich gesorgt,
dass ich im Sommer Kühlung und im Winter Wärme habe... (Übertragung: Paul Stapf)

Wo findest du Parallelen zwischen Walther und Horáz?

K 31 Das v-Perfekt

A Die Römer erobern Korinth

Korinth war eine der mächtigsten und wohlhabendsten Städte Griechenlands. Es lag an der Landenge, dem etwa sechs Kilometer breiten Isthmus, der in die Peloponnés führt, und konnte so den ganzen Verkehr in diese Halbinsel kontrollieren. Außerdem hatte es zwei Häfen, einen am Golf von Korinth, einem Ausläufer der Adria, und einen am Sarónischen Golf, der zur Ägäis gehört. So entwickelte sich Korinth zu einer bedeutenden Handelsstadt. Ab dem Beginn des 2. Jahrhunderts v. Chr. dehnte sich Rom nach Osten aus. In drei Kriegen, zuletzt 168 v. Chr. in der Schlacht bei Pydna, wurde Makedonien in Nordgriechenland besiegt. Es blieb wie die übrigen griechischen Städte zwar frei, doch die Römer mischten sich immer wieder ein und machten aus nichtigem Anlass im Jahre 148 v. Chr. Makedonien zur Provinz (*província*). Daraufhin gab es im übrigen Griechenland einen Aufstand gegen Rom. Die Römer griffen ein; Korinth konnte sich lange widersetzen, wurde aber vom Konsul Lucius Mummius im Jahre 146 v. Chr. eingenommen und zerstört. Die Stadt durfte nicht wieder aufgebaut werden; sie blieb über 100 Jahre eine Ruinenstätte, bis Cäsar im Jahre 44 v. Chr. kurz vor seinem Tod die Erneuerung der Stadt verfügte.

B

1. „Corinthum antiquam numquam visitavi (visitavimus).“
2. „Cur Corinthum antiquam non visitavisti (visitavistis)?“
3. „Quis (wer) Corinthum antiquam delevit?“
4. Romani Corinthum antiquam deleverunt.

C Die Zerstörung Korinths

Liberi magistrum appellaverunt: „Cur nobis[1] de Corintho antiqua non narravisti? Feriis amicus nobis[1] locum monstravit, ubi Corinthus erat. Spectavimus magnum dei clari templum et reliquias[2] tectorum pulchrorum .“ Magister desiderium[3] liberorum explevit: „De Graecis et Romanis narravi; ex libris recitavistis. Graeci cum Romanis pugnaverunt; Romani copias Graecorum magnis pugnis superaverunt. Tamen Graecia tum provincia (!) Romana non erat; Graeci sub imperio Romano, sed liberi erant. Aliquando[4] autem incolae Corinthi Romanis non parere temptaverunt. Romani advolaverunt, copiae officium expleverunt, Corinthum oppugnaverunt, tandem expugnaverunt, deleverunt. Feminae et liberi fleverunt et tecta lacrimis[5] impleverunt.“

[1] *nobis* uns [2] *reliquiae* die Überreste [3] *desiderium* der Wunsch [4] *aliquando* einst, einmal
[5] *lacrima* die Träne

D

a) Übersetze: 1. Incolae oppidi tecta divitiis impleverunt. Adversarii autem oppidum expugnare et delere temptaverunt. Oppidum oppugnaverunt, sed pugna clara incolae fortunas suas e periculo servaverunt. 2. Tibi (dir) negotium mandavi (*mandare* übertragen), Paule, tu (du) autem officium non explevisti. 3. Cur flevistis, feminae? Flevimus, quod nemo (niemand) familiam nostram e periculo servavit.

b) Bilde zu folgenden Präsensformen das Imperfekt und das Perfekt: appellant – cantatis – donas – deleo – flet – implemus

c) Erkläre den Unterschied im Tempusgebrauch und übersetze treffend: Germani Rhenum superabant. – Germani cum Ariovisto Rhenum superaverunt. – Galli cum Romanis pugnabant. – Aliquando (einst) Galli cum Romanis pugnaverunt. – Adversarii oppidum expugnabant. –Adversarii oppidum tandem expugnaverunt.

d) Betrachte auf einer Landkarte die Lage von Korinth und erkläre, warum diese so günstig ist!

e) Wie viele Städte der Antike liegt auch Korinth nicht unmittelbar am Meer (vgl. Athen, Rom). Der griechische Geschichtsschreiber Thukydides (ca. 460 – ca. 400 v. Chr.) schreibt dies (I 5,1; I 7,1) der frühen Seeräuberei zu, die als ehrenvoller Broterwerb und nicht als Verbrechen galt. Versuche diese Begründung zu erklären und führe noch andere Argumente dafür an, weshalb die Städte in einiger Entfernung vom Meer gebaut werden!

f) Die Römer zerstörten Korinth, eine bedeutende und wirtschaftlich blühende Stadt. Überlege an diesem Beispiel, welche Folgen Kriege meist haben!

g) Übersetze ins Lateinische: 1. Wir haben unsere Pflicht nicht erfüllt; dennoch habe ich nicht geweint. 2. In (mit) einer gewaltigen (großen) Schlacht eroberten (P) die Gegner die Stadt und zerstörten (P) sie°. 3. Ihr habt euere Häuser mit großem Besitz angefüllt; dennoch seid ihr nicht glücklich. 4. Du hast geweint, weil ein Sturm (Wind) dein Haus zerstört hat.

Tempel des Apollo in Korinth; er stammt aus der Zeit um 525 v. Chr. und ist damit einer der ältesten Tempel, von dem Reste erhalten sind.

K 32 Das u-Perfekt

A Die Ständekämpfe in Rom

Rom war anfangs eine dörflich strukturierte Gemeinde. Die Macht hatten einige wenige Adelsfamilien, die Patrizier, die den größten Teil des Ackerlandes in Besitz hatten und im Heer die Reiterei stellten, die oft die Schlacht entschied. Ihnen standen die zahlenmäßig weit überlegenen Plebejer (die *Plebs,* das niedere Volk) gegenüber, die oft verschuldet und deshalb wirtschaftlich von den Patriziern abhängig waren. Dazu kamen Händler und Gewerbetreibende, die zwar vermögend sein konnten, jedoch nicht die Aufstiegsmöglichkeit in den Stand der Patrizier besaßen. Als die Könige um 510 v. Chr. gestürzt waren, verschärfte sich die Kluft zwischen beiden Gruppen noch mehr, da nun die Patrizier die gesamte Macht beanspruchten und auch innehatten. So kam es zu großen innenpolitischen Spannungen, die von den Patriziern deshalb vergrößert wurden, weil sie die Macht oft skrupellos ausübten und vor allem das Recht beugten, wie sie wollten. Rom drohte zu zerbrechen.

B

1. Patricii olim magnas divitias obtinuerunt.
2. Iniuria paucorum patriciorum magna fuit.
3. Cur iniuria non abstinuistis, patricii?
4. Patricios delectabat divitias non solum (nicht nur) obtinuisse, sed etiam (sondern auch) obtinere.
5. Plebei iniuriam patriciorum arcere non potuerunt.

C Spannungen in Rom

Patricii et plebei adversarii olim fuerunt. Patricii cunctas fortunas obtinuerunt, plebei parere debuerunt. Plebei autem non tacuerunt: „Ex multis annis vitam miseram sustinuimus. Cunctas divitias continuistis, patricii. Plebeios tamquam[1] servos re-tinuistis, domini asperi fuistis. Magnam copiam agrorum tenuimus, sed quia pecunia caruimus, agros nostros obtinere non potuimus, sed vobis[2] dare debuimus. Nunc[3] multi plebei inopia laborant et servi sunt. Plebeios in inopiam vocavisse[4] vobis[2] honestum[5] non est.“ Patricii plebeios imperio suo continere non potuerunt.

[1] *tamquam* gleich wie [2] *vobis* euch [3] *nunc* nun [4] *vocare* hier: bringen, versetzen [5] *honestus* ehrenvoll

D

a) Übersetze: 1. Romae (in Rom) patricii imperium olim obtinuerunt et cunctas divitias retinuerunt. 2. „Vitam malam et magnam inopiam sustinuistis, plebei. Vita vestra misera fuit. Cur tacuistis?“ 3. „Non tacuimus, sed quia arma non habuimus, iniuriam patriciorum arcere non potuimus, sed parere debuimus.“ 4. Magna industria dominus fortunas familiae continere potuit.

b) Bilde zu folgenden Präsensformen das Imperfekt und das Perfekt: exercemus – sum – arcent – estis – doles – est – debeo – sunt – potest – es – monetis – sumus

c) Unterscheide und übersetze: paravisse – paruisse – ornaverunt – oraverunt – vocavisti – vacavisti – laboravi – liberavi – terruistis – timuistis

d) Erkläre die Bildung folgender Komposita und übersetze sie: abstinere – abesse – adorare – admonere – advocare – advolare – apportare – apparare – collaudare (conlaudare) – convocare – exspectare – retinere – revocare – reportare

e) Skizziere nach dem, was du in dieser Lektion gelesen hast, knapp die soziale Lage im frühen Rom! Berücksichtige dabei auch, dass in früher Zeit Patrizier und Plebejer untereinander nicht heiraten durften!

f) Übersetze ins Lateinische: 1. Einst kämpften (P) Patrizier und Plebejer um (*de*) die Herrschaft. 2. Ein Patrizier erzählt: „Wir (*nos*) hatten alle Reichtümer inne (P), weil wir im Krieg die Gefahren aushielten (P) und die Gegner zurückdrängten (P) (zurückhielten). 3. Ihr (*vos*) konntet damals euren Zorn (*ira* der Zorn) nicht im Zaum halten (zurückhalten), Plebejer, sondern richtetet (P) (hieltet) die Augen (Auge *oculus*) auf unseren Reichtum und auf euere Not. 4. Ihr wart (P) keine (nicht) Freunde, sondern schadetet (P) Rom. 5. Dem Vaterland geschadet zu haben ist ein Übel.“

K 33 Das Plusquamperfekt

A Die Plebejer erzwingen die ersten Rechte

Wie antike Geschichtsschreiber berichten, war eines Tages die Geduld der Plebejer am Ende. Ihre Schulden waren unerträglich geworden. Da verließen sie um das Jahr 494 v. Chr. Rom und zogen sich auf den Heiligen Berg zurück, der zwischen dem Tiber und dem Flüsschen Anio lag. Die Patrizier machten daraufhin eine Reihe von Zugeständnissen. Zunächst durften die Plebejer jährlich ab 494 v. Chr. eigene Vertreter wählen, nämlich die zwei (später bis zu zehn) Volkstribunen. Patrizier waren von diesem Amt ausgeschlossen. Damit war die Eintracht im Staat wieder hergestellt, die Plebejer brachen ihren Streik ab und kehrten zurück. Die Volkstribunen hatten das Veto-Recht (*veto*: ich verbiete); das bedeutete, dass sie alle Beschlüsse der Beamten und Behörden verhindern konnten. Selbst Konsuln oder der Senat konnten kein Gesetz erlassen, wenn die Tribunen ihr *Veto* einlegten. Um 450 v. Chr. wurde dann das Zwölf-Tafel-Gesetz eingeführt. Die Gesetzestafeln standen auf dem Marktplatz und konnten von jedermann eingesehen werden; somit konnten die Patrizier das Recht nicht mehr beugen; es bestand also weitgehende Rechtssicherheit. Doch die Ständekämpfe waren noch lange nicht zu Ende.

B 1. Plebei patricios saepe monuerant.
2. Tamen patricii plebeis imperium negaverant.
3. Menenius Agrippa studuerat plebeios Romam (nach Rom) revocare.
4. Quia iniuria abstinuerat et vir bonus fuerat, plebeios revocavit.

C Menenius Agrippa rettet die Eintracht des Volkes

Patricii plebeis cuncta bona et divitias negaverant. Plebei autem, quia inopia laboraverant et de iniuria doluerant, in Montem Sacrum[1] emigraverant[2] et concordiam populi deleverant. Sed Menenius Agrippa ad plebeios properavit et fabulam de stomacho[3] et de membris[4] narravit: „Olim membra stomacho nocere temptaverunt. Nam membra stomachum ignavum spectaverant, ipsa[5] autem laboraverant. Tum officium suum negaverunt. Sed etiam se[6] debilitaverunt. Nam quia cibos non apparaverant, stomachus officium suum explere non potuit.“ Sic[7] Menenius plebeis de-monstravit: Sine concordia populus non est.

[1] *Mons Sacer* der Heilige Berg [2] *emigrare* auswandern [3] *stomachus* der Magen [4] *membrum* das Glied
[5] *ipsa* sie selbst [6] *se* sich [7] *sic* so

D a) Übersetze: 1. Fabulā de stomacho (*stomachus* der Magen) et membris (*membrum* das Glied) Menenius Agrippa plebeios in patriam revocaverat. 2. Populum e magno periculo servaverat. 3. Plebeis monstraverat: Stomachus ignavus erat, membra autem laborabant. Cum autem membra officium servaverant, stomachus non ignavus erat, sed officium suum explebat, industriam non negabat, laborabat. 4. Membra autem stomachum et se (sich) debilitaverant et concordiam deleverant.

b) Bilde zu folgenden Präsensformen das Imperfekt, das Perfekt und das Plusquamperfekt und übersetze: volamus – timet – estis – vocas – tacetis – sunt – vasto – terres – sum – vacatis – es – spoliat – deleo – sumus – temptant – imples – potest.

c) Erkläre die Aussage der Fabel vom Magen und den Gliedern! Warum ist diese Fabel ein sehr anschauliches Beispiel für die Lage in einem Staat?

d) Im Zwölf-Tafel-Gesetz stehen folgende Bestimmungen:

SI IN IUS VOCAT, ITO. NI IT ANTESTAMINO: IGITUR EM CAPITO.	Wenn einer jemanden vor Gericht fordert, soll dieser gehen. Wenn er nicht geht, sollen Zeugen (für die Rechtmäßigkeit der Festnahme) aufgefordert werden: Dann soll er (der Kläger) ihn ergreifen.
SI CALVITUR PEDEMVE STRUIT, MANUM ENDO IACITO.	Wenn er (der Beklagte) Ausflüchte macht oder fliehen will, soll er (der Kläger) Hand an ihn legen.
SI MORBUS AEVITASVE VITIUM ESCIT, IUMENTUM DATO.	Wenn eine Krankheit oder das hohe Alter ein Hinderungsgrund (für das Erscheinen vor Gericht) ist, soll er (der Kläger) ihm ein Lasttier stellen.

- Versuche die Sprache dieser Gesetze kurz zu beschreiben!
- Warum könnte diese Form der Sprache gewählt sein?

e) Übersetze ins Lateinische: Die Patrizier hatten einst den Plebejern viel geschadet, weil sie ihnen (*eis*) Hab und Gut verweigert hatten und untätig gewesen waren. Menenius Agrippa zeigte (P) durch die Fabel vom (*de*) Magen (*stomachus*) und den Gliedern (*membrum*): Plebejer und Patrizier hatten die Eintracht zerstört und alle geschwächt.

W Wiederholung 11

1. Setze folgende Präsensformen ins Imperfekt, Perfekt und Plusquamperfekt:
expugnant – fletis – sunt – oppugnat – explemus – es – pugno – comples – sum – negamus – deleo – estis – debilitatis – sustinet – est – vacas – retinent – sumus

2. Übersetze das Imperfekt und das Perfekt in den folgenden Sätzen möglichst präzis! Erkläre jeweils den Unterschied: Membra (*membrum* das Glied) etiam stomachum (*stomachus* der Magen) debilitaverunt. – Membra stomachum debilitabant. – Stomachus ignavus erat. – Stomachus olim ignavus fuit. – Concordia inter (zwischen) plebeios et patricios erat. – Tum concordia inter patricios et plebeios fuit. – Marcus officium explebat. – Marcus officium explevit. – Galli cum Germanis saepe pugnabant, pugnas non timebant. – Galli olim cum Germanis pugnaverunt, pugnam non timuerunt.

3. Bilde zu den folgenden Infinitivformen das Perfekt und übersetze:
populum continere – adversarios debilitare – oppidum delere – auxilium negare – multa tenere – oppidum oppugnare – in inopia esse

4. Begründe, warum die Stadt Korinth eine so große Bedeutung erlangen konnte!

5. Zeichne kurz ein Bild der sozialen Missstände in Rom nach dem Ende der Königszeit!

6. Warum versucht Menenius nicht, die Plebejer mit Argumenten zu überzeugen, sondern warum erzählt er ihnen eine Fabel? Was will er damit erreichen?

7. Welchen Gott erkennst du auf diesem Bild? Begründe deine Ansicht!

K 34 Das Personalpronomen

A Cäsar und Ariovist

Im Jahre 59 v. Chr. war Cäsar Konsul gewesen. Damals war es üblich, dass die Konsuln im nächsten Jahr als Statthalter in eine Provinz gingen. Cäsar bekam Gallien. Es handelte sich dabei um *Gallia Cisalpína*, d. h. Gallien diesseits der Alpen, also von der Poebene bis zu den Alpen, und um *Gallia Transalpína*, den südlichen Teil des heutigen Frankreichs, die sog. Provence (der Name kommt von *provincia*!). Der Rest Galliens (Frankreichs) war von freien Stämmen bewohnt. Cäsar sah nun die Möglichkeit, dieses riesige Land zu unterwerfen und ins *Imperium Romanum* einzugliedern. Natürlich versprach er sich dabei einen persönlichen Machtzuwachs; sein Ziel war es ja, in Rom der Erste zu werden. Bereits im Jahre 58 v. Chr. besiegte er in einer schweren Schlacht die Helvétier. Die Häduer, gallische Freunde der Römer, benachrichtigen nun Cäsar, dass Ariovíst, der König der germanischen Sueben, den Rhein überschritten habe und sich in Gallien breit mache. Cäsar, der in Ariovíst einen Rivalen sieht, zieht gegen ihn zu Felde. Vor der Schlacht treffen sich die beiden zu einer Unterredung

B 1. Ego (nos) iam diu (schon lange) in Gallia sum (sumus), tu (vos) nunc (jetzt erst) Rhenum superavisti (superavistis).
2. Gallis memoria mei (nostri) iam diu est, memoriam tui (vestri) non re-tinent.
3. Nos vobis (tibi) non nocuimus, sed vos nobiscum (mecum) pugnare paratis.
4. Vos non timemus.

C Eine Unterredung zwischen Cäsar und Ariovist

Caesar: „Nos te amicum populi Romani appellavimus, tu autem adversarius noster es. Romani tibi gratiam habuerunt pro officiis tuis; inter vos et nos amicitia erat. Tu autem amicitiam delevisti et nobiscum pugnare paras. In Gallia Haedui imperium tenuerant; nos advocaverunt, nam nos amicos habere studuerunt. Haedui nobiscum a se multa pericula arcuerunt. Memoria nostri et auxilii nostri apud Gallos antiqua est. Cunctos amicos periculis liberamus, in Gallia gratia nostra magna est. Abstine iniuria, pare mihi, in Germaniam remea[1]!“

[1] *remeare* zurückkehren

D a) Übersetze: Caesar Ariovistum ad se advocaverat: „Ego te amicum populi Romani appellavi, tu autem mihi gratiam non habuisti. Malam memoriam tui Galli re-tinent, nam Haeduos agris spoliavisti. Sed inter Haeduos et nos vera amicitia est; apud Haeduos nobis magna gratia est. Haedui se et agros suos nobiscum servare parant. Sibi, feminis, liberis vitam beatam parare student. Vos non timent, vos exspectant.“

b) Welche Wirkung hat es in Rom, wenn Cäsar ganz Gallien unterwirft und zur Provinz macht? (Betrachte dazu eine Karte von Gallien!)

c) Inwiefern weist Cäsar Ariovist die Schuld an der bestehenden Lage zu? Warum ist das unehrlich? Beurteile das Vorgehen Cäsars!

d) Warum will Cäsar die militärische Auseinandersetzung mit Ariovist? Inwiefern sind die Häduer unfreiwillige Helfer für sein Ziel?

e) Übersetze ins Lateinische: Cäsar sagt° zu° Ariovistus (Dativ): „Du beeilst dich mit uns zu kämpfen. Wir empfinden Schmerz darüber°, dass (weil) wir dich Freund genannt haben. Du hast uns nicht gedankt. Die Gallier haben (halten) eine schlechte Erinnerung an dich. Weil ihr die Freundschaft zwischen uns und euch zerstört habt, habt ihr euch geschadet.“

Römische Legionssoldaten mit ihren Feldzeichen auf dem Marsch; Photo: Dr. Marcus Junkelmann, der mit seinen Mitarbeitern Begebenheiten aus der Römerzeit wirklichkeitsgetreu nachahmte.

K 35 Das Relativpronomen

A Ariovist

Vor Cäsars Ankunft kämpften in Gallien zwei Stämme um die Vorherrschaft, die Häduer, Freunde der Römer, und die Séquaner. In dieser Auseinandersetzung, die lange unentschieden war, riefen die Séquaner den germanischen Suebenkönig Ariovíst zu Hilfe, der die Häduer besiegte. Aber Ariovíst verlangte für seine Hilfe einen sehr hohen Preis. Er hatte ein Drittel des Landes der Séquaner in Besitz genommen und beanspruchte nun auch das zweite Drittel. Immer mehr Germanen drängten über den Rhein und ließen sich in Gallien nieder, weil hier der Boden fruchtbarer war als in ihrer Heimat. Cäsar sah in Ariovíst einen Konkurrenten um die Macht in Gallien. So musste es zum Konflikt kommen.

B

1. Ariovistus, qui Suebis imperabat, Rhenum, qui erat finis (die Grenze) inter Germanos et Gallos, superaverat.
2. Suebi, quorum patria in Germania erat, Gallos agris, qui boni erant, spoliaverant.
3. Caesar, cuius copiae Germanos timebant, Ariovistum, quem Gallia arcere studebat, ad se advocavit.
4. Romani Germanos superaverunt, quod etiam Gallos delectabat.
5. Ariovistus, quocum Caesar pugnaverat, ad Rhenum properavit.
6. Nam Caesar, cui parvae copiae erant, Ariovistum superaverat.

C Ariovist antwortet

„In bello cuncti, qui adversarios superaverunt, populis imperant, de quibus victoriam re-portaverunt. Etiam populus Romanus, cuius victoriae clarae sunt, cunctos, quibuscum pugnavit, armis et agris spoliat, quod ubique notum est. Haedui, quorum copiae ad pugnam contra nos idoneae non erant, tamen belli fortunam temptaverunt, sed nos victoriam praeclaram re-portavimus, qua gloriam honestam nobis paravimus. Haeduis, quorum domini nunc sumus, tributum[1] imperavimus, quod dare debent."

[1] *tributum* die Abgabe

D a) Übersetze: Ariovistus, qui victoriam praeclaram de Haeduis reportaverat, Romanos, quorum gloria etiam nunc magna est, non timuit. Haeduis, quibuscum pugnaverat et quos superaverat, tributum, quod magnum erat, imperavit. Caesar, cuius gloria magna erat, Ariovistum terrere non potuit.

b) Füge die passende Form des Relativpronomens ein und übersetze: Caesar, ... gloria magna est – Copiae Germanorum, ... Romani timebant – Haedui, ... Suebi pugnaverant – Suebi, ... Ariovistus tributum (die Abgabe) imperavit – Ariovistus, ... Suebi parebant – Romani Suebos superaverunt, ... etiam multos Gallos delectabat – Romani, ... copiae clarae fuerunt – tributa (*tributum* die Abgabe), ... magna erant.

c) Wie beurteilst du die Argumente, die Ariovist gegenüber Cäsar vorbringt?

d) Welche Rückschlüsse lassen sich aus dem Text **A** über die innenpolitische Lage in Gallien ziehen? Warum erleichtert dieser Umstand Cäsar die Unterwerfung dieses Landes?

e) Versuche eine kurze Charakteristik Ariovists!

f) Übersetze ins Lateinische: 1. Die Römer fürchteten (P) Ariovist, dessen Truppen berühmt waren, was auch jetzt noch° bekannt ist. 2. Caesar, mit dem Ariovist kämpfte (P), trug (P) einen glänzenden (herrlichen) Sieg davon, durch den er sich Ruhm erwarb (P) (bereitete). 3. Die Abgaben (*tributum* die Abgabe), die Ariovist den Sueben auferlegte (P) (befahl), waren (P) drückend (groß).

Blick in eine Soldatenunterkunft (contubernium). Saalburgmuseum.

K 36 Das Interrogativpronomen

A Unvereinbare Gegensätze

Cäsar und Ariovist können sich in ihrer Unterredung nicht einigen. Cäsar sieht in Ariovíst einen Konkurrenten um den Einfluss in Gallien und fürchtet, dass immer mehr Germanen in das Land eindringen, wenn er Ariovíst gewähren lässt. Dieser jedoch spürt die Möglichkeit, seinen Herrschaftsbereich nach Gallien auszuweiten und für seinen Stamm besseren Boden als in der Heimat zu gewinnen. So ist eine militärische Auseinandersetzung unvermeidlich. Beide führen nun ihre Heere gegeneinander und schlagen in unmittelbarer Nähe zueinander ein Lager auf. Die römischen Soldaten befällt große Angst.

B 1. Caesar suos interrogavit: „Quis Germanos timet?
2. Cuius animus firmus non est?"
3. Quocum Caesar de imperio Galliae pugnavit?
4. Quem ad-vocavisti, quid spectavisti?
5. Quam terram Caesar intravit?
6. Quod verbum Caesaris (Gen. zu *Caesar*) tibi notum est?

C Bohrende Fragen an die mutlosen Soldaten

Caesar suos, quorum animus in-firmus est, interrogat: „Quis vestrum Ariovistum timet? Cur in[1] me in-grati estis, qui vobiscum multas victorias de adversariis reportavi? Cui post victoriam non gratiam habebam, non multa donabam? Quocum in Galliam properavistis? Quid exspectavistis nisi[2] bella aut pugnas? Quando Gallos timuistis aut pugnam negavistis? Qui adversarii vos terruerunt? Quae pericula non sustinuistis? Quantae sunt copiae Ariovisti? Quot adversarios superavistis? Rogo vos: Pugnate firmo animo et superate Germanos!“

[1] *in* hier: gegenüber [2] *nisi* außer

D a) Übersetze: Romani Caesarem (Akk. zu *Caesar*) interrogaverunt: „Quantae copiae Germanorum firmorum Rhenum superaverunt? Quot vicos Gallorum expugnaverunt? Quos adversarios Ariovistus in Gallia superavit? Quem non superavit? Cuius oppidum non expugnavit? Quae pericula Ariovistum terruerunt? Cur Germani Rhenum superaverunt? Quando oppida Gallorum oppugnaverunt? Cur Ariovistus in (gegenüber) nos in-gratus est, qui eum (ihn) amicum populi Romani appellavimus? Cur Galli auxilio nostro student? Te rogamus: Libera nos periculo!“

b) Beantworte lateinisch: Cur Caesar suos interrogat? Quem Romani timuerunt? Cur animi Romanorum infirmi erant? Cur copiae Caesari (Dat. zu *Caesar*) gratae esse debent?

c) Erkläre die Wortbildung und erschließe die deutsche Bedeutung: inhumanus – ignotus – infirmus – ingratus

Brustpanzer eines Soldaten von einer Paraderüstung (vgl. S. 74); in der Mitte: der Kriegsgott Mars; rechts oben: die Göttin Minerva; links und rechts: Gorgonenhäupter, die der Sage nach jeden zu Stein erstarren lassen, der sie ansieht; Gäubodenmuseum Straubing.

d) Erkläre folgende Fremdwörter: Quantität – Quantum – gratis – Gratifikation - Firmung – Konfirmation – firm – Firmling – Firmament – Quote

e) Warum befällt die Soldaten Cäsars große Angst?

f) Inwiefern ist Cäsars Auftreten vor den Soldaten sehr geschickt? Wie beurteilst du es?

g) Übersetze ins Lateinische: Die Römer fragten (P): „Wann hatte Ariovist den Rhein überschritten (*superare*)? Wie viele (wie große) Truppen hatte er bei (mit) sich gehabt? Wie viele Germanen waren (P) schon (*iam*) in Gallien? Von wem erbaten (P) (baten) die Gallier Hilfe? Warum waren (P) die Herzen der Römer mutlos (schwach)?“

W Wiederholung 12

1. Übersetze: a) Cur inter Romanos et Germanos firma amicitia non erat? b) Cuius auxilio Galli, quorum animi infirmi erant, victoriam praeclaram de Germanis reportaverunt? c) Quanta et quot pericula Romani in Gallia timuerunt? d) Quocum Caesar de imperio Galliae pugnavit? e) Cui nostrum memoria vestri, quibus gratiam pro multis bonis debemus, grata nunc non est? f) Quando Ariovistus Gallis, quorum copiae infirmae erant, tributum (Abgabe) imperavit? g) Ariovistus Romanos interrogavit: „Cur vobis honestum est nobiscum pugnare?“ h) Sacerdos (Priester) populum appellat: „Dominus vobiscum!“

2. Füge das passende Relativpronomen ein und übersetze: Germani, ... animi firmi erant – Ariovistus, ... Caesar pugnavit – magnae copiae, ... Romanis erant – pericula, ... in Gallia erant – Galli, de ... Germani victoriam reportaverant – Caesar, ... gratia magna erat – Caesar, ... Galli gratiam debebant – magister nos delectat, ... gratum est

3. Füge den passenden Kasus des Personalpronomens ein und übersetze: Memoria ... (du) ... (wir) grata est. – Quis ... (ihr) et ... (wir) non exspectavit? – Quid ... (ich) imperavisti? – Cur amicus ... (er sich selbst) nocuerat? – Pecuniam ... (wir) donavistis et ... (wir) delectavistis.

4. Füge die passende Form des Interrogativpronomens ein, übersetze und beantworte lateinisch: ... in silva spectavisti? – ... templum Minervae sacrum erat? – ... auxilio Galli Germanos arcuerunt? – ... Romani Gallia arcere parabant? – ... terram Germani vastabant? – ... Galli gratiam habuerunt? – ... Caesar in Gallia pugnavit? – ... Germanos in Gallia superavit? – ... imperator (Feldherr) Germanos superavit?

5. Zur Wiederholung der Ausdrücke! Was heißt: laborare paro – pulchrum est – templum Saturni sacrum – copia ciborum – incolas pecunia spoliare – pecunia carere – iniuria abstinere – inopia laborare – amicum animo superare – alius ... alius – Germanis magna oppida non sunt – litteras dare ad amicum – litteris studere – memoria tui – gratiam habere – habeo te amicum – appello te amicum – victoriam reportare

6. Charakterisiere kurz Cäsar und Ariovist! Welches Ziel haben sie? Welche Charakterzüge fallen besonders auf? Warum kommt es zur militärischen Auseinandersetzung zwischen ihnen?

7. Warum lässt sich Cäsar die Provinz Gallien für fünf Jahre übertragen, nicht nur für eines, wie es üblich war?

8. Welche Göttin stellt das Bild dar? Begründe deine Ansicht!

K 37 Dritte Deklination: r-Stämme 1

A Karriere in Rom

Die meisten vornehmen Römer strebten eine politische Karriere an. Das höchste Amt, das sie erreichen konnten, war das des Konsuls. Doch bis dahin war es meist ein langer und schwieriger Weg, da eine streng vorgegebene Ämterlaufbahn, der *cursus honorum*, eingehalten werden musste. Dieser sah im Regelfall so aus: Zunächst verwaltete man als Quästor die Staatskasse, bevor man als Ädil der Stadtverwaltung vorstand. Anschließend konnte man zum Prätor gewählt werden und war damit für die Rechtssprechung verantwortlich. Erst dann war es möglich, das höchste Staatsamt, das Konsulat, zu erlangen. In all diesen Ämtern teilte man sich Macht und Verantwortung mit einem (im Fall des Konsuls) bzw. mehreren Amtskollegen (Prinzip der Kollegialität). So glaubten die Römer, die Machtkonzentration in den Händen eines Einzigen verhindern zu können. Lediglich in Krisenzeiten lagen die Staatsgeschäfte in der Hand einer einzigen Person, der des Diktators. Dieser musste spätestens nach sechs Monaten sein Amt wieder niederlegen. Alle übrigen Ämter bekleidete man für die Dauer eines Jahres (Prinzip der Annuität). Während der Diktator vom Senat vorgeschlagen und von einem Konsul ernannt wurde, wurden die übrigen Beamten vom Volk gewählt.

B 1. Imperator bonus cuncta officia belli explet.
2. Copiae imperatori bono parent.
3. Periculum imperatorem bonum non terret.
4. Adversarii animum imperatoris boni timent.
5. Cum imperatore copiae contra adversarios pugnant.

C Ämter im alten Rom

Sextus et Lydia ambulant[1]. Lydia laborem quaestoris et praetoris laudat. Sed Sextus clamat: „Specta, ibi Claudius, orator clarus, est. Gloria oratoris praeclari magna est." Lydia: „Sed imperator oratorem gloria superat." Sextus: „Imperator bonus autem etiam orator bonus esse studet, quia animos virorum ante pugnam incitare[2] debet. Claudius orator et imperator bonus est. Nunc etiam munus[3] dictatoris obtinet. Romani in bello dictatori imperium mandant[4]." Lydia: „Multi autem dictatorem timent, quia dictator malus patriae nocet et incolis dolorem parat."

[1] *ambulare* spazieren gehen [2] *incitare* anfeuern [3] *munus* (n., hier im Akk.) das Amt [4] *mandare* übertragen

D a) Übersetze: 1. Romani Hannibalem, imperatorem clarum Punicum (punisch), timebant. Magno labore cum copiis et elephantis (!) Alpes (Akk.) superavit. 2. Verba oratoris populum delectaverunt. 3. Horatius poeta imperatori Augusto pro magna benevolentia (Wohlwollen) gratiam habebat. 4. Multis morbus dolorem parat. 5. Caesar quaestor, praetor, consul (der Konsul), dictator fuit.

b) Dekliniere: imperator bonus – dolor asper

c) Welcher der folgenden Römer war Feldherr, welcher Kaiser?
Informiere dich anschließend in einem Lexikon und bringe die Kaiser in die richtige chronologische Reihenfolge! Imperator Claudius – imperator Traianus – Sulla imperator – imperator Nero – Marius imperator – Scipio imperator – Fabius imperator – imperator Tiberius – imperator Augustus – imperator Vespasianus – Caesar imperator – imperator Marcus Aurelius – imperator Hadrianus – Pompeius imperator – Varus imperator – Drusus imperator – imperator Constantinus – Flaminius imperator

d) Erkläre die Begriffe Annuitäts- und Kollegialitätsprinzip! Welchen Zweck verfolgten die Römer damit?

e) Zähle die einzelnen Ämter des *cursus honorum* auf und beschreibe kurz, welche Aufgaben deren Inhaber hatten!

f) Mit welchen Ministerien unseres Staates könnte man die römischen Staatsämter des *cursus honorum* vergleichen?

g) Übersetze ins Lateinische:
1. Der Redner erzählt über den berühmten Kaiser Augustus: Er war der (Adoptiv-) Sohn des großen Feldherrn C. Julius Cäsar. Cäsar war auch Prätor und Diktator. 2. Aufgabe° eines Quästors ist es°, das öffentliche (*publicus, -a, -um*) Vermögen (Geld) zu bewahren. Mit Fleiß und großer Mühe muss der Quästor seine Pflichten erfüllen. 3. Wer ist frei (leer) von Schmerz?

Kaiser Antoninus Pius (138 - 161 n. Chr.; hier: ein modernes Standbild vor der Saalburg), der Vater Marc Aurels (161 - 180).

K 38 Dritte Deklination: r-Stämme 2

A Spiele in Rom

Die Römer hatten eine große Vorliebe für Spiele. Bei diesen Anlässen strömten Tausende in die Arenen; die Stadt war wie ausgestorben – ähnlich, wie wenn bei uns das Endspiel einer Fußballweltmeisterschaft im Fernsehen übertragen wird. Am beliebtesten waren die Pferderennen im Circus Maximus, der im 1. Jahrhundert v. Chr. ca. 250.000, im 4. Jahrhundert n. Chr. sogar 385.000 Zuschauer (eine möglicherweise übertriebene Zahl) fasste, oder die Veranstaltungen im Amphitheater, dem Kolosseum. Dieses beeindruckende Gebäude, das auch heute noch jeden Besucher Roms fasziniert, ist ca. 57 m hoch und bot in der Antike mindestens 50.000 Zuschauern Platz. Dort fanden die berühmten Gladiatorenkämpfe, aber auch Tierhetzen und dergleichen statt. Die Arena konnte sogar unter Wasser gesetzt werden, so dass es möglich war, Seeschlachten aufzuführen. Im Kolosseum erlitten zur Zeit der Christenverfolgungen viele Menschen den Tod.

B
1. Philippus gladiator arenam (!) intrat. Tum etiam alii gladiatores intrant.
2. Cum gladiatoribus bestiae (*bestia* das wilde Tier) arenam intrant.
3. Sextus animum Philippi gladiatoris, Lydia autem animum aliorum gladiatorum laudat.
4. Nam Sextus Philippo gladiatori, sed Lydia cunctis gladiatoribus favet (*favere* gewogen sein).

C Ein aufregender Tag im Kolosseum

Lydiam magnus clamor virorum et feminarum terruit. Tandem gladiatores arenam (!) intraverunt; ante pugnam imperatorem salutaverunt[1]: „Morituri[2] te salutant.“ Sextus pugnam gladiatorum magno studio spectabat et saepe „Philippe“ vocabat, quia Philippus adversariis magnum terrorem parabat. Tum autem Claudius adversarius Philippum gladio[3] temptavit. Philippus doloribus ex-clamavit. Cuncti tacuerunt, terror animum Sexti complevit.

[1] *salutare* grüßen [2] *morituri* die Todgeweihten [3] *gladius* das Schwert

D a) Übersetze: 1. Cui notae non sunt fabulae, quas Homerus poeta nobis de Ulixe (*Ulíxes, -is*) narravit? 2. Auxilio Ulixis Graeci Troiam deleverant; victoribus autem dei nocuerunt; inopia victorum magna erat. 3. Dum Ulixes et amici in patriam properant, multa monstra (*monstrum* Ungeheuer) varia eos (sie) timore et terrore compleverunt: 4. Polyphemus cyclops (Kyklop) amicos Ulixis clamore terruit et paucos necavit (*necare* töten). 5. Ulixes autem monstrum occaecavit (*occaecare* blenden) et ita (*ita* so) se et reliquos (*reliquus* übrig) amicos liberavit, quia magni dolores Polyphemum vexabant. 6. In Ithaca insula Penélopa Ulixem, quem in amore habebat, multos annos exspectabat.

b) Bilde in den folgenden Sätzen zu den Wörtern auf *-or* den Plural und übersetze: Mihi dolorem paras. – Color me delectat. – Poeta de errore Ulixis cantat. – Gladiatoris est magno animo pugnare. – Multi amici sunt.

Das Kolosseum in Rom, das im Jahre 80 n. Chr. eingeweiht wurde.

c) Erkläre die Bedeutung folgender Fremdwörter, indem du sie auf ihre lateinische Wurzel zurückführst: Terrorist – Klamauk – Viktor – kolorieren – Labor

d) Betrachte die Bilder und beschreibe die Rüstung eines Gladiators!

Gladiatoren beim Gefecht, nachgeahmt von Dr. Marcus Junkelmann und seiner Gruppe.

e) Übersetze ins Lateinische: 1. Die Römer schmückten ihre° Tempel mit bunten Farben. 2. Lydia rief den Gott der Liebe an (herbei), der Männern und Frauen Glück, aber auch Schmerzen bereitet. 3. Die Bewohner waren (P) in großer Furcht und großem Schrecken, weil die Gegner die Stadt angriffen (P). 4. Den Siegern gab der Feldherr oft große Schätze (Reichtümer).

Gladiatorenhelm aus Herkulaneum; Archäologisches Nationalmuseum Neapel.

K 39 Dritte Deklination: r-Stämme 3

A **Flucht aus der Stadt**

Während Rom seine Bewohner im Winter mit einem angenehmen Klima verwöhnt, steigen die Temperaturen mit dem einsetzenden Sommer langsam, aber stetig auf ein fast unerträgliches Maß an. Zwischen den mehrstöckigen Mietskasernen scheint die Luft zu stehen. Sie ist erfüllt von den verschiedensten Gerüchen, die aus den Läden und Geschäften, Werkstätten und Tabernen, die im Erdgeschoss liegen, auf die engen Gassen fluten. Es riecht nach Früchten und anderen Lebensmitteln, aber auch – weitaus unangenehmer – nach verdorbenem Fisch, dem Abwasser der Gerber und verrottendem Unrat, obwohl sich die Stadt bemüht, die Straßen so sauber wie möglich zu halten. Auch die *Cloáca máxima*, ein riesiger Abwasserkanal, der in den Tiber mündet, trägt mit ihrem penetranten Gestank dazu bei, dass die Luft kaum mehr zu atmen ist. Zudem verbreiten sich in unendlicher Zahl Mücken und Stechfliegen, deren Larven nun in den Wassertümpeln am Ufer des Tibers schlüpfen und an besonders schlimmen Tagen wie ein dichter Nebel die Stadt einzuhüllen scheinen. Im Gegensatz zu der *plebs urbána*, der einfachen Bevölkerung Roms, die in der Stadt ausharren muss, hält es mit Beginn des Sommers kaum mehr eine höher gestellte Familie in Rom, obgleich es in deren meist prächtigen und großzügigen *villae* vergleichsweise noch erträglich ist. Die meisten ziehen während dieser Monate auf ihre weitläufigen und luxuriösen Landgüter in der Umgebung Roms, die ihnen Erholung und frische Luft versprechen.

B
1. Pater et mater industriam liberorum laudant.
2. Liberi patri claro et matri integrae dona (*donum* das Geschenk) dant.
3. Frater malus sororem miseram vexat.
4. Niobae septem filii et septem filiae erant.

C **Ein Tag auf dem Land**

Tandem feriae fuerunt. Ut[1] multae aliae familiae Lucilius cum uxore et liberis in agros properavit, quia aer ibi integer et caelum gratum est. Patri otium erat litteris se dare. Dum mater cum Lydia et septem aliis servis cenam parat, Sextus filius ad villam Manlii advolavit, quia Marcus amicus et soror eum[2] exspectabant. Laetus[3] sororem et decem mulieres, quae in horto[4] laborabant, salutavit[5]. Tum pueri de terrore cogitaverunt[6], quem sorori parare studebant. Fratres saepe magnum malum sunt!

[1] *ut* wie [2] *eum* ihn [3] *laetus* froh [4] *hortus* der Garten [5] *salutare* grüßen [6] *cogitare* nachdenken

D a) Übersetze: 1. Lydia auxilio matris et aliarum mulierum atrium (Atrium, Innenhof der Villa) ornavit. Mater contenta laborem filiae spectabat, tum Manlium, qui cum uxore nova advolabat, spectavit et filiae imperavit: „Propera et patrem et fratrem advoca!“ Lydia matri paruit. 2. Vesperi cuncti villam intraverunt, quia aër sub caelo asper erat. 3. Fratres sorores servare debent. Saepe fratres sororibus fabulas narrant, quae eas (sie) terrore complent. Timor sororum fratres delectat. 4. Patris officium est filios docere (lehren). Cum uxoribus patres filios et filias curant (*curare* mit Akk. sorgen für). 5. Marco et Antoniae septem filii et octo filiae erant. Etiam apud Romanos antiquos novem aut decem liberi rari (selten) erant.

b) Bilde die richtige Form: Pater labore filii content( ) est. – Frater bon( ) sororem integr( ) amat. – Mater fratrum Gracchorum clar( ) cunctis not( ) est. – Saepe Penélopa, uxor integr( ), fortunam Ulixis flebat. – Iulia, filia miser( ) Augusti, multas curas patri clar( ) parabat. – Aer asper( ) causa (der Grund) morborum saepe est.

c) Was bedeuten die Monatsnamen September, Oktober, November, Dezember eigentlich? Was sagen diese Bezeichnungen über den Beginn des Jahres aus?

d) Übersetze ins Lateinische: 1. Während die Väter mit den Söhnen die Kämpfe der zehn Gladiatoren betrachteten (Präsens), besuchten (P) die Töchter mit den Müttern das Theater. 2. Corinna nannte (P) ihren Bruder feige. 3. Wer kennt nicht (wem sind nicht bekannt) die berühmten Brüder, welche Rom gegründet haben (*condiderunt*)? 4. Bei den alten Römern standen (waren) die Frauen unter dem Befehl der Männer. 5. Mit Hilfe seiner Schwester zeigte (P) Sextus Corinna und ihren° Brüdern das Landhaus. 6. Die Götter schenkten (P) der glücklichen Ehefrau sieben Söhne und acht Töchter. 7. In der guten Luft blühten (*florere* blühen) die Kinder auf°.

W Wiederholung 13

1. Übersetze: a) Tiberius Gracchus et Gaius, frater Tiberii, oratores magni erant. Quamquam (obwohl) fratres matrem amabant, Corneliae matri, quae uxor clara et integra erat, dolores malos paraverunt. Quia fratres magno studio et multis laboribus contra iniuriam et inopiam plebeiorum pugnaverunt, multi Romani in timore de divitiis suis erant. Itaque (deshalb) fratres vita spoliaverunt. Populus autem post multos annos animum fratrum laudabat.

b) Populus C. Iulium Caesarem honore (*honos* die Ehre, das Ehrenamt) quaestoris et praetoris ornavit. Quia Caesar imperator clarus erat, multas victorias reportavit et dictator erat. Cum Pompeio, magno adversario, primum (zuerst) in amicitia erat; itaque (deshalb) filiam Pompeio in matrimonium (Ehe) collocavit (geben). Sed studium (Streben nach) imperii amicitiam delevit;

bellum, quo Caesar contra Pompeium pugnavit, populo magnos terrores paravit. Etiam Caesari victori Fortuna amica non erat. Dictator senatoribus (*senator* der Senator) fidem habebat (*fidem habere* vertrauen), sed senatores Caesarem vita spoliaverunt. Post hoc malefactum (*hoc malefactum* diese Untat) caelum se obscuravit (*se obscurare* sich verdunkeln), color aëris niger (*niger* schwarz) erat, ut (wie) multi viri et mulieres narrabant. Augustus Caesari successit (*successit* er folgte nach) et memoriam patris, qui eum (ihn) adoptaverat (!), servavit.

2. Dekliniere: soror beata – orator clarus – uxor et puella – labor et otium – pater et medicus

3. Welches Kuckucksei findest du in folgenden Reihen?
a) fratrum – senatorum – periculorum – colorum – librum
b) color – ludus – frater – quaestor – soror – puer
c) doloribus – medicus – uxoribus – laborum – oratores
d) amore – errore – terrere – victore – fratre – labore
e) magister – frater – pater – mater – mulier

4. Vorsicht Verwechslungsgefahr! Bestimme folgende Formen und übersetze sie dann: terror – terreo – terrore – terrere – terres – terras – terrores – terroribus – terrebas – amore – amare – amorum – armorum – amorem – amamus – victori – victoriis – victoris – victore – victoriae – victorum – victoriam – times – timores – timetis – timoris – colorem – dolorem – doleo – deleo – clamo – clamor – laborabas – laboribus – laboro – labore – labora – labori – imperatori – imperate – imperatore – imperavi – imperio – ora – oras – oratores

5. Erkläre, was man unter dem *cursus honorum* versteht! Welche Ämter zählten dazu? Durch welche Bestimmungen in der Verfassung versuchten die Römer zu verhindern, dass ein Einzelner zu viel politische Macht besaß? Erläutere die Besonderheit des Diktatorenamtes!

6. Benenne Orte öffentlicher Veranstaltungen in der Stadt Rom, suche diese auf einer Stadtkarte und beschaffe Bildmaterial dazu!

7. Beschreibe Form und Funktion eines Amphitheaters und vergleiche sie jeweils mit einem modernen Sportstadion!

8. Schildere (evtl. in Form eines kurzen Briefes) die unterschiedlichen Lebensumstände in Rom für Arm und Reich!

K 40 Dritte Deklination: r-Stämme 4

A Die Sitten der Vorfahren

In sechs Jahrhunderten war das ehemals kleine Dorf Rom zur Weltmacht geworden, die fast alle Länder der damals bekannten Welt beherrschte. Es war dies die Leistung eines Volkes, in dem der Einzelne nicht nur für sich, sondern vor allem für den Staat sorgte und sich besonders in schweren Zeiten bedingungslos für ihn einsetzte. Achtungsvoll sprachen die späteren Römer von den *maiores*, den Vorfahren, die durch ihre Charaktereigenschaften Rom groß gemacht hatten. Der *mos maiorum*, der Sittenkodex der Vorfahren, war der Inbegriff aller Tugenden, wie z. B. Tapferkeit, Mut, Treue, Redlichkeit, Wahrheitsliebe, Weisheit, Besonnenheit, Gerechtigkeit, Unbestechlichkeit, Hilfsbereitschaft, Frömmigkeit, Sparsamkeit, Freigebigkeit und Leistungsbereitschaft. Dieser Wertekatalog galt in Rom lange Zeit als Vorbild, als die oberste Norm, an der man sich zu orientieren hatte. Noch um die Zeitenwende, als ein Sittenverfall eingesetzt hatte, versuchte Kaiser Augustus den *mos maiorum* zu erneuern – allerdings ohne Erfolg.

B

1. Honos senatorum apud Romanos antiquos magnus erat.
2. Mores maiorum Romani laudabant.
3. Ex insula Paro Romani marmor praeclarum importabant.
4. Nautae per aequora vasta properabant.
5. In vicis magnas arbores spectavimus.

C Die Senatoren mahnen zur Besinnung auf die alten Werte

Senatores, quibus magni honores erant, populum saepe de moribus maiorum ad-monebant[1]: „Moribus suis maiores nostri saepe Romam e periculis servabant. Quia magnos labores in bellis asperis aut in aequore vasto non timebant, de adversariis saepe victores erant. Deos, quorum auxilio victorias reportaverant, amabant et timebant. E marmore, quod e Graecia importabant, templa deorum erant; tecta sua honore, templa divitiis ornabant. Etiam arbores deorum sacrae erant. Renovate[2], viri et feminae, mores claros maiorum!“

[1] *admonere de* erinnern an etwas [2] *renovare* erneuern

D a) Übersetze: 1. Imperator Augustus mores maiorum, qui in magno honore non iam (nicht mehr) erant, renovare (erneuern) studuit. Sed e senatoribus pauci imperatori paruerunt. 2. Nautae aequor vastum saepe timent, nam ibi multa pericula animos terrore implent. 3. Circa tecta arbores praeclaras spectavimus. 4. Statuam imperatoris Augusti, quae ex marmore claro erat, servi floribus (*flos, -oris* Blume) ornaverunt.

b) Beantworte lateinisch: Cur apud Romanos maiores in magno honore erant? Cur maiores saepe victorias de adversariis reportabant? Quem maiores amabant et timebant? Quis mores maiorum renovare (erneuern) studuit?

c) Erkläre folgende Fremdwörter: Honorar – honorieren – Honoratioren – Moral – Moralist – moralisch – moralisieren – marmoriert

d) Dekliniere: arbor praeclara – aequor vastum

e) Wie die Römer den *mos maiorum* oft idealisierten, glauben wir heute nicht selten, dass in der „guten alten Zeit" alles besser war als jetzt. Was meinst du dazu?

f) Was könnten die Gründe dafür gewesen sein, dass es Kaiser Augustus nicht gelang, die alten Sitten zu erneuern?

g) Übersetze ins Lateinische: 1. Nicht bei allen Senatoren standen (waren) die alten Sitten der römischen Vorfahren in hohen (großen) Ehren (Sing.) 2. Aus Griechenland führten die Römer oft Marmor ein, der berühmt war. 3. Große Bäume waren oft den Göttern heilig. 4. Auf dem weiten Meer lauerten oft Seeräuber den Seeleuten auf.

K 41 Dritte Deklination: r-Stämme 5

A Tacitus und Cäsar berichten von den Germanen

Cäsar schreibt in seinem Buch vom Gallischen Krieg über die Germanen (VI 21): Von frühester Jugend an bemühen sie sich darum, Mühen zu ertragen, und streben nach Abhärtung. Die meiste Zeit verbringen sie mit der Jagd und mit Waffenübungen. Um Ackerbau kümmern sich die Männer weniger. Tacitus berichtet (Germania 20): Die Kinder wachsen in den Häusern ganz natürlich und nicht verzärtelt heran. So erhalten sie jenen kräftigen Körperbau, den die Römer bewundern.

B

1. Romani corpora firma et magnum robur Germanorum timebant.
2. Temporibus antiquis decus erat praeclaris facinoribus adversarios superavisse.
3. Germani magnum frigus non timebant.

C Die Erziehung bei den Germanen war hart

Temporibus antiquis Germani a prima pueritia[1] corpora sua exercebant. Alius alium robore superare studebat. Alium robore superavisse magnum decus erat. Magno robore Germani ad praeclara facinora idonei erant. In cunctis tectis liberi nudo[2] corpore etiam inter pecora[3] excrescunt[4]. Sic[5] magnum robur et firma corpora sibi parant, quae pectora multorum adversariorum terrore implent. Frigus, quod aliis ingratum est, Germani non timent, quia caelum asperum eis[6] notum est.

[1] pueritia die Kindheit [2] *nudus* nackt [3] *pecus, -oris* das Vieh [4] *excrescunt* sie wachsen auf [5] *sic* so [6] *eis* ihnen

D a) Übersetze: Etiam pueri Romani temporibus antiquis corpora sua exercebant. Magnis laboribus robur corporis sibi parare studebant, sed etiam animum exercebant. In campo Martio (*campus Martius* das Marsfeld) variis ludis se dabant et ad clara facinora se praeparabant (*praeparare* vorbereiten). In schola magister de decore virorum Romanorum narrabat, qui toto pectore cum adversariis pugnaverant. Quia magnum frigus erat, pueri in campo Martio non erant.

b) Beantworte lateinisch: Quando Germani corpora sua exercebant? Quo loco pueri Romani se exercebant? Quid magister pueris narrabat?

c) Erkläre folgende Fremdwörter: Dekoration – Dekor – korpulent – Tempus – Tempolimit

d) Dekliniere: frigus ingratum – robur praeclarum

e) Wodurch unterscheidet sich nach den obigen Texten die Erziehung der Buben in Rom und bei den Germanen?

f) Warum fürchten sich die Römer vor den Germanen?

g) Übersetze ins Lateinische: 1. Die Germanen übertrafen ihre Gegner an Körperkraft (Kraft des Körpers) und erfüllten auch das Herz (die Brust, Pl.) der Römer mit Schrecken. 2. Durch berühmte Taten hatten sie sich Ehre erworben (bereitet). 3. Um Ackerbau (*agricultura*) kümmerten (bemühten) sie sich nicht, viel Zeit (viel der Zeit) widmeten (gaben) sie der Ruhe. 4. Auch große Kälte fürchteten sie nicht.

A Römer im Krieg mit Germanen

Die Römer gingen Kriegen mit den Germanen gern aus dem Weg. Die sprichwörtliche Tapferkeit der Germanen und das weitgehend unbekannte und schwer zugängliche Land trugen dazu bei. Gelegentlich kam es dennoch zu einer militärischen Konfrontation. Von Cäsar und Ariovíst und ihrer Auseinandersetzung im Jahre 58 war schon die Rede (vgl. K 34, 35, 36). Im Jahre 55 v. Chr. waren die germanischen Usípeter und Ténkterer in Gallien eingedrungen. Einen Waffenstillstand, den sie mit Cäsar geschlossen hatten, hielten sie nicht ein. Als am Tag darauf ihre Häuptlinge zu Cäsar kamen, um sich zu entschuldigen, nahm dieser sie gefangen, überfiel das führerlose Heer und besiegte es. Im Jahre 9 n. Chr. fügte der Cheruskerfürst Armínius (Hermann) den Römern im Teutoburger Wald eine vernichtende Niederlage zu. Kaiser Augustus soll damals ausgerufen haben: *Vare, Vare, redde legiones!* (Varus, Varus, gib mir meine Legionen wieder!) Varus war der Anführer der Römer gewesen.

B
1. Foedera non semper firma erant!
2. Magister ex operibus claris (opere claro) Homeri poetae recitavit.
3. In caelo sidus pulchrum spectavi.
4. Sunt multa genera scelerum.

C Wechselnde kriegerische Erfolge

Varia belli fortuna inter Romanos et Germanos fuit. Caesar, qui munus imperatoris obtinuit, Ariovistum, qui ex claro Germanorum genere erat, superavit, sed etiam multi Romani vulneribus laboraverunt. Caesar Tencteros, quorum scelus memoria tenebat, quia foedus non servaverant, a cunctis lateribus temptavit et victoriam reportavit. Sed etiam Germani de Romanis victorias interdum[1] reportaverunt. Opus clarum Arminii erat Varum imperatorem superavisse. Gloria Arminii ad sidera volavit.

[1] *interdum* manchmal

D a) Übersetze: 1. Poetae opera virorum clarorum laudant. 2. Munus praetoris est iniuria abstinere et scelera virorum malorum arcere. 3. Sidera clara nautis viam saepe monstrant. 4. Copiae Romanae a cunctis lateribus Gallos temptaverunt et multis vulneribus debilitaverunt. 5. Caesar ex genere claro Romae fuit. 6. Foedera inter Romanos et alios populos firma non semper erant.

b) Beantworte lateinisch: Quando Romani de Germanis, quando Germani de Romanis victoriam reportaverunt? Quis imperator Romanus Ariovistum superavit? Cur Caesar Tencteros temptavit?

c) Dekliniere: foedus firmum – sidus clarum – medicus et vulnus

d) Versuche zu erklären, warum die Römer an Rhein und Donau große Truppenlager erbauten!

e) Es war für die Römer nicht immer leicht, ihre Gegner zu besiegen. Wann und wo war die bekannteste Niederlage der Römer gegen Germanen?

f) Warum nimmt Caesar wohl die Häuptlinge der Usipeter und Tenkterer gefangen? Wie ist das völkerrechtlich zu beurteilen?

g) Als Caesar im Jahre 58 v. Chr. die Helvetier besiegt hatte, konnte er die Fliehenden nicht sofort verfolgen, da seine Soldaten drei Tage lang die Toten begraben und die Verwundeten pflegen mussten. Welche Rückschlüsse speziell auf diese Schlacht und ganz allgemein auf militärische Auseinandersetzungen lässt dieser Umstand zu?

h) Übersetze ins Lateinische: 1. Der Weg zu den Sternen ist hart (rau). 2. Bündnisse sind bei vielen Völkern heilig (*sanctus, -a, -um*). 3. Es war (P) eine große Leistung (Werk) Ciceros, der nicht aus einem alten römischen Geschlecht stammte (war), das Verbrechen des Catilina von den Bewohnern Roms abgehalten zu haben. 4. Wessen Aufgabe ist es, Wunden zu heilen?

Zum Schutz gegen die Germanen legten die Römer Lager von verschiedener Größe an. Es handelte sich dabei um technische Meisterleistungen. Das Legionslager Castra Regina (Regensburg) beispielsweise hatte eine Fläche von 29 Hektar (= ca. 33 Fußballfelder); die Seitenlänge betrug 540 Meter im Quadrat; die Mauer wies 10 Meter Höhe auf. 6000 Legionssoldaten waren hier untergebracht. Die technische Leistung lässt sich am Modell des Torbaus der Porta Praetoria ermessen; Historisches Museum Regensburg.

W Wiederholung 14

1. Übersetze: a) Apud Romanos temporibus antiquis cuncti, qui consules aut praetores fuerant, senatores erant. Senatoribus, qui saepe ex generibus claris erant, magnus honos fuit. Mores senatorum integri esse debebant. Senatoribus, cum munera sua non servabant, cum facinoribus malis aut etiam sceleribus non abstinebant, decus non erat.

b) Mos maiorum Romanorum erat firmo animo pugnare et magnum honorem sibi parare. Vir, cuius vulnera in pectore erant, in honore erat, nam vulnera e pugna, non ex fuga (Flucht) reportaverat. Germani autem, qui corpora a prima pueritia (Kindheit) exercuerant, Romanos terrebant. Germani etiam magnum frigus non timebant. Agriculturae (*agricultura* der Ackerbau) non studebant.

c) Nautae in aequore vasto sidera clara observabant (*observare* beobachten), nam sidera viam monstrabant. Venti autem, qui a cunctis lateribus instant (*instare* anstürmen), aequor vastant et robora nautarum debilitant. Statuam, quae ex marmore erat, quod nautae ex insula Paro in Italiam im-portabant, feminae floribus (*flos, -oris* Blume) variis ornabant.

d) Circa tectum magnas arbores spectavimus. – Senatores foedus, quod erat inter Romanos et Graecos, servaverunt. – Cuius opus clarum statua Minervae fuit?

2. Dekliniere: ventus et frigus – decus et foedus – morbus et corpus – aequor et sidus – mos et decus

3. Was verstanden die Römer unter dem *mos maiorum*? Welchen Stellenwert maßen sie damit den Vorfahren zu?

4. Warum fürchteten die Römer sich vor den Germanen?

5. Welche militärischen Auseinandersetzungen zwischen Römern und Germanen kennst du? Wie endeten sie?

K 43 Dritte Deklination: t-Stämme 1

A Grenzbefestigungen

Im Laufe des zweiten Jahrhunderts nach Christus hatte das Römische Reich eine so enorme Ausdehnung erlangt – es reichte von England im Norden bis nach Ägypten im Süden, von Spanien im Westen bis nach Mesopotamien im Osten –, dass weitere Eroberungen nicht mehr nötig und kaum mehr sinnvoll erschienen. In der Einschätzung der Römer hatte es sich schlichtweg bis an das Ende der zivilisierten Welt ausgedehnt und jenseits der Grenzen lagen nur noch unwirtliche und wilde Gebiete. Nun begannen die Römer, diejenigen Grenzen, die sie von besonders gefährlichen Stämmen trennten, durch Befestigungsanlagen zu sichern. Auf diese Weise entstanden der Hadrianswall in England und auch der *limes* in Germanien. Der *limes*, ein mehrere hundert Kilometer langer Grenzabschnitt, war nicht an allen Stellen gleichermaßen gut ausgebaut. Während man mancherorts auf Flüsse als natürliche Grenzen vertraute und nur vereinzelte Lager anlegte, andernorts nur Palisadenzäune aus Baumstämmen errichtete, wurden an manchen Stellen auch gewaltige Kastelle erbaut, die – aus großen Steinquadern bestehend – ein sichtbares Zeichen der Macht darstellen sollten und oft mehrere tausend Legionäre samt ihren Familien, die außerhalb des Lagers lebten, beheimateten. Auf dem Boden dieser Kastelle sollten später oft große Städte entstehen, wie zum Beispiel Regensburg, das auf das im Jahre 179 nach Christus wahrscheinlich durch Kaiser Marc Aurel gegründete Lager *castra Régina* zurückgeht.

B

1. Cum Marco milite multi milites Romani in Germaniam properaverant.
2. Marcus officia militis magno studio explevit.
3. Caelum asperum autem militem vexabat et militi nocuit.
4. Equites equos (*equus* das Pferd) curant, officium peditum est armis se exercere.
5. Adversarii pedites temptaverunt, multis peditibus vulnera paraverunt.
6. Tamen pedites cum equitibus adversarios arcuerunt.

C Ein Besuch im Lager

Olim Publius, amicus Marci militis, Roma[1] in Germaniam properavit. Comites Publii equites et pedites erant. Nunc milites cum Publio comite castra intraverunt, ubi Marcus amicum exspectabat. Marcus hospiti tota castra monstravit. Publius tabernacula[2] militum et principia[3] imperatoris spectavit. Vesperi hospes apud milites erat, cum militibus cenavit[4], militibus de furore adversariorum narravit. Etiam pedes suos, qui laboribus viae multum doluerant, comitibus monstravit. Tum autem cuncti milites riserunt[5]: Nam milites dolore et labore assueti[6] sunt.

[1] *Roma* aus Rom [2] *tabernaculum* die Baracke, das Zelt [3] *principia, -orum* das Stabsgebäude
[4] *cenare* speisen [5] *riserunt* sie lachten [6] *assuetus* mit Ablativ gewöhnt an

D a) Übersetze: 1. Multis peditibus et equitibus Romani copias adversariorum temptaverunt. Germani, qui magno furore cum Romanis pugnabant, animos militum terrore impleverunt. Auxilio equitum autem pedites adversarios arcuerunt. 2. Quia via per Alpes in Germaniam vasta et longa erat, Publio pedes dolebant. Dolores comitis autem militibus magnam curam non parabant. Marcum militem fabulae, quas hospes vesperi in castris narrabat, delectabant.

b) Bilde die Deklinationsschlange:

hospes contentus	=> (Akk.) => (Pl.) => (Abl.) => (Gen.) => (Sg.) => (Abl.) => (Dat.) => (Pl.) => (Nom.)
puella et comes	=> (Pl.) => (Dat.) => (Sg.) => (Gen.) => (Abl.) => (Pl.) => (Gen.) => (Akk.) => (Sg.)
scelus et furor	=> (Dat.) => (Gen.) => (Pl.) => (Dat.) => (Akk.) => (Sg.) => (Abl.) => (Pl.) => (Nom.)

c) Die Römer mussten ihre Grenze zu den Germanen sichern. Welche Maßnahmen dienten diesem Zweck? Betrachte dazu die Bilder zu Kap. 42 und 43!

d) Übersetze ins Lateinische: 1. Im Krieg fürchten die Bewohner des Landes die Raserei der Soldaten. Soldaten zu Fuß und Reiter verwüsten die Dörfer. 2. Dem Gast taten (P) die Füße weh. Mit einem Kameraden war er von Rom (*Romā*) nach Gallien geeilt, wo ihn (*eum*) Freunde erwarteten. Eine Sklavin pflegte (P) den Fuß des Gastes.

Porta Praetoria des rekonstruierten Kastells Saalburg. Bild: Saalburgmuseum.

K 44 Dritte Deklination: t-Stämme 2

A Wie kritisiert man seinen Herrn?

Mächtige Herren zu tadeln ist oft nicht ratsam, denn vielfach vertragen sie keine Kritik und antworten auf sie nicht selten mit strengen Strafen. Schon früh kamen deshalb in Griechenland Schriftsteller wie etwa Äsop, der etwa in der Mitte des 6. Jahrhunderts v. Chr. auf der Insel Samos lebte, auf den Gedanken, ihre Ansichten in unverfänglichen Geschichten, den Fabeln, zu verstecken, in denen Tierfiguren die Rolle der Menschen übernahmen, indem sie nicht nur wie diese sprechen konnten, sondern auch so handelten und bestimmte menschliche Eigenschaften besaßen. Da wurde zum Beispiel aus dem König in der Fabel der Löwe, der im Tierreich durch seine Stärke alle anderen Lebewesen beherrscht. Obwohl jedermann wusste, wer sich jeweils hinter der Tierrolle verbarg, konnte man den Schriftstellern nicht vorwerfen, sie hätten das Ansehen des Königs oder eines Mächtigen gemindert, hatten sie doch lediglich eine kleine Tiergeschichte erzählt. Du kennst sicher eine ganze Menge von Fabeln, in denen noch andere Tiere auftauchen. Auch diese stehen jeweils für bestimmte Eigenschaften der Menschen, z. B. der Fuchs für die List. Auf diese Weise gelingt es den Fabeldichtern, neben der Kritik an den Herrschenden den Menschen allgemein gleichsam „durch die Blume“ zu erklären, wie man sich am besten richtig verhält. In der so genannten Moral wird diese Lehre jeweils deutlich gemacht.

B

1. Aetate antiqua poetae fabulas narrabant.
2. Cupiditates dominorum et inopiam miserorum monstrabant.
3. Fabulis monent: „Este liberi a cupiditatibus! Nam cupiditate aliis nocetis.
4. Animo parete, non cupiditatibus! Cupiditas vobis nocet. Cupiditates mores delent.
5. Animus dominus cunctarum cupiditatum esse debet.“

C Löwe und Maus

Olim leo[1], qui auctoritate et nobilitate cunctos superabat, in magna inopia erat. Quia ei[2] pes dolebat, semper in spelunca[3] erat. Tandem parvus mus[4] speluncam intravit. Statim[5] leo murem[4] temptavit, retinuit, clamavit: „Serva me ab inopia, delecta me cibis.“ Mus autem vocavit: „Sustine! Te sanare paro, sed tu mihi libertatem donare debes.” Et mus leonem spina[6], quae in pede miseri erat, liberavit. Tum magnus leo parvo muri gratiam habuit et libertatem donavit. Fabula docet[7]: Etiam parvi in civitate magnis auxilio esse[8] possunt.

1 *leo, leonis* der Löwe 2 *ei* ihm 3 *spelunca* die Höhle 4 *mus, muris m.* die Maus 5 *statim* sofort 6 *spina* der Dorn 7 *docere* lehren 8 *auxilio esse* hilfreich sein

D a) Übersetze: 1. Poeta clarus de aetate beata narrat, qua cuncti a cupiditatibus liberi erant, qua non nobilitas plebeiis nocebat, qua inopia nec (weder) viros nec (noch) feminas vexabat. 2. Officium senatorum est libertatem civitatis servare. 3. Cunctis aetatibus viri auctoritati student. 4. Philosophi (!) antiqui civitates, quae libertatem cunctorum servabant, beatas appellabant. 5. Imprimis (besonders) civitates Graecae libertate notae sunt.

b) Beantworte lateinisch: Quis est leo, de quo poetae fabulas narrant? Cur leo olim in inopia erat? Qui dolor leonem vexavit? Quid leo muri (*mus, muris* Maus) imperavit? Quid mus leoni imperavit? Quid fabula docet?

c) Unterscheide und bestimme:
libero – liberas – libertas – libri – liberi – libertati – libera (2)

d) Welches Kuckucksei findest du:

1. civitas – libertas – poetas – auctoritas – aetas
2. arbor – mulier – cupiditas – soror – clamor
3. calamitati – fratri – puellae – vento – caeli
4. recitas – libertas – nobilitas – civitas – aetas
5. aetatum – oratorum – patrum – civitatum – virum

e) Welche Fabeltiere kennst du? Welche Eigenschaften sind ihnen zugeordnet?

f) Aus welchen zwei Teilen setzt sich eine Fabel zusammen? Bestimme diese beiden Teile am Übersetzungstext!

g) Verfasse selbst eine kleine Fabel!

h) Übersetze ins Lateinische: 1. Viele Zeitalter lang° (Akkusativ) war die Bürgerschaft frei. Wir müssen die Freiheit bewahren. 2. Durch den Einfluss des Adels mussten die Armen großes Unrecht aushalten. 3. In freien Bürgerschaften vertraut das Volk das Schicksal aller Männern von° großem Ansehen (Genitiv) an (*mandare* anvertrauen). 4. Die Zeiten (ver)fliegen. 5. Im Zeitalter des Augustus gab es bedeutende (große) Werke.

K 45 Dritte Deklination: t-Stämme 3

A Herkules

Bäume ausreißen, es mit den stärksten Tieren aufnehmen, jederzeit die richtige Lösung für ein Problem finden und anderen stets helfen können – so verführerisch diese Vorstellung ist, so wenig neu ist sie doch. Superhelden, die allem und jedem standhalten können, sind keine Erfindung unserer Zeit. Bereits in der Antike erzählten sich die Menschen Geschichten, in denen der Held zahlreiche Abenteuer bestand, weil er stets an sich und seine Stärke glaubte und mit Mut und Tatkraft die Probleme anging, die sich ihm in den Weg stellten. Einer dieser antiken Kraftprotze war Hérkules, dessen Vater Jupiter, der höchste Gott, und dessen Mutter die schöne Alkmene war. Von seinem Vater mit übermenschlicher Kraft ausgestattet und strahlend vor Schönheit zog er aber auch Neid und Leid auf sich, denn viele Menschen fürchteten sich vor diesem halben Gott, viele Götter jedoch lehnten diesen halben Menschen ab. Weder ganz zu den Göttern noch ganz zu den Menschen gehörend musste er immer wieder in zahlreichen Abenteuern seine Stärke und Tatkraft beweisen.

B

1. Iuventus pulchra est.
2. Viros memoria iuventutis delectat.
3. Magister monuit: „Virtutes ornant. Virtutibus studete, virtutibus gloriam parate, virtutes retinete! Nam gloria virtutum cuncta superat.“

C Herkules – das Superbaby

Quia Iuppiter Alcmenam, matrem Herculis, amabat, Iuno,[1] uxor dei, Herculi pericula et labores parabat, fraude non abstinebat. Iam[2] infanti[3] insidias paraverat. Nam imperio deae duae serpentes[4] loco appropinquaverunt[5], ubi parvus Hercules erat. Sed infans magno robore serpentes iugulavit[6]. Post iuventutem Hercules aliis salutem paravit. Nam virtute sua utilitati multorum studuit et magnam laudem sibi paravit. Postea[7] Iuppiter filium ad se advocavit; tum in Olympo inter deos erat.

[1] *Iuno, -onis* Juno [2] *iam* schon [3] *infans, -tis* das Baby [4] *duae serpentes* zwei Schlangen [5] *appropinquare* sich nähern [6] *iugulare* erwürgen [7] *postea* später

D

a) Übersetze: 1. Aetatibus antiquis Romani virtute magnam laudem habebant. 2. Quia cuncti virtutes curabant, civitas Romana clara erat; quia autem aetate Sallustii cupiditates animos iuventutis impleverant, fraudibus et iniuriis et insidiis civitas in magno periculo erat. 3. Cuncti utilitati suae studebant, viri integri, qui cunctorum salutem curabant, non erant.

b) Unterscheide: virtutes – virtute – viro – viros – virum – vinum – fraus – laudis – laudas – lauda – laude – laudem

c) Informiere dich in einem Lexikon oder einem Buch über antike Sagen über die zwölf Taten des Herkules!

d) Übersetze ins Lateinische: Sallust erzählt vieles über die Leistungen der römischen Jugend. In alter Zeit strebte sie nach Ruhm. Nicht durch Betrug erwarb (bereitete) sie sich Nutzen, sondern durch große Tapferkeit rettete sie oft den Staat (war sie oft dem Staat zur° Rettung – *Dativ*).

Herkules. Silberstatuette aus dem Schatzfund von Weißenburg; ca. 250 - 300 n. Chr.; ca. 30 cm hoch; Museum Weißenburg.

Der sog. Farnesische Herkules, eine Monumentalstatue von über drei Metern Höhe; wohl 1./2. Jahrhundert n. Chr. aus den Caracalla-Thermen in Rom; Archäologisches Nationalmuseum Neapel.

W Wiederholung 15

1. Übersetze: a) Officium militum erat salutem imperii Romani et libertatem civitatis Romanae servare. Milites magna virtute cum adversariis, quorum furorem et fraudem timebant, pugnabant et ita (so) laudem sibi parabant. Vita in provincia (!) cunctis militibus, peditibus et equitibus, aspera erat. Morbi, vulnera, dolores milites vexabant, sed etiam caelum asperum viris mala parabat.

b) Ulixes, dominus Ithacae insulae, vir magnae auctoritatis, in iuventute cum multis comitibus Troiam (nach Troja) properaverat. Domi autem viri nobilitatis, antea (früher) amici et hospites, divitiis domini magna cupiditate studebant et Penelopam, uxorem Ulixis, urgebant (*urgere* bedrängen). Penelopa misera salutem non iam (nicht mehr) exspectabat. Tum vulnus notum, quod in pede Ulixis erat, spectavit: Ulixes ad-erat. Fabulas de Ulixe cunctis aetatibus magistri liberis narrant.

2. Mit Hilfe des Suffixes *-tas* lassen sich viele Adjektive substantivieren. Das so entstandene Substantiv drückt einen Zustand oder eine Eigenschaft aus, z.B. *liber*: *libertas* der Zustand des Freiseins: die Freiheit.
Erschließe die Bedeutung der folgenden Substantive: integritas – antiquitas – bonitas – novitas – varietas – claritas – veritas – humanitas

3. Bestimme Kasus und Genus der folgenden Substantive und bilde die entsprechende Form des Adjektivs: aetate (antiquus) – cupiditates (varius) – mores (integer) – pede (parvus) – decus (magnus) – civitati (alienus) – pedites (asper) – oratori (clarus) – iuventutem (pulcher) – militum (pauci) – sidera (clarus)

4. Erkläre folgende Fremdwörter! Pedal – Autorität – antiautoritär – Hospital – Furie – Zivil – Zivildienst – liberal – nobel – Militär – Laudatio – virtuos

5. Suche auf einer Karte (z.B. „Die Römer in Deutschland“, S.2), wie die Städte Köln, Trier und Augsburg zur Zeit der Römer hießen! Wodurch unterscheidet sich die Stadt München von diesen?

6. Ein römischer Legionär konnte samt Marschgepäck am Tag 30 bis 35 Kilometer zurücklegen. Wie lange brauchte er mindestens von Rom bis nach Regensburg?

7. Suche dir eine Darstellung von Herkules und beschreibe diese! Welche Gegenstände trägt Herkules bei/an sich und warum?

8. Suche dir in einem Buch die Fabel „Der Löwe und die Maus“ des antiken Schriftstellers Äsop, lies sie und untersuche sie auf Gemeinsamkeiten und Unterschiede zum Text in K 44!

K 46 Dritte Deklination: n-Stämme 1

A Feldherrnreden

Feldherrn hatten in alten Zeiten vielerlei Aufgaben. Sie mussten dafür sorgen, dass die Soldaten stets gut trainiert waren, Mühen ertragen konnten und in Kampftechniken und Taktik gut ausgebildet waren. Dem Feldherrn, der nicht immer an einer Schlacht selbst teilnahm, sondern von einem Platz, der guten Überblick bot („Feldherrnhügel"), das Geschehen beobachtete und von hier aus seine Anweisungen gab – dazu schickte er Boten zu den betreffenden Abteilungen –, musste unbedingt gehorcht werden. Natürlich hatte der Befehlshaber auch dafür zu sorgen, dass im Heer stets die passende Stimmung herrschte. Nicht selten waren die Soldaten vor Schlachten mutlos. Da musste der Feldherr ihnen Zuversicht vermitteln. Dies geschah meist durch eine Rede, die er vor dem Kampf hielt. Feldherrnreden, die ihren Zweck erreichten, überliefern römische Geschichtsschreiber.

B

1. Apud milites imperator orationem habuit.
2. Nationes clarae adversariorum animos militum terruerant.
3. Sed legiones Romanae adversarios superaverunt.
4. Milites beati post victoriam sermones varios habebant.

C Ein Feldherr ermuntert seine Soldaten

Ante pugnam imperator milites convocavit, orationem habuit, monuit: „Pugnate, milites, pectore firmo et magno studio! Regio, in qua pugna est, vobis nota, adversariis nota non est. Legiones nostrae multas nationes adversariorum, quibuscum nunc pugnamus, saepe superaverunt. Sermones, quos inter vos habetis, de victoria sunt. Parete rationi vestrae, quae vos de robore vestro et de belli fortuna vestra admonet[1]!" Milites orationi imperatoris paruerunt, magno animo pugnaverunt, adversarios superaverunt.

[1] *admonere de* erinnern an

D

a) Übersetze: 1. Sermones varios inter nos habemus. 2. Oratione orator animos delectat. 3. Legiones Romanae ex peditibus constabant (*constare* bestehen), equites e Germania aut ex Hispania aut ex aliis regionibus erant. Legiones, quibus Romani multas nationes alienas superaverunt, clarae erant. 4. Qui sermo patrius tibi est?

b) Beantworte lateinisch: Quando imperator milites con-vocavit? Cur animi militum firmi sunt? Quid (wozu) ratio milites monet?

c) Erkläre folgende Fremdwörter: international – Nationalhymne – Nationalbewusstsein – rational – rationell – Legionär – Regionalprogramm

d) Mit welchen Argumenten versucht der Feldherr seine Soldaten vor der Schlacht zu ermutigen? Beurteile diese kritisch!

e) Übersetze ins Lateinische: 1. Es war eine Aufgabe der Feldherrn, die Soldaten der Legionen vor dem Kampf durch eine Rede zu ermahnen. 2. Denn oft fürchteten sie sich vor° fremden Volksstämmen (Akkusativ), deren Gegenden nicht bekannt waren. 3. Gespräche, die sie untereinander (unter sich) führten, waren oft ohne (entbehrten) Vernunft (Ablativ).

Eine römische Legion bestand aus verschiedenen Abteilungen und Unterabteilungen, die jeweils Feldzeichen hatten, damit die Soldaten stets wussten, wo ihre Abteilung kämpfte; der Feldherr konnte auf diese Weise das Heer gut leiten. Ein Feldzeichen zu verlieren galt als Schande, da dann die betreffende Abteilung orientierungslos war. Im Lager gab es für die Aufbewahrung der Feldzeichen ein eigenes Fahnenheiligtum. Das Bild zeigt das restaurierte Fahnenheiligtum des Kastells Saalburg; in der Mitte der Legionsadler.

K 47 Dritte Deklination: n-Stämme 2

A Der Britannierfürst Calgácus ermahnt seine Soldaten

Als Cäsar Statthalter in Gallien war, setzte er zweimal (in den Jahren 55 und 54 v. Chr.) nach Britannien über und errang dort Siege. Es gelang jedoch nicht, Britannien zur Provinz zu machen, und nach Cäsars Abzug kamen die Britannier seinen Befehlen nicht mehr nach. Erst unter Kaiser Claudius (41 – 54 n. Chr.) wurde der südliche Teil Britanniens römische Provinz; in den folgenden Jahrzehnten wurden auch Expeditionen in den Norden unternommen. Die letzte Schlacht fand im Jahre 84 n. Chr. am Mons Gráupius in Schottland statt. Römischer Feldherr war Agrícola, das britannische Heer führte Calgácus an.

B

1. Magnitudo Britanniae Romanis olim nota non erat.
2. Imperator ex ordine senatorio erat.
3. Cuncti homines imagines pulchras amant.

C Calgácus macht seinen Soldaten Mut

„Mihi magnus animus est: Nunc origo libertatis Britanniae est. Vos cunctos con-vocavi, cuncti consuetudine vestra mihi paruistis et ad-volavistis, quia servitutem[1] arcere studetis. A cunctis lateribus Romani nobis instant[2]; pugna et arma, quae hominibus firmis honesta sunt, etiam ignavos servant. Magnitudine copiarum Romanos superamus, regio adversariis nota non est. Romani, raptores[3] terrarum, cunctas nationes virginibus[4] et feminis spoliabant, quas in servitutem[1] dabant. Spectate imagines maiorum, qui vos monent: Servate ordines et pugnate firmo pectore pro libertate nationis nostrae!“

[1] *servitus, -utis* f die Sklaverei [2] *instare* bedrängen, zusetzen [3] *raptor* der Räuber [4] *virgo, -inis* f. junge Frau

D a) Übersetze: 1. Multi homines imagines pictorum (*pictor, -oris* der Maler) clarorum pulchras, quae regiones alienas monstrant, laudant. 2. Hominibus origo terrae i-gnota est. 3. Templum Vestae, quod in foro (*forum* der Marktplatz) Romano erat, ornare et servare munus virginum (*virgo, -inis* f. junge Frau) erat, quae apud Romanos in magno honore erant. 4. Cuncti ordines Romae magnitudinem periculi, quod instabat (*instare* drohen), timebant. 5. Romanis cum Britannis consuetudo non erat.

b) Beantworte lateinisch: Cur Calgaco animus magnus fuit? Quid Britanni servare studebant? Cur Britanni Romanos superabant? Quid (wozu) Calgacus Britannos monuit?

c) Erkläre die Bildung folgender Wörter und leite davon ihre Bedeutung ab: magnitudo – multitudo – beatitudo – servitudo – longitudo

d) Was sind die wichtigsten Argumente, die Calgácus in seiner Rede verwendet? Warum sind sie besonders wirksam? Inwiefern weckt Calgácus auch Emotionen? Was will er damit bezwecken?

e) Löse folgendes Zahlenrätsel: Jede Zahl entspricht einem Buchstaben. Der Buchstabe O kommt fünfmal vor. Es müssen sich sinnvolle Formen lateinischer Wörter ergeben.

3	5	1	9	3	2	8	5			
4	6	3	9	3	2	3				
7	4	2	10	15	8	11	15	12	4	
13	4	5	3	2	15	5				
4	6	12	3	2	8	10				
14	3	6	9	3	2	3	10			
5	1	9	2	3	11	15	12	3	2	8

Das Lösungswort 11, 1, 7, 3, 11, 15, 10 ergibt einen römischen Geschichtsschreiber, in dessen Werk die Rede des Calgacus zu lesen ist. *Wie heißt er?*

f) Übersetze ins Lateinische: 1. Weil die Soldaten ungeordnet (ohne Ordnung) waren (P), fürchteten (P) sie die Größe der Gefahr. 2. Es ist die schlechte Gewohnheit vieler Menschen, den Anfang der Begierden nicht zu meiden (*vitare*). 3. Alle Menschen lieben die Bilder schöner Mädchen.

K 48 Dritte Deklination: n-Stämme 3

A Agricola spricht zu seinen Soldaten

Nachdem Calgácus seine Soldaten durch diese Rede angefeuert hatte, stellten sich die Britannier in Schlachtordnung auf. Auf römischer Seite geschah dasselbe: Agrícola ermunterte ebenfalls seine Truppen, die auf eine militärische Entscheidung drängten, da sie schon sechs Jahre in Britannien Krieg führten, und ließ sie dann zum Kampf antreten.

B
1. Imperatori Romano nomen Agricola (Agricolae) erat.
2. Milites Romani omina mala timebant.
3. Carminibus asperis Britanni adversarios terrere temptant.

C Auch Agricola redet seinen Soldaten zu

„Sex annos ominibus bonis et virtute vestra cum Britannis pugnavistis et quattuor victorias reportavistis. Saepe in agmine, quia magna flumina et vastas regiones timebatis, inter vos sermones habebatis: ‘Ubi sunt adversarii? Pugnare et nomini populi Romani gloriam et honorem parare studemus.’ Mihi saepe crimini dabatis, quod adversarios non oppugnabamus. Cum adversarii ignoti erant, cum regiones ad pugnam idoneae non erant, pericula a vobis arcebam. Nunc quinque agmina adversariorum, qui vobis noti sunt, ibi sunt. Carmina aspera cantant, quia timent. Temptate adversarios et pugnate firmo pectore!“

D a) Übersetze: Britannia olim insula libera fuit. Homines beati ad Tamesim (Themse) et alia flumina vicos et agros habebant, nomen populi Romani ignorabant (*ignorare* nicht kennen). Carmina Britannorum clara erant; poetae de magnis viris et de libertate insulae cantabant. Romani Britanniam multos annos ignorabant (*ignorare* nicht kennen), tum autem Britannis crimini dabant, quod Gallis auxilium saepe parabant. Sed vera causa (der Grund) belli erat, quod Romani cunctis nationibus imperare studebant. Sex annos Britanni libertatem obtinere potuerunt. Tum Britannia provincia (!) Romana fuit.

Zur Ausrüstung eines römischen Soldaten gehören unter anderem Sandalen. Auf dem Bild siehst du links die Reste eines Schuhs, den man gefunden hat, und rechts eine Rekonstruktion. Museum des Kastells Saalburg.

b) Beantworte lateinisch: Quid milites Romani Agricolae crimini dabant? Quae erat cupiditas militum Romanorum? Cur Agricola adversarios saepe non temptavit? Cur Britanni carmina aspera cantant?

c) Dekliniere: carmen notum – omen malum

d) Wie ist die Argumentation des Agricola in seiner Rede? Wodurch unterscheidet sich seine Ansprache von der des Calgácus?

e) Übersetze ins Lateinische: Sechs helle Sterne standen (waren – P) am Himmel. Sie bedeuteten (waren – P) gute Vorzeichen und ermunterten (ermahnten – P) die kleine Schar der fünf Wanderer (*viator* der Wanderer). Sie hatten vier Stunden (*hora* die Stunde) keine (nicht) Menschen gesehen; nun lagen (waren – P) vor ihren° Augen (*oculus* das Auge) fünf Häuser.

W Wiederholung 16

1. Übersetze: a) Ante pugnam omen malum fuerat: Lumen (*lumen* das Licht) clarum, quod milites in caelo numquam spectaverant, legiones Romanas terruerat, nam multi homines rationi non parent, cum omina mala pectora timore implent.

b) Consul (der Konsul, oberster römischer Beamter) viros ad contionem (*contio* Versammlung) con-vocavit et orationem habuit: „Calamitatem (*calamitas* das Unglück) malam timetis, quod ex sermonibus vestris mihi notum est. Imago ignota, quam in caelo spectatis, pectora vestra terret. Vitam vestram a periculis servare semper studebam. Etiam nunc causa (der Grund) timoris non est.“

2. Dekliniere: natio aliena – ordo notus – ratio et consuetudo – oratio et carmen.

3. Welche Substantive der 3. Deklination auf -o sind Maskulina? Setze jeweils ein passendes Adjektiv dazu!

4. Übersetze: a) Sermo patrius cunctis hominibus gratus est. b) Senator orationem claram habuit. c) Milites sermones inter se habuerunt. d) Milites imperatori crimini dabant, quod saepe pericula non timuerat. e) Catilinae crimini fuit, quod civitatem delere studuerat. f) Tibi nomen Iulio est. g) Ciceroni cum Catilina consuetudo non erat. h) Quis ex ordine senatorio erat?

5. Wirf das Kuckucksei aus dem Nest:
a) ratio – natio – origo – legio – regio
b) imago – consuetudo – magnitudo – origo – oratio
c) ratio – imago – sermo – origo – regio – consuetudo

6. In welchen zwei Abschnitten vollzog sich die Eroberung Britanniens, bis es römische Provinz war?

7. Am Mons Graupius hatte Agricola im Jahre 84 n. Chr. gesiegt und damit ganz Britannien für Rom in Besitz genommen. Freilich war es wegen der geringen Zahl der Besatzungssoldaten nicht möglich, den Norden zu halten. Kaiser Hadrian (117 – 138) ließ deshalb zur Sicherung des Teiles, der fest in römischer Hand war, ab dem Jahre 122 den sog. Hadrianswall bauen, eine Mauer von ca. 80 Meilen Länge (ca. 118 Kilometer). Er begann an der Mündung des Tyne in die Nordsee (in der Nähe des heutigen Newcastle) und erstreckte sich durch die ganze Insel bis zum Solway Firth.
Suche auf einer Landkarte von Großbritannien die Lage dieses Hadrianswalls! Kennst du aus der Geschichte ähnliche Grenzanlagen?

Im Jahre 122 n. Chr. baute Kaiser Hadrian eine Befestigungsanlage auf der Linie Solway-Tyne quer durch Britannien. Dieser so genannte Hadrianswall wies 76 Kastelle auf.

K 49 Dritte Deklination: c/g-Stämme mit einem Konsonanten

A Die Könige der Frühzeit

Bei den meisten Völkern der Frühzeit herrschten Monarchen, etwa Häuptlinge oder Könige. Sie hatten große Macht, waren Gebieter über das Volk, oberste Heerführer, Richter und Priester. Daneben gab es aber auch eine herausgehobene Schicht von Bürgern, die meist reich waren und deren Geschlecht alt war. Dieser Adel verlangte im Laufe der Zeit immer mehr Mitspracherechte und schränkte die Macht des Königs ein. Dies führte im Allgemeinen dazu, dass eines Tages die Könige vertrieben wurden. Dieselbe Entwicklung gab es auch in Rom. Nach der Gründung der Stadt herrschten sieben Könige: Romulus, Numa Pompilius, Tullus Hostilius, Ancus Marcius, Tarquinius Priscus, Servius Tullius, Tarquinius Superbus. Wie der Beiname *Superbus* (der Stolze, Hochmütige) sagt, war der letzte König unbeliebt. Deshalb wurde er um 510 v. Chr. gestürzt und das Königtum abgeschafft. Das Volk schwor, niemals wieder einen König zuzulassen. Der Name „König" war in Rom seither verhasst.

B

1. Primus rex Romanorum Romulus erat.
2. In bello reges duces erant.
3. In pace homines regibus parebant.
4. Sed imperia regum populo non semper grata erant.

Römischer Porträtkopf aus Bronze, 3. Jahrhundert v. Chr.; der sog. Brutus; er soll die Könige um 510 v. Chr. vertrieben haben; Kapitolinische Museen Rom.

C Römische Könige

Temporibus antiquis multae nationes regibus parebant. Etiam Romani ab origine urbis[1] sub imperio regum erant, voci regum parebant. Romulus, primus rex, viros Romam[2] advocavit et civitatem magno grege hominum implevit. Legibus bonis Numae mores Romanorum integri fuerunt. Tullus incolas regionum aliarum superavit et novos agros paravit. Sed postea[3] Romani reges, qui populum ex tenebris[4] ad lucem vocaverant, non iam[5] amabant, sed timebant.

[1] *urbs* die Stadt [2] *Romam* nach Rom [3] *postea* später
[4] *tenebrae, -arum* die Finsternis [5] *non iam* nicht mehr

D

a) Übersetze: 1. Dux adversariorum magna voce clamavit: „Date pacem, Romani!" 2. Servus prima luce gregem domini sui observavit (*observare* hier: hüten) 3. Legibus bonis reges populis imperant. 4. Adversarii milites, qui voci ducis non paruerant, superaverunt.

b) Beantworte lateinisch: Quae nomina regum Romanorum tibi nota sunt? Quis erat primus rex Romanorum? Quae munera regum erant?

c) Dekliniere: magnus grex – vox clara – pax grata

d) Welche Leistungen vollbrachten die ersten drei römischen Könige?

e) Cäsar saß einmal auf den Stufen des Capitols. Da näherte sich ihm Antonius und wollte ihm eine Königskrone aufsetzen. Das Volk reagierte empört und Cäsar wies Antonius zurück. Warum war der Name „König" in Rom so verhasst?

f) Übersetze ins Lateinische: 1. Berühmte Könige waren im Krieg tüchtige Anführer und gaben im Frieden menschliche Gesetze. 2. Die Soldaten der Griechen sahen (P) das Meer; da riefen (P) sie mit lauter (großer) Stimme: „Die Götter haben uns gerettet!" 3. Bei Tagesanbruch eilen große Herden auf die Wiesen (*pratum* Wiese).

Etwa zur selben Zeit, in der in Rom die Könige vertrieben wurden, stürzten in Athen Harmódios und Aristogéiton (unser Bild) die Tyrannen; Archäologisches Nationalmuseum Neapel.

K 50 Dritte Deklination: verschiedene Stämme mit einem Konsonanten

A Die Strafe der Verbannung

Verbannung war seit frühester Zeit eine Bestrafung für schwere Verbrechen. Sie wurde zum Teil für eine bestimmte Anzahl von Jahren, zum Teil für das ganze Leben verhängt. Bei einer leichteren Form wurde das Vermögen des Verbannten nicht eingezogen und er konnte später wieder zurückkehren, bei einer schwereren war der Verlust von Hab und Gut damit verbunden. Im Laufe der Zeit bürgerte es sich in Rom ein, dass statt der Hinrichtung die Verbannung ausgesprochen bzw. gewählt werden konnte. Dies galt aber wohl nur für Angehörige höherer Schichten; Schwerverbrecher aus dem niederen Volk wurden getötet. Eine eigenmächtige Rückkehr war strikt verboten; darauf stand die Todesstrafe.

B 1. Iniuria patriciorum plebem miseram vexabat.
2. Cibi sine sale homines non delectant.
3. Apud Romanos coniuges integrae in honore erant.
4. Post exilium regis plebs Romana consulibus parebat.

C Verbannung

Romani Tarquinium regem ex exsilio non iam[1] re-vocaverunt. Pro rege consulibus imperium mandaverunt[2]; consules erant homines de nobilitate, interdum[3] de plebe. In exsilio esse miserum erat. Exsules multos annos aut totam vitam saepe in regionibus erant, ubi caelo aspero laborabant. Magnum frigus timebant, solem, qui in Italia gratus est, desiderabant[4]. Etiam coniuges non semper secum habebant, quae domi fortunas observabant[5]. Qui in exsilio est, habet quasi[6] cibos sine sale.

[1] *non iam* nicht mehr [2] *mandare* übertragen [3] *interdum* manchmal [4] *desiderare* vermissen
[5] *observare* Acht geben auf [6] *quasi* gleichsam

D a) Übersetze: 1. Munus consulum erat saluti cunctorum hominum, etiam plebis, studere. 2. Viri non semper cum coniugibus in exsilio erant, quia mulieres domi liberos et servos observare (Acht geben auf) debebant. 3. In Britannia frigus magnum erat; homines solem clarum exspectabant. 4. Multi, quorum scelera magna erant, exsilium timebant, nam in exsilio patria carebant. 5. Sine sale cibi boni non sunt.

b) Beantworte lateinisch: Cur miserum erat in exsilio esse? Quot annos exsules procul (fern) a patria erant? Cur coniuges non semper cum viris in exsilio erant?

c) Dekliniere: coniunx beata – sol clarus.

d) Welche Arten der Verbannung gab es in Rom?

e) Warum waren wohl in Rom bei schweren Verbrechen die Angehörigen höherer Schichten vor Gericht bevorzugt?

f) Übersetze ins Lateinische: 1. Salz führten die Römer aus Germanien ein (*importare*). 2. Wenn die Kälte groß ist, erwarten wir die helle Sonne. 3. Die Konsuln der Römer waren aus dem Adel, manchmal (*interdum*) auch aus dem niederen Volk. 4. Auch Verbannte lieben die Heimat, denn in der Verbannung zu sein ist nicht schön.

K 51 Die ī-Konjugation

A **Achill tötet den Hektor**

Schon lange hatten die Griechen und die Trojaner miteinander Krieg geführt. Die Stadt Troja war von starken Mauern umgeben und konnte trotz jahrelanger Belagerung nicht eingenommen werden. Auf der Ebene vor Troja kam es immer wieder zu Kämpfen, in denen einmal die Griechen, ein andermal die Trojaner erfolgreich waren. Der tapferste Held auf Seiten der Griechen war Achilles, der Sohn des Peleus, unter den Trojanern ragte Hektor, der Sohn des Königs Príamos, hervor. Eines Tages tötete Hektor den Pátroklos, den Freund des Achilles, und schleifte dessen Leiche an seinem Wagen um die Stadt. Achilles forderte daraufhin Hektor zum Zweikampf, besiegte ihn und brachte den Toten ins Lager der Griechen.

B

1. Vocem amici audio (audimus).
2. Etiam amicus (amici) verba mea audit (audiunt).
3. Audite verba patris, servi! Aperite portam!
4. Liberi verba patris non audiebant.
5. Mercurius Priamum regem exaudivit.
6. Mercurius deus portam castrorum aperuerat.

C **Priamos will ins Lager der Griechen gehen**

Priamus rex de morte[1] Hectoris audiverat. Quia filium mortuum sepelire studebat, in castra Graecorum properare paravit. Sed quia virtutem Graecorum, quae nota erat, timebat, caput[2] operuit et Mercurium deum oravit: „Exaudi me, Mercuri! Tibi oboediebam[3], cum vocem tuam audiebam. Filium meum nondum[4] sepelivi, quia Achilles corpus Hectoris secum in castra portavit. Es mihi comes! Aperi mihi portas castrorum Graecorum!“

[1] *mors* der Tod [2] *caput* n. das Haupt [3] *oboedire* gehorchen [4] *nondum* noch nicht

D a) Übersetze: Troiani verba Priami regis audiverunt: „Exaudite me, dei boni! Corpus filii mei, quod Achilles in castris Graecorum loco ignoto operuit, sepelire studeo. Exaudi me, Mercuri, aperi portas castrorum, es comes meus apud Achillem! Vobis, dei, semper parui. Miserum est filium mortuum sepelire, sed officium meum est.“ Dei Priamum exaudiverunt.

b) Beantworte lateinisch: Cur Priamus in castra Graecorum properare paravit? Cur timor Priami magnus fuit? Quid (worum) Priamus Mercurium oravit?

c) Ersetze die folgenden Formen von *habere* durch *audire* und von *ornare* durch *aperire*: orna – habe – ornas – habent – habete – ornat – ornate – habeo – ornant – habetis

d) Wer ist Achilles, Hektor, Patroklos, Peleus, Priamos?

e) Im Jahre 1872 begannen die Ausgrabungen in Troja. Die Funde bedeuteten eine Sensation. Weißt du, wer Troja ausgegraben hat?

f) Übersetze ins Lateinische: Merkur erhörte (P) den Priamus, der den Göttern oft gehorcht hatte. Er eilte (P) zum König, war sein° Begleiter und öffnete (P) das Tor des Lagers der Griechen. Priamos bemühte sich (P) darum°, den toten Sohn zu bestatten, dessen Leichnam (Körper) Achilles im Lager verborgen hatte (zugedeckt) hatte. Von wem habt ihr über Achilles (*de Achille*) gehört?

W Wiederholung 17

1. Übersetze: a) Ab origine Romae reges imperium obtinebant et plebi leges dabant. In bello duces firmi erant, quibus milites oboediebant (gehorchen), in pace populum inopia liberare et utilitatem augere (vermehren) studebant.

b) Post pugnas officium ducis et militum erat corpora comitum mortuorum sepelire et deos pro mortuis orare: „Exaudite nos, dei boni! Aperite comitibus nostris portam et viam ad inferos (*ad inferos* in die Unterwelt)! Ii (diejenigen) liberi a culpa (*culpa* Schuld) sunt, qui audiunt vocem Plutonis et Proserpinae, coniugis dei, quorum sub imperio inferi (*inferi* die Unterirdischen, die Unterwelt) sunt et qui mortuis pacem et locum quietum (*quietus* ruhig) dant!“

c) Post reges Romani consules creabant (*creare* wählen), qui imperium obtinebant.

d) Vita imperatorum, qui in exsilio erant, misera erat. Totam vitam in exsilio homines erant, qui magnis sceleribus civitati nocuerant. – Romani vinum in Germaniam exportabant, salem e Germania in Italiam importabant.

2. Übersetze und bilde dazu die entsprechenden Formen des Imperfekts, Perfekts und Plusquamperfekts (bei Infinitiv nur Perfekt)! wir hören, du öffnest, sie erhören, zudecken, er bestattet, ihr öffnet, hören.

3. Übersetze und bilde dazu die entsprechende Form im Imperativ Präsens:
du bestattest, sie öffnen, er erhört, ihr hört

4. Dekliniere: rex clarus – grex et plebs – sol et lux

5. Welche römischen Könige sind dir noch bekannt? Welchen Beinamen hatte der letzte? Was bedeutet er?

6. Wann stürzten die Römer ihre Könige? Welchen Beschluss fassten sie damals?

7. Wer trat an die Stelle der Könige? Welche Staatsform folgte auf die Monarchie?

K 52 Das Demonstrativpronomen is – ea – id

A Merkur erhört die Bitte des Priamos

Priamos hatte sich mit seiner Bitte deshalb an Merkur gewandt, weil dieser der Gott der Wege, der Wanderer, der Kaufleute, auch der Diebe war und die Seelen von dieser Welt in den Hades (Unterwelt) begleitete. Wenn jemand also den König heil ins Lager der Griechen geleiten konnte, dann war es nur Merkur. Dieser kam dem Wunsch des Priamos nach, zumal es auch eine religiöse Pflicht war, Tote zu bestatten. Sie gehören ja nicht mehr auf diese Welt, sondern sind Besitz Plutos, des Gottes der Unterwelt, wo der Aufenthaltsort derer ist, die gestorben sind.

B
1. Mercurius Priamum exaudivit, nam amicus eius erat.
2. Ad eum properavit.
3. Ei viam in castra Graecorum monstravit.
4. Apud eos corpus filii regis erat.
5. Qui deos amat, eis amicus est.
6. Is, quem dei amant, in honore est.
7. Narra id, quod (ea, quae) non audivi.

Homer, der Dichter der Ilias und der Odyssee; Kapitolinische Museen Rom.

C Merkur kommt zu Priamos

Mercurius vocem Priami audivit, qui eum ad-oraverat. Deus ei, qui viam in castra Graecorum nesciebat, auxilium non negavit. Priamus eum ante portas Troiae iam exspectavit et appellavit: „Salve, Mercuri! Tacere debemus, nam Graeci cunctos temptant, qui ea castra intrare parant. Cum eis pugnare et vitam finire non studeo.“ Tamen Priamus eos non timuit, quia sciebat: Qui deis servit, eorum auxilio non caret. Sed id nesciebat: Quis portam castrorum aperire potest?

D a) Übersetze: Priamus quia viam nesciebat, Mercurium deum oravit: „Filium non sepelivi, quia corpus eius apud Achillem est. Achilles de eo victoriam reportavit et eum vita spoliavit. Cum eo Hector pugnaverat, sed eum non arcuerat. Nam Minerva ei servivit. Auxilio eius Achilles Hectorem superavit. Troiani sine eo miseri sunt, nam salus Troiae in virtute eius stabat (*stare in* beruhen auf). Id scio: Dolorem meum non finire possum. Qui dolore laborat, miser est.“

b) Beantworte lateinisch: Cur Priamus Mercurium deum oravit? Cur Mercurius Priamo auxilium non negavit? Cur timor Priami magnus non fuit?

c) Füge in die Lücken den entsprechenden Kasus von *Troiani* ein und ersetze dann durch Formen von *is - ea - id:* Graeci cum ... pugnaverunt. – Graeci ... superaverunt. – Graeci de ... victoriam reportaverunt. – Graeci oppidum ... oppugnaverunt.

d) Ersetze die Form in den Klammern durch das Personalpronomen und übersetze: Achilles auxilio (Minervae) Hectorem superavit. – Achilles (Minervam) laudavit. – Achilles (Minervae) gratiam habuit. – Achilles cum (Minerva) Hectorem superavit.

e) Setze die richtige Form des Possessivpronomens (bzw. seines Ersatzes) ein: Mercurius comes ... erat. – Hector virtute ... Troiam servavit. – Priamus filium ... sepelire studuit. – Achilles corpus filii ... in castris secum habuit. – Hector patriam ... amabat. – Graeci patriam ... vastaverunt. – Feminae dolorem ... non retinuerunt. – Dolor ... magnus erat.

f) Warum wendet sich Priamos gerade an den Gott Merkur?

g) Betrachte die auf S. 124 die abgebildete Statue des Merkur! Beschreibe den Gott und erkläre dabei seine Kennzeichen!

h) Übersetze ins Lateinische:
Priamos hatte seinen Schmerz noch° nicht beendet. Merkur versagte (P) ihm seine Hilfe nicht. Er wusste das: Priamos hatte ihm schon oft gedient. Weil Priamos den Weg nicht kannte, zeigte (P) Merkur ihn dem König. Mit ihm eilte (P) er ins Lager der Griechen. Bei ihnen fürchtete (P) Priamos die Gefahr nicht, denn der Gott war (P) sein (!) Begleiter. Wer einen Gott als° Begleiter (Akkusativ) hat, fürchtet Gefahren nicht.

Merkur aus dem Schatzfund von Weißenburg; Museum Weißenburg.

K 53 Das Demonstrativpronomen hĭc - haec - hŏc

A Auf dem Weg ins Lager der Griechen

(Merkur) Sprach's und sprang auf das Rossegespann, der geschmeidige Bote,
Fasste die Geißel geschwind und nahm in die Hände die Zügel,
Hauchte dann eifrigen Mut ins Herz den Rossen und Eseln.
Als sie nun aber zum Wall bei den Schiffen und Graben gekommen,
Waren die Wächter bemüht, das Nachtmahl eben zu rüsten.
Gleich aber schüttete allen der leitende Argosbesieger (= Merkur)
Schlaf in die Augen und öffnete rasch das Tor und die Riegel,
Führte den Priamos ein und die Prachtgeschenke im Wagen.
Jetzt gelangten die Männer bald zum Zelt des Peliden (Sohn des Peleus = Achill).
Dieses hatten die Myrmidonen dem Fürsten gezimmert,
Hoch aus dem Holze der Tannen, und hatten es oben darüber
Dicht gedeckt mit borstigem Rohre, von Wiesen gesammelt.
(Homer, Ilias, XXIV 440ff.; Übersetzung von J. H. Voss)

B
1. Hic deus Priamum exaudivit.
2. Huius auxilio Priamus castra Greaecorum intravit.
3. Priamus huic deo gratiam habuit.
4. Hunc iam semper in honore habuerat.
5. Propter haec Mercurius Priamum exaudivit.

C **Merkur geleitet Priamos zu Achilles**

Animo quieto[1] deus et homo in castra Graecorum properaverunt. Priamus multa dona[2] secum habuit; haec Achilli dare paravit. Graeci castra firmo vallo[3] muniverant. In hoc vallo portae erant, quae cunctos adversarios intrare arcebant. Has portas Mercurius aperuit – quis deum impedire potest? – et Priamus, qui se ad pugnam non expediverat, huius auxilio sine curis castra intravit. Post haec Mercurius regi, quem magno studio curabat, viam ad Achillis tentorium[4] monstravit, qui Hectorem expeditum incursaverat et necaverat.

[1] *quietus* ruhig [2] *donum* Geschenk [3] *vallum* der Wall [4] *tentorium* das Zelt

D a) Übersetze: 1. Mercurius et Priamus expediti non erant, nam Graecos incursare aut cum his pugnare non studebant. Castra Graeci firmo vallo (*vallum* der Wall) muniverant. 2. Achilles propter Patroclum – nam huius gloriam curabat – Hectorem necaverat. Huius corpus Troiam (nach Troja) Priamus reportare properavit; nam huic funus (*funus* n. Bestattung) honestum parare studuit.

b) Beantworte lateinisch: Cur Priamus multa dona (*donum* Geschenk) secum habuit? Quis portas castrorum aperuit? Cur Priamus ad Achillem properavit?

c) Setze vor die folgenden Substantive die entsprechende Form von *hic - haec - hoc*: ... arma – ... dei (2) – ... periculum – ... mulieris – ... sororem – ... uxori – ... fratrum – ... patribus – ... adversarios – in ... arbore

d) Woran zeigt es sich, dass der Begleiter des Priamos ein Gott sein muss?

Die wuchtigen Mauern von Troja - der Ausgräber Heinrich Schliemann glaubte, es handle sich um die Stadt des Priamos. Tatsächlich sind diese Ruinen schon etwa tausend Jahre älter (ca. 2400 - 2200 v. Chr.).

e) Warum hatten die Griechen ihr Lager wohl so stark befestigt?

f) Was kann daraus geschlossen werden, dass das Zelt des Achilles so prächtig war?

g) Übersetze ins Lateinische: 1. Merkur kümmerte (P) sich um den Schmerz des Priamus, weil Achilles den Sohn dieses Königs wegen seines Freundes getötet hatte. 2. Kampfbereite Truppen der Trojaner griffen das Lager, das die Griechen befestigt hatten, oft an. 3. Die Trojaner bemühten sich, dieses Lager zu zerstören. Aber die Wälle (*vallum* Wall) dieses Lagers hinderten die Trojaner einzudringen (einzutreten).

K 54 Das Demonstrativpronomen ille - illa - illud

A Priamos bei Achilles

(Priamos betritt das Zelt des Achilles; dieser bietet ihm sofort einen Platz an)
Ihm entgegnete Priamos gleich, der göttliche Alte:
„Lass mich, Göttlicher, sitzen doch nicht, so lange noch Hektor
Unbeerdigt im Zelte da liegt; ach, gib ihn mir baldigst
Los, auf dass ich mit Augen ihn sehe, und nimm dir die vielen
Gaben, die her wir gebracht; du sollst sie genießen und heimwärts
Kehren zum Lande der Väter, nachdem du zuvor mir gestattet,
Weiter zu leben und wieder das Licht der Sonne zu schauen.“
Finster blickend entgegnete ihm der schnelle Achilleus:
„Reize mich länger nicht mehr, du Alter; gedenk' ich doch selber,
Hektor los dir zu geben. Es kam von Zeus mir als Botin
Thetis, die mich gebar, die Tochter des Greises im Wasser.
Auch erkenn' ich gewiss, mein Priamos, ohne zu zweifeln,
Dass dich einer der Götter gebracht zu den Schiffen Achaias.
Denn kein Sterblicher, selbst kein junger, doch würde sich trauen
Her ins Lager zu kommen; ihn müssten die Wächter entdecken,
Auch vermöcht' er nicht leicht den Riegel beiseite zu schieben.
Drum hör' auf, noch mehr mein bekümmertes Herz zu erregen!“
(Homer, Ilias XXIV 552 – 568; Übersetzung von J. H. Voss)

B 1. Illi ad tentorium (Zelt) Achillis properaverunt.
2. Ante tentorium illius Mercurius de carro (*carrus* Wagen) desiluit.
3. Postquam ille ad Olympum volavit, Priamus unus tentorium intravit.
4. Illud tentorium pulchrum erat.
5. Illis temporibus auctoritas regum magna erat.

C Achilles erhört den Priamos

Mercurius postquam Priamo tentorium[1] Achillis monstravit, de carro[2] de-siluit et ad Olympum volavit. Sed ille tentorium intravit et Achillem appellavit: „Quia firmus es, Achilles, illum Hectorem, filium meum, qui unus te arcere poterat, necavisti. Victoria dignus es, sed nunc iustum est corpus unius filii, qui etiam probus erat et me servabat, patri dare. Auxilio deorum victoriam de illo reportavisti et illum vita spoliavisti. Da mihi nunc illud corpus, quod sepelire debeo! Nam hoc officium durum dei vivis imperant.“ Achilles postquam illa verba audivit, ex tentorio saluit, dona Priami spectavit, regi Troianorum illud non negavit, quod rogaverat.

[1] *tentorium* das Zelt [2] *carrus* der Wagen

D a) Übersetze: 1. Dignum et iustum est etiam memoriam illius Hectoris, quia probus et firmus erat, in magno honore habere. 2. Nam ille, qui laude dignus erat, vivus labores duros sustinuerat et patriam a Graecis servaverat. Postquam autem Achilles illum necavit, Troiani sine illius auxilio miseri erant. 3. Postquam Mercurius et Priamus de carro (*carrus* Wagen) de-siluerunt, ille ad Olympum volavit, hic tentorium (Zelt) Achillis unus intravit.

b) Beantworte lateinisch: Quibus verbis Priamus Achillem appellavit? Quid (worum) Priamus Achillem oravit? Cuius auxilio Achilles victoriam reportaverat? Cur Priamus Hectorem Troiam (nach Troja) secum reportare studuit?

c) Ergänze jeweils die entsprechende Form von *ille*: ... clamoris – ... fraudem – ... carmen – ... voce – ... comiti – ... ludum – ... siderum – ... fratribus

d) Ergänze die entsprechende Form von *unus* und übersetze! ... coniuge – ... plebi – ... consul – ... consilium – ... sideris – ... fratri

e) Erschließe die Bedeutung folgender Wörter: exsilire – insilire – iniustus – indignus – improbus

f) Welche Gründe hat Achilles, dass er dem Priamos die Leiche seines Sohnes zurückgibt?

g) Die Bestattung der Toten war in der Antike religiöse Pflicht. Kannst du dafür eine Begründung finden?

h) Übersetze ins Lateinische: 1. Achilles, dessen Herz (Brust) hart war, erhörte (P) dennoch die Worte jenes Königs. 2. Zu Lebzeiten (lebend) hatte jener tüchtige Hektor, der große Ehre verdiente, oft als einziger Troja gerettet. Die Kinder sprangen (P) von jenem Baum herab°. 3. Ein Herr ist nicht immer gerecht. 4. Alexander litt an einer Krankheit, nachdem er in jenen Fluss gesprungen war. 5. Die Trojaner fürchteten die Tapferkeit eines einzigen Mannes.

Der Mann, der auf diesem Vasenbilder auf der Kline (= Speisesofa) liegt, isst und trinkt, ist Achilles. Wen erkennst du noch?

W Wiederholung 18

1. Übersetze: a) Priamus rex quia viam in castra Graecorum nesciebat, Mercurium deum, cui saepe serviverat, oravit: „Exaudi me, Mercuri, et monstra mihi viam in Graecorum castra! Funus (*funus, -eris* n. die Bestattung) Hectoris filii, quem ille Achilles necavit, curare studeo. Funere praeclaro Hector dignus est, nam probus erat et patriam magna virtute a calamitate servabat. Hoc autem nunc officium meum est eum, qui vivus non iam (nicht mehr) est, propter magnas virtutes eius in oppidum meum re-portare et sepelire."

b) Mercurius postquam vocem illius regis iusti audivit, ex Olympo ad Priamum advolavit et cum eo ad Graecorum castra properavit. Mercurio durus labor non erat portas aperire, quia huic deo magnum robur est. Postquam ille Priamo tentorium (Zelt) Achillis monstravit, de carro (*carrus* Wagen) de-siluerunt; ille autem ad Olympum volavit, hic tentorium intravit.

c) Achilles autem eum non incursavit, sed appellavit: „Priame, quomodo (wie) castra nostra, quae firmis muris munivimus, intrare potuisti? Cur Graeci te non impediverunt? Deus certe (sicherlich) comes tuus fuit; hoc scio, quia portas castrorum homo nondum (noch nicht) clam (heimlich) aperuit. Corpus filii tui tibi dare iam paro, quia mater mea, quae dea est, mihi hoc imperavit." Multi autem hoc exspectabant: Graeci et Troiani bellum finire debent.

2. Setze zu den folgenden Substantiven die entsprechenden Formen von *is - ea - id, hic - haec - hoc* und *ille - illa - illud*: theatrum – carminis – civitatem – bella – colore – comitum – armis – imaginum – generi – fratribus

3. Dekliniere im Singular und Plural: ea fraus – hoc impedimentum – ille ordo

4. Setze die entsprechende Form von *unus* zu *ordo, carmen, legi, comitis, genere, imago!*

5. Übersetze: a) Milites expediti adversarios incursaverunt. b) Caesar milites magno studio semper curabat. c) Imperator Augustus magna laude dignus est.

6. Erkläre die Wortbildung und die Bedeutung folgender Wörter: indignus – iniustus – improbus – inhumanus – inimicus – infirmus – ingratus – inhonestus – ignotus – improbus – inscius

7. Lies im 24. Gesang der Ilias Homers die gesamte Szene, in der Priamus den Achilles aufsucht!

K 55 Dritte (konsonantische) Konjugation

A **Hektors Bestattung**

Ganze neun Tage schleppten sie Holz in unendlicher Menge.
Als zum zehnten dann Eos (Göttin der Morgenröte) das Licht den Sterblichen brachte,
Trugen sie weinend endlich heraus den mutigen Hektor,
Legten ihn hoch auf die Scheiter und warfen den Brand in den Haufen.
Als nun die Göttin des Morgens erschien mit rosigen Fingern,
Sammelte erst sich das Volk um den Brand des gepriesenen Hektor.
Aber sobald sie sich alle vereint zu dichter Versammlung,
Löschten sie erst den glimmenden Schutt mit funkelndem Weine,
Weit wie des Feuers Gewalt gewütet; darauf aber lasen
Sorglich zusammen das bleiche Gebein die Brüder und Freunde;
Quellend flossen die Tränen der Trauer herab von den Wangen.
Aber die Knochen bargen sie dann in goldener Urne,
Zugedeckt und verhüllt von purpurnen weichen Gewändern,
Senkten rasch sie darauf in die Höhle der Gruft, und darüber
Türmten sie dichtgehäuft gewaltige Blöcke von Steinen,
Warfen den Hügel dann auf...
So fand Hektor sein Grab.
(Homer, Ilias XXIV 784 - 799, 804; Übersetzung von J. H. Voss)

B
1. Auxilium tuum peto (cupio – petimus, cupimus).
2. A patre cibum petis (cupis – petitis, cupitis).
3. Gladiatores victoriam petunt (petebant, petiverunt – cupiunt, cupiebant, cupiverunt).
4. Pete (petite – cupe, cupite) pacem!
5. Honestum est deos coluisse.

C Priamus kehrt nach Troja zurück

Cuncti homines, qui Troiam incolebant, Priamum exspectaverunt. Postquam Hectoris corpus spectaverunt, doluerunt et fleverunt: „Cur Achillem armis petivisti, cur ei arma rapere cupivisti, Hector? Cur ab amicis auxilium non petivisti?" Priamum autem magna laude coluerunt, quia corpus filii ab Achille repetiverat et re-portaverat. Tum cupiverunt Hectoris uxorem arcessere, nam dolorem eius lenire[1] appetiverunt. Postquam Hectorem magnis honoribus sepeliverunt, magno in timore erant: Quis nunc Graecos superare, quis castra eorum diripere potest?

[1] *lenire* lindern

D

a) Übersetze: Priamus rex a Mercurio deo, quem magno amore colebat, auxilium petivit, nam Hectoris corpus a Graecis repetere et in patria sepelire cupivit. Postquam Mercurius et Priamus castra Graecorum et tentorium (Zelt) petiverunt, quod Achilles incolebat, ille (erg. sagte:) „Filius tuus castra nostra expugnare et diripere cupivit; amico meo arma rapuit. Tamen imperio deorum tibi do, quod appetis. Hectoris corpus arcessite, amici! Sepeli filium in patria, Priame!"

b) Ersetze folgende Formen von *advocare* durch die entsprechenden von *arcéssere* und *cupere*: advocas – advocabat – advoca – advocaverant – advocamus – advocate – advocat – advocabatis – advoco – advocavistis – advocatis.

c) Übersetze: pétimus – arcessiverunt – coluisse – arcessebant – áppetis – íncole – íncolo – íncola (!) – répetunt – colebant – coluisti – incolueras – arcessit – repetebas – petis – cupiebant – rapuit – diripuistis – rapiunt – diripiebant – cupivisti

d) *petere* hat eine große Bedeutungsbreite; die Grundbedeutung ist „ zu erreichen suchen". Betrachte die folgenden Ausdrücke: adversarium armis petere – corpus gladiatoris petere – oppidum petere – auxilium a deo petere – pecuniam petere – tribunatum (das Amt des Tribunen) petere – amicum petere – salutem petere. Übersetze unter Verwendung folgender Möglichkeiten: stechen nach – bitten um – angreifen – aufsuchen – verlangen – suchen – sich bewerben um – eilen in.

e) Erzähle mit eigenen Worten, wie Hektor bestattet wurde!

f) Es war ein sensationeller Fund, als im Jahre 1977 der griechische Archäologe Manolis Andronikos in Vergina in Nordgriechenland ein Grab entdeckte, in dem aller Wahrscheinlichkeit König Philipp von Makedonien, der Vater Alexanders des Großen, bestattet war, der im Jahre 336 v. Chr. ermordet wurde. In einem Sarkophag aus Marmor fand man eine Ossothek (Gefäß zur Aufnahme von Gebeinen) von 40 x 33 x17 cm Ausmaß; sie ist aus purem Gold und wiegt 10,8 Kilogramm. Andronikos schreibt selbst: „Beim Öffnen dieses

Kästchens zeigte sich ein noch eindrucksvolleres und unerwartetes Bild. Sorgsam zu einem Haufen angeordnet waren die Knochen, ganz rein, ohne die geringste Spur von Asche ... Auf vielen oben auf dem Haufen liegenden Knochen hatte sich bläulich-purpurne Farbe erhalten; die gleiche Farbe ließ sich auch auf dem Boden des Kästchens feststellen. Die Fachleute versichern, dass es Reste von Purpur sind.“ (M. Andronikos, Die Königsgräber von Vergina, Athen 1980, S. 44).

Die goldene Ossothek, in der die Gebeine Philipps des Zweiten, des Vaters Alexanders des Großen, gefunden wurden. Vergina, Philippsgrab

Vergleiche diesen Text mit der homerischen Schilderung der Bestattung Hektors!

g) Übersetze ins Lateinische: 1. Die Menschen, die Troja bewohnen, verehren Hektor wie (*ut*) einen Gott. 2. Er hatte Ruhm begehrt. 3. Um Hilfe bat er die Götter nicht. 4. Hektor holte niemals Begleiter herbei; ohne sie nahm er oft die Schlacht wieder auf (er wiederholte). 5. Weil die Griechen Troja zu plündern wünschten, belagerten (P) sie diese Stadt viele Jahre.

K 56 Der AcI 1

A Cäsar schreibt über die gallischen Götter

„Als Gott verehren [die Gallier] besonders Merkur. Er hat die meisten Bildnisse, ihn halten sie für den Erfinder aller Künste, ihn für den Führer auf Wegen und Wanderungen, ihm sprechen sie den größten Einfluss auf Gelderwerb und Handel zu. Nach ihm verehren sie Apollo, Mars, Jupiter und Minerva. Von diesen haben sie ungefähr dieselbe Vorstellung wie die anderen Völker: Apollo soll Krankheiten vertreiben, Minerva die Anfangsgründe des Handwerks und der Künste lehren, Jupiter die Herrschaft über die Götter ausüben, Mars Kriege führen.“
(Cäsar, Bellum Gallicum VI 17, 1 – 2; Übersetzung von G. Dorminger)

B
1. Amicos nobis consulere scimus.
2. Amicos carmen pulchrum recitare audimus.
3. Aestimo me beatum esse.
4. Vos inopia laborare ignoramus.
5. Germanos firmos esse Caesar putat.

C Götter in Gallien

Gallos multos deos colere Caesar narrat. Apud eos multae statuae Mercurii dei sunt, quia hunc hominibus varia consilia[1] bona dare aestimant. Putant illum esse viarum ducem, illum hominibus consulere, cum pecuniam sibi parare student. Gallos Apollinem consulere scimus, cum morbis laborant, quia illum homines e morbis servare aestimant. Minervam praeclarorum operum et litterarum principia[2] hominibus mandare[3] putant, Iovem[4] imperium caeli tenere, Martem pugnare non desinere. Ignorant autem Cererem homines alere[5]. Galli non sinunt homines deos non colere.

[1] *consilium* der Ratschlag [2] *principium* die Grundlage [3] *mandare* übergeben [4] *Iovem* Akk. zu *Iuppiter* [5] *álere* nähren

D a) Übersetze: 1. Caesar narrat Gallos eos deos colere, qui hominibus magno studio consulunt. Homines deos saepe consulere scimus, nam putant eos auxilium non negare. 2. Caesar non sinit milites agros Gallorum vastare, quia putat munus imperatoris esse copiis consulere et eas frumento (*frumentum* Getreide), quod in illis agris est, alere (ernähren). 3. Romani ignorant adversarios pugnare desinere et fugam (*fuga* Flucht) parare. 4. Apollinem morbos sanare et homines servare Galli aestimant.

b) Beantworte lateinisch: Cur Galli Mercurium deum colunt? Quando Mercurius hominibus magno studio consulit? Quid Galli de Apolline aestimant? Quae munera Minerva hominibus mandat (*mandare* übergeben)?

c) Gib den lateinischen AcI in folgenden kleinen Sätzen auch im Deutschen durch AcI wieder und wandle ihn dann in einen dass-Satz um: Puerum in aquam (*aqua* Wasser) salire specto. – Puellas carmina pulchra cantare audio. – Amicum ad me properare specto. – Milites magna voce clamare imperator audit.

d) Warum verehren die Gallier am meisten Merkur? Wie ist das zu beurteilen?

e) Schon Homer weist dem Apollo die Aufgabe zu, die er bei den Galliern noch hat. Was war demnach ursprünglich die Leistung jenes Gottes?

f) Übersetze ins Lateinische: 1. Wir sehen, dass die Freunde glücklich sind und die Götter verehren. 2. Wir glauben, dass die Soldaten zu kämpfen nicht aufhören. 3. Die Gallier meinen, dass die Götter für die Menschen sorgen. 4. Ich lasse nicht zu, dass der Freund dich um Rat fragt. 5. Wir wissen nicht, dass die Freunde an einer Krankheit leiden. 6. Wir wissen, dass der Vater Frau und Kinder schützt (bewahrt).

Archäologische Befunde untermauern Cäsars Nachricht, dass Merkur der bei den Kelten am meisten verehrte Gott ist. Das Bild zeigt das Modell eines Hausaltars (Lararium) mit einem tanzenden Laren (Hausgott); davor stehen mehrere Statuetten des Gottes Merkur aus dem zweiten Jahrhundert nach Christus von verschiedenen Fundorten aus der Nähe von Regensburg, wo ebenfalls Kelten beheimatet waren. Historisches Museum Regensburg.

K 57 Der Acl 2

A Cäsar – eine große Gestalt der römischen Geschichte

Zweifellos gehört Gaius Iulius Cäsar zu den größten Gestalten der römischen Geschichte. Geboren im Juli des Jahres 100 v. Chr. – dieser Monat sollte später nach ihm benannt werden – stammte er aus dem Uradel Roms, doch waren aus der Familie schon lange keine großen Persönlichkeiten mehr hervorgegangen. Cäsar war hoch begabt. Bestens gebildet in Redekunst und in Wissenschaften formulierte er glänzende Reden, dichtete in seiner Jugend, schrieb ein Werk über Sprache und verfasste jene bekannten Berichte über den gallischen Krieg und über den Bürgerkrieg. Eine seiner Schriften handelte von Astrologie (heute: Astronomie); Cäsar reformierte den römischen Kalender und diese Erneuerung ist mit einer kleinen Änderung im 16. Jahrhundert bis heute in Kraft. Besondere Leistungen erbrachte Cäsar jedoch als Feldherr. Er verlangte von seinen Soldaten eiserne Disziplin, ging dabei stets mit gutem Beispiel voraus und verstand es glänzend, sie zu führen. So meisterte er auch kritische Lagen. Cäsar war sehr ehrgeizig und zielstrebig. Seine Absicht war es, der Erste in Rom zu werden. Dazu diente auch die Eroberung Galliens. Er gewann dadurch für das römische Reich so große Gebiete wie kein anderer Feldherr vor oder nach ihm. Vor allem die gebildeten jungen Leute Roms aber sahen in ihm den Mann, der die Freiheit beseitigt hatte. Deshalb ermordeten sie ihn an den Iden des März 44 v. Chr. (15. März).

B 1. Milites Caesarem numquam deseruisse scimus.
2. Caesar putabat gloriam quaerere magnos homines debere.
3. Caesarem magno studio militibus suis consuluisse audivimus.
4. Milites Caesaris firmos semper fuisse constat.
5. Caesar sciebat se Gallos superare posse.
6. Caesar putabat eos ignavos esse.
7. Caesar putabat eos se timere.

C Cäsars Heer

Caesarem multos milites conquisivisse et in Gallia bellum ex bello seruisse scimus. Nam quia putabat viros firmos magnis facinoribus auctoritatem acquirere, bello claro gloriam quaesivit. Caesarem milites ad bellum idoneos ex-quisivisse (!) audivimus. Constat eum ante pugnas cum militibus pauca de adversariis disseruisse, milites autem, qui copias Romanas deseruerant, conquisivisse et necavisse. Aliquando[1] autem milites pugnam negavisse scimus. Caesar ex eis quaesivit: „Quis me deserere parat? Eum non impedio!“ Nemo[2] castra deseruit.

[1] *aliquando* einmal [2] *nemo* niemand

D a) Übersetze: 1. In eo libro, qui est de Catilinae coniuratione (*coniuratio* Verschwörung), Sallustium multa de vita hominum disseruisse scimus. 2. Homines bonos gloriam quaerere, malos autem divitias conquirere et facinora ex facinoribus serere putat. 3. Illos homines gloriam magnam acquirere, hos autem viam vitae veram deserere aestimat. 4. Sallustium Catilinam ex exemplis (*exemplum* Beispiel) hominum malorum exquisivisse constat. 5. Nam huic magnum animi et corporis robur, sed mores malos fuisse scimus. 6. Ex amico multa de Catilina quaesivi.

b) Setze folgende Sätze in den AcI, lasse sie von *scimus* abhängen und gib sie im Deutschen wieder! Caesar in Gallia bellum ex bello seruit. Caesar etiam de sideribus multa disseruit. Libri Caesaris clari sunt. Caesar imperator bonus fuit. Multi homines gloriam quaerunt. Etiam Caesar in Gallia gloriam quaesivit. Multi homines divitias conquirunt.

c) Setze folgende Sätze in den AcI, lasse sie von *Caesar sciebat* abhängen und gib sie im Deutschen wieder! Gallia magna terra erat. – Galli saepe imperatores deserebant. – Galli imperatores deseruerant. – Milites saepe de virtute disserebant. – Romani Gallos pugnis superaverant.

d) Informiere dich in Kapitel 58 A über Dido und Äneas und füge dann bei folgenden AcI-Konstruktionen die richtige Form des Reflexivpronomens oder von *is, ea, id* ein und übersetze: Dido putabat ... (er) ... (sie) amare. – Aeneas non aestimavit ... (sie) sine amicis esse. – Aeneas putabat ... (er) magna culpa (*culpa* die Schuld) non vacare. – Troiani ignorabant ... (sie) in Italiam navigare (segeln). – Aeneas sciebat ... (sie) probos esse. – Mercurius nuntiavit (*nuntiare* verkünden) ... (er) ex Olympo advolavisse.

e) Übersetze ins Lateinische: 1. Wir sehen, dass die Mädchen bunte Blumen (*flos, floris* die Blume) gesammelt haben und dass sie° jetzt eine Blume an (*ex*) die andere reihen. 2. Es ist bekannt, dass Mädchen schöne Blumen aussuchen (*ex-quirere*), wenn sie einen Kranz (*corona*) binden (bereiten). 3. Wir fragten (P) die Freunde: „Warum stellt ihr über das Leben Erörterungen an?"

Cäsar (100 - 44 v. Chr.); Kapitolinische Museen, Rom.

W Wiederholung 19

1. Übersetze: a) Caesarem imperium appetivisse et ideo (deshalb) milites probos conquisivisse scimus. Sallustius, Caesaris amicus, putabat officium hominis esse civitati consulere et magnam gloriam quaerere. Caesar autem non ignorabat Galliam, quam multi homines incolebant, magnam terram esse.

b) Caesar cum amicis saepe disserebat: „Galliam provinciam (!) imperio Romano adiungere (hinzufügen) et magnam gloriam acquirere cupio. Itaque (daher) vos arcessivi et consulo: 'Quis vestrum paratus (bereit) est mecum Galliam petere?'"

2. Ersetze die folgenden Formen von *advocare* durch *arcessere*: advoco – advocabatis – advocavisti – advocas – advocaverat – advocabant – advocavistis – advocaveram

3. Übersetze: Saepe homines a deis auxilium petunt. – Milites Caesaris Gallos petiverunt. – Agricolae ex agris oppidum petebant. – Multi homines gloriam petunt. – Vir Romanus postquam quaestor et aedilis fuit, praeturam (!) petebat. – Caesar semper militibus consulebat. – Milites imperatorem consuluerunt. – Antonius Claudiam quaesivit. – Antonius e Claudia quaesivit.

4. Vervollständige die folgenden AcI-Konstruktionen, indem du als Subjektsakkusativ die entsprechenden Formen des Pronomens *is, ea, id* oder des Reflexivpronomens einsetzt!

Caesar putabat
- ▶ Gall__ ___ (ihn) timere.
- ▶ ___ (sie) copias ____ (seine) timere.
- ▶ ___ (er) copias _____ (ihre) sustinere posse.

Galli putabant
- ▶ Caesar___ adversari___ ___ (ihr) esse.
- ▶ ___ (sie) ___ (ihn) et copias ____(seine) Gallia arcere posse.
- ▶ ___ (er) ____ (ihnen) multum nocuisse.

5. Lies im 24. Gesang der Ilias Homers die gesamte Szene, in der Hektor bestattet wird! Gliedere diese Szene!

6. Welchen Gott stellt wohl die Abbildung auf der gegenüberliegenden Seite dar? Beschreibe die Statue und arbeite die wesentlichen Merkmale heraus! Welche Aufgaben hat dieser Gott?

K 58 Das Futur der ā- und ē-Konjugation

A **Dido und Äneas**

An welchen Attributen erkennst du, um welchen Gott es sich handelt? Museum von Kos.

Nach zehn Jahren Belagerung hatten die Griechen Troja erobert und zerstört. Als einer der wenigen hatte sich Äneas, der Sohn der Venus, retten können. Jupiter hatte seiner Tochter Venus versprochen, Äneas werde nach Italien kommen und eine neue Stadt gründen, nämlich Rom. Juno wollte dies jedoch verhindern und so sorgte sie dafür, dass Äneas mit seinen Gefährten durch einen Seesturm nach Karthago in Nordafrika verschlagen wurde. Die dortige Königin Dido verliebte sich in Äneas und sie war ihm auch nicht gleichgültig. Als Äneas Gefahr lief, seinen Auftrag zu vergessen, schickte Jupiter den Merkur, der Äneas an seine Pflicht erinnern sollte. Dieser gehorchte sofort dem göttliche Befehl und verließ Dido. Aus Enttäuschung beging sie Selbstmord; vorher jedoch schickte sie dem Äneas einen Fluch nach:
„Heimgesucht von Krieg und Waffen verwegenen Volkes, fern vom Lande verbannt, der Umarmung entrissen des Julus (= Sohn des Äneas), soll um Hilfe er flehn und sehn unwürdigen Tod der Seinen: und wenn er sich auch eines harten Friedens Gesetzen beugte, so soll er doch nimmer des Reichs und des Lebens genießen, falle vielmehr vor der Zeit ohne Grab inmitten des Sandes. Darum bitt' ich, verströme zuletzt dies Wort mit dem Blute."
(Vergil, Aeneis IV 615 – 621; Übersetzung von J. Götte)

B
1. Mercurius: „Quando in Italiam navigabis (*navigare* segeln), Aeneas?"
2. Aeneas: „Imperio deorum parebo."
3. Dei Aeneam ex multis periculis servabunt.
4. Multa bella sustinebitis, Troiani.

C Dido verflucht den Äneas

Aeneas Mercurium ex Olympo ad-volavisse spectavit et audivit eum imperia deorum nuntiare: „Quando in Italiam navigabis[1] et officium tuum explebis? Pare deis et pulchritudo[2] Elissae te non iam[3] ab officio tuo arcebit.“ Aeneas quia sciebat se in culpa esse, Elissam deseruit. Illa autem exclamavit: „Per vastas aquas diu navigabis[1] et bella et arma populi alieni te et tuos terrebunt. Per ignotas terras errabis, Iulo, filio tuo, carebis, auxilium aliorum exspectabis, imperium non obtinebis; in funere[4] tuo nemo[5] flebit, nam inhumatus[6] sine bona fama iacebis[7] in arena[8] fluminis. Hic nuntius me delectabit.“

[1] *navigare* segeln [2] *pulchritudo* die Schönheit [3] *non iam* nicht mehr [4] *funus, -eris* die Bestattung [5] *nemo* niemand [6] *inhumatus* unbestattet [7] *iacere* liegen [8] *arena* der Sand

D a) Übersetze: Dido, cuius forma (Schönheit) praeclara erat, exclamavit: „Vitam meam delebis, nam sine te amicum verum non iam (nicht mehr) habebo. Tu autem in aquis diu errabis, multa pericula sustinebis, bonam famam tibi non parabis, funera (*funus, -eris* n. die Bestattung) comitum tuorum spectabis. Multis locis mundi (*mundus* Welt) me et fortunam meam malam ante oculos habebitis, Troiani. Mercurius nuntiavit se imperia deorum tibi mandare (überbringen). Eum amicum tuum esse non puto. Nam aestimo deos amicos eorum non esse, qui in culpa sunt.“

b) Übertrage die folgenden Verbalformen ins Imperfekt und ins Futur: doles – ornat – complent – oro – continemus – temptatis – debeo – laborant – exercet – vastamus – debetis – narras

c) Lies in einem Buch über römische Mythologie die Sage über Äneas und beachte insbesondere die Umstände des Todes jenes Helden. Vergleiche damit die Texte unter A und C in diesem Kapitel!

d) Übersetze ins Lateinische: 1. Dido wusste, dass sie eine schöne Gestalt (*forma*) hatte (dass ihr ... zu eigen war). 2. Äneas glaubte, dass sie ohne Schuld war. 3. Der Bote der Götter meldete (P), dass er dem Äneas die Befehle der Götter überbringe (*mandare*). 4. Es ging (war) das Gerücht, dass er Dido nicht mehr liebe. 5. Äneas wird lange durch weite Wasser irren.

K 59 Das Futur der ī- und der 3. Konjugation

A Troja fällt durch eine List

„Da die Stadt weiterhin aushielt, nahm man zu einer Kriegslist Zuflucht. Epeiós, der ein kunstfertiger Handwerker war, baute mit Athenas Hilfe ein riesiges hölzernes Pferd, in das eine Anzahl ausgewählter Helden eingeschlossen wurde. Das übrige Heer der Griechen segelte unterdessen hinweg und ließ nur einen gewissen Sinon zurück, der sich

gefangen nehmen ließ und als erbitterter Feind der anderen Griechen ausgab, die seinen Freund und Herrn Palamedes getötet hätten, ja auch ihn geopfert haben würden, um sichere Heimkehr zu erlangen. Listig versprach er, das Geheimnis des Pferdes zu enthüllen. Es [sei] eine Opfergabe für Athena, die mit Absicht so groß hergestellt worden sei, damit sie nicht durch die Stadttore [gehe. Werde] sie aber trotzdem hineingebracht werden, so [sei] die Stadt hinfort uneinnehmbar. ... Die Trojaner ... zogen das Pferd in die Stadt, nachdem vorher ein Teil der Mauer niedergelegt worden war. ... In der Nacht wurde in Ilion nur wenig Wache gehalten, so dass Sinon, nachdem die vorher abgefahrene Griechenflotte zurückgekehrt war, das Pferd öffnen konnte. Die Helden stiegen heraus und nach scharfem Kampf wurde die Stadt genommen, wobei Priamos von Neoptolemos getötete wurde und nur [Äneas] mit einigen anderen entkam."
(H. J. Rose, Griechische Mythologie, München [6]1982, S. 237)

B
1. Vobis expediam Graecos Troiam tandem expugnavisse.
2. Nunc audietis Graecos Troiam consilio Ulixis delevisse.
3. Graeci numquam desinent Troiam oppugnare.
4. Quis Graecis consilium suum aperiet?

C Das hölzerne Pferd

Graeci magno militum numero Troiam diu oppugnaverant. Tandem Ulixes: „Si mihi parebitis, vobis consilium meum aperiam. Numquam sinemus adversarios nos Troia arcere et aliis populis exemplum praeclarum virtutis dare, sed nunc bellum finiemus. Magnum equum construemus[1] eumque viris firmis implebimus. Troianis autem expediemus hunc equum donum Graecorum esse, Graecos in patriam navigavisse[2]. Hoc modo nescient nos Troiam expugnare parare." Bono animo et oculis laetis[3] milites haec verba Ulixis audiverunt.

[1] *construere* bauen [2] *navigare* segeln [3] *laetus* froh

D a) Übersetze: 1. Graeci Troianos nunc non iam (nicht mehr) petent, sed ante oculos adversariorum equum construent (*constrúere* bauen). Parvus numerus Graecorum se ad pugnam expediet, alii Troiam deserent. 2. Ulixes: „Si consilio meo parebitis, magnam gloriam acquiretis et aliis exemplum virtutis dabitis. Troiani modum non habebunt putabuntque hunc equum donum Graecorum esse. Hoc modo gloriae nostrae serviemus."

b) Übertrage die folgenden Verbalformen ins Imperfekt und ins Futur: audis – seris – finio – peto – quaerimus – sepelimus – exaudit – consulitis – munitis – colunt – operiunt

c) Suche auf einer Landkarte Troja! Die Archäologen stellten fest, dass diese Stadt mehr als zehnmal zerstört worden war. Was könnte der Grund für diese oftmalige Eroberung sein?

d) Übersetze ins Lateinische: Wir werden jetzt hören, dass eine große Zahl Griechen (Genitiv) Troja lange belagert hat. Dann werdet ihr wissen, dass die Griechen dem Plan des Odysseus gehorcht und auf diese Weise Troja zerstört haben. Die Trojaner werden das Pferd verehren und in die Stadt (herbei)holen, weil sie glauben (Futur), dass es ein Geschenk der Griechen sei. – Oft haben wir Vorbilder berühmter Männer vor Augen.

Das Bild zeigt die früheste bekannte Darstellung des hölzernen Pferdes auf einem Pithos (großes Tongefäss zur Aufbewahrung von Vorräten) kurz nach 700 v. Chr. von der Insel Tinos. Das Werk stammt etwa aus derselben Zeit, in der die Odyssee gedichtet wurde. Museum Mykonos.

K 60 Das Futur von esse

A Im Pferd ist es eng

„Nach drei Tagen hatte Epeiós, unterstützt von der jungen Mannschaft im Heere, sein Werk vollendet. Da sprach Odysseus in der Versammlung der Helden: 'Jetzt zeigt, ihr Führer der Danaer, euren mutigen Sinn. Wohlan, lasst uns in das Pferd steigen, um dem Krieg ein Ende zu machen. Größeren Mutes bedarf es, in diesem Schlupfwinkel sich zu bergen, als in offener Schlacht dem Feinde entgegenzugehen. Die andern aber mögen zunächst nach Ténedos schiffen!‘ Da war allen voran der kühne Sohn des Achilleus, ihm folgten viele andere, so viele das hohle Ross zu fassen vermochte. Epeios stieg zuletzt hinein, zog die Leiter herauf und verschloss das Versteck. Schweigend saßen sie in dem dunklen Raume zwischen Sieg und Tod. Die andern steckten ihre Lagergezelte in Brand und gingen unter Anführung des Nestor und Agamemnon unter Segel, um sich hinter der Insel Tenedos in den Hinterhalt zu legen. Als am frühen Morgen die Troer den

Rauch aus dem Lager der Griechen aufsteigen und die Schiffe verschwunden sahen, da strömten sie freudig aus dem offenen Tor in die Ebene hinab; denn sie glaubten, die Griechen seien in ihre Heimat gefahren. Doch vergaßen sie ihre Waffen nicht, da die Furcht sie noch nicht ganz verlassen hatte. Sie betrachteten mit Neugier die verlassenen Lagerstätten der Feinde, wo Achilleus seinen Standort gehabt, wo Aias, wo Diomedes; da erblickten sie voll Staunen das gewaltige Ross, ungewiss, was der mächtige Bau zu bedeuten habe. Thymoites forderte zuerst seine Landsleute auf, das Ross in die Stadt zu ziehen und auf der Burg aufzustellen. Dem aber widersetzte sich Kapys und verlangte, dass man das verdächtige Geschenk der Danaer in das Meer stürzen solle oder verbrennen oder zertrümmern, um zu sehen, was es berge."
(H. W. Stoll, Sagen des klassischen Altertums, Stuttgart o. J., S. 409 f.)

B
1. Feriis cum duobus comitibus in Italia apud amicos ero (erimus).
2. Duos menses ibi erimus.
3. Fortuna nostra magna erit.
4. Ubi tu eris (vos eritis), si feriae erunt?
5. Feriis vobiscum Italiam visitare poterimus.

C Die Griechen schätzen die Trojaner richtig ein

Haec erat opinio Graecorum: Troiani putabunt equum donum Graecorum esse. Fortuna Troianorum magna erit, nam condiciones vitae post bellum praeclarae erunt. Viri feminaeque cum liberis circa equum salient eumque in oppidum portabunt. Muros delebunt, nam portae ad magnitudinem equi idoneae non erunt. Custodes murorum non erunt, nam cunctorum opinio erit se victores esse et vino se dabunt. Fraudem autem non timebunt. Sed Laocoon sacerdos cum duobus filiis Troianos monuit: „Timeo Danaos[1] et dona eorum". Sed animos Troianorum movere[2] non potuit.

[1] *Danai* die Danaer (die Griechen) [2] *movere* bewegen

D a) Übersetze: Opinio Graecorum haec erat: Propter novam condicionem oppidi fortuna Troianorum magna erit. Sed equum magnum per parvas portas murorum portare durus labor erit. Liberi grati erunt, nam circum oppidi muros pericula non iam (nicht mehr) erunt. Sed hoc Graeci non sciebant: Custodes urbis (*urbs, -bis* die Stadt) Laocoon sacerdos et duo filii eius erunt. Fraudem Graecorum aperire temptabunt. Sed Troiam servare non poterunt.

b) Übertrage die folgenden Verbalformen ins Imperfekt und ins Futur:
es – estis – sum – sunt – est – sumus – potest – possumus – potestis – possum – potes – possunt.

c) Ergänze die entsprechende Form von *duo*: ... feminas – ... oppida – ... custodum – ... sacerdotes – ... portae – ... equis – ... poetarum – ... carmina

d) Welche Kuckuckseier findest du in folgenden Nestern?

1. eras – eris – erunt – ero – erimus
2. eramus – eras – erant – eritis – eram
3. eras – eris – erratis – eritis – erunt

e) Lies in einer Sammlung von Sagen des klassischen Altertums oder im 2. Buch von Vergils Aeneis die Geschehnisse um das hölzerne Pferd!

f) Übersetze ins Lateinische: 1. Die Gefahren der Griechen, die außerhalb der Mauern im Pferd verborgen° sind, werden groß sein. 2. Die Lage wird hart sein. Denn die Meinung einiger (weniger) Trojaner wird es° sein, dass die Griechen einen Betrug im Sinn haben (... den Griechen ... im Sinn ist). 3. Ein Priester wird mit seinen zwei Söhnen Wächter der Stadt sein. Er wird versuchen, das Glück der Kinder zu bewahren, aber er wird Troja nicht retten können.

W Wiederholung 20

1. Übersetze: a) Haec erat opinio Graecorum, qui in equo erant: Troiani putabunt Graecos in culpa esse, quia Troiam diu oppugnaverant, pugnare desiisse, in patriam navigavisse (*navigare* segeln). Equum, quem ante muros Troiae spectabunt, donum Graecorum esse aestimabunt. Fama est magnum incolarum numerum ex oppido ad equum properavisse et fortunam hominum magnam fuisse.

b) Sed Laocoon sacerdos Troianos monuit: „Si equum in oppidum portabitis, errabitis. Adversarios in oppidum arcessetis, nam in equo Graecos esse aestimo. Timeo Graecos, timeo fraudem et donumque eorum. Consilium vobis dabo: Delete equum! Tum spectabitis me custodem verum Troiae esse, nam ante oculos vestros ii Graeci erunt, qui sunt in equo. Condicio vestra praeclara erit, si hoc modo bellum finietis. Etiam liberis exemplum virtutis vestrae honestum dabitis et gloriae vestrae servietis, si homines de vobis nuntiabunt: Graeci Troiam per insidias delere temptaverunt, sed Troiani calamitatem (*calamitas* Unglück) oppido arcuerunt.“

c) Postquam Graeci Troiam deleverunt, Aeneas, ut (wie) poetae narrant, per aquas vastas erravit et in Africa Elissam, cuius forma (Schönheit) praeclara erat, ad-amavit.

2. Vervollständige die folgenden AcI-Konstruktionen, indem du als Subjektsakkusativ die entsprechenden Formen des Pronomens *is - ea - id* oder des Reflexivpronomens einfügst!
Caesar putabat ... (sie = die Soldaten) firmos esse. – Milites putabant ... (er =

Caesar) imperatorem bonum esse. – Romani sciebant ... (sie= die Römer) dominos terrae esse. – Galli non siverunt ... (sie = die Römer) oppida et vicos delere. – Romani aestimabant ... (sie = die Frauen) domi multa et magna officia explere.

3. Welches Kuckucksei liegt in folgenden Nestern:
a) servis – servas – servies – serviebas – serviveras
b) incole – incolit – incoles – incolas – incolite
c) petam – coles – serent – audiet – finient – sinis

4. Bilde zu den folgenden Präsensformen jeweils Imperfekt, Perfekt, Plusquamperfekt und Futur: scis – petis – habes – sanas – finio – colo – arceo – monstro – impedit – serit – monstrat – serviunt – necant – delent – nescitis – sinitis – rogatis – caretis – sepelimus – acquirimus – clamamus – complemus

K 61 Das Futur exakt

A Ein junger Herrscher über ein Weltreich

Im Jahre 356 v. Chr. wurde Alexander als Sohn des Königs Philipp II. von Makedonien und seiner Frau Olympias geboren. Er genoss eine vielfältige Erziehung; Philipp hatte dazu den großen Philosophen Aristoteles aus Athen geholt. Auch die militärische Ausbildung war hervorragend. So hatte der 18-jährige Alexander im Jahre 338 v. Chr. in der Schlacht von Chaironéa gegen die Griechen entscheidenden Anteil am Sieg. Als Philipp im Jahre 336 v. Chr. ermordet wurde, trat Alexander die Herrschaft an. Er setzte sofort in die Tat um, was sein Vater gewollt hatte: einen Feldzug gegen das mächtige Perserreich. 334 überschritt er mit seinem Heer den Bosporus und besiegte die Perser ein erstes Mal am Granikos. Im November 333 folgte die berühmte Schlacht bei Issos, in der der Perserkönig Darius III. entscheidend geschlagen wurde (Merksatz: drei – drei – drei – bei Issos Keilerei). Nach einem Abstecher nach Ägypten setzte Alexander seinen Angriff auf Persien fort. Im Jahre 331 siegte er bei Gaugamela und nahm den Titel „König von Asien“ an. Darius III. wurde im Jahr darauf ermordet; Alexander war nun der weithin anerkannte Herrscher über Persien. Immer weiter drang er unter größten Strapazen vor. Im Jahre 326 war er in Indien angelangt, wo er am Hydaspes König Poros besiegte. Dann jedoch streikten seine Soldaten, die der vielen Kriege überdrüssig waren. Alexander musste umkehren. Er nahm immer mehr persische Sitten an, forderte z. B. die am persischen Hof übliche kniefällige Verehrung seiner Person und entfremdete sich dadurch von den Seinen. Im Jahre 323 starb er in Babylon, nur 33 Jahre alt.

B
1. Si divitias mihi paravero (nobis paraverimus), beatus ero (beati erimus).
2. Si in Italia (fueris) fueritis, mihi multa narrabis (narrabitis).
3. Calgacus: „Si Romani etiam patriam nostram expugnaverint, tota Britannia sub imperio eorum erit.“

C Es war nur ein Traum

Puer aliquando[1] in somnio[2] iudicavit magum[3] ex se quaesivisse: „Si tibi magnum imperium paravero, quid tibi placebit?“ – „Rex ero. Tum multos milites conquiram. Si magnas copias com-paravero, mihi placebit Aegyptios incursare. Si Aegyptios superaverimus, magnum bellum cogitabo. Si milites mei etiam de Persis victoriam reportaverint, ad Indum properabimus. Ibi eos docebo cum elephantis (!) pugnare.“ Subito[4] puer elephantos spectavit. Tum magus[3] somnium[2] finivit; itaque puer non iam[5] censuit se Alexandrum Magnum esse.

[1] *aliquando* einmal [2] *somnium* der Traum [3] *magus* der Zauberer [4] *subito* plötzlich
[5] *non iam* nicht mehr

D

a) Übersetze: 1. Multi secum cogitant: Quando beati erimus? Non omnes homines beati erunt, qui magnam pecuniae copiam acquisiverint. 2. Imperator copias con-vocabit et censebit, si pugnam finiverint. 3. In bello imperatores cunctos milites iudicabunt, qui copias deseruerint. 4. Placuit hospiti apud nos esse; itaque nos visitavit. 5. Aristoteles Alexandrum Magnum litteras Graecas docebat.

b) Beantworte lateinisch: Cur Alexander Magnus tam (so) clarus est? Quis erat pater Alexandri, quis mater? Quos populos Alexander superavit? Quae pugna Alexandri clara est? Quis erat Darius, quis Porus?

c) Übertrage die folgenden Verbalformen ins Futur I und ins Futur II: habes – audit – clamatis – serimus – flent – vastant – quaerunt – sepelio

d) Das Bild zeigt einen sehr frühen Alexanderkopf. Wie wirkt er auf dich? Was liest du von ihm ab?

Alexander der Große (356 - 323 v. Chr.); eine der ältesten erhaltenen Darstellungen aus den letzten Lebensjahren oder kurz nach dem Tod des Königs; Museum Pella.

e) Übersetze ins Lateinische: Alexander, den ein großer Philosoph (*philosophus*) die Wissenschaften gelehrt hatte, dachte oft bei (mit) sich: „Wenn die Makedonen (*Macédones*) den Darius besiegt haben (Fut. II), werden ihnen die Perser gehorchen. Wenn wir Indien (*India*) besiegt haben (!), wird die ganze Welt uns gehören (die unsere sein). Wenn ich Porus besiegt habe (!), werden mich alle wie (ut) einen Gott verehren." Immer dachte er an Krieg, niemals an Frieden.

Modernes Reiterstandbild Alexanders des Großen in Thessaloniki.

K 62 Dritte Deklination - reine i-Stämme

A Die sieben Weltwunder

Schon in der Antike weckten Bauten von großer Schönheit oder riesigem Ausmaß Erstaunen und Bewunderung. Bereits früh entstand auf diese Weise eine Art „Top-Ten-Liste" der prächtigsten Bauten, die in vielen Teilen der damals bekannten Welt lagen. Die Kinder hörten in der Schule erstaunliche Geschichten von Schriftstellern und Forschern wie etwa dem Griechen Herodot (ca. 484 - 430 v. Chr.), der weite Reisen unternahm, um ferne Länder und Sehenswürdigkeiten, fremde Völker und unbekannte Kulturen kennen zu lernen.
Auf seinen Reisen traf er auch auf einige der Bauwerke, die man noch heute zu den sieben antiken Weltwundern zählt, so zum Beispiel die Pyramiden in Ägypten, deren Bau zum Teil bereits mehr als tausend Jahre vor seiner Ankunft abgeschlossen worden war. So intensiv Herodot auch vor Ort Befragungen über die Kunst des Pyramidenbaus unternahm, so genau er auch die gesammelten Auskünfte aufzeichnete, so wenig bieten sie eine eindeutige Lösung des Problems, wie die alten Ägypter die tonnenschweren Steinblöcke ohne

Hilfe moderner Maschinen bis in eine Höhe von über 140 Metern aufschichten konnten. Daneben war aus vielen anderen Aufzeichnungen von weiteren Weltwundern der Baukunst zu hören: dem Leuchtturm von Alexandria, der den Schiffen den Weg in den Hafen wies; dem Koloss von Rhodos, einer 36 Meter hohen Bronzestatue des Sonnengottes Helios am Hafen der Insel; dem Artemistempel in Ephesos; den hängenden Gärten der Semiramis, in denen Pflanzen aus allen Teilen der bekannten Welt wuchsen; dem Mausoleum von Halikarnassos, dem prächtigen Grabmal des Königs Mausolos; der Zeusstatue von Olympia, die an die zwölf Meter hoch und mit Gold, Elfenbein und Edelsteinen verziert gewesen war.

B
1. Turris alta est; spectamus turrim (turres/turris).
2. Altitudo turrium magna est; e turri puppim spectamus.
3. Custodes e turribus vires et ducem virium spectant.
4. Viri vires adversariorum arcebunt.

C Monumente der Alten Welt

Magister liberis de monumentis[1] temporum antiquorum narraverat. Itaque Marcus puppim petivit; nam illa opera praeclara spectare studuit. Marcus in puppi stat. Subito[2] venti asperi magna vi aequor vastant. Marcus febri mala laborat. Magna sitis puerum vexat. Omnibus viribus se in puppi retinet. Dum in periculo vitae est, lucem turris Phariae[3] spectat, quae puppibus viam monstrat et iam nautas multarum puppium servavit. Sciebat duo monumenta[1] praeclara in Aegypto esse, illam turrim et pyramides (!) altas, ubi Aegyptii reges sepeliebant. Ex Aegypto Marcus in Asiam navigavit[4], ubi in oppido Halicarnasso illud mausoleum et Ephesi[5] magnum Dianae templum visitavit. Tum puppi in Italiam remeavit[6].

[1] *monumentum* Denkmal [2] *subito* plötzlich [3] *Pharius, -a, -um* von der Insel Pharos (vor Alexandria, wo ein berühmter Leuchtturm stand) [4] *navigare* segeln, (zur See) fahren [5] *Ephesi* in (der Stadt) Ephesus [6] *remeare* zurückkehren

D a) Übersetze: Vergilius poeta quia patriam petere paravit, vitam puppi mandavit (*mandare* anvertrauen). Febris mala autem poetam magna vi incursavit, dum puppis per aequora alta properat. Vergilius in puppi iacebat (liegen), febrim et sitim sustinere studebat, patriam, Tiberim, Romam in animo habuit. Agros, flumina, turres patriae Vergilius non iam (nicht mehr) spectavit. Nautae puppis et comites et amici poetam clarum ad Neapolim (bei Neapel) sepeliverunt.

b) Unterscheide: viri – viro – vires – viris – vis – viribus – vi – virium – virorum – turrim – turres – terras – turri

c) Stelle alle dir bekannten lateinischen Wörter zum Wortfeld „Krankheit" zusammen!

d) Suche im Internet nach Rekonstruktionen der sieben Weltwunder!

e) Hole dir eine Mittelmeerkarte und zeichne die Orte der sieben antiken Weltwunder ein!

f) Informiere dich, welche Bauwerke zu den Weltwundern der Neuzeit zählen!

g) Übersetze ins Lateinische: 1. Die Römer fürchteten die Gewalt der Germanen. 2. Während die Streitkräfte die Türme belagerten (Präsens), quälte (P) sie schlimmer Durst. 3. Der Arzt gibt ein Heilmittel gegen° das Fieber (Gen.). 4. Die Gefahr für° die Schiffe (Genitiv) war in alten Zeiten groß. 5. Die Römer glaubten, dass viele Ungeheuer (*monstrum* das Ungeheuer) den Schiffen schadeten. 6. Deshalb baten die Seeleute die Götter: „Sorgt für unser Schiff und für unser glückliches Leben!"

Die Cheops-Pyramide von Gizeh aus der Zeit von 2400 v. Chr., das älteste der sieben Weltwunder.

K 63 Dritte Deklination: Neutra der i-Stämme und Neutra einzelner Konsonantenstämme

A Seeungeheuer

Reisen in der Antike bedeutete vor allem eines: Strapazen und Gefahren. Ob auf dem Landweg oder zur See, nie konnte man sicher sein das Ziel wohlbehalten zu erreichen, denn Krankheiten, Stürme und Unwetter, ja sogar Seeräuber bedrohten den Reisenden fast täglich. Schlimmer jedoch war fast noch die Angst vor dem Unbekannten, vor Seeungeheuern und Monstern, von denen gerade die Seeleute ausgiebig zu berichten wussten. So unglaublich viele der von ihnen erzählten Geschichten heute auf uns wirken müssen, so wenig bezweifelten die Menschen der Antike die Existenz selbst der seltsamsten Geschöpfe. Von mehrköpfigen Ungeheuern war zu hören, deren Köpfe immer wieder nachwuchsen, wenn man einen abtrennte; von Seeschlangen, die Männer in einem Stück verschlangen; von Drachen, die immer wieder Reisende fraßen. Viele dieser Schauergeschichten hatten, wie wir heute wissen, tatsächlich einen wahren Kern, wie etwa das Ungeheuer mit Namen Charýbdis, das in der Meerenge zwischen Italien und Sizilien auf seine Opfer wartete. Dieses Monster, das Schiffe in einem riesigen Strudel in sein Maul saugen konnte, existierte natürlich nicht wirklich, vielmehr waren unterseeische Strömungen für den Untergang vieler Schiffe in diesem Gebiet verantwortlich. Da unsere Vorfahren davon aber nichts wussten, versuchten sie diese Erscheinung durch mythologische Deutungen zu verstehen. Denn durch die Welt der Götter ließ sich auch das erklären, was auf natürlichem Wege nicht gedeutet werden konnte.

B

1. Multa et varia animalia in maribus habitant.
2. Pauca animalia marium puppi nocent.
3. Nautae, qui puppibus mare per-volant, aliis animalibus gratiam debent, alia timent.
4. Poetae narrant multa animalia maris nautis etiam auxilium dare.
5. Temporibus antiquis in mari animal magnum asperumque habitabat: Hoc animal iam multos nautas vita spoliaverat.

C Skylla und Charybdis

Nautae quia hieme[1] vim ventorum in mari timent, ver exspectant. Tum maria per-volant, ubi itinera non sine periculis sunt. Sed etiam eo tempore magna pericula in mari sunt. Puppis Ulixis per mare Siculum[2] cursum tenuit[3]. Ibi autem duo monstra[4] puppim exspectaverunt: Scylla et Charybdis. Hoc par monstrorum multos comites Ulixis vita spoliavit: Nam postquam puppis firma Scyllam praeter-volavit[5], quae multis capitibus nautas temptaverat et necaverat, ibi aliud animal erat, quod in altitudine[6] maris habitabat[7] et in os vastum puppim hauriebat[8]. Auxilio deorum autem Ulixes periculum superavit.

[1] *hiems, -is* der Winter [2] *Siculus, -a, -um* sizilisch [3] *cursum tenere* Kurs halten [4] *monstrum* das Ungeheuer [5] *praetervolare* vorbeifliegen [6] *altitudo, -inis* die Tiefe [7] *habitare* wohnen [8] *haurire* einsaugen

D a) Übersetze: 1. Vere vires novae cuncta animalia implent: Itinere longo per aërem animalia regiones patrias (*patrius, -a, -um* !) petunt, arbores florent (*florere* blühen), agricolae agros colunt. 2. Puellae colore rubro (*ruber, rubra, rubrum* rot) os ornant, pueris ora rubra puellarum placent. 3. Iam videmus paria puerorum et puellarum sub arboribus seděre (*seděre* sitzen). 4. Nautae postquam iter ab oribus Nili ad os Tiberis finiverunt, deo marium gratias habuerunt.

b) Wer findet die meisten Wörter?

V E R E G I O R D O L O R A R E X I T E R R O R A T I O S P
A R M A R E N A N I M A L E X S I L V A M I C A P U T A R E

c) Ergänze die richtigen Endungen: Puppis, quae per aquas (mare) volavit, (os) Tiberis petivit. – Cunctis (iter) Romae, (caput) imperii Romani, appropinquamus (*appropinquare* sich nähern). – In (iter) nostro multa (animal), qui in (mare) altis habitant, spectavimus. Multa (par) amicorum verorum nobis nota non sunt.

d) Erkläre, in welcher Situation sich jemand befindet, der sich sprichwörtlich zwischen Skylla und Charybdis entscheiden muss!

e) Übersetze ins Lateinische: 1. Alle Lebewesen, welche die Meere und die Länder bewohnen, erwarten den Frühling, weil der Frühling ihnen Licht und Nahrung (Speisen) schenkt. 2. Nachdem (!) Sextus auf dem Weg ein schönes Mäd-

Exotische Tiere und Ungeheuer schmückten oft römische Villen. Mosaik aus Pompeji, wohl 1. Jahrhundert v. Chr.; Archäologisches Nationalmuseum Neapel.

chen gesehen hatte (Perfekt), erzählte (P) er seinem° Freund von dessen° Schönheit (*forma*): Vor allem (*imprimis*) das Paar ihrer° hellen Augen und die Farbe ihres° Mundes rühmte (P) er. 3. Die Römer glaubten, dass alle Bürgerschaften Rom, der Hauptstadt der Welt, dienen müssten.

W Wiederholung 21

1. Übersetze: a) Postquam medicus febrim sororis et fratris sanavit, pater liberis pecuniam donavit, quia iter per mare ad monumenta (*monumentum* das Denkmal) clara parabant. Nam iudicabat liberos cunctis viribus litteris studuisse. Postquam in Graecia statuam Iovis (*Iuppiter, Iovis* Jupiter), cuius caput ex auro (*aurum* das Gold) et ébore (*ebur, -oris* Elfenbein) erat, spectaverunt, puppi Alexandriam, quam turris alta ornabat, petiverunt. Tum puppis liberos ab ore Nili fluminis ad pyrámides (!) notas portavit. Dum monumenta (*monumentum* das Denkmal) alta spectant, de viribus et laboribus, quibus homines ante multos annos haec opera paraverant, cogitabant.

b) In itinere, in quo multas alienas terras petiverunt, liberis multa animalia ignota erant: scorpiónes (!) et aráchneae (*aráchnea* die Spinne) et hippopótami (*hippopótamus* das Flusspferd), sed etiam caméli (!), quos sitis non vexat. Par camelorum liberi et Lydia imprimis (vor allem) amaverunt; itaque ei etiam cibos dabant. Liberi autem in terris alienis cibis ignotis se alebant (*alere* ernähren).

c) Postquam domum properaverunt, parentibus de periculis itineris, moribus alienis, animalibus ignotis, multis aliis narraverunt. Soror: „Me imprimis (besonders) Creta insula delectavit. Specta, mater cara, imaginem securis (*securis* das Beil) parvam, quae sacerdotibus in Creta olim fuit; temporibus antiquis sacerdotes magna securi tauros (*taurus* der Stier) in honorem deorum necaverunt; nunc parvam securim auream (golden) tibi ornamentum (als Schmuckstück) nobiscum portavimus." Frater autem clamavit: „Mihi imprimis (besonders) placuit ea, quae magister nos in schola docuit, loco suo ante oculos habere." Pater contentus erat: „Vere vos rursus viatico (*viaticum* das Reisegeld) donabo, si magna industria litteris studueritis."

2. a) Welche antiken Weltwunder haben die Kinder auf ihrer Reise nicht angesteuert?

b) Im Jahre 80 n. Chr. wurde in Rom von Kaiser Titus (79 – 81) das von seinem Vater Vespasian (69 – 79) erbaute Kolosseum, ein Amphitheater, eingeweiht. Der antike Dichter Martial hat aus diesem Anlass folgendes Gedicht verfasst:

„Das barbarische Memphis schweige von den Wundern der Pyramiden,
mit Babylon prahle nicht assyrische Leistung;
auch lobe man nicht wegen Trivias Tempel die weichlichen Jonier;
der Altar, aus vielen Hörnern geschichtet, verleugne den Namen Delos,
und das in luftigem Raume schwebende Mausoleum
sollen die Karer nicht mit übermäßigem Lob zu den Sternen erheben.
Jegliche Leistung tritt nunmehr vor dem kaiserlichen Amphitheater zurück:
Ein einziges Werk für alle nennt künftig der Ruhm." (Epigrammaton liber 1)

- Was möchte Martial mit diesem Gedicht aussagen?
- Wie wirkt diese Aussage Martials auf die Zuhörer bzw. Leser?
- Welche der dir bekannten antiken Weltwunder nennt Martial?
- Welche Werke zählt er zu den Weltwundern, die gewöhnlich nicht dazu gerechnet werden?
- Warum soll man aus Martials Sicht die genannten Weltwunder vergessen?
- Welches Werk wird heute nicht als eines der sieben Weltwunder bezeichnet?

c) Welche Seeungeheuer versetzten die Seeleute in der Antike in Angst und Schrecken? Kennst du noch weitere?

d) Gegen welchen Herrscher und wo siegte Alexander im Jahr 333 v. Chr.?

e) Erkundige dich in einem Lexikon, was nach Alexanders Tod mit seinem Großreich geschah!

f) Suche in einem historischen Atlas eine Karte zum Feldzug Alexanders des Großen und bestimme anhand einer Karte aus heutiger Zeit, durch welche jetzigen Staaten er gezogen ist!

K 64 Dritte Deklination: Mischklasse - gleichsilbige Substantive auf -ēs und -is

A Roms erster Schritt zur Weltherrschaft

Um die Mitte des 3. Jahrhunderts v. Chr. hatte sich Rom als die führende Macht in Italien durchgesetzt. Auch im Inneren waren die Spannungen gewichen, nachdem im Jahre 287 v. Chr. die vollständige Gleichstellung der Patrizier und Plebejer erfolgt war. Da ergab sich eine neue außenpolitische Situation. An der Nordküste Afrikas hatte Karthago, eine Gründung und ein Stützpunkt der Phönizier, jenes berühmten Seefahrervolkes, Größe und Macht gewonnen. Zum Zankapfel zwischen Rom und Karthago entwickelte sich Sizilien, das wegen seiner günstigen strategischen Lage für die Seefahrt der Karthager, wegen seines Getreidereichtums für die Versorgung der Römer wichtig war. Beide Städte mischten sich in innersizilische Streitigkeiten ein und so trafen sie im Jahre 264 v. Chr.

erstmals aufeinander. Die Römer erkannten, dass sie gegen die Karthager eine Flotte benötigten. Eines Tages fanden sie ein gestrandetes karthagisches Kriegsschiff und bauten es nach. Schon im Jahre 260 v. Chr. kam es bei Mylae im Nordosten von Sizilien zur ersten Seeschlacht. Dabei entwickelten die Römer die Taktik mit den Enterbrücken. Es waren dies mehrere Meter lange Laufstege, die vorn an der Unterseite einen metallenen Dorn hatten. Die Römer fuhren nahe an ein karthagisches Schiff heran, ließen die Enterbrücke niedersausen, die sich mit dem Dorn in das Deck des feindlichen Schiffes bohrte, stürmten hinüber und kämpften wie auf dem Lande. Der Krieg dauerte bei wechselnden Erfolgen beider Seiten bis zum Jahre 241, in dem der Konsul C. Lutatius Catulus bei den Ägatischen Inseln westlich von Sizilien den entscheidenden Seesieg errang. Karthago musste Sizilien räumen, das die erste römische Provinz (= Gebiet unter römischer Herrschaft außerhalb Italiens) wurde.

B
1. Romani classe sua Carthaginiensibus cladem importaverunt.
2. Exemplo navium Carthaginiensium Romani classem sibi paraverant.
3. Hostes magnam classem et naves longas Romanorum timebant.
4. Romani erant cives probi et milites boni.

C Was doch eine Flotte wert ist!

Romanos et Carthaginienses multos annos hostes fuisse et bellis asperis civibus magnas clades paravisse constat. Milites Romanorum cives erant, qui in pace agros colebant, in bello autem vitam agricolarum vita militum mutabant[1]. Romani peditibus clari erant, robur Carthaginiensium autem in classe erat. Aliquando[2] in terra navem longam Carthaginiensium spectaverunt, quam tempestas[3] deleverat. Hoc exemplo naves aedificaverunt[4] et classem sibi paraverunt, qua Carthaginienses superaverunt. Siculi, qui antea[5] sub imperio Carthaginiensium fuerant, post illam victoriam sub imperio Romanorum erant.

[1] *mutare* mit Abl. vertauschen mit [2] *aliquando* einmal [3] *tempestas* der Sturm [4] *aedificare* bauen [5] *antea* vorher

D a) Übersetze: 1. Primo bello Punico Romani exemplo navium Carthaginiensium classem sibi paraverunt. Ea classe hostes superaverunt et naves eorum longas deleverunt. 2. Milites Romani cives, non servi erant, nam se pro patria et fortunis suis pugnare putabant; itaque cunctis viribus studebant cladem arcere.

b) Beantworte lateinisch: De qua insula Romani et Carthaginienses pugnaverunt? Cur de illa insula pugnaverunt? Quales (was für) milites Romani habebant? Ubi erat robur Carthaginiensium? Quo exemplo Romani classem sibi paraverunt? Quis tandem victoriam reportavit?

c) Bilde aus dem in Klammern beigefügten Adjektiv die richtige Form und übersetze: milites (bonus) – navium (longus) – hostem (malus) – classe (magnus) – civis (probus, 2)

d) Wo lagen wohl die Gründe für die militärische Auseinandersetzung zwischen Rom und Karthago?

e) Erinnere dich an den Sagenkreis um Äneas! Was wird dort als Grund für die Erbfeindschaft zwischen Rom und Karthago angeführt?

f) Übersetze ins Lateinische: 1. Römer und Karthager waren schlimme Feinde. 2. Die Karthager hatten (den Karthagern war) eine Flotte von (Genitiv) vielen Schiffen, die Kerntruppe (Kraft) der Römer bildeten (waren) die Soldaten zu Fuß. Sie waren römische Bürger. 3. Die Karthager empfanden Schmerz über (Akk.) die schwere Niederlage.

Antikes Kriegsschiff (Triere = Dreiruderer = mit drei Ruderreihen übereinander). Sockel einer Kourosstatue aus dem 6. Jahrhundert v. Chr.; Akropolismuseum Athen.

K 65 Dritte Deklination: Mischklasse - Substantive auf -s, Stamm mit zwei oder mehr Konsonanten 1

A Hannibal, der ärgste Feind der Römer

Über 20 Jahre herrschte nun zwischen Rom und Karthago Frieden. Die Karthager aber konnten es nicht verwinden, dass sie Sizilien und wenig später auch Sardinien und Korsika an Rom verloren hatten. Außerdem mussten sie bis zum Jahr 231 v. Chr. Reparationen (Kriegsentschädigung) an Rom zahlen. Deshalb suchten sie Ersatz und fanden ihn (237) in Spanien. Hamilkar, Hannibals Vater, eroberte dort im Jahre 236 v. Chr. die Erzgruben, die im Süden der Halbinsel lagen. 229 starb Hamilkar; sein Schwiegersohn

Hasdrubal wurde Nachfolger. Dieser schloss im Jahre 226 v. Chr. mit Rom den Ebro-Vertrag. Demnach verzichteten die Karthager auf Militäraktionen nördlich dieses Flusses, die Römer erkannten die karthagische Herrschaft südlich davon an. Sagunt, das im karthagischen Hoheitsgebiet lag, wandte sich, als Hannibal es belagerte, an Rom um Hilfe und erhielt sie auch zugesagt. Als Hannibal Sagunt erobert hatte, verlangten die Römer seine Auslieferung. Als diese abgelehnt wurde, erklärten die Römer den Karthagern den Krieg. Dieser sog. 2. Punische Krieg war der schlimmste, den Rom zu überstehen hatte; er dauerte von 218 – 201 v. Chr.

B

1. Hannibal cum copiis Pyrenaeos montes superavit; ibi sunt multi fontes.
2. Pyrenaei montes patria multarum gentium sunt.
3. In Gallia Hannibal Rhodanum (Rhone) flumen ponte navium superavit.
4. Hamilcar erat parens Hannibalis; in Hannibale erat mens Hamilcaris.

C Hannibals kühnes Vorgehen

Carthaginienses, quod Sicilia provincia Romana erat, in Hispania novos agros quaesiverunt. Postquam multas gentes Hispaniae superaverunt, Hannibal, cuius parens Hamilcar erat, imperator Carthaginiensium fuit. Ille Saguntum, oppidum Hispaniae, cui foedus cum Romanis erat, expugnavit. Hannibal, cui mens firma in-erat, sciebat bellum inter Romanos et Carthaginienses instare[1]. Quia Romanos incursare studebat, itinere aspero per montes Alpium Italiam petivit. Milites aqua fontium clarorum sitim sedaverunt[2]. A fronte elephanti (!) erant, quorum dentes eburneos[3] etiam milites Hannibalis timebant.

[1] *instare* drohen, bevorstehen [2] *sedare* stillen [3] *eburneus* aus Elfenbein

D a) Übersetze: 1. In Alpibus montes alti sunt, in quibus multos fontes spectamus. De montibus saepe magnae aquae ruunt (*rúere* stürzen), quae etiam firmos pontes delent. Multae Alpium gentes Hannibalem itinere arcere studuerunt. 2. Hannibal etiam elephantos (!) secum habebat, quorum magni dentes mentes militum terrebant.

b) Beantworte lateinisch: Ubi Carthaginienses novos agros sibi quaesiverunt? Cur Hannibal putabat sibi bellum cum Romanis instare (drohen)? Quis erat parens Hannibalis? Cur Romani Carthaginienses Sagunto arcere studebant? Quo itinere Hannibal Italiam petivit? Cur illud iter asperum erat?

c) Bilde aus dem in Klammern beigefügten Adjektiv die richtige Form und übersetze: mens (bonus) – pontium (firmus) – parentem (probus) – dente (longus) – montes (altus, 2) – genti (alienus) – frontis (durus) – fonti (parvus)

d) Erkläre folgende Fremdwörter: Mentalität – mental – nomen gentile – frontal – der Frontsoldat – Frontantrieb – Dentist – Dentallaut – Fontäne

e) *Ponti-fex* (der Priester) deutete man oft als „Brückenbauer". Man meinte, er baue eine Brücke von unserer Welt ins Jenseits. Wahrscheinlich ist diese Deutung nicht richtig. Möglicherweise stammt der Begriff aus der frühen Völkerwanderungszeit. Wo traten große Hindernisse auf, wenn so viele Menschen unterwegs waren? Welche Aufgabe könnte dabei der Priester haben?

f) Warum war das, was Hannibal vorhatte, ein äußerst kühnes Unterfangen? Warum wählte er wohl diesen Weg nach Italien?

g) Übersetze ins Lateinische! In alten Zeiten glaubten die Menschen, dass Göttinnen, die sie Nymphen (*nympha, -ae* die Nymphe) nannten, die klaren Quellen hoher Berge liebten. Menschen der Volksstämme, die im Gebiet der Berge wohnen (sind), erzählen, dass sie oft die Lieder gehört hätten, welche die Nymphen sangen. Sie meinen, dass diese Lieder den Geist erfreuen.

K 66 Dritte Deklination: Mischklasse - Substantive auf -s, Stamm mit zwei oder mehr Konsonanten 2

A Der Alpenübergang Hannibals – Probleme und Bedeutung

Nach Berichten des römischen Geschichtsschreibers Livius soll ein gewaltiger Felsblock Hannibal während seines Alpenübergangs den Durchlass versperrt haben. Daraufhin wurden Bäume gefällt und Holz wurde rund um das Hindernis aufgeschichtet. Anschließend soll der Fels mit Essig aus saurem Wein übergossen worden sein. Als man nun das Holz anzündete, entstand durch eine chemische Reaktion eine Art Sprengung, die es dem Heer der Karthager ermöglichte, mit den Elefanten weiterzuziehen. Bald erreichte die karthagische Armee die Ebene, das scheinbar Unmögliche war vollbracht, Mensch und Tier konnten sich von den Strapazen erholen, die sie überstanden hatten. Die Opfer, die der Alpenübergang gekostet hatte, waren freilich gewaltig. Hannibal hatte fast die Hälfte seiner Truppen verloren. Auch viele Elefanten und Pferde hatten den Marsch durch Eis und Schnee nicht überlebt und Teile der Ausrüstung standen nicht mehr zur Verfügung, weil man sie hatte zurücklassen müssen. Der Plan,

die Römer möglichst schnell im eigenen Land anzugreifen, war erfolgreich gewesen. Möglich wurde dies durch den unbedingten Willen einer beeindruckenden Führungspersönlichkeit, aber auch durch die Bereitschaft der Gefolgsleute Hannibals, gewaltige Kraftanstrengungen auf sich zu nehmen, um den Befehlen ihres Feldherrn Folge zu leisten. Aber was mögen Hannibal und seine Soldaten gedacht haben, als sie sich der Opfer bewusst wurden, die das Unternehmen gekostet hatte?
Die von Livius geschilderte Sprengung des Felsens erscheint uns heute zunächst als unglaubwürdig. Das Britische Museum hat die Angaben des antiken Autors jedoch in den 50-er Jahren im Experiment überprüft und festgestellt, dass sie durchaus der Realität entspechen können.

B
1. Multi milites Hannibalis sorte sua contenti non erant.
2. Noctibus frigus timebant.
3. In montibus Alpium mortem timebant.

C Überall lauern Gefahren

Alpes cum magnis copiis hieme[1] superare durum erat. Etiam adulescentes, qui ad cunctos labores idonei erant, sortem suam doluerunt. In itineribus asperis nives[2] altae erant. Pars militum, quorum vires in-firmae erant, pedibus laborabat. Noctibus frigus durum equites et pedites debilitabat. Magna ars erat elephantos (!) dúcere[3], qui, si in periculo mortis erant, multos pedibus suis obterébant[4]. Ubíque pericula, ubique mors erat. Tandem milites de montibus urbes Italiae spectaverunt.

[1] *hiems* der Winter [2] *nix, nivis* der Schnee [3] *ducere* führen [4] *obterere* zermalmen

D a) Übersetze: 1. Philosophi (!) homines multas artes docent. Artes huius modi sunt: mortem non timere et sorte sua contentum esse. Adulescentes probi, qui verbis philosophorum parent, magna parte curarum vacant. 2. Custos noctu cunctas partes urbis clarae observabat (*observare* beobachten).

b) Beantworte lateinisch: Cur durum erat hieme (im Winter) montes Alpium cum magnis copiis superare? Quae erat sors multorum militum? Cur milites noctem timebant? Quae pericula elephanti (!) militibus paraverunt? Cur milites tandem beati erant?

c) Übersetze und bilde eine Wortschlange: der Kunst (Dat.) – die Furcht (Nom.) – den Tod – die Zeiten – im Jahre – Neues (Neutr. Pl.) – verwüste! – dennoch – mit dem Geist – durch Schrecken – die Könige

d) Was hatte Hannibal damit erreicht, dass er sein Heer über die Alpen geführt hatte, anstatt den üblichen Weg entlang des Meeres zu wählen?

e) Übersetze ins Lateinische: 1. In der Stadt Rom pflegte ein Teil der jungen Leute viele Künste und Wissenschaften. 2. Berühmte Philosophen (*philosophus*) lehrten sie, dass der Tod kein (nicht) Übel ist und dass Menschen, die mit ihrem Schicksal zufrieden sind, glücklich sind.

Dr. Marcus Junkelmann mit seinem Team beim Marsch über die Alpen - selbst im Sommer ein schwieriges und beschwerliches Unterfangen

W Wiederholung 22

1. Übersetze: a) Hannibalem hostem Romanorum fuisse scimus. Iam puer in militum castris cum Hamilcare parente erat. Scimus eum ibi iuravisse (*iurare* schwören): „Numquam Romanis amicus ero, semper cum eis pugnabo, eorum urbes delebo, magnas clades eis im-portabo."

b) Adulescens se arte belli exercuerat et ea arte cunctos cives suos superabat. Noctu non multum somno (*somnus* der Schlaf) se dabat; etiam noctibus militibus consulebat. Sors Hannibalis erat magnam vitae partem in armis esse. Corpus et mentem semper exercebat; erat mens sana in corpore sano.

c) Primo bello Punico Romanos cum Poenis imprimis (besonders) navibus longis et magnis classibus pugnavisse scimus, temporibus Hannibalis autem copiae ex peditibus et equitibus constabant (*constare ex* bestehen aus).

d) Hannibalem mortem saepe ante oculos habuisse non ignoramus. Imprimis iter durum erat, quod duces ex Hispania per Alpium montes in Italiam monstrabant. A fronte erant regiones ignotae; iter, quod nives (*nix, nivis* Schnee) operiebant, Poeni non spectabant; a lateribus gentes, quae Alpes incolebant, lapides (*lapis, lapidis* der Stein) de montibus iactabant (*iactare* schleudern). Copiae flumina pontibus firmis superabant. Elephanti (!) autem longis dentibus hostes saepe terrebant et interdum (manchmal) iter aperiebant. Inopia aquae autem non laborabant, nam multi fontes clari erant. Post multos et magnos labores milites Hannibalis de montibus Alpium urbes Italiae spectabant.

2. Bestimme folgende Kasus, setze zu den einzelnen Wörtern ein passendes Adjektiv, bilde dann den Nominativ und übersetze: arte – mortem – sortem – partem – fontium – montium – pontium – dentium
Folgende Adjektive kannst du verwenden: antiquus – bonus – clarus – longus – miser – altus – durus – parvus

3. Es ist immer noch nicht restlos geklärt, welchen Weg Hannibal mit seinem Heer durch die Alpen genommen hat. Die meisten Forscher nehmen jedoch heute an, dass er über die Passstraße des Mont Cenis (2482 m), genau: des Col du Clapier, der als Nebenpass zum Komplex des Mont Cenis gehört, gezogen ist. Hannibal folgte demnach zuerst der Isere, einem Nebenfluss der Rhone, und bog dann später in das Tal des Arc ein; es ist bald breit, bald schmal und dann wieder schluchtartig. Vom heutigen Lanslebourg geht es hinauf zum Mont Cenis. Dieser Pass wurde später noch oftmals benutzt, z. B. auch im Jahre 773 von Karl dem Großen auf seinem ersten Italienzug. Deutsche Kaiser des Mittelalters zogen hier dreizehnmal hindurch; damals gehörte das Gebiet noch zum Reich. Kaiserin Bertha, die 1077 ihren Gemahl Heinrich IV. auf seinem Canossagang nach Italien begleitete, wurde hier auf Ochsenhäuten die Steilpfade hinab befördert. Napoleon I. ließ von 1803 bis 1810 die erste Fahrstraße auf dieser Route anlegen. 1871 baute man in 14-jähriger Arbeit den 12 km langen Mont-Cenis-Tunnel, dem der Gotthard-Tunnel 1880, der Simplon-Tunnel 1906 folgten. Durch den Tunnel überquert die Bahn den Alpenwall zwischen Côte d´Azur und Simplon. Der Bau war erst durch die Erfindung der Bohrmaschine möglich geworden. Diese Tunnels haben bewirkt, dass der Weg, den Hannibal möglicherweise benutzt hat, heute kaum mehr begangen wird. „Ewig unverändert bleibt aber die Welt von Fels, Eis und Schnee, die der Barkide (= Hannibal) – wenn auch verlustreich – auf seinem fünfmonatigen Zug nach Oberitalien durchmessen hat." (nach G. Faber, Auf den Spuren Hannibals, München 1983, S. 103f.)

Verfolge auf einer Karte den hier beschriebenen Weg!

K 67 Dritte Deklination: Mischklasse - Substantive auf -nis und ungleichsilbige Substantive auf -is

A Hannibal kämpft sich den Weg frei

Nicht nur die Natur hinderte Hannibal an einem raschen Vormarsch. Auch die ortsansässige Bevölkerung stellte sich ihm in den Weg. So besetzten die Allobroger, ein gallischer Stamm, die Wege, die die Karthager nehmen mussten. Durch Kundschafter aber erfuhr Hannibal, dass sich seine Gegner nachts stets in eine nahe gelegene Stadt zurückzogen. Dies nutzte der karthagische Feldherr, um die Marschroute seines Heeres durch eigene Truppen zu sichern. Als die Allobroger dies merkten, griffen sie Hannibals Heer an und setzten vor allem dem Tross mit Pfeilen so stark zu, dass zahlreiche Lasttiere in Todesangst ausbrachen und in Schluchten stürzten, die sich unmittelbar neben den Aufstiegswegen befanden. Auch viele Treiber kamen beim Versuch, ihre Tiere zu beruhigen, ums Leben, da sie von den in Panik geratenen Tieren überrannt oder mit in die Tiefe gerissen wurden. Trotzdem gelang es Hannibal schließlich, die Allobroger in die Flucht zu schlagen, und er hielt sich in der Stadt, die seine Kriegsgegner verlassen hatten, für die eigenen Verluste schadlos. Pferde und Lasttiere wurden für die eigene Armee verwendet, Schlachtvieh und Getreide diente den Karthagern als Verpflegung. Wie die geschlagenen Allobroger sich nach ihrer Rückkehr ernähren sollten, wurde nicht gefragt.

B

1. Incolae Alpium copias Hannibalis lapidibus itinere arcere temptaverunt.
2. Vis magnorum lapidum militibus perniciosa (Verderben bringend) saepe erat.
3. Tandem milites Hannibalis ad fines Italiae erant.
4. Igne claro milites frigus arcebant.
5. Frigus robur etiam iuvenum Poenorum debilitabat.
6. Divitiae finium Italicorum Poenis notae erant.

C Die Soldaten sind erleichtert

Milites Hannibalis postquam regiones amoenas[1] Italiae spectaverunt, eos fines magno studio petiverunt. Finis laborum erat; non iam[2] magnos lapides, quos incolae de montibus iactabant[3], timebant, in itineribus non iam[2] nix[4], sed pulvis erat, qui pericula non parabat. Sed viam per Alpes milites multo sanguine sibi paraverant. Labores et frigus, quod multis ignibus non arcebant, vires etiam iuvenum firmorum debilitaverant. Nunc in oppidis et vicis erant, ubi pax erat, ubi homines eos salutabant[5], ubi canes custodes villarum erant.

[1] *amoenus* lieblich [2] *non iam* nicht mehr [3] *iactare* schleudern [4] *nix, nivis* der Schnee
[5] *salutare* grüßen

D a) Übersetze: 1. Lapidibus iuvenes vim canum a se arcere temptaverunt. 2. Milites in finibus hostium tecta incolarum ignibus saepe delent. 3. In bello milites victoriam multo sanguine saepe sibi paravisse scimus. 4. Viatores (*viator* Wanderer) in viis lapides et pulverem timere constat, nam propter lapides duros pedes dolent, propter pulverem aër saepe malus est.

b) Beantworte lateinisch: Quando militibus Hannibalis finis laborum erat? Quorum laborum finis erat? Quare milites pulverem non timebant? Cur milites labores et frigus timebant?

c) Bilde den Genitiv Plural der folgenden Wörter und ergänze die richtige Form des Adjektivs: finis (vastus) – canis (firmus) – lapis (durus) – ignis (clarus) – iuvenis (clarus)

d) Alte Handschriften haben oft Löcher; manchmal sind auch durch Wasserflecken einzelne Buchstaben unlesbar. Versuche den folgenden Text so zu ergänzen, dass ein sinnvoller Satz entsteht: Mult... gent... Alp... milit... Hannibal... itiner... et fin... Itali... arce... tempta....

e) Versuche die Stimmungen und Empfindungen zusammenzufassen, die Hannibals Soldaten in den einzelnen Phasen ihres Zuges von Spanien bis nach Italien hatten! Urteile dabei über die Sinnlosigkeit des Krieges!

f) Übersetze ins Lateinische: Alexander bemühte sich (P), bis° zum° Meer vorzudringen (*petere*), das die Länder umgibt (*circúmdare* umgeben). Er eilte (P) nach Indien, weil er glaubte, dass dort die Grenzen der Erde seien. Die Soldaten litten (P) Not, weil auf den Wegen durch wüste Gegenden viele Steine und tiefer Staub lagen (waren). Durch das Blut vieler junger Männer erkaufte (P) (bereitete) sich Alexander Siege. Durch Feuer zerstörte (P) er die Hauptstadt der Perser.

K 68 Dritte Deklination: Mischklasse - Ergänzungen - Zusammenfassung

A Die erste Schlacht in Italien

Dass es Hannibal gelungen war, die Alpen zu überqueren, bedeutete für die Römer einen gewaltigen Schock. Der Krieg fand nun im eigenen Land statt. Erfolg und Misserfolg bei der Auseinandersetzung mit den Karthagern hing sehr stark davon ab, wie sich die italischen Bundesgenossen der Römer verhalten würden. Blieben sie treu, so würde es für Hannibal schwer sein, sich auf Dauer in Italien zu halten. Wenn die Bündnispartner Roms sich hingegen auf die Seite Hannibals schlagen würden, wäre Rom akut bedroht. Der ersten Schlacht auf italischem Boden, der Schlacht am Ticínus, kam daher besonders große Bedeutung zu und das wussten sowohl der römische Oberbefehlshaber Scipio als auch Hannibal. Die numidische Reiterei sorgte schließlich für den militärischen Erfolg der Karthager. Dies brachte die Römer in enorme Bedrängnis: Sie hatten eine Schlacht verloren und die keltischen Stämme Oberitaliens verbündeten sich mit Hannibal, versorgten dessen Heer und kämpften sogar offen an seiner Seite. Fast hätten die Römer noch ihren Feldherrn verloren, denn Scipio wurde bei dem Gefecht umzingelt und verletzt. Seine Rettung verdankte er seinem eigenen Sohn, der ihn durch sein beherztes Eingreifen vor dem Tod bewahrte. Es handelte sich um den Mann, der später unter dem Namen Publius Cornelius Scipio Africanus in die Geschichte einging und als Sieger in der Schlacht bei Zama den Zweiten Punischen Krieg beendete.

B

1. Montes Hispaniae non tam (so) alti sunt quam (wie) montes Alpium.
2. Iter quinque mensium (gib den Genitiv mit „von“ wieder) ab Hispania in Italiam erat.
3. In fluminibus magna copia piscium ignotorum erat.
4. Iure belli imperatores cunctos, qui copias suas deseruerant, necabant.
5. Hannibali cordi erat de Romanis in Italia victoriam reportare.

C Die Schlacht am Ticinus

Quinque menses Hannibal cum copiis suis per montes altos Hispaniae et Alpium properaverat; tum in Italia ad Ticinum flumen erant, cuius pisces Poenis post illos labores cibi grati erant. Ibi Scipio, imperator Romanus et consul, eum exspectavit. Milites suos appellavit: „Spectate Poenos! Homines non iam[1] sunt, solum[2] imagines hominum. Assis militem Poenum aestimabimus[3]; parvo aere emitur[4].“ Hannibal paucis verbis suos monuit: „Cuncti homines orbis terrarum, qui non sine corde sunt, Romanorum hostes sunt. Nobis grati erunt, si victoriam reportaverimus. Si Romani nos superaverint, servi iure belli erimus.“ Ad Ticinum Hannibal Romanos primum[5] superavit.

[1] *non iam* nicht mehr [2] *solum* nur [3] *aestimare* mit Gen. einschätzen für, voranschlagen auf [4] *emitur* man kann ihn kaufen [5] *primum* zum ersten Mal

D a) Übersetze: 1. Toto orbe terrarum corda multis hominibus in pectore saliunt, cum de facinoribus clarorum virorum audiunt. 2. Iure Hannibal laude dignus est, quia quinque menses in Alpibus cum hostibus pugnaverat et per montes altos in Italiam properaverat. Ad Ticinum flumen Scipionem consulem superavit. 3. As, parvus Romanorum nummus (Münze), ex aere constat (*constare ex* bestehen aus), non ex auro (*aurum* Gold).

b) Beantworte lateinisch: Quot menses Hannibal cum copiis in Alpibus erat? Ubi erat prima pugna Romanorum et Poenorum? Quis erat imperator Romanus? Quibus verbis Scipio, quibus Hannibal milites suos admonuit? Quis victoriam reportavit?

c) Ergänze zu den folgenden Substantiven die entsprechenden Adjektivformen: montium (altus) – ius (Romanus) – orbis (magnus, 2) – ora (beatus) – uxore (integer) – aequor (vastus) – aer (malus) – aes (notus) – as (parvus) – ordinis (senatorius) – gregem (magnus) – mense (Ianuarius)

d) Ein Araber sieht erstmals einen lateinischen Text und freut sich, dass er gleich das erste Wort versteht, sonst allerdings keines mehr. Er sagt zu seinem deutschen Freund, die Hauptstadt Italiens kenne er gut. Dieser jedoch antwortet, dass es in diesem Text um etwas anderes gehe, nämlich um Liebe. Wie ist das Missverständnis zu erklären?

e) In K 46 **A** waren Feldherrnreden das Thema. Vergleiche den dortigen Text mit dem Kapitel **C** dieser Lektion! Aus welchem Grund übertrieb Scipio hier wohl so stark?

f) Übersetze ins Lateinische: 1. Die Römer liebten die Berge, die rund° um die Stadt lagen (waren), weil dort im (!) Monat August das Klima angenehm war. 2. Die Fische, die es im Fluss Tiber gab (waren), kosteten (*constare*) nur° wenige As (Ablativ). 3. Im ganzen Ablauf der Jahreszeiten (Kreis der Zeiten) lieben die Menschen mit Recht besonders (*imprimis*) den Frühling. 4. Dido macht dem Äneas Folgendes (dieses) zum Vorwurf: „Du hast kein (nicht) Herz, sondern Erz in der Brust."

K 69 Drei- und zweiendige Adjektive der dritten Deklination

A Der schwärzeste Tag in der römischen Geschichte

Noch im selben Jahr (218 v. Chr.) gewann Hannibal eine zweite Schlacht. An der Trebia, einem Nebenfluss des Po, besiegte er ein römisches Heer, das zu seiner Abwehr heraneilte. Im nächsten Jahr überschritt er den Apennin und schlug am Trasimener See durch eine glänzende Taktik den Konsul Flaminius vernichtend. Hannibal zog weiter. Im Jahre 216 v. Chr. hatte er sein Lager bei Cannae in Apulien (in Süditalien). Dort gelang es ihm durch eine geschickte Taktik, das zahlenmäßig überlegene Heer der Römer einzukreisen und vernichtend zu schlagen. Die Römer beklagten den Tod von 70.000 Soldaten und die Geschichtsschreiber liefern dazu makabre Details: Die punischen Soldaten sollen als Beute von den Gefallenen drei Scheffel goldene Ringe eingesammelt haben.

B

1. Hannibal hostis acer Romanorum erat.
2. Pugna (bellum) Poenorum et Carthaginiensium acris (acre) erat.
3. Pugna acri Hannibal Romanos superavit.
4. Labor Hannibalis facilis non erat.
5. Origo etiam operum difficilium facilis saepe est.
6. Facile negotium mihi mandavisti (*mandare* übertragen).

C Die Schlacht bei Cannae

Post has victorias Hannibal, qui gravi oculorum morbo laborabat, tamen pugnare non desiit. Quamquam ei difficile erat in armis esse et iter pergere[1], quamquam milites eum lectica[2] portabant, tamen Hannibalis crudelis animus nihil nisi[3] cladem gravem Romanorum cogitavit. Tamen Romam non petivit, quamquam facile erat illam urbem expugnare. Ad Cannas Poeni et Romani castra habuerunt. Tum pugna acri pugnaverunt. Celeres Hannibalis equites pedites firmos Romanorum a tergo[4] incursaverunt, a fronte pedites Poenorum fuerunt. Hoc modo copiae Carthaginiensium multos Romanos necaverunt.

[1] *pergere* fortsetzen [2] *lectica* die Sänfte [3] *nihil nisi* nur [4] *tergum* der Rücken

D a) Übersetze: 1. Pugna acri, quae ad Cannas fuit, equites Hannibalis celeres et crudeles Poenorum pedites magnum numerum Romanorum brevi tempore necaverunt. 2. Romani magno studio et firmo animo pugnaverunt, sed Poenis facile erat adversarios brevi superare, quod Hannibalis dolo (*dolus* List) victoriam reportaverunt. 3. Romanis autem difficile erat cladem gravem sustinere.

b) Beantworte folgende Fragen lateinisch: Cur Hannibali difficile erat iter pergere (fortsetzen)? Quid Hannibal semper cogitabat? Ubi Romani et Carthaginienses castra habuerunt? Quo modo Hannibal Romanos superavit?

c) Ergänze die entsprechenden Adjektivformen: pugnā (acris) – pugnă (acris) – copiarum (celer) – corda (crudelis) – animal (celer) – gloriam (brevis) – labore (gravis) – hostium (crudelis) – operum (facilis)

d) Inwiefern ist die Schlacht bei Cannae ein Musterbeispiel für die Grausamkeit und Sinnlosigkeit eines Krieges?

e) Hannibal nimmt in seinem unversöhnlichen Zorn weder auf sich noch auf seine Soldaten noch auf seine Gegner Rücksicht. Beurteile dieses Verhalten!

f) Übersetze ins Lateinische: 1. Der Schmerz über° die herbe (heftige) Niederlage (Genitiv) war (P) bei den Römern schwer. 2. Für° die schnellen Boten war (P) es schwer, die grausamen Taten der Punier in° Rom (Akkusativ) zu melden. 3. Die Punier errangen (P) durch die Kriegskunst Hannibals in kurzer Zeit einen leichten Sieg. 4. Obwohl Hannibal die Römer besiegt hatte, eilte (P) er nicht in ihre Hauptstadt.

W Wiederholung 23

1. Übersetze: a) Canes, firmos custodes tectorum et comites probos hominum, corda multorum iuvenum delectare constat. Canes acres, celeres, pulchri sunt. Certamina (*certamen* der Wettkampf, Wettbewerb) virtutis et pulchritudinis canum sunt. Canes bonos homines non paucis assibus, sed magna pecunia emunt (kaufen).

b) Quamquam comites multos menses regionem ignotam peragraverant (*peragrare* durchwandern), ubi magna vis lapidum et pulveris iter impediebat, finis laborum non erat.

c) Incolae ius Romanum in tabulis (*tabula* Tafel), quae ex aere erant, in foro (*forum* Marktplatz) urbis Romae spectare poterant.

2. In den folgenden Nestern haben sich wieder Kuckuckseier versteckt. Welche Wörter sind:

a) kein Maskulinum: canis – lapis – ordo – pes – arbor – pulvis
b) kein Femininum: mulier – aetas – magnitudo – origo – turris – laus – sermo
c) kein Neutrum: os, oris – cor – ius – carmen – caput – sol – marmor
d) Dativ und Ablativ Singular: fine – lapide – aere – febri – cordi – ore
e) kein Genitiv Plural: lapidum – canum – ordinum – donum – cordium – laudum

K 70 Zweiendige Adjektive der dritten Deklination

A **Rom erholt sich langsam wieder**

Italien war nun viele Jahre Kriegsschauplatz. Nach dem Sieg bei Cannae, nach dem Capua und ein großer Teil Unteritaliens von den Römern zu den Puniern überging, blieb Hannibal mit seinem Heer bis zum Jahre 203 v. Chr. in Italien, ohne den Römern noch einmal eine große Schlacht zu liefern. Diese erholten sich langsam und gewannen manches verlorene Gebiet zurück, z. B. im Jahre 211 Capua. Zwei Jahre später wurde die Macht der Karthager in Spanien schwer erschüttert: Scipio eroberte Neukarthago und besetzte die karthagischen Silberbergwerke. Hasdrubal, der aus Spanien Hannibal zu Hilfe kommen wollte, wurde 207 am Fluss Metaurus (in Umbrien/Mittelitalien) besiegt und fiel. 206 beendete Scipio durch einen Sieg die karthagische Herrschaft in Spanien. Hannibals Lage in Italien gestaltete sich immer schwieriger. Dennoch bekam er aus der Heimat keinen Nachschub, den er nun dringend gebraucht hätte. Seine Soldaten waren zudem älter geworden und hatten in den Jahren nach Cannae wegen des Überflusses an allem, den sie in Italien antrafen, einen Teil ihrer Schlagkraft verloren.

B
1. Scipio (Cornelia) vir (mulier) nobilis erat.
2. Exemplum hominum fortium utile est.
3. Omnia exempla bona hominibus utilia sunt.
4. Forti animo Romani cum Poenis pugnaverant.
5. Romani mortem multorum militum fortium dolebant.
6. Hannibal Romanos tribus pugnis superavit.

C Hannibal nützt den Sieg bei Cannae nicht

Post tres clades acres, imprimis[1] post pugnam Cannensem[2], animi omnium incolarum urbis Romae tristes[3] erant. Etiam nobiles magnum timorem forti corde non sustinuerunt. Cives ex civibus quaesiverunt: „Quando Poeni urbem nostram petent, quando diripient?“ Quia autem Hannibal Romam non petivit, Maharbal imperator: „Vincere[4] scis, Hannibal, sed victoria tibi utilis non est.“ Victoriam Hannibalis Carthaginiensibus utilem non fuisse constat. Multos annos Hannibal cum militibus fortibus regiones Italiae peragravit[5], Capuam, Tarentum, alias urbes expugnavit. Omnes mortales autem sciunt Carthaginienses, qui erant in patria, Hannibali auxilium negavisse et vires militum eius debilitavisse.

[1] *imprimis* besonders [2] *Cannensis* bei Cannae [3] *tristis, -e* traurig [4] *vincere* siegen [5] *peragravit* ziehen durch

D a) Übersetze: Post tres pugnas Romae (in Rom) terror omnium civium magnus fuit. Sciebant illas tres clades non leves fuisse et Poenos multos milites fortes necavisse. Calamitas (das Unglück) animos omnium nobilium et plebis timore impleverat. Feminarum timor magnus erat, quia multae de morte virorum aut filiorum audiverant.

b) Beantworte lateinisch: Cur in urbe Roma timor magnus fuit? Quid cives exspectabant? Cur Maharbal Hannibalem vituperavit (*vituperare* tadeln)? Quas urbes Hannibal in Italia expugnavit? Cur Carthaginienses Hannibali nocuerunt? Quis vires militum eius debilitavit?

c) Ergänze die entsprechenden Adjektivformen: consilium (utilis) – consilio (utilis) – consilia (utilis) – militum (fortis) – homini (mortalis) – homine (mortalis) – pugnam (levis) – pericula (omnis) – hominum (nobilis)

d) Ergänze die entsprechenden Formen von *tres*! ... urbes – ... pericula – ... virorum – ... annis – ... filios – ... nationes – ... reges

e) Leite die Bedeutung folgender Substantive mit Hilfe der Wortbildung ab: altitudo – claritudo – fortitudo – longitudo – magnitudo – multitudo – pulchritudo – antiquitas – claritas – bonitas – brevitas – celeritas – crudelitas – dignitas – facilitas – gravitas – humanitas – integritas – libertas – mortalitas – novitas – paucitas – varietas – vastitas – veritas

f) Übersetze und bilde möglichst viele lateinische Reimwörter zu:

fortis	dentem	ponte
sortis
mortis
hortis
portis

g) Übersetze ins Lateinische: 1. Alle Menschen wissen, dass sie sterblich sind. 2. Mit tapferem Herzen müssen die Menschen alles (Plural) ertragen (*tolerare*), was leicht und was° schwer ist. 3. Es ist nützlich, dass die Menschen den Zeitpunkt (die Zeit) ihres Todes nicht wissen.

K 71 Einendige Adjektive der dritten Deklination

A Das Ende des Krieges

Im Jahre 206 v. Chr. hatte Scipio, der seinen Vater am Ticinus vor dem Tod gerettet hatte, den entscheidenden Schachzug unternommen: Er war mit einem römischen Heer nach Afrika übergesetzt und belagerte die Stadt Utica. Als die Karthager nicht genügend Truppen zum Kampf mit den Römern hatten, beriefen sie Hannibal aus Italien ab und holten ihn 203 nach Hause. Im Jahre 202 standen sich bei Zama Hannibal und Scipio mit ihren Heeren gegenüber. Hannibal bat um eine Unterredung. „Scipio willigte ein und die beiden Feldherren, jeder nur von einem Dolmetscher begleitet, trafen sich auf dem Felde zwischen ihren Armeen. Der genaue Verlauf des Treffens bei Zama ist nicht bekannt. Einem Bericht des Livius zufolge verblieben die beiden Männer eine Weile »stumm vor gegenseitiger Bewunderung und schauten einander an«. Dann sagte Hannibal, der Grund seines Kommens sei, um Frieden nachzusuchen, und er wäre froh, dass es gerade Scipio sei, an den er seine Bitte richten könne. Er gab offen zu, dass Karthago aggressiv gehandelt und durch die Verletzung des Waffenstillstands sein vertraglich verbrieftes Wort gebrochen hätte. Andererseits gab Hannibal zu bedenken, dass ein dauerhafter Friede wertvoller sei als die unsichere Hoffnung auf Kriegsglück. Wenn Scipio jetzt bereit sei, Frieden zu gewähren, dann wäre das die Vollendung eines ruhmreichen Lebens.“ (G. de Beer, Hannibal – ein Leben gegen Rom, München 1984, S. 187.) Scipio lehnte ab und so kam es zum Kampf. Die Römer siegten und die Karthager hatten 10.000 Talente Kriegsentschädigung - eine Riesensumme, die auf 50 Jahre verteilt wurde – zu zahlen und alle 500 Schiffe bis auf zehn auszuliefern.

B
1. Scipio, imperator audax, Poenos in Africa incursavit.
2. Exemplum audax ducis studium militum incitat (*incitare* anspornen).
3. Animo audaci Scipio Hannibalem exspectavit.
4. Propter facinora vetera Hannibalis Scipio Poenum non exaudivit.

C Scipios kluger Schachzug

Audaci corde Hannibal in Italia cum Romanis pugnavit, sed Carthaginienses ei auxilium negaverunt. Tum Scipioni, qui sciebat Carthaginienses copias Hannibalis debilitavisse, consilium audax erat: Cum ingenti classe in Africam navigavit[1]. Carthaginienses statim[2] Hannibalem ex Italia revocaverunt, cui cum Scipione hic sermo erat. „Antea[3] felix et dives eram, nunc pauper et in-felix sum. Pacem firmam a te peto.“ Scipio autem: „Sorte tua dignus es, quia audaci et forti animo nobiscum pugnavisti, veteres urbes nostras expugnavisti.“ Postquam Scipio de Hannibale victoriam reportavit, Poeni omnes naves Romanis mandare[4] debuerunt, qui eas igne deleverunt.

[1] *navigare* segeln [2] *statim* sofort [3] *antea* früher [4] *mandare* ausliefern

D

a) Übersetze: De vetere Romanorum virtute multi scriptores (*scriptor* Schriftsteller, Geschichtsschreiber) narrant. Iam antiquis temporibus Romani animo audaci et forti corde cum ingentibus hostium copiis pugnaverant et civitatem servaverant. Sallustius narrat eos in tecto paupere divites gloria et honore felices fuisse.

b) Beantworte lateinisch: Cur consilium Scipionis audax fuit? Quid Scipio sciebat? Quid Scipio in Africa paravit? Cur Carthaginienses Hannibalem in patriam revocaverunt? Quibus verbis Hannibal Scipionem oravit? Quae erant verba Scipionis? Qui finis belli erat?

c) Ergänze die entsprechenden Adjektivformen: consilium (audax) – consilio (audax) – consilia (audax) – animi (audax, 2) – militum (vetus) – homini (pauper) – homine (pauper) – pugnam (ingens) – pericula (ingens) – hominum (dives)

d) Leite die Bedeutung folgender Substantive mit Hilfe der Wortbildung ab: audacia – divitiae – amicitia – duritia – iustitia – iniuria – malitia – miseria – scientia – victoria – felicitas – paupertas – vetustas

e) Spüre in den folgenden Nestern wieder jeweils ein Kuckucksei auf:
1. ingens – fortis – acer – omnis – celer – levis
2. ingens – fortis – acer – liber – celer
3. ingens – audax – felix – vetus
4. ingens – audax – celer – omnis – levis – felix

f) Warum lehnt Scipio Hannibals Friedensangebot ab?

g) Glaubst du, dass Hannibals Friedensangebot ernst gemeint oder dass es nur Taktik für den Augenblick war?

h) Übersetze ins Lateinische: 1. Schriftsteller (*scriptor, -oris*) erzählen von gewaltigen Taten tollkühner Männer. 2. Wenn sie reiche Gegner besiegt hatten, waren sie nicht mehr arm, sondern reich und glücklich. 3. In alten Zeiten herrschte nicht immer Frieden, sondern es gab viele schlimme (gewaltige) Kriege.

Die Römer machten Karthago dem Erdboden gleich. Von den großartigen Bauten der einst mächtigen und reichen Stadt gruben die Archäologen nur Ruinen aus.

K 72 īre und Komposita

A Das Ende zweier großer Männer

Nach der Niederlage betätigte sich Hannibal zunächst in der Innenpolitik. Er brachte die Staatsfinanzen in Ordnung und setzte sich mit seinen Gegnern unter den eigenen Landsleuten auseinander. Die von Hannibal eingeleiteten Reformen brachten Karthago eine neue Blüte. Als die Römer diesen Aufschwung sahen, verlangten sie die Auslieferung Hannibals. Er floh. Überall aber, wohin er auf seiner Flucht kam, versuchte er die dortigen Könige, insbesondere Antiochos von Syrien, zum Kampf gegen Rom zu bewegen. Nach dessen Niederlage gelangte Hannibal nach Kreta, doch auch dort konnte er nicht bleiben, weil es die Kreter auf sein Vermögen abgesehen hatten. Schließlich fand der

Flüchtling bei König Prusias in Bithynien südlich des Schwarzen Meeres Unterschlupf. Doch die Römer forderten auch hier seine Auslieferung. Im Jahre 183 v. Chr. sah er keinen anderen Ausweg mehr und beging – im Alter von 64 Jahren – Selbstmord durch Gift.

Auch seinem Kriegsgegner Scipio Africanus erging es nicht viel besser. Die Römer beschuldigten ihn, sich im Krieg gegen Antiochos persönlich bereichert zu haben. In seinem Stolz verletzt lehnte er es ab, sich vor Gericht zu verteidigen, verließ Rom und zog sich aufs Land zurück, wo er in freiwilliger Verbannung starb – ebenfalls im Jahre 183 v. Chr.

B
1. Feriis saepe ad amicos eo (imus).
2. Etiam tu (vos) feriis saepe ad amicos is (itis).
3. Amicus (amici) nobiscum in silvam it (eunt).
4. I nobiscum, amice!
5. Saepe cum patre in theatrum ibam.
6. Cras (morgen) cum patre in theatrum ibo.
7. Cum amicis in silvam ii.
8. Etiam vos in silvam istis.
9. Constat amicos in silvam isse.

C Hannibals Tod

Hannibalem, postquam Carthagine[1] exiit, numquam in patriam redisse scimus. Carthaginienses quia Romanos timebant, Hannibalis tectum deleverunt. Postquam autem ad Antiochum iit, omnibus viribus studebat illum regem contra Romanos ad bellum incitare[2]. Sed Romani pugna acri Antiochum superaverunt, multi milites regis interierunt. Itaque Hannibal a Syria abiit, et quia putabat Prusiam, regem Bithyniae, sibi hospitem esse, ad illum properavit. Romani postquam audiverunt Hannibalem apud Prusiam esse, hostem ibi quaesiverunt. Hannibal autem veneno[3], quod semper secum habebat, se necavit. Hoc modo ille vir clarus periit.

[1] *Carthagine* aus Karthago [2] *incitare* anstacheln [3] *venenum* das Gift

D a) Übersetze: Bellis Romanorum et Carthaginiensium multi homines interierunt. Omnibus temporibus homines bellis pereunt, multi e patria exeunt, pauci redeunt. Itaque sacerdotes ad templa eunt et deos orant: „Mars, belli deus, exi e mundo (*mundus* Welt)! Tum etiam bella crudelia non erunt.“

b) Beantworte lateinisch: Cur Hannibal numquam in patriam rediit? Quid Hannibal ab Antiocho petivit? Quis erat Antiochus? Cur Hannibal a Syria abiit? Cur Hannibal ad Prusiam iit? Quo modo Hannibal periit?

c) Suche in den folgenden Nestern wieder jeweils ein Kuckucksei! Welche Form ist:

a) keine Form von ire? it – ibit – isti – ierunt – ierint – iis – ibas
b) eine Form von ire? ei – ii – eis – eos – ea – erant – erunt – fuistis
c) eine Form, die zwei Bedeutungen hat? erunt – ibis – it – eo – erant – ierant

d) Unterscheide die folgenden Formen und übersetze: eo (2) – ei (!) – ii (2) – i – ibis – ibas – erunt – ierunt – ierint – ierant – fuerant – sunt – eunt – itis – istis – imus – iimus – ibunt – ibant – erant – fuerant.

e) Der kürzeste vollständige lateinische Satz besteht nur aus einem einzigen Buchstaben. Wie lautet er?

f) Die Namen eines Vogels, der im alten Ägypten heilig war, und des Bewohners eines europäischen Landes sind gleich mit je einer Form des Verbums, das du in dieser Lektion lernst. Wie heißen sie?

g) Warum schützt wohl Prusias den Hannibal nicht vor den Römern? Warum beendet dieser sein Leben mit Gift?

h) Übersetze ins Lateinische: Ein Freund des Dichters Horaz berichtet (erzählt): „Nachdem ich gehört hatte, dass er nach Hause (*domum*) zurückgekehrt war, ging (P) ich zu ihm. Da erzählte er: ‚Ich ging zufällig° auf° der Heiligen Straße (bloßer Ablativ). Da kam (ging) mir ein Mann entgegen (*obviam*). Obwohl ich mich bemühte, ihn von mir abzuwehren, ging (P) er nicht weg. Mit vielen Worten quälte er mich. Ich dachte bei (mit) mir: Ich werde zugrunde gehen.‘“

W Wiederholung 24

1. Übersetze: a) Magna industria et omni studio Hannibal paravit ingentem calamitatem (*calamitas* das Unglück) cladis gravis superare. Carthaginienses tristes (traurig) erant, quod Romani victoriam reportaverant; sed etiam felices erant, quia Hannibal in patriam redierat. Post paucos annos Carthaginienses non iam (nicht mehr) pauperes, sed divites erant, quales (wie) temporibus antiquis fuerant.

b) Romani, qui sciebant Hannibalem adhuc (noch immer) hostem crudelem sibi esse, illum denuo (von neuem) bellum parare putabant. Hannibal quia aestimabat se in mortis periculo esse, Carthagine (aus Karthago) exiit, nam utile esse aestimabat a patria abire.

c) Postquam copiae Antiochi regis, quem Hannibal ad bellum Romanorum (mit den Römern) lacessiverat (*lacessere* reizen, herausfordern), interierunt, Poenus in Cretam insulam abiit. Ibi novum periculum non leve fuit. Cretenses quod sciebant Hannibalem ingentes divitias secum habere, eum fortunis spoliare parabant.

d) Dolo (*dolus* die List) audaci et fraude divitias ab insulae incolis servavit. Nam in templo Apollinis, quod erat in capite Cretae, amphoras (*amphora* Amphore, großer Krug mit zwei Henkeln) collocavit (*collocare* aufstellen), quas plumbo (*plumbum* Blei) implevit, quod nummis argenteis (*nummus argenteus* Silbermünze) operuit. Cretenses aestimabant divitias in amphoris in-esse et deos im-mortales eas servare. Statuas autem deorum, quae cavae (*cavus* hohl) erant, Hannibal divitiis suis implevit. Illas in naves portavit, ipse (er selbst) non periit, sed cum fortibus comitibus fuga salutem petivit.

2. Ergänze zu den folgenden Substantiven die entsprechende Form des Adjektivs: militum (fortis) – animo (audax) – in tecto (vetus) – civium (dives) – periculum (levis) – ab homine (nobilis) – corda (audax) – cum comite (pauper) – aetatum (omnis)

3. Konjugiere den Indikativ des Verbums *ire* in allen Tempora!

4. Ergänze den folgenden korrupten Text einer Handschrift, so dass ein vernünftiger lateinischer Satz entsteht: Copi__ fort__ Hannibal__ audac__ virtu__ ingent__ Roman__ clad__ grav__ paraverunt.

5. Suche auf einer Karte alle bekannten Stätten, an denen Hannibal in seinem Leben war!

6. Inwiefern zeigt es sich immer wieder, dass Hannibal den Schwur, den er als Knabe abgelegt hatte, auch hielt?

7. *Hannibal ad portas*! Was wollen wir ausdrücken, wenn wir diesen Schreckensruf der Römer heute noch gelegentlich gebrauchen?

K 73 Reduplikationsperfekt

A Roms Wurzeln liegen in Troja

Nach zehn Jahren Belagerung hatten die Griechen Troja zerstört. Viele Einwohner wurden getötet, nur wenig konnten entkommen. Unter ihnen war Äneas, der Sohn der Göttin Venus und des Anchises, eines sterblichen Mannes, den Äneas auf seinen Schultern aus der brennenden Stadt trug und rettete. Venus, die Tochter Jupiters, klagte vor ihrem Vater, warum er es zulasse, dass ihr Sohn so große Leiden ertrage. Der Gott versprach ihr, Äneas werde der Ahnherr eines mächtigen Volkes sein, nämlich der Römer. Das sei seine vom Schicksal gewollte Bestimmung. Äneas bestieg mit einigen Gefährten Schiffe und nahm Kurs nach Italien.

B

1. Iuppiter Veneri spoponderat: Filius tuus auctor (Ahnherr) magnae gentis erit.
2. Venus respondit: Cuius gentis auctor Aeneas erit?
3. Venus apud Iovem stetit et lacrimas (*lacrima* die Träne) dedit.

C Jupiters Versprechen

Graeci postquam decem annos Troiam oppugnaverunt, illam urbem deleverunt et diripuerunt. Multi homines concurrerunt et se servare temptaverunt. Aeneas, Veneris filius, qui Anchisem patrem umeris[1] portabat, per ignem urbis cucurrit et cum paucis comitibus naves petivit. Venus autem tristis[2] apud Iovem stetit et ex eo quaesivit: „Cur filio meo hanc sortem malam dedisti? Hac sorte Aeneas dignus non est, nam omnes pietatem[4] eius laudant, qui magno cum[3] periculo vitae patrem a morte eripuit[5].“ Iuppiter filiae oscula[6] dedit, tum ei spopondit: „Filius tuus auctor[7] magnae gentis erit. Desine me curis tuis terrere, desine timere!“ Venus contenta erat, postquam Iuppiter hoc respondit.

[1] *umerus* Schulter [2] *tristis, -e* traurig [3] *cum* unter [4] *pietas Frömmigkeit* [5] *eripere* entreißen [6] *osculum* Kuss [7] *auctor* Ahnherr

D a) Übersetze: Hannibal patri suo spoponderat: „Numquam Romanis amicus ero. Si dei mihi vires dederint, eos superare semper studebo.“ Pater respondit: „Romani et Carthaginienses saepe concurrent et gravia vulnera sibi dabunt. Contra Romanos forti animo stetisse Carthaginiensibus semper honestum erit.“ Carthaginienses saepe omnibus viribus in Romanorum agmina cucurrisse scimus, cum hostes eis occasionem (*occasio, -onis* Gelegenheit) dederant.

b) Antworte lateinisch: Quis erat pater, quis mater Aeneae? Quis erat pater Veneris? Cur omnes Aeneam propter virtutem laudant? Quid Iuppiter respondit? Cur Venus contenta fuit?

c) Setze folgende Formen des Präsensstammes in die entsprechenden des Perfektstammes: (Praesens > Perfekt; Imperfekt > Plusquamperfekt; Futur > Futur exakt): damus – dabimus – dabamus – stas – stabis – stabas – spondent – spondebunt – spondebant – respondeo – respondebo – respondebam – currit – curret – currebat.

d) Unterscheide folgende Formen und übersetze! concurritis – concurristis – concurrunt – concurrerunt – respondet – respondit – concurrit (!) – concurrimus (!).

e) Lies das Gespräch zwischen Jupiter und Venus im 1. Buch von Vergils Aeneis! Charakterisiere die beiden!

f) Übersetze ins Lateinische: Venus hatte dem Jupiter vieles zum Vorwurf gemacht. Da waren viele Götter zusammengelaufen. Sie umringten (P) (*circumstare*) den Vater und seine Tochter. Dieser versprach (P): „Dein Sohn wird mit gewaltigen Feinden kämpfen (zusammenlaufen) und Sieger sein. Er wird der Ahnherr (*auctor*) der Römer sein.“ Venus entgegnete: „Ich werde zufrieden sein, wenn du zu° deinem Versprechen (*promisso*) stehen wirst (Futur exakt).“

Göttertrias (drei Götter): Merkur, Minerva und Apollo; Silberblech-Relief; ca. 250 n. Chr.; Museum Weißenburg.

K 74 Perfektbildung auf s

A Junos Wut

Äneas war mit seinen Freunden dem Untergang Trojas entkommen und segelte nun nach Italien. Die Göttin Juno geriet darüber in Wut. Sie hatte gemeinsam mit Minerva auf Seiten der Griechen gegen die Trojaner gekämpft und wollte, dass alles zugrunde gehe, was den Namen Troja trage. Anlass zu diesem Zorn war ein Schönheitswettbewerb, den drei Göttinnen, Juno, Minerva und Venus, einst ausgetragen hatten. Sie hatten Páris, einen Sohn des Königs Priamos, zum Schiedsrichter gewählt, der den Siegespreis der Venus gab, die ihm als Lohn die schönste Frau der Welt versprochen hatte. Die unterlegenen Göttinnen waren voller Groll. Deshalb wollte Juno verhindern, dass Äneas nach Italien gelange und die Trojaner in den Römern weiter lebten.

B

1. Iuno magnam iram (*ira* Zorn) in corde sensit.
2. Itaque dixit: In mari manebis, Aeneas.
3. Iuno Aeolum iussit ventis Aeneam necare.

C Äneas´ falsche Zuversicht

Paucos comites Aeneas secum duxerat; alii in urbe Troia re-manserant, ubi Graeci eos necaverant. Aeneas eos, quos secum habebat, iussit in officio manere et omnia pericula ridere. Dixit se magnum dolorem sentire; nam putabat difficile esse novam patriam petere. Sed etiam dixit se deos colere et salutem ab eis petere. Nam Iuppiter matri eius spoponderat: „Filius tuus auctor[1] magnae gentis erit.“ Aeneas: „Si vos in Italiam duxero, ibi omnes contenti erimus.“ Sed Iunonem ira[2] non desiisse Aeneas nescivit.

[1] *auctor* der Ahnherr, Gründer [2] *ira* der Zorn

D a) Übersetze: Aeneae honestum erat in urbe non re-mansisse. Etiam patrem servavit. Paucos comites, qui pericula senserant, secum duxerat. Nunc eos iussit omnibus viribus Italiam petere et patriam novam quaerere. Dixit: „Si in officio erga (gegenüber) deos manserimus, labores superabimus, nam Iovem spopondisse scimus: Troiani patres Romanorum erunt. Ridete nunc labores et pericula, nam magna bona nos exspectant.“

b) Antworte lateinisch: Quid Aeneas comites iusserat? Cur etiam Aeneas magnum dolorem sensit? Cur Aeneae tanta fiducia (Zuversicht) fuit? Quando omnes contenti erunt?

c) Setze folgende Formen des Präsensstammes in die entsprechenden des Perfektstammes: (Praesens > Perfekt; Imperfekt > Plusquamperfekt; Futur > Futur exakt): manes – ridemus – iubetis – sentio – dicunt – ducit.

d) Unterscheide folgende Formen und übersetze! ridet – risit – sentis – senties – dicis – dices – ducimus – ducemus – duximus

e) Lies in einem Buch über antike Mythologie vom Streit der drei Göttinnen! Warum kommt es dazu? Charakterisiere die drei Göttinnen!

f) Übersetze ins Lateinische: Die Griechen plünderten (P) Troja. Da blieb Äneas nicht in der Stadt zurück (P), weil er große Gefahren spürte (P) (fühlte). Wenige Gefährten, denen er befahl (P), zu den Schiffen zu eilen (laufen), führte (P) er mit sich. Sie hielten (P) einander die Freundschaft (sie blieben unter sich in Freundschaft). Äneas sagte (P), dass er die Hilfe seiner Mutter erwarte. „Dann werden wir glücklich sein und lachen."

K 75 Perfekt mit Dehnung des Stammvokals

A Juno bittet Äolus

Juno sah, dass Äneas mit seinen Gefährten bei ruhiger See seinem Ziel Italien zusteuerte. Ihre Wut steigerte sich immer mehr. Da eilte sie zu Äolus, dem Herrn der Winde, der im öden Meer auf felsigen Inseln die Stürme in einer großen Höhle eingeschlossen hielt. Nur auf Befehl des Jupiter war es ihm gestattet, ihnen freien Lauf zu lassen; er war also nur ein niedriger Gott, der ohne Erlaubnis nicht handeln durfte. Juno fiel vor ihm auf die Knie und flehte ihn an; so groß war ihr Zorn. Äolus fühlte sich geschmeichelt; er sagte ihr zu, die Winde aus ihrem Gefängnis hervorbrechen zu lassen und Äneas mit seinen Schiffen im Meer zu versenken.

Stürme und hohe Wellen verursachen den Seeleuten auf dem Meer stets Gefahren.

B 1. Iuno ad insulam Aeoli venit.
2. Aeolus Iunonem adiuvit.
3. Nam dea animum eius moverat.
4. Iuno risit: Aeneas mortem non fugiet, pericula non vincet.

C Ein furchtbares Unwetter

Postquam Iuno vidit Aeneam vento secundo[1] Italiam petere, ad Aeolum properavit et ad insulam dei venit. Ibi Aeolum vidit, qui ventis imperabat. Iuno supplex[2] auxilium ab Aeolo petivit: „Adiuva me, Aeole, rex magne! Veni ad te, quia ingens ira[3] animum meum movet. Vince ventis tuis Aeneam, inimicum[4] meum, eripe[5] ei animam[6]! Mihi sunt nymphae (!), pulchrae puellae. Unam ex eis tibi coniugem[7] dabo, si me adiuveris." Aeolus respondit: „Iuno, domina mea, tibi parebo." Et statim[8] speluncam[9] ventorum aperuit. Venti e spelunca ef-fugerunt et mare vastaverunt.

[1] *secundus* günstig [2] *supplex* auf den Knien [3] *ira* der Zorn [4] *inimicus* Feind [5] *eripere* entreißen
[6] *anima* Seele, Leben [7] *coniugem* als ... [8] *statim* sofort [9] *spelunca* Höhle

D a) Übersetze: 1. Postquam hostes bello civili (Bürgerkrieg) aliquando (einst, einmal) viderunt Caesarem pugnare parare, statim (sofort) timor animos eorum movit et fugerunt. Hic autem illa verba clara dixit: „Veni, vidi, vici." 2. Graeci multas artes invenerunt (*invenire* erfinden), quibus homines adiuverunt. 3. Postquam Romam (nach Rom) venimus, ibi multa praeclara aedificia (*aedificium* das Bauwerk) vidimus.

b) Antworte lateinisch: Quis erat Aeolus? Cur Iuno ad Aeolum properavit? Quid (worum) Iuno Aeolum oravit? Quid Iuno Aeolo spopondit? Quid Aeolus respondit? Quo modo Aeolus Iunonem adiuvit?

c) Übertrage folgende Formen des Präsensstammes in die entsprechenden Formen des Perfektstammes: adiuvas – vides – movent – vinco – fugit – venitis – veniunt – venit

d) Unterscheide folgende Formen und übersetze: adiuvat – adiuvit – vides – vidit – videt – vidisti – vicisti – movet – movit – venis – venies – fugit (!) – venimus (!) – movemus – movimus.

e) Lies die erste Hälfte des 1. Gesangs von Vergils Aeneis bis zum Beginn des Gesprächs Jupiter – Venus! Versuche eine Gliederung des Inhalts!

f) Übersetze ins Lateinische: Juno war zur Insel des Äolus gekommen. Sie fand (sah) (P) ihn vor der Höhle (*spelunca*), in der er die Winde verborgen (zugedeckt) hatte. Mit ihren Worten bewegte (P) sie das Herz des Gottes. Er half (P) der Göttin. Juno sah (P), dass die Winde das Meer aufwühlten (verwüsteten). Nachdem aber Neptun gekommen war (P), besiegte (P) er die Gewalt der Winde und jene flohen (P).

W Wiederholung 25

1. Übersetze: a) Iuppiter, qui in caelo stetit et oculos in terras et mare tenebat (er hatte gewendet), vidit Aeneam mortem ef-fugisse et nave Italiam petere. Nam Veneri spoponderat filium eius ibi novum imperium sibi parare posse. Sed Iuno postquam vidit Aeneam Graecos fugisse et integrum esse, ad Aeolum venit et ab eo auxilium petivit. Ille Iunonem adiuvare paravit; itaque speluncam (*spelunca* die Höhle) aperuit, ubi venti ingentes erant. Illi autem ibi e-volaverunt et mare vastaverunt.

b) Aeolus eos iusserat naves Aeneae vincere et viros altis undis necare. Magna vi venti in mare altum concurrerunt, aequora com-moverunt, navibus nocuerunt. Aeneas, qui sensit se ad oram (*ora* die Küste) per-venire non posse et cum comitibus in magno periculo esse, mortem exspectavit.

c) Neptunus autem, deus marium, postquam sensit ventos aequora vastare, illos ad se ad-vocavit et dixit: „Quis vobis malum consilium dedit e spelunca (*spelunca* Höhle) e-venire et naves per-turbare (herumwirbeln)? Ite ad Aeolum, dominum vestrum, et dicite: „Iuppiter mihi imperium maris dedit, non illi. Manete in patria vestra!“ Et venti nihil (nichts) responderunt, abierunt, nubes (*nubes, -is* die Wolke) secum duxerunt. Sol rediit; Neptunus contentus erat et risit. Aeneas autem sensit omnia vera esse, quae Iuppiter spoponderat.

2. Welche Arten der Perfektbildung kennst du bis jetzt? Weise jeweils eines der folgenden Verben einer Gruppe zu und bilde die Stammformen (Infinitiv + 1. Person Singular Präsens, 1. Person Singular Perfekt): amare – dare – adiuvare – stare – flere – videre – ridere – spondere – respondere – iubere – currere – dicere – vincere – ducere – venire – audire

3. Beachte den unterschiedlichen Sprachgebrauch im Lateinischen und im Deutschen: Romani decem viros iusserunt in Graeciam ire et ibi leges Graecorum noscere (kennen lernen). – Aliae Galliae gentes Romanos adiuverunt, aliae omnibus viribus cum Romanis concurrerunt. – Multi incolae Graecos, qui Troiam diripiebant, fugerunt. Sed non omnes ex urbe fugere potuerunt.

K 76 Perfekt ohne Veränderung des Stammvokals

A Der dritte Punische Krieg

Nach der Niederlage im 2. Punischen Krieg mussten die Karthager riesige Reparationszahlungen (Kriegsentschädigung) an Rom leisten; sie sollten für immer bedeutungslos bleiben. Doch die Römer hatten Fleiß, Ausdauer und Können der Punier unterschätzt, die sehr bald wieder einen gewaltigen Aufschwung ihrer Wirtschaft erlebten. Cato der Ältere, ein äußerst sittenstrenger Römer, kehrte einmal aus Karthago zurück und berichtete in der Kurie: „Meine Herren Senatoren! Ihr seid mit Blindheit geschlagen, wenn ihr glaubt, die Punier seien arm, weil sie an euch lange Jahre große Summen Geldes zahlen mussten. Nein, im Gegenteil! Sie sind ausnehmend reich, zügellos und moralisch verkommen; die Stadt strotzt vor Kriegsmaterial und stellt eine ständige Bedrohung für Rom dar.“ Daraufhin warf er eine Handvoll frischer Feigen auf den Boden und rief: „Vor drei Tagen habe ich sie in Karthago gepflückt; so nahe ist der Feind.“ Und dann sprach er das berühmte Wort: *Ceterum censeo Carthaginem esse delendam.* (Im Übrigen bin ich der Ansicht, Carthago müsse zerstört werden). Im Jahre 149 v.Chr. erklärten die Römer den Karthagern den Krieg. Drei Jahre hielten diese in ihrer Stadt den Angreifern stand. Dann brach die Katastrophe über die Bürger herein. Im Jahre 146 fiel Karthago; die Stadt wurde geplündert und ging in Flammen auf; die Bewohner wurden erschlagen, soweit sie nicht fliehen konnten. Die Sieger streuten Salz über die Stelle, an der Karthago gestanden hatte, und zogen den Pflug darüber. Damit war ein Wiederaufbau für alle Zeiten untersagt.

B

1. Patriam omnibus viribus defendisse honestum est.
2. Romani vires Carthaginiensium minuerunt.
3. Tum eos ab Italia a-verterunt.
4. Romani postquam Carthaginem diripuerunt, urbem accenderunt.

C Karthagos Untergang

Cato, qui in Africa fuerat, postquam curiam intravit, orationem huius modi habuit: „Patres, oculos non habetis, quia non videtis Carthaginienses novum bellum parare. Nam consilium eorum est navibus venire, nos offendere, bellum repetere. Tum Romam oppugnabunt et delebunt. Nos autem urbem defendere non poterimus. Minuite vires hostium, a-vertite Carthaginienses ab Italia, delete tandem urbem eorum, si saluti vestrae consulere studetis.“ Romani Catonis verbis paruerunt, hostes offenderunt, eorum urbem diu oppugnaverunt, diripuerunt, accenderunt, igne deleverunt.

D a) Übersetze: In bello esse miserum est. Hostes incolas urbis offenderant et tecta accenderant. Illi se defenderunt et hostium copias verterunt. Hostes bona incolarum minuerunt, illi multos necaverunt. Itaque victores non fuerunt. Nam alii bona, alii etiam vitam amiserant (sie hatten verloren).

b) Beantworte folgende Fragen lateinisch: Quis Africam visitaverat? Quid Romanis crimini dedit? Quid in urbe Carthagine spectaverat? Quod consilium Carthaginiensibus erat? Quod erat consilium Catonis? Quo modo Romani verbis Catonis paruerunt?

c) Überlege, warum sich die Karthager zweimal von vernichtenden Niederlagen erholen konnten! Wo lagen die Quellen für ihren Reichtum und ihre Macht?

d) Warum wollten die Römer den völligen Untergang und die Beseitigung Karthagos?

e) Übersetze ins Lateinische: Die Römer begehrten (P), die Macht (Kraft) der Karthager zu vermindern und die Bewohner jener Stadt anzugreifen. Diese aber verteidigten (P) sich lange. Sie schlugen (P) (wendeten) römische Truppen in die Flucht. Endlich aber eroberten (P) die Römer Karthago, zündeten es an (P) und zerstörten (P) es mit Feuer.

Nur noch wenige Ruinen künden von den Heiligtümern Karthagos.

K 77 velle

A Eine Stadt wird ausgelöscht

Die Zerstörung Karthagos soll sechs Tage und sechs Nächte gedauert haben. Selbst Scipio soll beim Anblick der brennenden Stadt geweint haben. Als ihn sein Lehrer Polybios nach dem Grund fragte, soll er geantwortet haben, er denke an die Zerbrechlichkeit des Glücks, denn Rom werde vielleicht einmal ein ähnliches Schicksal erleiden. Es gehört zu den unerklärlichen Brüchen im Charakter dieses Mannes, dass er trotzdem die Plünderung der Stadt durch die römischen Soldaten zuließ. Nachdem der Sieg in Rom bekannt geworden war, schickte der Senat ein Gremium von zehn Männern (*decemviri*) nach Afrika, die noch zusätzliche Anordnungen trafen: Der Ort, an dem Karthago gestanden hatte, wurde verflucht, die Städte der Bundesgenossen der Punier wurden ebenfalls vernichtet, während Rom die Stämme, die an seiner Seite gekämpft hatten, nun mit Gebietserweiterungen belohnte und das karthagische Kernterritorium selbst verwaltete.

B

1. Reliquias (die Überreste) Carthaginis antiquae spectare volo (volumus).
2. Etiam tu (vos) reliquias Carthaginis antiquae spectare vis (vultis).
3. Etiam amicus noster Romanus (amici nostri Romani) reliquias Carthaginis antiquae spectare vult (volunt).
4. Iam saepe illam urbem spectare volebamus, cui nunc nomen „Tunis“ est.
5. Ibi paucas reliquias Carthaginis antiquae spectare voluimus.
6. Quando nobiscum in Africam navigare (segeln) voles?

C Karthago verschwindet vom Erdboden

Scipio Carthaginem delere voluit. Causa huius consilii erat, quod Carthaginienses novas vires sibi paraverant et iram contra Romanos explere volebant. Etiam Romani illos interire iam diu voluerant. Postquam illam urbem expugnaverunt, sicut[1] bestiae saeviverunt[2] et omnes Carthaginienses necare voluerunt. Feminae, quae fuga salutem petere saepe volebant, in ignem saluerunt. Nemo[3] vivus captari[4] voluit. Sacerdotes terram, ubi Carthago fuerat, devoverunt[5]. Ea de causa ibi urbs non iam[6] fuit, Carthago funditus[7] interiit.

[1] *sicut* wie [2] *saevire* wüten [3] *nemo* niemand [4] *captari* gefangen werden [5] *devovere* verwünschen [6] *non iam* nicht mehr [7] *funditus* von Grund auf, völlig

D a) Übersetze: Ein Römer (R) und ein Karthager (C) unterhalten sich: 1. C: „Cur hostes semper esse vultis, Romani? Quando nobis amici esse voletis?“ 2. R. „Nos causa belli esse numquam volebamus, sed vos semper aestimabatis Romanos sicut (wie) bestias esse et ea de causa iram ingentem explere velle.“ 3. C: „Hoc verum non est. Cum omnibus hominibus in pace esse volumus. Etiam tu voles, Romane, si Roma (aus Rom) exieris, amicos ad-ire, non hostes; etiam tu vis toto orbe terrarum salutem non fuga petere, sed amicitia. Quando omnes homines amici esse volent?“

b) Beantworte lateinisch: Cur Romani denuo (von Neuem) Carthaginem delere voluerunt? Cur Romani putaverunt Carthaginienses iram explere velle? Quo modo Romani iram suam de-monstraverunt? Quid feminae Carthaginiensium timuerunt? Quo modo multae feminae mortem obierunt?

c) Wo ist wiederum ein Kuckucksei versteckt?
1. volam – volet – volunt – volant – volent
2. volo – volas – volent – volamus – volabamus
3. volabamus – volabimus – voluimus – volavimus – volaveramus

d) Ersetze die folgenden Formen von *studere* durch *velle*: studeo – studebam – studuisti – studes – studebis – studebas – studetis – studueratis – studebitis – student

e) Informiere dich in einem Sachbuch über Cato den Älteren und versuche zu begründen, warum er die Zerstörung Karthagos wünschte!

f) Polybios, ein griechischer Geschichtsschreiber, der Lehrer und Freund des Scipio, steht mit seinem Schüler auf den Trümmern Karthagos. Warum hat wohl Scipio seinen Freund in den Krieg mitgenommen?

g) Was ist wohl der Grund dafür, dass Scipio weint? Inwiefern zeigt der Untergang Karthagos wiederum die Sinnlosigkeit eines Krieges auf?

h) Übersetze ins Lateinische: 1. Die Karthager glaubten, dass die Römer wie (sicut) Tiere seien, deren Wut (Zorn) und Raserei gewaltig sind. 2. Kriege sind die Ursache vieler Übel. Wann werden die Menschen von Kriegen ablassen wollen? 3. Die einen wollen Reichtum, die anderen Ehre. Was (*utrum*) willst du (wollt ihr)?

K 78 nolle und malle

A Ein Schicksalsjahr für Rom

Zwei mächtige Feinde, Korinth (vgl. Kapitel K 31 A) und Karthago, waren im Jahre 146 vernichtet. Rom schien auf dem Höhepunkt seiner Macht zu sein, doch setzte um diese Zeit überraschenderweise der Niedergang ein. Ein Grund lag darin, dass im römischen Heer nur Bürger dienten, keine Söldner oder Sklaven und somit vor allem wegen der langen Kriege die kleinen Bauern verarmt waren; sie konnten ja ihre Felder kaum bestellen.
Einen weiteren Grund deckt der Geschichtsschreiber Sallust auf: „Als aber durch Tätigkeit und Gerechtigkeit der Staat sich vergrößert hatte, mächtige Könige im Krieg bezwungen, wilde Stämme und große Völker gewaltsam unterworfen waren, Roms Nebenbuhlerin Karthago von Grund aus vernichtet war und nun alle Meere und Länder offen standen, da begann das Schicksal seine Tücke zu zeigen und alles durcheinander zu bringen. Denselben Männern, die Strapazen, Gefahren, bedenkliche und schwierige Lagen leicht ertragen hatten, wurden Ruhe und Reichtum, sonst wünschenswerte Güter, zur Last und zum Verhängnis. So wuchs zuerst das Verlangen nach Geld, dann nach Macht: Dies war gewissermaßen die Wurzel alles Übels. Denn die Habsucht untergrub Treue, Redlichkeit und die übrigen guten Eigenschaften; dafür lehrte sie Hochmut und Grausamkeit, lehrte die Götter missachten und alles für käuflich halten. Die Ehrsucht veranlasste viele Menschen, falsch zu werden, anders im innersten Herzen zu denken als mit Worten offen zu bekennen, alle Freundschaft und Feindschaft nicht nach dem wahren Wert, sondern nach dem äußeren Vorteil abzuschätzen, mehr eine brave Miene zu zeigen als wirklich gut zu sein.“ (Sallust, Catilina X 1 – 5; Übersetzung von Wilhelm Schöne)

B

1. Pauper esse nolo; pauperes esse nolumus.
2. Etiam tu (vos) pauper (pauperes) esse non vis (non vultis).
3. Ille homo (illi homines) pauper (pauperes) esse non vult (nolunt).
4. Multi homines (ille homo) crudeles (crudelis) quam probi (probus) esse malunt (mavult).
5. Tu (vos) autem probus (probi) quam crudelis (crudeles) esse mavis (mavultis).
6. Milites semper in bello esse nolebant.
7. Milites victoriam reportare quam fuga salutem petere maluerunt.
8. Feriis Graeciam visitare quam domi esse malemus.

C Höhepunkt und Sturz liegen oft nahe beieinander

Sallustius de civitate Romana haec iudicavit: Postquam Romani magnos reges bello vicerunt et populos ingentes vi superaverunt, fortuna civitatis vertit[1]. Multos cives divitiis se dare quam labores sustinere maluisse constat. Ingentes divitias sibi parare malebant quam virtutes velut[2] dignitatem, pietatem, iustitiam[3]. Pecunia multas urbes claras delevit, quia incolae virtuti studere et deos colere noluerant. Etiam Romani interibunt, si mores maiorum colere nolent. Una ex iis virtutibus est amicitia, quae concordiam civium parat. Nam amicitia est idem[4] velle et idem nolle.

[1] *vertere* hier: sich wenden [2] *velut* wie [3] *iustitia* die Gerechtigkeit [4] *idem* dasselbe

D a) Übersetze: 1. Sallustius putat Romanos post victorias, quas de Corinthiis et Carthaginiensibus reportaverant, pecuniae quam virtutibus servire maluisse. 2. Quia ante oculos habet illo tempore iuvenes voluptates (*voluptas, -atis* das Vergnügen) et divitias quam dignitatem aut pietatem sibi parare malle, virtutes maiorum interisse putat. 3. Quia autem non vult ingentem vim tempestatum acrium navem - id est civitatem - perturbare (in Unruhe bringen), libris suis Romanos monere cupit.

b) Bilde zu *studere* (*non studere, magis studere*) die entsprechenden Formen von:
1. **velle**: studebimus – studebatis – studebo – studui – studebas – studes – studetis – student – studet
2. **nolle**: non studes – non studebit – non studebat – non studuerat – non studebo – non studet – non student – non studebis – non studetis
3. **malle**: magis studeo – magis studes – magis studebam – magis studebas – magis studui – magis studuisti – magis studebis – magis studetis – magis studet.

c) Der griechische Geschichtsschreiber Herodot berichtet von einem Gespräch zwischen König Dareios I. und seiner Frau Atossa. Dabei rät sie ihm, das Volk ständig in Kriege zu führen, damit es keine Zeit habe, Ränke gegen den Herrscher zu schmieden. Der Philosoph Platon meint, die Furcht vor den Persern sei in Athen der Grund für die Tüchtigkeit der Bürger gewesen. Der Philosoph Aristoteles vertritt den Standpunkt, dass es ohne Bedrohung von außen in einem Staat bürgerliche Zwietracht gebe. Welcher gemeinsame Gedanke besteht zwischen diesen Ansichten und der Auffassung des Sallust? Stimmst du dem zu?

d) Übersetze ins Lateinische: Die Vorfahren der alten Römer wollten lieber gute Sitten pflegen als Reichtum erlegen sein (dienen). Sie wollten nicht Ansehen (Würde) durch Reichtum erwerben (sich bereiten), sondern durch Pflichtbewusstsein. Wir wissen aber, dass zur Zeit (in den Zeiten) Sallusts viele Menschen lieber nach Geld als nach Leistungen streben wollten.

Hier stand einst die mächtige Burg Karthagos. Nur noch ein paar Mauern sind geblieben.

K 79 Numeralia

A Alles ist Zahl

So sagt der Philosoph Pythagoras, der um 565 v. Chr. in Samos geboren wurde, lange Zeit in Unteritalien lebte und dort um 495 starb. Er meint damit, dass alles in der Welt auf Zahlen bzw. Zahlenverhältnisse zurückzuführen ist. Wenn man z. B. eine Kugel an einer Schnur kreisen lässt, entsteht ein Ton; wenn man die Schnur um die Hälfte verkürzt, wird aus dem ursprünglichen Ton eine Oktav höher. Ganze Wissenschaftszweige gründen auf der Zahl, insbesondere die Mathematik und weitere Naturwissenschaften. Die Zahlenmystik, die Auffassung also, dass hinter bestimmten Zahlen bzw. Zahlenverhältnissen magische gute oder böse Kräfte stecken, wirkt im Aberglauben vieler Menschen fort; am Freitag dem 13. schreibt man nicht gerne eine Schulaufgabe und in vielen Hotels gibt es die Zimmernummer 13 nicht. Um Zahlen auszudrücken, verwendeten die Griechen Buchstaben. Arabische Ziffern haben sich im Laufe der Zeit weithin durchgesetzt und sind heute allgemein im Gebrauch. Die Römer gebrauchten Zeichen, die wohl von einer alten Form des Rechnens, dem Fingerrechnen, stammten. Sie hatten dabei nur sieben Zeichen, um alle Zahlen ausdrücken zu können: I = 1 (ein Finger); V = 5 (eine ganze Hand); X = 10 (beide Hände; so entstand wohl das Dezimalsystem); L = 50; C = 100; D = 500; M = 1.000.

B 1. Anno p. Chr. n. nono Arminius Romanos superavit.
2. Decimo anno Graeci Troiam deleverunt.
3. Quis litteras C. Plinii Secundi ignorat?
4. Quintus Fabius Maximus cum Hannibale pugnare noluit.

C Die römischen Monate

Ianuarius nunc primus mensis anni est; huic mensi nomen est ab Iano, qui deus omnium originum erat. Februus, deus mortuorum antiquus apud Etruscos, mensi Februario, secundo mensi, nomen dedit; illo mense Romae[1] februa[2] erant. Tertius mensis – Martius – Martis dei sacer erat; quia Romani saepe in armis erant, ille deus, quem non amabant, in magno honore erat. Mensi Aprili, quarto mensi, nomen est ab verbo „aperire", quia post hiemem[3] asperam terra se aperit et flores[4] e-veniunt. Mater Mercurii, deorum nuntii, Maia fuit, cuius Maius, quintus mensis, sacer erat. E gente Iunia, quae sexto mensi – Iunio – nomen dedit, clari viri Romani e-venerunt; L. Iunius Brutus civitatem crudelitate[5] regum liberavit et primus consul fuit, M. Iunius Brutus inter eos erat, qui Caesarem necaverunt. Iulio – septimo mensi – a. C. Iulio Caesare nomen est, qui eo mense natus[6] est, Augustum – mensem octavum – Romani ab[7] imperatore Augusto nominaverunt. September septimus mensis erat (October octavus, November nonus, December decimus), quia temporibus antiquis Martius primus anni mensis erat.

[1] *Romae* in Rom [2] *februa, -orum* das Reinigungsopfer [3] *hiems, hiemis* f. der Winter [4] *flos, floris* die Blume [5] *crudelitas, -atis* Grausamkeit [6] *natus* geboren [7] *ab* nach

D a) Übersetze: 1. Romani duo-decim horas (*hora* die Stunde) noctis numerabant (*numerare* zählen). In castris quattuor vigiliae (*vigilia, -ae* Nachtwache) erant, quarum prima ab hora prima usque ad (bis zu) tertiam erat. Secunda vigilia erat ab hora quarta usque ad sextam, tertia ab hora septima usque ad nonam, quarta ab hora decima usque ad decimam secundam erat. 2. Quinto anno belli Gallici Caesar iterum (ein zweites Mal) in Britanniam navigavit (*navigare* segeln) et Britannicas gentes superavit. 3. Anno a. Chr. n. octavo Romani illum mensem, cui nomen Sextilis erat, Augustum appellaverunt.

b) Übersetze folgende Jahreszahlen: im Jahre 9 v. Chr. – das Jahr 6 n. Chr. – des Jahres 7 v. Chr. – bis zum (*usque ad*) Jahr 3 n. Chr. – im Jahr 8 v. Chr. – vom Jahr 10 n. Chr. an

c) *Primus mensis olim Martius erat*: Setze diese Aufzählung fort! (Der zweite ... war ... usw.)

b) Zeige, inwiefern die römischen Zahlen ursprünglich von Fingerzeichen kommen! Spiele diese Zeichen nach!

c) In Rom begann der Tag und endete die Nacht um 6 Uhr morgens. Wie spät war demnach die 6., 9. und 11. Stunde bei Tag und bei Nacht?

d) Übersetze ins Lateinische: 1. Romulus war (P) der erste, Tarquinius der siebte König der Römer. 2. Im Jahre 8 n. Chr. kämpfte (P) Arminius mit den Römern, im Jahre 9 n. Chr. besiegte (P) er sie. 3. Im zehnten Jahre eroberten (P) und plünderten (P) die Griechen Troja. 4. Nach vielen Kämpfen hatte Caesar im siebten Jahr die Gallier besiegt.

W Repetitio generalis

Die Frühzeit

(ca. 500 – 50 v. Chr.) Germanos Romanis diu ignotos fuisse constat. Montes Alpium alti, quos temporibus antiquis homines non trans-ibant, quia ibi deos et daemones[1] malos esse putabant, finis Italiae et Germaniae erant. Romani audiverant trans Alpes in regionibus septentrionalibus[2] magnas silvas esse, quas gentes incolebant, quibuscum eis consuetudo non erat. In ea parte Germaniae, quae ad meridiem[3] spectat, Celtae habitabant[4]. Vasa[5] et alia bona Romanorum importaverunt, quae mercatores[6] secum habebant; archaeologi[7] sepulcra[8] praeclara ducum Celtarum aperuerunt et ex eis opera praeclara expediverunt (!), quae illi ex Italia importaverant. Ducibus Celtarum etiam vinum notum fuisse scimus, quod in Italia sibi paraverant. Olim Celtae Romam expugnaverunt, sed Camillus eos vicit. Ex illis temporibus Celtae regiones, quae circa Padum sunt, incolebant. Eos Marcellus temporibus Hannibalis superavit. Caesar omnes gentes Galliae, quam Celtae incolebant, expugnavit: Gallia tum provincia imperii Romani erat.

Erstes Aufeinandertreffen zwischen Römern und Germanen

(ca. 113 – 101 v. Chr.) Primae gentes Germanorum, quibuscum Romani concurrerunt, Cimbri et Teutones erant. Patria eorum in septentrionali[2] parte Germaniae ad mare sita[9] fuerat; sed postquam tempestates ingentes terram eorum vastaverunt, illi e patria exierunt, per totam Germaniam properaverunt, a Romanis agros petiverunt. Amici Romanorum esse volebant, sed Romani nolebant. Hac de causa Romani et Germani pugnas acres pugnaverunt, Germani victoriam reportaverunt. Ex eo tempore terror Romanorum magnus erat, cum de Germanis audiebant. Putabant Germanos fortes, crudeles, insuperabiles[10] esse; „furor Teutonicus“[11]

---

1 **daemon, daemonis:** der Dämon, böse Geist
2 **septentrionalis, -e:** nördlich
3 **meridies, -ei:** der Mittag, Süden
4 **habitare:** wohnen
5 **vasa, -orum:** Gefäße
6 **mercator, mercatoris:** der Kaufmann
7 **archaeologus:** der Altertumsforscher, Archäologe
8 **sepulcrum, -i:** das Grab
9 **situs, -a, -um:** gelegen
10 **insuperabilis, -e:** unbesiegbar
11 **Teutonicus:** teutonisch (cf. deutsch!)

causa timoris erat. Discordia[12] autem Germanos saepe debilitabat, tum etiam Cimbros et Teutones. Postquam Cimbri a Teutonibus abierunt, Marius imperator eas gentes vicit et Romanos magno periculo liberavit.

(ca. 70 – 57 v. Chr.) Aliae gentes Germanorum saepe Rhenum transire et in Gallia novos agros petere temptaverunt. Audivimus Ariovistum, regem Sueborum, cum multis hominibus gentis suae e Germania exisse et in Gallia multos agros expugnavisse. Milites Caesaris copias Ariovisti timuisse et cum eis pugnare noluisse scimus. Postquam autem Caesar ex eis quaesivit: „Qui me et civitatem nostram deserere vult, Romam[13] remeare[14] potest“, pugnam non negaverunt, sed Ariovistum vicerunt, qui in Germaniam rediit.

Erste Grenzbefestigungen

(ca. 20 v. Chr. – ca. 10 n. Chr.) Ex eo tempore Rhenus flumen finis Germaniae et imperii Romani erat. Romani autem quia non ignorabant Rhenum finem firmum non esse, post paucos annos ad illud flumen stativa[15] collocabant[16], ubi semper copiae erant, quarum officium erat fines a Germanis servare. Stativa eius modi ad Rhenum sita erant: Noviomagus, Castra Vetera, Novaesium, Mogontiacum.[17]

Neue Provinzen: Rätien und Noricum

Iis temporibus *(ca. 15 v. Chr.)* imperator Augustus etiam in septentrionali[2] parte Italiae finem imperii firmum habere et incolis regionis, quae erat inter Alpes et Danuvium flumen, imperare cupiebat. Itaque Drusus et Tiberius, privigni[18] imperatoris, gentes, quae Alpes incolebant, offenderunt et superaverunt. Augustus novas provincias com-paravit, Raetiam, cuius caput primo[19] Cambodunum[20], postea[21] Augusta Vindelicum[22] erat, et Noricum. Romani a Pado[23] flumine per Alpes ad Danuvium viam Claudiam Augustam muniverunt.

Vordringen der Römer nach Germanien - Rückschläge

Romani postquam finem imperii ad Danuvium propagaverunt[24], etiam eas regiones Germanorum, quae trans Rhenum erant, expugnare voluerunt. Drusum imperatorem multis cum militibus ad Albim[25] flumen per-venisse, sed ibi pugna acri mortem obisse[26] scimus. Tiberius post mortem Drusi fratris imperator Romanus in Germania fuit, qui cum gentibus fortibus pugnavit easque vicit. Romani quia voluerunt finem imperii non ad Rhenum, sed ad Albim flumen esse, in eis

---

[12] **discordia, -ae:** die Zwietracht
[13] **Romam**: nach Rom
[14] **remeare:** zurückkehren
[15] **stativa, -orum:** das Standlager; *ein Lager, das auf Dauer angelegt war, das ständig von Truppen besetzt war*
[16] **collocare:** errichten, anlegen
[17] **Noviomagus etc:** Nimwegen, Xanten, Neuss, Mainz
[18] **privignus, -i:** der Stiefsohn
[19] **primo:** anfangs
[20] **Cambodunum, -i:** Kempten; **Camboduni:** in Kempten
[21] **postea:** später
[22] **Augusta Vindelicum:** Augsburg; *eine Gründung des Augustus im Gebiet der germanischen Vindeliker*
[23] **Padus, -i:** der Po
[24] **propagare:** erweitern
[25] **Albis, -is:** *(reiner i-Stamm)* die Elbe
[26] **mortem obire:** sterben

regionibus, quarum nationes Drusus et Tiberius superaverant, vias, castra, castella (!) muniverunt; Germania provincia Romana erat. Germanos autem libertatem amavisse, alienis dominis servire noluisse, etiam Romanos non timuisse constat. Itaque seditiones saepe excitabant[27], nam Romanos e Germania exire volebant. Erat eo tempore Arminius, iuvenis fortis e gente Cheruscorum, qui paucos annos in urbe Roma fuerat et ibi civis Romanus, etiam eques erat. Hic quia apud copias Romanas dux auxiliorum[28] Germanicorum fuerat, rationem belli non ignorabat. Postquam in patriam rediit, cum aliis Germanorum gentibus foedus in-ire et Germaniam imperio Romano liberare studuit. Dum aliquando[29] Varus, qui imperator Romanus et Germaniae provinciae praefectus[30] erat, ad nationem Germanicam, quae seditionem excitaverat[27], cum tribus legionibus et multis auxiliis[28] properat, Arminius copias convocavit et in silva Teutoburgiensi[31] Romanis insidias paravit. Dum Romani in valle[32] alta per ingentes silvas et loca ignota eunt, Germani ex insidiis magna vi currunt, hostes superant, necant. Ex magna multitudine Romanorum pauci fuga salutem petiverunt, pauci fuga se servaverunt. Augustus postquam audivit Varum imperatorem et multos milites ea pugna interisse, ex-clamavit: „Vare, Vare, redde[33] legiones." Haec clades finis imperii Romanorum in Germania libera erat.

Rhein und Donau als Grenze

Modell des Kastells Saalburg mit dem Lagervicus, wo Handwerker, Bauern usw. wohnten und es auch Thermen (Bäder) gab.

Imperator Augustus in testamento (!) suo iusserat: „Servate fines imperii nostri, qui sunt ad Rhenum et ad Danuvium." Romani imperatori mortuo paruerunt et illos fines castris et castellis muniverunt. *(ca. 50 – 100 n. Chr.)* Ad Danuvium haec castella nova collocaverunt[34]: Abusina, Castra Regina, Sorviodurum, Quintana, Castra Batava[35]. In stativis[15], castris, castellis etiam officinae[36] armorum et horrea[37], circa stativa tecta et vici erant, in

---

[27] **seditionem excitare:** einen Aufstand erregen
[28] **auxilia:** die Hilfstruppen
[29] **aliquando:** einst, einmal; *im Jahre 9 n. Chr.*
[30] **praefectus, -i:** der Statthalter
[31] **silva Teutoburgiensis:** *die Schlacht im Teutoburger Wald fand im Jahre 9 n. Chr. statt; der genaue Ort ist unbekannt; heute nimmt man gewöhnlich an, dass sie bei Kalkriese in der Nähe von Detmold geschlagen wurde*
[32] **vallis, vallis:** das Tal
[33] **redde:** gib zurück
[34] **collocare:** erbauen, errichten
[35] **Abusina etc.:** Eining bei Abensberg, Regensburg *(gemeint ist das Kastell in Regensburg-Kumpfmühl, nicht das spätere Legionslager), Straubing, Künzing (zwischen Osterhofen und Vilshofen), Passau.*
[36] **officina, -ae:** die Werkstätte
[37] **horreum, -i:** der Getreidespeicher

quibus veterani[38], mercatores, fabri[39] omnis generis, feminae habitabant. Ibi etiam agricolae agros colebant et militibus ea, quae ad vitam necessaria[40] erant, parabant. Castra eius modi saepe principia[41] municipiorum[42] et interdum etiam magnarum urbium erant.

Der Limes

(ab ca. 90 n. Chr.) Danuvius et Rhenus fines firmi et idonei imperii Romani erant. Sed Germanos ab ea regione, quae inter haec flumina sita erat, arcere difficile erat. Itaque Romani ibi limitem[43] aedificaverunt[44]. Primo per silvas et agros viam muniebant, ad quam turres et castella sita erant. Hac via custodes ibant, de turribus regionem ob-servabant (!). Cum Germanos videbant, e castellis milites arcessere properabant, qui hostes retinere temptabant. Tum *(ab ca. 120 n. Chr.)* ante hanc viam palos[45] collocabant, quia noluerunt hostes ad viam venire. Deinde[46] *(ab ca. 150 n. Chr.)* turres, quae primo lignei[47] fuerant, e lapidibus aedificabant[44]. Postremo[48] *(ca. ab 200 n. Chr.)* limitem inter palos et viam vallo (!) et fossa[49] muniebant, pro vallo interdum murum (!) ex lapidibus collocabant. Imperator Antoninus Pius *(138 – 161 n. Chr.)* inter Danuvium et Moenum[50] novum limitem aedificavit[44].

Marc Aurel

Sed Romani, quamquam limes firmus erat, Germanos non diu retinuerunt. Chattos *(162 / 167 n. Chr.)*, qui limitem[43] superaverant, quia sciebant Romanos in aliis terris imperii in miseria esse, arcuerunt. Sed postquam Marcomanni *(167 n. Chr.)* partes limitis[43] deleverunt et provinciam incursaverunt, magna pericula erant. Hac de causa imperator Marcus Aurelius

Teil der Gründungsinschrift über der Porta Principalis Dextra des Lagers Castra Regina aus dem Jahr 179, wonach Kaiser Marc Aurel und sein Sohn Commodus das Lager für die legio tertia Italica erbauen ließen; von der ursprünglich ca. zehn Meter langen Inschrift sind rund drei Meter erhalten; Historisches Museum Regensburg.

---

[38] **veteranus:** der Veteran, *ein aus dem Kriegsdienst entlassener Soldat*
[39] **faber, fabri:** der Handwerker
[40] **necessarius, -a, -um:** notwendig
[41] **principium, -i:** die Grundlage, der Ursprung
[42] **municipium, -i:** die Kleinstadt, Landstadt
[43] **limes, limitis:** die Grenze, die Grenzbefestigung, der Grenzwall
[44] **aedificare:** bauen
[45] **palus:** der Pfahl
[46] **deinde:** hierauf
[47] **ligneus, -a, -um:** aus Holz, hölzern
[48] **postremo:** schließlich
[49] **fossa, -ae:** der Graben
[50] **Moenus, -i:** der Main

(161 – 180 n. Chr.) castra Regina[51] *(179 n. Chr.)*, magna stativa[15] nova, collocavit. Ibi erat legio tertia Italica. Tandem Marcus Aurelius Marcomannos retinuit *(179/80 v. Chr.)* et victor[52] in urbem Romam rediit. Romani multa, sed non omnia castella, quae ad limitem sita erant, renovaverunt (!); provincia rursus quieta[53] fuit.

Der Einfall der Alemannen

Postquam autem Alamanni *(233 n. Chr.)* limitem oppugnaverunt, partem deleverunt, agros provinciae vastaverunt, quia Romani militibus carebant, quorum munus erat finem servare, ille limes utilis non iam[54] erat. Romani ad Rhenum et Danuvium redierunt.

Die Römer als Lehrmeister

Sed Romani et Germani non solum[55] hostes erant. Mercatores inter gentes Germanorum et Romanos isse scimus, qui merces[56] Romanas secum habebant. Milites etiam nova genera pomorum[57] et frumenti[58], utilia instrumenta (!), quae agricolis et fabris[39] Germanorum ignota erant, varia vasa ex Italia importabant. Vinum, quod Germani ignorabant, in collibus[59] ad Danuvium, Rhenum, Moenum sitis serebant[60]. Novas rationes agriculturae[61], novam artem belli Germanos docebant. Quia pauci milites Romani Christiani erant, etiam doctrinam[62] Christianam ad Germanos primi secum portabant.

Helme von Paraderüstungen aus dem Römerschatz. Gäubodenmuseum Straubing

Überreste aus der Römerzeit

In multis urbibus Germaniae etiam nostris temporibus reliquiae (!) aedificiorum[63] et artificiorum[64] Romanorum restant[65]; pauca de-monstrare volo.

In urbe Ratisbonensi[66] Portam Praetoriam magnorum stativorum[15] videmus. Archaeologi etiam partem ingentis inscriptionis[67] expediverunt, quae in Porta Principali dextra erat - nunc

---

[51] **castra Regina:** Regensburg
[52] **victor:** als Sieger
[53] **quietus:** ruhig
[54] **non iam:** nicht mehr
[55] **non solum:** nicht nur
[56] **merx, mercis:** die Ware
[57] **poma, -orum:** das Obst
[58] **frumentum, -i:** das Getreide
[59] **collis, -is:** der Hügel
[60] **serere:** säen, pflanzen
[61] **agricultura, -ae:** der Ackerbau
[62] **doctrina, -ae:** die Lehre
[63] **aedificium, -i:** das Bauwerk
[64] **artificium, -i:** das Kunstwerk
[65] **restare:** übrig sein, erhalten sein
[66] **urbs Ratisbonensis:** Regensburg
[67] **inscriptio:** die Inschrift

in museo urbis est - et docet imperatorem Marcum Aurelium haec castra collocavisse[34].

In museo urbis Sorvioduri illum thesaurum[68], ut dicitur[69], Romanum custos monstrat. Hic thesaurus constat[70] ex partibus ornamentorum[71] militum et equorum, quae magno in periculo civis dives in villa sua humo[72] operuit.

Minerva aus dem Schatzfund von Weißenburg; Museum Weißenburg

Etiam in urbe Biriciana, cui nunc nomen „Weißenburg" est, praeclarum thesaurum Romanum ante oculos habemus. Ibi sunt parvae statuae argenteae[73] deorum dearumque: Apollinis, Mercurii, Herculis, Minervae, Dianae. Vir, cui illae fuerant, eas in humo occultavit[74] et fuga salutem petivit, quia hostes limitem superaverant et urbem in-ierant, sed numquam rediit. In ea urbe etiam thermas[75] spectamus, quas archaeologi magna cura renovaverunt. Thermae in omnibus urbibus Romanis erant – etiam in villis dominorum divitum –, nam cives Romani saepe thermas in-ibant, ubi non solum lavabant[76], sed etiam cum amicis sermones habebant, in palaestris[77] corpora exercebant aut in bibliothecis (!) libris se dabant.

Camboduni[20], quod erat primum caput Raetiae provinciae, eo loco, quo forum urbis antiquae erat, nunc hortus est, ubi reliquiae (!) templorum, thermarum[75], fori nos delectant. Etiam museum illius urbis praeclarum est.

Magnus hortus eius modi ibi est, ubi temporibus antiquis Castra Vetera erant. Haec castra extra eam urbem sita erant, quam nunc „Xanten" appellamus. Illum hortum obire[78] et reliquias aedificiorum, quorum partes archaeologi renovaverunt, videre pulchrum est. In museo illius regionis multa et magnifica sunt, quae oculos nostros tenent: arma, vasa[5], instrumenta varia, ornamenta[71], statuae, dona in sepulcris[8] sita. Hortus continet muros castrorum, qui duabus in partibus novi sunt, portam castrorum, magnum amphitheatrum renovatum (!), quod temporibus nostris saepe homines in-eunt, quos ars musica delectat, templum, deversorium[79], thermas[75].

Colonia Claudia Ara Agrippinensium erat nomen eius urbis, quam nunc „Köln" appellamus. In ea urbe multae reliquiae Romanae sunt, velut[80] muri oppidi antiqui, porta septentrionalis[2] castrorum, praetorium[81], turres, monumentum Ubiorum[82] et multa alia. In illo claro museo, quod est de Romanis et Germanis in regione circa Coloniam sita, varia et praeclara spectamus:

---

[68] **thesaurus:** der Schatz
[69] **dicitur:** man sagt, sogenannt
[70] **constare ex:** bestehen aus
[71] **ornamentum:** der Schmuck, die Ausrüstung
[72] **humo:** im Boden
[73] **argenteus:** silbern
[74] **occultare:** verstecken
[75] **thermae, -arum:** Thermen, *Badeanlagen mit kaltem, warmem und heißem Wasser*
[76] **lavare:** waschen; baden
[77] **palaestra, -ae:** die Ringschule; *hier:* der Gymnastikraum
[78] **hortum obire:** den Park besuchen
[79] **deversorium:** die Herberge
[80] **velut:** wie zum Beispiel
[81] **praetorium:** das Prätorium (Sitz des Statthalters)
[82] **monumentum Ubiorum:** *ein nach dem germanischen Stamm der Ubier benanntes Monument, heute auch Hafenturm genannt; beherbergt eine Ausstellung römischer Architekturdenkmäler.*

multa vasa[5] vitrea[83] et fictilia[84], lucernas[85], opera tessellata[86], parietis picturas[87], sepulcra[8], statuas omnis generis, ornamenta.

Augusta Treverorum, caput provinciae Galliae Belgicae, urbs antiqua, nota, clara erat; nomen eius nunc „Trier" est. Multos annos *(ca. 275 – 390 n. Chr.)* hic[88] una ex sedibus[89] imperatorum Romanorum erat; hic etiam imperator Constantinus paucos annos regnabat[90]. Magna monumenta (!) aedificiorum Romanorum aut partes eorum etiam nunc restant. Exempla eorum monumentorum sunt: pons Romanus, Porta Nigra, quae est porta septentrionalis[2] urbis antiquae, magnum amphitheatrum, tres magnificae thermae[75], aula domus regiae[91], quae nunc ecclesia[92] est, templorum reliquiae. In museo illius urbis praeclaro multa artificia spectamus, velut[80] ingentem thesaurum[68], qui constat ex 2.500 nummis aureis[93], statuas varias, sepulcra[8] et sepulcrorum[8] monumenta, ornamenta, vasa[5] vitrea et fictilia, opera tessellata[86].

Multis aliis locis Germaniae monumenta Romanorum exstant[94], velut[80] muri, turres, templa, castella, thermae[75], sepulcra[8], viae, villae, partes limitis[43], portae. Romani etiam multa et utilia in Germaniam importabant, quae maioribus nostris grata erant et vitam asperam levabant[95]. Etiam nostris temporibus Romanis gratiam habere debemus, quia nos multa bona docuerunt.

Kaiser Marc Aurel (161 - 180 n. Chr.), der Sieger über die Markomannen; Reiterstandbild auf dem Kapitol in Rom.

83 **vitreus, -a, -um:** aus Glas, gläsern
84 **fictilis, -e:** aus Ton
85 **lucerna, -ae:** die Lampe
86 **opus tessellatum:** das Mosaik
87 **parietis pictura:** die Wandmalerei
88 **hic:** hier
89 **sedes:** der (Regierungs-) Sitz
90 **regnare:** herrschen
91 **aula domus regiae:** die Aula des Königspalastes
92 **ecclesia, -ae:** die Kirche
93 **nummus aureus:** die goldene Münze
94 **exstare:** vorhanden sein, exsitieren
95 **levare:** erleichtern

Die Igeler Säule, ein 23 Meter hohes Grabdenkmal der Sekundier, einer begüterten Familie aus der Provinz. Rheinisches Landesmuseum Trier.

K 1a Latein

FB **Der Konsonant:** der Mitlaut
Der Vokal: der Selbstlaut
Der Diphthong: der Doppelselbstlaut

SP **1.** Eine gesprochene Sprache verändert sich, und zwar von Gegend zu Gegend in unterschiedlicher Weise, wie man beispielsweise an den deutschen Dialekten sieht; in Hamburg spricht man anders als in Köln oder in München. So ist es verständlich, dass auch Latein in Deutschland eine eigene Entwicklung genommen hat, die von der in Italien oder Frankreich abweicht. Dies zeigt sich insbesondere auch in der Aussprache, die bei den Römern zum Teil anders war. Die wichtigsten Abweichungen sind:

lateinischer Laut	röm. Aussprache	(meist) heutige Aussprache
ae, oe	ai , oi	ä, ö
c	k	z: vor e, i, (ae – oe) – sonst stets: k
ti (vor Selbstlauten)	ti	zi

Beispiele:
quae: quai – quä; *arcére*: arkére – arzére; *Cícero*: Kíkero – Zízero; *Caesar*: Kaisar – Cäsar; *nátio*: nátio – názio; Croesus: Kroisos – Krösus.
An manchen Schulen wird auch heute c grundsätzlich als k und ti stets als ti gesprochen.

2. Die Buchstaben k und z erscheinen im Lateinischen nur in Fremdwörtern; z. B. Koppa = ein altgriechischer Buchstabe; *gaza*: der Schatz (persisch). Wenn auf ein *i* ein Vokal (Selbstlaut) folgt, wird es wie *j* ausgesprochen; z. B. *iustus*: justus (gerecht).

3. Für die Betonung lateinischer Wörter gelten folgende Regeln:

Beachte zunächst: **Vokale** (Selbstlaute) können kurz oder lang sein. Zur Kennzeichnung (z.B. in einem Lexikon) verwendet man für eine Länge das Zeichen ¯ (z.B.: ā); eine Kürze wird nur in besonderen Fällen durch das Zeichen ˘ (z.B.: ă) hervorgehoben. (vgl. im Deutschen: Pfād, Tāt, rōt, Mūt – aber: Mănn, Wăsser, Gŏtt, Mŭtter)

- Zweisilbige Wörter werden im Lateinischen immer auf der ersten Silbe betont. Beispiel: *prátum – páter – hábet*

- Bei mehrsilbigen Wörtern gilt das sog. Dreisilbengesetz: Die vorletzte Silbe ist immer betont, wenn sie einen langen Vokal (Selbstlaut) oder Diphthong (Doppelselbstlaut) aufweist (Naturlänge), oder meist, wenn auf einen an sich kurzen Vokal (Selbstlaut) zwei oder mehr Konsonanten (Mitlaute) folgen (Positionslänge). Die drittletzte Silbe ist betont, wenn die vorletzte einen kurzen Vokal (Selbstlaut) enthält.

Beispiele: *Africā́nus – marī́tus – malī́gnus; matérnus – desértus – dilḗctus*;
<u>aber:</u> *Germánĭcus – agrícŏla – benévŏlus*

Merke: Wenn zwei Vokale (Selbstlaute) aufeinander folgen, ist der erste von ihnen in der Regel kurz. Beipiele: *idónĕus, hábĕo, árdŭus*. Zur Erleichterung steht im Wortschatz auf allen Wörtern, die mehr als zwei Silben haben, ein Betonungszeichen (Akzent).

4. Im Lateinischen werden alle Wörter grundsätzlich klein geschrieben. Groß schreibt man nach einem Punkt am Satzanfang und alle Eigennamen z. B. *Roma, Germánia, África*; auch: *Románus* (römisch), *Germánicus* (germanisch), *Africánus* (afrikanisch).

WS

mĭhĭ	mir	**mē**	mich	**nōn**	nicht
tĭbĭ	dir	**tē**	dich	**quia**	weil

K 2a ē-Konjugation 1

WS

habḗ-re	haben	*to have*	*haben*
tacḗ-re	schweigen		
arcḗ-re	abwehren		
exercḗ-re *(arcḗre)*	üben	*to exercise*	*exerzieren*
terrḗ-re	erschrecken (jemanden)	*terror, terrible*	*Terror*
dēbḗ-re	schulden, müssen		*Debitoren*
et	und		

Merke: nōn dēbḗre nicht dürfen

FB **Das Verbum** (Mehrzahl: **Verba** oder **Verben**): das Zeitwort
Der Infinitiv: die Grundform
Das Präsens: die Gegenwart
Die Konjugation: die Beugung des Zeitworts
konjugieren: Zeitwörter beugen
Der Numerus: die Zahl
Der Singular: die Einzahl
Der Indikativ: die Wirklichkeitsform

FL **1.** Die **deutschen** Verben (Zeitwörter) enden im Infinitiv Präsens (in der Grundform der Gegenwart) stets auf -en, das an den Stamm des Wortes angehängt wird: hab-en; schweig-en; schuld-en.
Im **Lateinischen** ist die Bildung ähnlich: Dem (Verbal-)Stamm folgt die Endung *-re*: *habḗ-re; tacḗ-re; dēbḗ-re.*

2. Verben (Zeitwörter) können konjugiert (gebeugt) werden. Das **Deutsche** verwendet dazu ein persönliches Fürwort und eine Endung: ich schweig -e; du schweig -st; er schweig -t.
Im **Lateinischen** fehlt meist das persönliche Fürwort. Die jeweilige Form ist dann nur an der Endung zu erkennen. Diese Endungen, die an den (Verbal-)Stamm angehängt werden, lauten im Indikativ Präsens (in der Wirklichkeitsform der Gegenwart) im Singular (Einzahl):

1. Person Singular (Einzahl):	***ō:***	*hábĕ* - ***ō*** = ich habe
2. Person Singular (Einzahl):	***s:***	*hábē* - ***s*** = du hast
3. Person Singular (Einzahl):	***t:***	*hábe* - ***t*** = er, sie, es hat

Beim Übersetzen jeder lateinischen Verbalform muss sich der Blick immer zuerst auf die Endung richten.
Die Zeitwörter (Verben), deren (Verbal-)Stamm auf *-ē* endet, bilden die ē-Konjugation. Der (Verbal-)Stamm setzt sich zusammen aus dem Wortstock *hab-* und dem Kennlaut *-ē*; Kennlaut + Endung ergeben den Ausgang:

Wortstock + Ausgang

hab - *e* - *o*

(Verbal-)Stamm + Endung

K 3a ē-Konjugation 2

WS

pārḗ-re	gehorchen		*parieren*
timḗ-re	(sich) fürchten	*timid*	
dolḗ-re	Schmerz empfinden, bedauern		
monḗ-re	mahnen		*mahnen*
studḗ-re	streben, sich bemühen	*to study*	*studieren*
nam	denn, nämlich		

FB **Der Plural:** die Mehrzahl

FL Im Plural (in der Mehrzahl) werden in der ē-Konjugation folgende Endungen an den (Verbal-) Stamm angehängt:

1. Person Plural (Mehrzahl):	***mus:***	*habḗ* - ***mus*** = wir haben
2. Person Plural (Mehrzahl):	***tis:***	*habḗ* - ***tis*** = ihr habt
3. Person Plural (Mehrzahl):	***nt:***	*hábe* - ***nt*** = sie haben

ē-Konjugation: Indikativ Präsens

Person	lateinisch	deutsch
1. Sing.	móne-ō	ich mahne
2. Sing.	mónē-s	du mahnst
3. Sing.	móne-t	er (sie, es) mahnt
1. Plur.	monḗ-mus	wir mahnen
2. Plur.	monḗ-tis	ihr mahnt
3. Plur.	móne-nt	sie mahnen

K 4a ā-Konjugation

WS

laudā́-re	loben		
ōrnā́-re	schmücken	*ornament*	*Ornament*
imperā́-re	befehlen	*empire*	*Imperativ*
narrā́-re	erzählen		*narrativ*
dă-re	geben	*date*	*Dativ, Datum*
recitā́-re	vorlesen	*recite*	*rezitieren*
cūr?	warum?	*no*	

FB **Die Kontraktion:** „Zusammenziehen", Verschmelzung von Vokalen
kontrahieren: Vokale „zusammenziehen", verschmelzen

FL Die bisherigen Verben (Zeitwörter) gehörten der ē-Konjugation an, weil ihr (Verbal-)Stamm auf *-ē* endet (z. B. *monḗ-re*). Die nun folgenden Verben (Zeitwörter) zählen zur ā-Konjugation; ihr (Verbal-)Stamm geht demnach auf *-ā* aus (z. B. *laudā́-re*).

Die Formenbildung ist in beiden Konjugationen gleich; an den jeweiligen (Verbal-) Stamm werden dieselben Endungen ***ō – s – t – mus – tis – nt*** angehängt.

Merke: Die 1. Person Singular (Einzahl) weist eine Besonderheit auf. Bei der Form *lauda-o* werden die beiden Vokale (Selbstlaute) *a* und *o* zu einem zusammengezogen (kontrahiert); so entsteht *laud-ō*.

ā-Konjugation: Indikativ Präsens

Person	lateinisch	deutsch
1. Sing.	láud-ō	ich lobe
2. Sing.	láudā-s	du lobst
3. Sing.	láuda-t	er (sie, es) lobt
1. Plur.	laudā́-mus	wir loben
2. Plur.	laudā́-tis	ihr lobt
3. Plur.	láuda-nt	sie loben

K 5a Imperativ

WS

ōrā́-re	beten, bitten		*Oratorium*
cantā́-re	singen		*Kantor*
dōnā́-re	schenken		
vocā́-re	rufen	*voice*	*Vokal*
clāmā́-re	schreien		*reklamieren*
mōnstrā́-re	zeigen	*demonstrate*	*demonstrieren*
sed	aber, sondern		

FB **Der Imperativ**: die Befehlsform
Das Präfix: die Vorsilbe

FL Der Imperativ (die Befehlsform) richtet sich an die 2. Person Singular oder Plural

Im Singular hat der Imperativ (die Befehlsform) **keine Endung**; sie wird durch den **bloßen Stamm** gebildet. Im Plural ist die Endung ***-te***.

Person	Imperativ			
2. Singular	láudā!	lobe!	mónē!	mahne!
2. Plural	laudā́-te!	lobt!	monḗ-te!	mahnt !

Der Imperativ (die Befehlsform) wird auch zum Gruß verwendet:

salvē!	sei gegrüßt!	**salvéte!**	seid gegrüßt!
valē!	leb wohl!	**valḗte!**	lebt wohl!

Die Grundbedeutung dieses Grußes ist: Sei wohlauf! Bleib gesund!

WB Das Präfix (die Vorsilbe) *ad-* bedeutet in Wortzusammensetzungen meist: zu, hinzu, herbei: *vocā́re:* rufen; *ad-vocā́re:* herbeirufen

K 6a Arbeitstechniken

WS

vastā́-re	verwüsten	*devastate*	*wüst*
labōrā́-re	arbeiten; leiden	*labour*	*Labor*
amā́-re	lieben		*Amateur*
appellā́-re	anreden, nennen	*appeal*	*Appell*
parā́-re	bereiten; sich anschicken, vorhaben, beabsichtigen	*prepare*	*parat*
étiam	auch		

Merke: labōrā́re parō ich schicke mich an (habe vor/beabsichtige) zu arbeiten

Im Folgenden sollen einige Techniken zusammengestellt werden, die beim Lateinlernen gute Hilfen bieten können:

1. Wörter lernen

Hier gibt es verschiedene Wege; du musst dich für den entscheiden, der am besten zu dir passt.

- Du kannst die Wörter mehrmals lateinisch und deutsch lesen oder leise und auch laut sprechen.
- Du kannst die Wörter auch mehrmals schreiben.
- Wenn du dir durch Hören etwas gut merkst, kannst du die Wörter auf einen Kassettenrekorder sprechen und mehrmals abspielen.

• Eine gute Hilfe ist es, die Wörter auf kleine Karteikarten zu schreiben, auf die eine Seite die lateinische, auf die Rückseite die deutsche Bedeutung.

2. Wörter überprüfen oder wiederholen

• Am einfachsten ist es, die linke (lateinische) oder rechte (deutsche) Spalte zuzuhalten und sich auf diese Weise selbst abzufragen.

• Wenn du Karteikarten geschrieben hast, kannst du sie auf den Tisch legen. Dann siehst du das lateinische oder deutsche Wort. Übersetze es! Nun kannst du auf der Rückseite nachprüfen, ob deine Antwort richtig war. Lege die Karten beiseite, deren Wörter du gewusst hast; setze mit den anderen das Verfahren fort! Übrigens ist auch ein Kartenspiel mit Freunden/innen möglich.

• Gewöhne dich daran, jede Woche den Wortschatz einiger Kapitel von früher zu wiederholen!

• Zur Wortschatzwiederholung gibt es auch Computerprogramme. Dabei musst du darauf achten, dass der Wortschatz, den dein Buch enthält, mit dem des Computerprogramms übereinstimmt.

3. Die Arbeit mit einem Lexikon

Früher oder später wirst du mit einem lateinischen Wörterbuch arbeiten müssen. Alle Wörter sind dort alphabetisch angeordnet. Aber der Umgang mit einem Lexikon ist nicht ganz einfach, denn es stehen dort verschiedene Bedeutungen für ein lateinisches Wort. Du musst also versuchen, den deutschen Ausdruck auszuwählen, der in den Zusammenhang passt.

4. Der Umgang mit Sachbüchern

• Sachbücher findest du, indem du in Büchereien (z. B. in der Bibliothek deiner Schule) das Verzeichnis (den Katalog) einsiehst; es findet sich meist in einem Computer, gelegentlich noch auf Karteikarten. Du kannst dort nach dem Verfasser und nach dem Titel suchen.

• In vielen Sachbüchern gibt es eine Liste mit weiterführender Literatur; dort stehen oft viele Titel.

• Wenn du eine bestimmte Stelle in einem Buch suchst, hilft dir das Inhaltsverzeichnis weiter. Oft haben diese Bücher auch einen Anhang (Register, Verzeichnis), wo Personen oder Orte, die im Buch vorkommen, zusammengestellt sind. Dann findest du meist schnell, was du nachschlagen willst.

Bringt einmal ein Lexikon oder ein Sachbuch in den Unterricht mit und bittet euren Lehrer, dass er euch die Verwendung am konkreten Beispiel zeigt!

K 7a	ā-Deklination 1

WS

fábul-a	die Sage, Erzählung, Geschichte	*fable*	*Fabel*
fémin-a	die Frau	*feminine*	*Femininum*
poḗt-a	der Dichter	*poet, poetry*	*Poet, Poetik*
puéll-a	das Mädchen		
vīll-a	das Haus, Landhaus	*village*	*Villa*
vi-a	der Weg, die Straße	*via*	
ibi	dort		

FB

Das Substantiv: das Hauptwort
Die Deklination: die Beugung des Hauptwortes
deklinieren: ein Hauptwort beugen
Der Artikel: das Geschlechtswort:
Der Kasus: (Plural: **die Kasus):** der Fall
Der Nominativ: der erste Fall
Der Akkusativ: der vierte Fall
Das Subjekt: der Satzgegenstand
Das Prädikat: die Satzaussage
Das Objekt: die Satzergänzung

FL

1. Im **Deutschen** werden Substantive (Hauptwörter) dekliniert (gebeugt), indem der Artikel (das Geschlechtswort) in die einzelnen Kasus (Fälle) gesetzt und häufig zusätzlich eine Endung verwendet wird (z. B.: der Weg, des Weges usw.).

2. Im **Lateinischen** gibt es keinen Artikel (kein Geschlechtswort). Dadurch entfällt auch die Unterscheidung, die im Deutschen zwischen dem bestimmten und unbestimmten Artikel (Geschlechtswort) getroffen werden kann. Deshalb heißt: *fémina* : a) die Frau; b) eine Frau; c) Frau. Den richtigen Gebrauch des Artikels (des Geschlechtswortes) muss im Deutschen der Sinnzusammenhang ergeben.

3. Substantive, die im Nominativ Singular (1. Fall) auf *-a* enden, gehören zur ā-Deklination.

Die einzelnen Kasus (Fälle) werden gebildet: Wortstock + Ausgang. Der Wortstock ergibt sich, wenn man den Ausgang abtrennt.			
Nominativ Singular (1. Fall):	Ausgang -***a***:	*poḗt-**a***:	der Dichter, ein Dichter
Nominativ Plural (1. Fall):	Ausgang -***ae***:	*poḗt-**ae***:	die Dichter, Dichter
Akkusativ Singular (4. Fall):	Ausgang -***am***:	*poḗt-**am***:	den Dichter, einen Dichter
Akkusativ Plural (4. Fall):	Ausgang -***ās***:	*poḗt-**ās***:	die Dichter, Dichter

ÜS 1. Bei der **Übersetzung aus dem Lateinischen** ist es also nötig, bei einem Substantiv zunächst genau den Ausgang zu betrachten und auf diese Weise den Kasus (Fall) festzustellen.

2. Bei der **Übersetzung ins Lateinische** musst du zuerst die einzelnen Satzteile feststellen. Benutze dazu folgende Fragen:

Nach dem **Prädikat** (der Satzaussage) fragt man: **Was wird ausgesagt**?
Nach dem **Subjekt** (Satzgegenstand) fragt man: **Wer oder was**?
Nach dem **Akkusativobjekt** (der Satzergänzung im 4. Fall) fragt man: **Wen oder was**?

Subjekt (Satzgegenstand) und Prädikat (Satzaussage) stimmen im Numerus (in der Zahl) stets überein; vgl.:
*Fḗmin-**a** récita-**t***: Die Frau liest vor.
*Fḗmin-**ae** récita-**nt***: Die Frauen lesen vor.

K 8a ā-Deklination 2

WS

terr-a	das Land, die Erde	*terrestrial*	*Terrarium, Territorium*
pīrā́t-a	der Seeräuber	*pirate*	*Pirat*
ī́nsul-a	die Insel; der Wohnblock	*isle, island*	*Insel*
pecū́ni-a	das Geld		*pekuniär*
cūr-a	die Sorge	*to cure*	*Kur*
pátri-a	die Heimat, das Vaterland	*patriotism*	*Patriot*

GR Der Akkusativ (4. Fall) wird im Satz meistens als **Objekt** (Ergänzung) verwendet. Betrachte folgendes Beispiel:

Die Wörter „die Mädchen zeigen“ geben noch keinen Sinn, obwohl sie Subjekt (Satzgegenstand) und Prädikat (Satzaussage) bilden. Damit ein sinnvoller Satz zustande kommt, ist eine Ergänzung notwendig (wen oder was zeigen sie?). Daraus ergibt sich: Jeder Satz muss ein Subjekt (einen Satzgegenstand) und ein Prädikat (eine Satzaussage) haben. Viele Sätze benötigen darüber hinaus noch ein Objekt (eine Ergänzung).

Das Subjekt (der Satzgegenstand) kann in deutschen Befehlsätzen im Prädikat (in der Satzaussage) enthalten sein (vgl. lobe! ≈ du sollst loben). Im Lateinischen muss das Subjekt (der Satzgegenstand) häufig aus dem Prädikat (der Satzaussage) erschlossen werden (vgl. *laudās* du lobst; *laudā́mus* wir loben). Das ist immer dann der Fall, wenn in einem Satz kein Nominativ zu finden ist.

Satzmodell:

1. Ebene: Subjekt ⟷ Prädikat ⟹ nötig in jedem Satz

2. Ebene: Objekt (← Prädikat) ⟹ nötig in vielen Sätzen

ÜS Im lateinischen Satz ist die Wortstellung ziemlich frei. Sie richtet sich im Wesentlichen nach der Zusammengehörigkeit bestimmter Wortgruppen oder nach der Betonung einzelner Wörter, die meist am Satzanfang oder am Satzende stehen. Da das Prädikat (die Satzaussage) das Geschehen (bzw. den Zustand) ausdrückt, hat es großes Gewicht; es steht daher häufig am Schluss.

Beim **Übersetzen aus dem Lateinischen** empfiehlt sich folgendes Vorgehen:

1. Suche zuerst das Prädikat (die Satzaussage)!
2. Wenn das Prädikat in der 3. Person steht, suche als nächstes das Subjekt (den Satzgegenstand)! Es muss im Nominativ (1. Fall) und im selben Numerus (in derselben Zahl) stehen wie das Prädikat (die Satzaussage). Wenn du kein Subjekt (keinen Satzgegenstand) findest, ist es dem Verbum zu entnehmen. Übersetze nun Subjekt (Satzgegenstand) und Prädikat (Satzaussage)!
3. Bestimme dann der Reihe nach die restlichen Formen und übersetze sie entsprechend! Oder: Gehe von Subjekt (Satzgegenstand) und Prädikat (Satzaussage) aus, frage ab und suche, ob du Formen findest, die Antwort auf die Frage geben!

4. Übersetze nun den ganzen Satz, wobei du nach Möglichkeit auf die Wortstellung im Lateinischen achtest.

Beispiel: ***Puéllae fēmінās ōrant.***

1. Prädikat (Satzaussage) ist *ōrant*: sie bitten.
2. Das Subjekt (der Satzgegenstand) muss im Nominativ Plural stehen: *puéllae*. Die Mädchen bitten.
3. *fḗminās* ist Akkusativ Plural (4. Fall): die Frauen. Oder: Wen oder was bitten die Mädchen? Gesucht wird also ein Akkusativ (4. Fall): *fḗminās*: die Frauen.
4. Die Mädchen bitten die Frauen.

Beim **Übersetzen ins Lateinische** sind folgende Schritte empfehlenswert:

Beispiel: Die Mädchen bitten die Frauen.

1. Was wird ausgesagt? sie bitten; 3. Person Plural: *ōrant*.
2. Wer oder was bittet? die Mädchen; Nominativ Plural (1. Fall): *puéllae*.
3. Wen oder was bitten die Mädchen? – die Frauen; Akkusativ Plural (4. Fall): *fḗminās*.
4. *Puéllae fḗminās ōrant.*

K 9a ā-Deklination 3

WS

fī́li-a	die Tochter		*Filiale*
dómin-a	die Herrin	*madame*	*dominant*
de-a	die Göttin		
amī́c-a (amā́re)	die Freundin		
státu-a	die Statue		*Statue*
intrā́re	eintreten, betreten	*entrance, enter*	
aut	oder		

FB **Der Genitiv:** der zweite Fall
Der Dativ: der dritte Fall
Das Attribut: die Beifügung

FL

Der Genitiv und Dativ (2. und der 3. Fall) werden gebildet:

Genitiv Singular:	Ausgang ***-ae***:	*poḗt-**ae***:	des Dichters, eines Dichters
Genitiv Plural:	Ausgang ***-ā́rum***:	*poēt-**ā́rum***:	der Dichter, (von Dichtern)
Dativ Singular:	Ausgang ***-ae***:	*poḗt-**ae***:	dem Dichter, einem Dichter
Dativ Plural:	Ausgang ***-īs***:	*poḗt-**īs***:	den Dichtern, Dichtern

Bei den Substantiven auf -a sind im Ausgang (vgl. K 2a) häufig Kennvokal (Stammauslaut) und Endung verschmolzen (*ae* aus *ai*; *īs* aus *ais*). Der Kennvokal wird jedoch sichtbar, wenn man im Genitiv Plural (2. Fall Mehrzahl) die Endung *-rum* (bzw. *-um*) weglässt: *poēt-ā́-rum*. Substantive, deren Kennvokal ā ist, zählen zur ā-Deklination.

Vergleiche also:

Wortstock + Ausgang

poet - *ā́* - *rum*

= Stamm + Endung

ā-Deklination				
Kasus	Singular		Plural	
Nominativ	poḗt-a	der Dichter	poḗt-ae	die Dichter
Genitiv	poḗt-ae	des Dichters	poēt-ā́rum	der Dichter
Dativ	poḗt-ae	dem Dichter	poḗt-īs	den Dichtern
Akkusativ	poḗt-am	den Dichter	poḗt-ās	die Dichter

GR Nach dem Genitiv (2. Fall) fragt man: Wessen?
Nach dem Dativ (3. Fall) fragt man: Wem?

Substantive (Hauptwörter) im Genitiv (2. Fall) sind meist ein **Attribut** (eine Beifügung) zu einem anderen Substantiv (Hauptwort). Man fragt danach: Was für ein? (bzw. speziell nach dem Genitivattribut auch: wessen?) Das Attribut (die Beifügung) ist eine nicht notwendige Satzerweiterung, durch die allerdings der Sinn genauer wird; man kann es (sie) aber weglassen, ohne dass der Sinn des Satzes verändert wird.

Beispiel: Das Haus des Vaters ist groß. – Das Haus ist groß. Die Aussage, die über das Haus gemacht wird – es ist groß –, ist in beiden Sätzen gleich. Im ersten Satz wird näher erklärt, wessen Haus es ist.

Substantive im Dativ sind meist ein Objekt (Satzergänzung). Es gibt demnach Verben, die ein Akkusativobjekt (Ergänzung im 4. Fall) nach sich haben, und andere, die ein Dativobjekt (Ergänzung im 3. Fall) benötigen. In beiden Fällen ist das Objekt eine notwendige Ergänzung, ohne die der Satz keinen Sinn gibt.

Satzmodell:

1. Ebene:	Subjekt ←→ Prädikat	⇒	nötig in jedem Satz
2. Ebene:	Objekt	⇒	nötig in vielen Sätzen
3. Ebene:	Attribut	⇒	nicht nötig

ÜS In der ā-Deklination haben mehrere Fälle (Kasus) den Ausgang *-ae*. Welcher Kasus jeweils vorliegt, muss der Sinnzusammenhang des Satzes ergeben.

K 10a o-Deklination 1

WS

fī́li-us	der Sohn		
dómin-us	der Herr	*domination*	*Domino, dominant*
de-us	der Gott		*Amadeus*
amī́c-us (amā́re)	der Freund		
serv-us	der Sklave	*to serve, service*	*servieren*
médic-us	der Arzt	*medical, medicine*	*Medizin*
quod	weil		

FL Die Substantive auf *-us* gehören zur o-Deklination.

Sie haben im **Singular** folgende Ausgänge:
-us, -ī, -ō, -um

o-Deklination: Singular		
Nominativ	dómin- us	der Herr, ein Herr
Genitiv	dómin- ī	des Herrn, eines Herrn
Dativ	dómin-ō	dem Herrn, einem Herrn
Akkusativ	dómin-um	den Herrn, einen Herrn

ÜS Wenn mehrere Wörter in einer **Aufzählung** miteinander verbunden werden, setzt man im Lateinischen *et* zwischen alle Glieder oder es fehlt ganz. Im Deutschen steht „und" nur zwischen den beiden letzten Gliedern:
Dóminus, fílius, servus médicum ōrant (oder: *Dóminus et fílius et servus médicum ōrant.*): Der Herr, der Sohn **und** der Sklave bitten den Arzt.

K 11a o-Deklination 2

WS

morb-us	die Krankheit		*morbid*
cib-us	die Speise		
medicína (médicus)	das Heilmittel	*medical*	*Medikament*
dēlectáre	erfreuen	*delight*	
sānáre	heilen		*Sanatorium, sanieren*
vīsitáre	besuchen	*to visit*	*Visite*

FL

Die Substantive auf *-us* der o-Deklination haben im **Plural** folgende Ausgänge:
-ī** (aus oi)**, -ōrum, -īs** (aus ois)**, -ōs

o-Deklination: Plural		
Nominativ	dómin-ī	die Herren, Herren
Genitiv	domin-ṓrum	der Herren, (von) Herren
Dativ	dómin-īs	den Herren, Herren
Akkusativ	dómin-ōs	die Herren, Herren

Wenn man im Genitiv Plural die Endung *-rum* weglässt, ergibt sich als Kennvokal *o*; man spricht deshalb von der o-Deklination.

ÜS Ob ein Substantiv mit dem Ausgang *-ī* Genitiv Singular oder Nominativ Plural ist, muss sich aus dem Zusammenhang ergeben.

Anregung:
Vergleiche die Ausgänge der **ā**-Deklination mit denen der **o**-Deklination:

Numerus	Kasus	ā-Deklination	o-Deklination
Singular	Nominativ	-a	-us (aus *-os*)
	Genitiv	-ae (aus *-ai*)	-ī (aus *-oi*)
	Dativ	-ae (aus *-ai*)	-ō (aus *-oi*)
	Akkusativ	-am	-um
Plural	Nominativ	-ae (aus *-ai*)	-ī (aus *-oi*)
	Genitiv	-ārum	-ōrum
	Dativ	-īs (aus *-ais*)	-īs (aus *-ois*)
	Akkusativ	-ās	-ōs

K 12a o-Deklination 3

WS

puer, -ī	der Knabe		
vesper, -ī	der Abend(stern)		*Vesper*
líberī, -ṓrum	die Kinder		
vir, virī	der Mann	*virility*	
família	die Familie, Hausgemeinschaft	*family*	*Familie*
spectáre	sehen, schauen	*spectator*	*Spektakel*
ex-spectáre	erwarten	*expect*	
tum	da, dann, damals		

FB **Das Präfix:** die Vorsilbe

FL Zur o-Deklination zählen auch einige Substantive auf *-er*. Bei diesen Wörtern ist es nötig, auch den Genitiv mitzulernen, weil das *e* teils zum Wortstock gehört (wie bei *puer – púer-ī*), teils nicht.

Im Nominativ Singular erscheint der bloße Wortstock; alle anderen Kasus werden gleich gebildet wie bei den Wörtern auf *-us*.

Líberī,- ṓrum kommt nur im Plural vor.

		o-Deklination: Wörter auf -er 1		
Kasus	Singular		Plural	
Nominativ	púer	der Knabe	púer-ī	die Knaben
Genitiv	púer-ī	des Knaben	puer-ṓrum	der Knaben
Dativ	púer-ō	dem Knaben	púer-īs	den Knaben
Akkusativ	púer-um	den Knaben	púer-ōs	die Knaben

WB In Wortzusammensetzungen bedeutet das Präfix *ex-* (oder *ē-*) meist: aus, heraus; *spectáre*: schauen: *ex-spectáre*: herausschauen, ausschauen (Ausschau halten), erwarten.

K 13a o-Deklination 4

WS

ager, agrī	der Acker, das Feld		*Acker, Agrar-*
liber, librī	das Buch	*library*	*Libretto*
magíster, magístrī	der Leiter, Lehrer		*Magister, Meister*
schola	die Schule	*school*	*Schule*
indústria	der Fleiß	*industry*	*Industrie*
semper	immer		

FL Bei einer zweiten Gruppe von Substantiven auf *-er* der o-Deklination erscheint das e nur im Nominativ Singular. In allen anderen Kasus fällt es weg. Es gehört also nicht zum Wortstock. Präge dir deshalb neben dem Nominativ immer auch den Genitiv Singular ein!

o-Deklination: Wörter auf -er 2				
Kasus	Singular		Plural	
Nominativ	áger	der Acker	ágr-ī	die Äcker
Genitiv	ágr-ī	des Ackers	agr-ṓrum	der Äcker
Dativ	ágr-ō	dem Acker	ágr-īs	den Äckern
Akkusativ	ágr-um	den Acker	ágr-ōs	die Äcker

K 14a o-Deklination 5

WS

templum, -i	der Tempel	*temple*	*Tempel*
theắtrum, -i	das Theater	*theatre*	*Theater*
verbum, -i	das Wort	*verbal*	*Verbum*
stúdium, -i (studḗre)	der Eifer, die Beschäftigung	*study*	*Studium*
impérium, -i (imperắre)	die Herrschaft, das Reich, der Befehl	*empire*	*Imperium*
tēctum, -i	das Dach, Haus		*Dach*

EN **Minérva, -ae** Minerva (Göttin der Weisheit und Künste)

FL Zur o-Deklination gehören auch Substantive auf *-um*.

Sie bilden:

Nominativ und Akkusativ Singular:	Ausgang ***-um***
Nominativ und Akkusativ Plural:	Ausgang ***-ă***

o-Deklination: Substantive auf -um				
Kasus	Singular		Plural	
Nominativ	vérb-um	das Wort	vérb-ă	die Wörter
Genitiv	vérb-ī	des Wortes	verb-ṓrum	der Wörter
Dativ	vérb-ō	dem Wort	vérb-īs	den Wörtern
Akkusativ	vérb-um	das Wort	vérb-ă	die Wörter

Beachte: Nominativ und Akkusativ sind jeweils gleich.

Vergleiche die Ausgänge der a-Deklination mit den Ausgängen der Substantive auf -um der o-Deklination:

Numerus	Kasus	ā-Deklination	Subst. auf -um
Singular	Nominativ	-a	-um
	Genitiv	-ae	-ī
	Dativ	-ae	-ō
	Akkusativ	-am	-um
Plural	Nominativ	-ae	-a
	Genitiv	-ārum	-ōrum
	Dativ	-īs	-īs
	Akkusativ	-ās	-a

Unterscheide:
Ausgang *-a* in der **ā**-Deklination: Nominativ **Singular**
Ausgang *-a* in der **o**-Deklination: Nominativ oder Akkusativ **Plural**

K 15a Adjektive der ā-und o-Deklination 1

WS

bonus, -a, -um	gut, sittlich gut, tüchtig		*Bon, Bonus*
malus, -a, -um	schlecht		*Malefiz*
antíquus, -a, -um	alt	*antique*	*antik, Antiquariat*
beátus, -a, -um	glücklich		*Beate*
longus, -a, -um	lang, weit	*long*	*lang*
magnus, -a, -um	groß		*Magnum, Carolus Magnus*
cum	(immer) wenn, sooft		

FB **Das Adjektiv:** das Eigenschaftswort
Das Genus: das Geschlecht
Das Maskulinum: das männliche Geschlecht
Das Femininum: das weibliche Geschlecht
Das Neutrum: das sächliche Geschlecht
Die Kongruenz: die Übereinstimmung

FL Ein Substantiv hat stets ein bestimmtes Genus (Geschlecht). Im Deutschen wird es sichtbar, wenn man einen Artikel setzt: **der** Mann (Maskulinum – männlich); **die** Frau (Femininum – weiblich), **das** Kind (Neutrum – sächlich). Da es im Lateinischen keinen Artikel gibt, muss das Genus (Geschlecht) auf eine andere Weise ausgedrückt werden, und zwar wiederum durch den Ausgang.

Das Adjektiv (Eigenschaftswort) der ā- und o-Deklination weist im Lateinischen drei Ausgänge auf, und zwar jeweils einen für das Maskulinum (das männliche Geschlecht), Femininum (weibliche Geschlecht) und Neutrum (sächliche Geschlecht). Diese Ausgänge werden an den Wortstock angefügt.

Die **Ausgänge** sind:

Maskulinum (männlich):	***-us***
Femininum (weiblich):	***-a***
Neutrum (sächlich):	***-um***

Entsprechend dazu haben die Substantive meist folgendes **Geschlecht**:

Substantive auf *-us* und *-er* (der o-Deklination):	**Maskulinum (männlich)**
Substantive auf *-a*:	**Femininum (weiblich)**
Substantive auf *-um*:	**Neutrum (sächlich)**

GR Das Adjektiv (Eigenschaftswort) kann attributiv verwendet werden; es ist dann ein Attribut (eine Beifügung) zu einem Substantiv; z. B. ein junger Mann.

Das attributive Adjektiv (Eigenschaftswort als Beifügung) stimmt im Lateinischen mit seinem Substantiv in **K**asus (Fall), **N**umerus (Zahl) und **G**enus (Geschlecht) überein (KNG – Kongruenz):

*dómin-**us** beā́t-**us**:*	der glückliche Herr, ein glücklicher Herr
*puéll-**a** beā́t-**a**:*	das glückliche Mädchen, ein glückliches Mädchen
*templ-**um** antī́qu-**um**:*	der alte Tempel, ein alter Tempel

Das attributiv gebrauchte Adjektiv steht meist hinter dem Substantiv, zu dem es gehört (*dóminus beā́tus*). Wenn es eine Zahl, Größe oder Menge bezeichnet, wird es nicht selten vor das Substantiv gesetzt (z. B. *magnum templum*).

Die Deklination des Adjektivs ist dieselbe wie die der entsprechenden Substantive.

Deklination der Adjektive der ā- und o-Deklination: Singular						
	Maskulinum		Femininum		Neutrum	
Nom.	dómin-us	beā́t-us	puéll-a	beā́t-a	témpl-um	antī́qu-um
Gen.	dómin-ī	beā́t-ī	puéll-ae	beā́t-ae	témpl-ī	antī́qu-ī
Dat.	dómin-ō	beā́t-ō	puéll-ae	beā́t-ae	témplō	antī́qu-ō
Akk.	dómin-um	beā́t-um	puéll-am	beā́t-am	témpl-um	antī́qu-um

Deklination der Adjektive der ā- und o-Deklination: Plural						
	Maskulinum		Femininum		Neutrum	
Nom.	dómin-ī	beā́t-ī	puéll-ae	beā́t-ae	témpl-a	antī́qu-a
Gen.	domin-ṓrum	beāt-ṓrum	puell-ā́rum	beāt-ā́rum	templ-ṓrum	antīqu-ṓrum
Dat.	dómin-īs	beā́t-īs	puéll-īs	beā́t-īs	témpl-īs	antī́qu-īs
Akk.	dómin-ōs	beā́t-ōs	puéll-ās	beā́t-ās	témpl-a	antī́qu-a

K 16a esse 1

WS Lateinische Eigennamen

Lateinische Personennamen bleiben im Deutschen meist unverändert; ihre Schreibweise wird jedoch manchmal angeglichen:

Antṓnius	Anton(ius)	**Antṓnia**	Antonia
Mā́rcus	Markus	**Semprṓnia**	Sempronia
Cláudius	Claudius	**Cláudia**	Claudia
Iū́lius	Julius	**Iū́lia**	Julia
Gāius	Gaius	**Túllia**	Tullia

Länder- und Völkernamen sind in fast allen Fällen „eingedeutscht“; sie haben also in der Regel die lateinische Endung und die lateinische Schreibweise verloren.

Eurṓpa	Europa	**Rṓma**	Rom
Itália	Italien	**Rōmā́nī**	die Römer
Germā́nia	Germanien	**Germā́nī**	die Germanen
Británnia	Britannien	**Británnī**	die Britannier
Gállia	Gallien	**Gallī**	die Gallier
Sicília	Sizilien	**Persae**	die Perser
Gráecia	Griechenland	**Graecī**	die Griechen
Hispā́nia	Spanien	**Hispā́nī**	die Spanier

Dekliniert werden diese Eigennamen wie die bisher gelernten Wörter der ā- und o-Deklination.

In einem Verzeichnis im Anhang dieses Buches werden alle verwendeten Eigennamen zusammengestellt und kurz erklärt. Dort finden sich auch Hinweise zur Deklination und zur Betonung.

FB **Das Prädikatsnomen:** Substantiv oder Adjektiv als Ergänzung zu einem Hilfsverbum
Das Kompositum: zusammengesetztes Verbum
Das Präfix: die Vorsilbe
assimilieren: Konsonanten angleichen

FL Der Stamm des Hilfsverbs *esse* ist im Präsens *es* oder *s* (sog. Schwundstufe). Daran treten die bekannten Endungen (jedoch in der 1. Person Singular *m* statt *o*; in der 2. Person Singular fällt das Endungs-*s* ab), vor *-m* und *-nt* wird der Stammerweiterungsvokal *u* eingeschoben.

Indikativ Präsens von esse

Person	Singular		Plural	
1. Pers.	s-u-**m**	ich bin	s-ú-**mus**	wir sind
2. Pers.	e**s**	du bist	és-**tis**	ihr seid
3. Pers.	es-**t**	er (sie, es) ist	s-u-**nt**	sie sind

Ein Kompositum (zusammengesetztes Verbum) von *esse* ist *posse*: können. Es wird gebildet aus dem Präfix (Vorsilbe) *pot* (aus *potis* oder *pote*) und *esse*; *pot* bedeutet „mächtig, fähig zu“ (vgl. das Fremdwort Potenz).

In der Konjugation bleibt das Präfix *pot* erhalten, wenn die Form von *esse* mit einem *e* beginnt; das *t* wird jedoch zu *s* assimiliert (angeglichen), wenn die Form von *esse* mit einem *s* beginnt. Der Infinitiv Präsens lautet *posse* (im Altlatein noch *pot-esse*).

Indikativ Präsens von posse

Person	Singular		Plural	
1. Pers.	pos-su-**m**	ich kann	pós-su-**mus**	wir können
2. Pers.	pot-e**s**	du kannst	pot-és-**tis**	ihr könnt
3. Pers.	pot-es**t**	er (sie, es) kann	pos-su-**nt**	sie können

GR *Esse* kann in seltenen Fällen als Vollverb verwendet werden. Es bedeutet dann: vorhanden sein, existieren
Deus est: Ein Gott existiert; es gibt einen Gott.

Meistens wird *esse* jedoch als Hilfsverbum gebraucht. Damit eine sinnvolle Aussage zum Subjekt gemacht werden kann, ist eine Ergänzung durch ein Substantiv oder ein Adjektiv nötig:

Mārcus amīcus est.	Markus ist mein Freund.
Mārcus bonus est.	Markus ist tüchtig.

„Markus ist" gibt allein noch keinen Sinn. Man möchte wissen: Wer oder was ist Markus? Das Prädikatsnomen (Ergänzung zu einem Hilfsverb) steht demnach im selben Kasus (in der Regel im Nominativ) wie das Subjekt; ist das Prädikatsnomen ein Adjektiv, stimmt es mit dem Subjekt zusätzlich auch in Numerus und Genus überein.

Vergleiche: *Mārcus amīcus est. – Puéllae amīcae sunt.*
Mārcus beātus est. – Puéllae beātae sunt.
Bonus sum. – Bonī sumus.
Beāta es. – Beātae estis.

ÜS Wenn du in einem Satz ein Hilfsverb, insbesondere eine Form von *esse* siehst, dann suche zuerst das Subjekt und dann sofort das dazugehörige Prädikatsnomen (ein Substantiv oder Adjektiv im Nominativ)! Findest du keines, dann übersetze *esse* mit „vorhanden sein, existieren, es gibt".

K 17a esse 2; Adjektive der ā-und o-Deklination 2

WS

līber, -a, -um	frei	*liberty*	*liberal, Libero*
miser, -a, -um	arm, unglücklich	*misery*	*Misere, miserabel*
asper, -a, -um	rau, hart, schroff		
sacer, sacra, -um (mit Genitiv)	heilig, geweiht	*sacred, for God's sake*	*sakral, Sakrament*
pulcher, pulchra, -um	schön		
íntegér, íntegra, -um	unbescholten, redlich, unverletzt	*integrity*	*integer, Integrität*
saepe	oft		

Merke:

pulchrum est	es ist schön
templum Sātúrnī sacrum	ein dem Saturn geweihter Tempel

EN **Sātúrnus, -ī** Saturn (Gott der Fruchtbarkeit, Vater des Zeus)
Sāturnália, -ṓrum das Saturnalienfest

Das Adjektiv *sacer* wird im Lateinischen meist mit dem Genitiv, im Deutschen mit dem Dativ verbunden:
*templum **Sātúrnī** sacrum:* ein **dem** Saturn geweihter Tempel

ÜS Im guten Latein steht der Genitiv häufig vor dem Wort, zu dem er gehört, oder zwischen einem Substantiv und einem Adjektiv:
Sāturnī templum: der Tempel des Saturn (vgl.: Saturns Tempel)
templum Sāturnī sacrum: ein dem Saturn geweihter Tempel

FL

1. Der Imperativ des Hilfsverbs *esse* wird wie bei den bisher gelernten Verben gebildet: Singular: bloßer Stamm; Plural: Endung *-te*.

Der Imperativ von esse

2. P. Sg.	ĕs	sei!
2. P. Pl.	ĕs-**te**	seid!

2. Eine Gruppe der Substantiva der o-Deklination hatte im Nominativ Singular den Ausgang *-us*, eine andere endete auf *-er* (bloßer Wortstock); das *e* gehörte dabei entweder zum Wortstock oder war nur im Nominativ Singular eingeschoben (vgl. *vesper, vesperī; ager, agrī*).

Ebenso verhält es sich bei einigen Adjektiven, weshalb stets alle drei Genera zu lernen sind.
Beispiele: * līber – lī́bera – lī́berum* – **aber:** *pulcher – pulchra - pulchrum*

Bei diesen Adjektiven steht die Form auf *-er* für das Maskulinum:
servus miser (*servī miserī, servō miserō* etc.) – *vir līber* (*virī lī́berī, virō lī́berō* etc.). Im Femininum und Neutrum bleiben die Ausgänge *-a* und *-um* unverändert (*puélla íntegra, templum pulchrum*).

K 18a Adjektive der ā-und o-Deklination 3; natürliches Geschlecht

WS

agrícola m.	der Bauer	*agricultural*	
íncola m.	der Bewohner		
cṓpia	die Menge, der Vorrat Pl: die Truppen	*copious*	*Kopie*
ánimus	das Herz, der Mut, der Verstand, Sinn	*animal*	*animalisch*
vīta	das Leben	*vitality*	*vital*
tandem	endlich		
rursus	wieder		

Merke:

cṓpia cibṓrum	eine Menge Speisen

EN

Persae, -ā́rum	die Perser	**Graecī, -ṓrum**	die Griechen
Aegýptus, -ī f.	Ägypten		

GR **1.** Wie im Deutschen hat auch jedes lateinische Substantiv ein Geschlecht. In den meisten Fällen ist es am Ausgang erkennbar (vgl. K 15a). Wir sprechen dabei vom sog. **grammatischen Geschlecht**.

Für das grammatische Geschlecht gelten folgende Regeln:

Substantive

auf *-us* und *-er* der o-Deklination	Substantive auf *-a* der ā-Deklination	Substantive auf *-um* der o-Deklination
↓	↓	↓
Maskulina	**Feminina**	**Neutra**

Das Genus der meisten Substantive ist nach dem grammatischen Geschlecht festgelegt.

2. Daneben gibt es auch das sog. **natürliche Geschlecht**, das vorrangig ist. Es besagt, dass Wörter, die eine männliche oder weibliche Person bezeichnen,

ohne Rücksicht auf ihre Endung Maskulina bzw. Feminina sind; das wirkt sich natürlich auf ein dazugehöriges Adjektiv aus:
z. B.: *poḗta bon**us**; pīrā́ta mal**us**; agrícola līb**er** est.*

Nach dem natürlichen Geschlecht richten sich auch einige andere Substantive. Folgende **Merkverse** können dir helfen:

Männer, Völker, Flüsse, Wind' immer Maskulina sind.	Länder, Inseln, Städt' auf *-us* weiblich man gebrauchen muss.

Substantive:

Maskulina		**Feminina**	
Männer	(*poḗta bonus*)	Frauen	(*anus* (alte Frau) *mísera*)
Flüsse	(*Ísara rápidus*: die reißende Isar)	Bäume	(*fāgus* (Buche) *alta*)
Völker	(*Persae antī́quī*)	Länder (-us)	(*Aegýptus antī́qua*)
Wind	(*etḗsiae asperī*: die rauen Passatwinde)	Städte (-us)	(*Corínthus pulchra*)
		Inseln (-us)	(*Dēlus sacra*)

Zur Bestimmung des Genus eines lateinischen Substantivs ist zunächst zu prüfen, ob es einer dieser Bedeutungsgruppen angehört, also nach dem natürlichen Geschlecht zu behandeln ist. Liegt jedoch keiner dieser Fälle vor, ist das grammatische Geschlecht anzuwenden.

Substantive, die einen Mann oder eine Frau bezeichnen können, zählen zu den Maskulina (z. B. *íncola beā́tus*).

Substantive, die keine Einzelperson, sondern eine ganze Gruppe von Menschen bezeichnen (sog. Sammelbegriffe, z. B. das Volk; es ist dies die Bezeichnung für viele Menschen, wobei der Einzelne nicht ein Volk ist), richten sich nach dem grammatischen Geschlecht (selbst wenn die einzelnen Mitglieder der Gruppe nur Männer sind, z. B.: die Truppen).
Beispiele: *magnae cṓpiae, família mísera*

K 19a Das Possessivpronomen

WS

ventus	der Wind	*wind*	*Ventilator*
parvus, -a, -um	klein		
multī, -ae, -a	viele	*multiple choice*	*multiplizieren*
multum	viel		
nocḗre	schaden		
clārus, -a, -um	hell, klar, berühmt	*clear*	*Klara, deklarieren*
ubī?	wo?		

EN

Armínius, -ī	Arminius (Name eines Germanen)
Cláudius, -ī	Claudius (römischer Personenname)
Horā́tius, -ī	Horaz (römischer Dichter)

FB

Das Pronomen (Plural: **die Pronomina):** das Fürwort
Das Possessivpronomen: das besitzanzeigende Fürwort
Reflexiv: rückbezüglich (d. h. auf das Subjekt bezogen)

FL

Die Possessivpronomina weisen im Lateinischen dieselben Ausgänge auf wie die Adjektive der ā- und o-Deklination; sie werden demnach ebenso dekliniert.

Das Possessivpronomen im Singular		
1. Pers.	me-us, me-a, me-um	mein, meine, mein
2. Pers.	tu-us, tu-a, tu-um	dein, deine, dein
3. Pers.	su-us, su-a, su-um	sein, seine, sein; ihr, ihre, ihr

Das Possessivpronomen im Plural		
1. Pers.	noster, nostr-a, nostr-um	unser, unsere, unser
2. Pers.	vester, vestr-a, vestr-um	euer, euere, euer
3. Pers.	su-us, su-a, su-um	ihre, ihr

Beachte: Die beiden Vokale in *me-us, tu-us, su-us* werden als zwei Laute getrennt voneinander gesprochen.

Das Possessivpronomen (besitzanzeigende Fürwort) wird wie ein Adjektiv gebraucht; es steht also meist hinter einem Substantiv und stimmt mit diesem in Kasus, Numerus und Genus überein: *amī́cus meus, verbum tuum*; *incolae pátriam suam amant*. Wenn es besonders betont ist (z. B. oft bei Gegensätzen), wird es vor das Substantiv gestellt: *nostra pecūnia* (unser eigenes Geld); *nostra vīlla magna, vestra vīlla parva est.*

In der 3. Person ist das Possessivpronomen (besitzanzeigende Fürwort) im Singular und Plural gleich. Es ist reflexiv (rückbezüglich), d. h., es darf nur verwendet werden, wenn es sich auf das Subjekt des Satzes bezieht: *Dóminus fīlium suum amat.*

Wenn der Zusammenhang eindeutig ist, verzichtet das Lateinische nicht selten auf das Possessivpronomen; im Deutschen wird es dennoch eingefügt:
Dóminus amīcōs ádvocat: Der Herr ruft seine Freunde herbei.
Dóminam amāmus et laudāmus: Wir lieben und loben unsere Herrin.
Servī dóminum saepe timent: Die Sklaven fürchten oft ihren Herrn.

K 20a Substantivierungen

WS

caelum	der Himmel, das Klima		
novus, -a, -um	neu	*new, news, newspaper*	*Novität, Novize*
vērus, -a, -um	wahr, aufrichtig	*to verify*	*verifizieren*
aliēnus, -a, -um	fremd	*alien*	
paucī, -ae, -a	wenige		
nōtus, -a, -um	bekannt	*note, notice*	*Note, Notiz*
tamen	dennoch		

EN

Germānia, -ae	Germanien
Germānī, -ōrum	die Germanen
Tácitus, -ī	Tacitus (römischer Geschichtsschreiber)

FB **substantivieren:** eine andere Wortart als Substantiv verwenden
Substantivierung: Verwendung einer anderen Wortart als Substantiv

GR Im Deutschen können Adjektive substantiviert (als Substantive verwendet) werden:
gut – das Gute – die Guten; alt – der Alte – die Alten – das Alte. Im Lateinischen ist diese Substantivierung (Verwendung einer anderen Wortart als Sub-

stantiv) ebenfalls möglich, wenn auch nicht in diesem Umfang. Im Singular tritt sie meistens nur im Neutrum auf, im Plural im Maskulinum und im Neutrum.

Beispiele:

Adjektiv	Neutr. Sg.	Mask. Pl.	Neutr. Pl.
bonus	bonum: das Gute, das Gut	bonī: die Guten, gute Menschen	bona: die Güter, das Gute; Gutes
vērus	vērum: das Wahre, die Wahrheit		vēra: wahre Dinge, wahre Begebenheiten, Wahres
novus	novum: das Neue, Neues		nova: neue Dinge, Neuigkeiten, Neues
malus	malum: das Schlechte, Schlechtes, das Übel	malī: die Schlechten, schlechte Menschen	mala: schlechte Dinge, die Übel, Schlechtes
multī	multum: viel, vieles	multī: viele, viele Menschen	multa: viele Dinge, vielerlei, vieles

Ähnliches gilt für das Possessivpronomen (besitzanzeigende Fürwort), z. B.:

meum:	mein Besitz, Eigentum, meine Aufgabe
meī:	die Meinen, meine Angehörigen, meine Leute
mea:	das Meine, mein Hab und Gut, mein Eigentum
suum:	das Seine (Ihre), sein (ihr) Besitz (gewöhnlich nur im Akkusativ)
suī:	seine (ihre) Angehörigen, die Seinen (Ihren), seine (ihre) Leute
sua:	das Seine (Ihre), sein (ihr) Eigentum, sein (ihr) Hab und Gut

ÜS Wenn in einem lateinischen Text ein Adjektiv oder ein Possessivpronomen (besitzanzeigendes Fürwort) steht, das sich auf kein Substantiv bezieht, liegt meist eine Substantivierung (Verwendung als Substantiv) vor. Im Deutschen kann man ebenso verfahren. Häufig empfiehlt es sich jedoch, ein Substantiv zu ergänzen (z. B. als Hilfe im Maskulinum „Menschen", im Neutrum „Dinge"). Beachte, dass Formen im Neutrum Plural im Deutschen oft im Singular wiedergegeben werden.

K 21a Der Vokativ

WS

pópulus	das Volk	*popular, population*	*populär*
glṓria	der Ruhm	*glory, glorious*	*Glorie, Gloriole*
victṓria	der Sieg	*victory*	*Viktor*
nauta m.	der Seemann, Matrose	*nautical*	*Nautik, Astronaut*
servā́re	retten, bewahren		*observieren*
dum	während		

FB **Der Vokativ:** der 5. Fall (Anredefall)

FL Für die Anrede besitzt die lateinische Sprache einen eigenen Fall, den Vokativ (Anredefall, von *vocā́re* rufen, nennen, anreden). Er wird durch ein Komma vom restlichen Satz abgetrennt. Im Deutschen wird gelegentlich „o" hinzugefügt. Beispiel: Komm uns zu Hilfe, (o) Freund!

Im Lateinischen sind in allen Deklinationen im Singular und im Plural die Formen des Vokativs (des Anredefalles) gleich denen des Nominativs.

Ausnahmen:
Die Wörter auf *-us* der o-Deklination bilden im Singular den Vokativ auf *-e*: *amīce, dómine, médice.*
Bei *fī́lius, meus* und den Personennamen auf *-ius* endet der Vokativ auf *-ī*: *fī́lī, mī, Tullī, Antṓnī.*
Unverändert bleibt im Vokativ *deus*.

Der Vokativ

	ā- Deklination	o- Deklination		
Sing.	amī́c-a (o) Freundin	amī́c-**e** (o) Freund	puer (o) Knabe	verb-um (o) Wort
Plur.	amī́c-ae (o) Freundinnen	amī́c-ī (o) Freunde	púer-ī (o) Knaben	verb-a (o) Worte

K 22a Der Ablativ der Trennung

WS

līberāre (mit Abl.)	befreien (von)	*liberty*	*liberal*
spoliāre (mit Abl.)	rauben, berauben	*to spoil*	*Spoiler*
vacāre (mit Abl.)	leer, frei sein	*vacation*	*Vakanz, Vakuum*
abstinēre (mit Abl.)	sich fern halten	*abstinent*	*Abstinenz*
carēre (mit Abl.)	nicht haben, entbehren		*Karenzzeit*
iniūria	das Unrecht	*injury*	*Verbalinjurien*
auxílium	die Hilfe	*auxiliary*	
perīculum	die Gefahr		

Merke:

íncolās pecūniā spoliāre	(die Bewohner des Geldes berauben) den Bewohnern das Geld rauben
pecūniā carēre	kein Geld haben
iniūriā abstinēre	sich von Unrecht fern halten, kein Unrecht tun

EN

Cícerō, -ōnis	Cicero (römischer Redner und Politiker)
Catilīna, -ae	Catilina (Verschwörer)

FB

Der Ablativ: der 6. Fall
Der Ablatívus separatiónis: der Ablativ der Trennung
Das Adverbiale: die Umstandsbestimmung

GR Die lateinische Sprache hatte früher acht Kasus. Drei von ihnen sind im Laufe der Zeit im Ablativ (6. Fall) zusammengeflossen. Sie sind von ihrer Funktion her nahe verwandt, denn sie enthalten größtenteils Umstandsbestimmungen; sie geben demnach an, unter welchen Umständen sich die Handlung des Satzes vollzieht (z. B. wann, wo, wie, warum, unter welcher Bedingung, zu welchem Zweck usw.). Das Adverbiale (die Umstandsbestimmung) erläutert also das Geschehen näher, ist aber nicht notwendig. Ein Satz ist auch ohne ein Adverbiale vollständig.

Damit ist nun auch unser Satzmodell fertig:

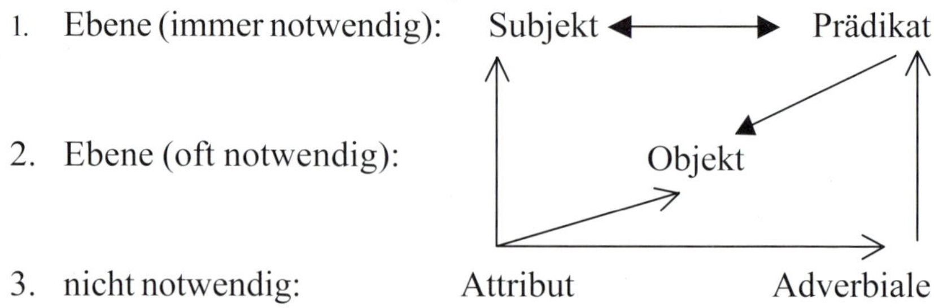

Subjekt und Prädikat sind im Numerus kongruent (übereinstimmend).
Das Objekt ist eine oft notwendige Ergänzung zum Verbalvorgang, damit der Satz einen Sinn ergibt.
Das Attribut bestimmt ein Nomen (Substantiv) näher, das Adverbiale gibt einen Begleitumstand zum Verbalvorgang an. Der Sinn des Satzes wird deutlicher; Attribut und Adverbiale können aber auch weggelassen werden, ohne dass der Sinn im Kern verändert wird.

Der eigentliche Ablativ war der **Ablativ der Trennung (*Ablātīvus sēparātiōnis*:** von *sēparāre*: trennen; Ablativ von *auférre – ábstuli – **ablātum*** = wegtragen).

Ein Adverbiale (eine Umstandsbestimmung) kann im Deutschen durch ein Umstandwort wiedergegeben werden. Beim *Ablātīvus sēparātiōnis* (Ablativ der Trennung) verwendet man in der deutschen Übersetzung meistens **von**: *perīculō līberāre*: von einer Gefahr befreien; *cūrīs vacāre*: frei von Sorgen sein; *iniūriā abstinēre*: sich von Unrecht fernhalten

Der Ausgang des Ablativs Singular ist:
in der ā-Deklination: ***ā***, in der o-Deklination: ***ō***
Im Plural lautet der Ausgang in beiden Deklinationen ***īs*** (gleich mit dem Dativ)

Der Ablativ

	ā- Deklination	o- Deklination		
Abl. Sg.	cūr-**ā**	morb-**ō**	agr-**ō**	perīcul-**ō**
Abl. Pl.	cūr-**īs**	morb-**īs**	agr-**īs**	perīcul-**īs**

Vergleiche:

Numerus	Kasus	ā- Deklination	o- Deklination		
Sing.	Nominativ	poēta	dóminus	ager	verbum
	Ablativ	poēt**ā**	dómin**ō**	agr**ō**	verb**ō**
Plur.	Dativ	poēt**īs**	dómin**īs**	agr**īs**	verb**īs**
	Ablativ	poēt**īs**	dómin**īs**	agr**īs**	verb**īs**

K 23a Der Ablativ des Mittels

WS

adversárius	der Gegner, Feind		*adversativ*
bellum	der Krieg		
inópia	die Not		
álius, -a, -ud (!)	ein anderer		*Alibi*
hūmā́nus, -a, -um	menschlich	*human, humanity*	*human, Humanität*
cūnctī, -ae, -a	alle		
superā́re	übertreffen, besiegen	*superior*	*Superlativ, super*
temptā́re	versuchen, angreifen	*to tempt*	*Tentakel*
conténtus, -a, -um (mit Abl.)	zufrieden		

Merke:
inópiā labōrā́re Not leiden
amīcum ánimō superā́re den Freund an Mut übertreffen
álius ... álius der eine ... der andere

FB **Der Ablativus instrumentális:** der Ablativ des Mittels

GR Der Instrumentalis (Ablativ des Mittels) ist ein weiterer ehemals selbständiger Kasus, der in den Ablativ (6. Fall) eingegangen ist. Er gibt das Mittel oder das Werkzeug an, mit dem etwas ausgeführt wird. Daneben kann er in einem weiteren Sinn auch den Grund bezeichnen oder ausweisen, worin man jemanden übertrifft.

Im Deutschen verwendet man für die Wiedergabe des eigentlichen Instrumentalis (Ablativ des Mittels) meistens **mit** oder **durch**.

Magíster līberōs fā́bulā dēléctat.	Der Lehrer erfreut die Kinder **mit** einer Geschichte.
Adversā́riī íncolās bellō terrent.	Die Feinde erschrecken die Bewohner **durch** Krieg.

K 24a Der Ablativ des Ortes und der Zeit

WS

annus	das Jahr		*Anno, Annalen*
lŏcus	der Ort, die Stelle	*local*	*Lokal, Lokalderby*
fériae, -ārum	die Feiertage, Ferien		*Ferien*
idṓnëus, -a, -um	passend, geeignet		
tōtus, -a, -um	ganz	*total*	*total, Totalschaden*
prīmus, -a, -um	der erste, als erster	*prime*	*prima, Primaten*
domī	zu Hause		*Domizil, Dom*
vésperī	am Abend		

Merke:

lŏca, -ṓrum	die Orte, die Plätze (im Gelände)
Mārcus prīmus domī est.	Markus ist als erster zu Hause.

Genitiv und Dativ Singular von *totus* und *alius* werden erst später gelernt.

EN

Géllius, -ī	Gellius	**Áttica, -ae**	Attika
Gallī, -ṓrum	die Gallier	**Gállicus, -a, -um**	gallisch
Helvḗtiī, -ṓrum	die Helvetier	**Germā́nī, -ṓrum**	die Germanen
Rōmā́nī, -ṓrum	die Römer	**Rōmā́nus, -a, -um**	römisch
Suēbī, -ṓrum	die Sueben		

FB **Der Lokativ:** der Ablativ des Ortes und der Zeit

GR 1. Der Lokativ (Ablativ des Ortes und der Zeit) ist der dritte ehemals selbständige Kasus, der sich im heutigen Ablativ (6. Fall) wiederfindet. Er gibt Ort und Zeit an.

Der Lokativ hatte ursprünglich den Ausgang *-ī*. Dies findet sich noch in einigen Adverbien bzw. Wendungen, z. B. *vésper-ī, dom-ī.*

Der Lokativ als Ablativ drückt aus:
- eine bloße Angabe des Zeitpunkts auf die Frage wann? (z. B. *fériīs*: in den Ferien, annō: im Jahr)
- Ortsangaben in Verbindung mit *locus* + Attribut und *tōtus* (z. B. *multīs lŏcīs*: an vielen Orten, *idóneō lŏcō*: an einer geeigneten Stelle, *tōtā pátriā*: im ganzen Vaterland)

Der Bedeutungsumfang des Ablativs (6. Falls) ist also folgender:

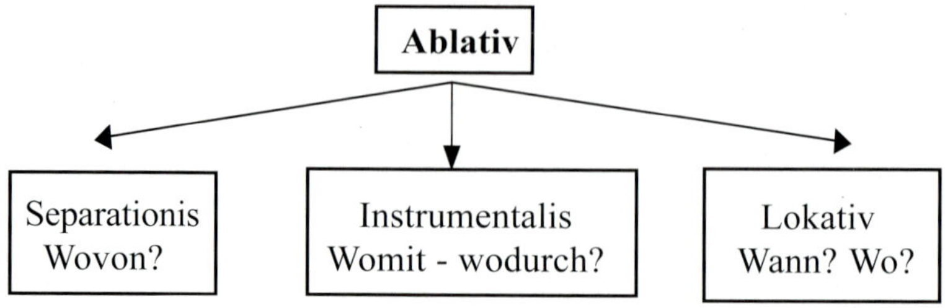

2. Auf die Frage „Wie lange“ steht im Lateinischen (wie im Deutschen) der Akkusativ: *multōs annōs* viele Jahre (hindurch, lang)

K 25a Präpositionen mit Ablativ

WS

ab (ā)	von – weg; (zeitlich) seit	*ab-sent*	*ab-danken*
dē	von – herab; über	*de-parture*	*de-kadent*
ex (ē)	aus, (zeitlich) seit	*to ex-claim*	*Ex-temporale*
cum	mit	*con-tinual*	*Kon-tinent*
prō	vor; für; anstatt	*pro-fit*	*Pro-dukt*
sine	ohne		

EN

Germā́nī, -ṓrum	die Germanen	**Gallī, -ṓrum**	die Gallier
Rhēnus, -ī	der Rhein	**Ariovístus, -ī**	Ariovíst (Suebenkönig)

FB **Die Präposition:** das Verhältniswort

GR Die Präposition (das Verhältniswort) drückt das Verhältnis zwischen einem Wort und einem Verbum, Adjektiv oder Substantiv aus:

Wir freuen uns }
Wir sind froh } über den Sieg.
Unsere Freude }

Präpositionen (Verhältniswörter) haben einen bestimmten Kasus nach sich (regieren einen bestimmten Kasus). Der deutsche Kasus ist dabei vom lateinischen meist verschieden; du kannst hier also nicht abfragen.
ē villā (Ablativ): aus dem Landhaus (Dativ)

Die sechs Präpositionen (Verhältniswörter) dieser Lektion werden im Lateinischen stets mit dem Ablativ verbunden:

ā templō: vom Tempel her	*cum amīcō*: mit dem Freund
dē tēctō: vom Dach herab	*prō līberīs*: für die Kinder
ē vīllā: aus dem Landhaus	*sine auxíliō*: ohne Hilfe
ē multīs annīs: seit vielen Jahren	

Beachte: ***ab*** und ***ex*** behalten meist das *b* bzw. das *x*, wenn das folgende Wort mit einem Vokal beginnt: *ab agrō, ex īnsulā*; vor einem Konsonanten verlieren sie es aber meist: *ā dóminō, ē vītā.*

Cum wird meist gesetzt, wenn gemeint ist: mit = in Begleitung von lebendigen Wesen, z. B. *cum amīcīs, cum fīlia*. Wird jedoch ein Mittel oder ein Werkzeug ausgedrückt, mit dem etwas geschieht, steht der bloße Ablativ (Instrumentalis).

Dē bedeutet „über" im Sinne von „reden, erzählen über". Es wird grundsätzlich bei Überschriften gebraucht: *dē Rōmānīs* (= es wird erzählt) über die Römer; im Deutschen geben wir es wieder mit: Die Römer.

K 26a Präpositionen mit Akkusativ

WS

ad	zu, bei, an	*ad-mit*	*ad-dieren*
apud	bei		
ante	vor		
post	nach, hinter	*post-script*	*post-operativ*
circā (circum)	um - herum	*circum-stance*	*zirka*
contrā	gegen	*contra-diction*	*konträr*
óppidum	die (befestigte) Siedlung, Stadt		
vīcus	das (unbefestigte) Dorf		*Weich-bild*
silva	der Wald		*Transsilvanien*
properāre	eilen		

Merke:

Germānīs magna óppida nōn sunt.

[Den Germanen sind keine großen Städte (zu eigen).]
Die Germanen haben keine großen Städte.

FB **Die Assimilation:** die Konsonantenangleichung

GR Präpositionen (Verhältniswörter) mit dem Akkusativ:

> Die Präpositionen ***ad, apud, ante, post, circum*** und ***contrā*** regieren den **Akkusativ**:
>
> | | |
> |---|---|
> | *ad vīllam* | zum (beim) Landhaus |
> | *apud amīcōs* | bei Freunden |
> | *ante tēctum* | vor dem (vor das) Haus |
> | *post tēctum* | hinter dem (hinter das) Haus |
> | *circum tēctum* | um das Haus (herum) |
> | *contrā adversāriōs* | gegen die Feinde |

WB Präpositionen (Verhältniswörter) werden häufig als Präfixe mit Verben verbunden; ein Verbum, das auf diese Weise entsteht, nennt man Kompositum (zusammengesetztes Verb).

Das Präfix *ad-* bedeutet in Zusammensetzungen: zu – hinzu; herbei:
ad-vocāre: herbei-rufen (vgl. 6 a)

Häufig wird dabei das *d* an den folgenden Buchstaben angeglichen (assimiliert):
ad-parāre > *ap-parāre*: zu-bereiten, herbei-schaffen

K 27a Präpositionen mit Ablativ und Akkusativ

WS

in	in, an, auf; nach (Richtung)	*into*	*in-tern*
sub	unter	*sub-marine*	
per (m. Akk.)	durch	*to per-mit*	*per-manent*
extrā (m. Akk.)	außerhalb	*extra-vagance*	*Extra-vaganz*
intrā (m. Akk.)	innerhalb	*entry*	*intra-venös*
trāns (m. Akk.)	über – hinüber, jenseits	*to trans-late*	*Trans-port*
vīnum	der Wein	*vine*	
volāre	fliegen, eilen		*Volleyball*
portāre	bringen	*portable*	*Porto*

FB **Die Konjunktion:** das Bindewort
koordinierend: gleichordnend
subordinierend: unterordnend

GR

Die Präpositionen ***in*** und ***sub*** können mit dem Ablativ und mit dem Akkusativ verbunden werden.
Dabei gibt der **Ablativ** den Ort (Lokativ!) an: Frage: **wo**?
Der **Akkusativ** bezeichnet die Richtung; Frage: **wohin**?

Bḗstiae (!) *in sīlva sunt*:	Die Tiere leben im Wald. (wo leben sie?)
Bḗstiae in silvam próperant:	Die Tiere eilen in den Wald. (wohin eilen sie?)
Bḗstia sub terrā est:	Das Tier lebt unter der Erde. (wo lebt es?)
Bḗstia sub terram próperat.	Das Tier flüchtet (eilt) unter die Erde. (wohin flüchtet es?)

Die Präpositionen *per, extrā, intrā, trāns* regieren den Akkusativ:

per agrōs:	durch die Äcker
extrā (intrā) tēctum:	außerhalb (innerhalb) des Hauses
trāns Rhēnum:	über den Rhein, jenseits des Rheins

WB Viele Präpositionen bilden als Präfixe mit Verben Komposita (zusammengesetzte Verben). Beide Bestandteile behalten dabei gewöhnlich ihre Grundbedeutungen:

trāns-portā́re	hinüber-bringen, über-bringen
im-portā́re	hinein-bringen, einführen
ex-portā́re	hinaus-bringen, ausführen
per-volā́re	durchfliegen, fliegen durch

Vor *b* und *p* wird dabei das Präfix *in* meist zu *im*:
in-portā́re > im-portā́re.

ÜS **Konjunktionen** (Bindewörter) können **koordinierend** (gleichordnend, z. B. und, oder, aber) oder **subordinierend** (unterordnend, z. B. weil, als, obwohl) sein. Subordinierende Konjunktionen leiten einen Nebensatz ein und nehmen im Deutschen meist die erste Stelle ein. Im Lateinischen können sie auch an zweiter Stelle (gelegentlich noch weiter im Satz) stehen. Meist wird dann ein Satzteil (häufig das Subjekt) vorgezogen, wenn es zum Nebensatz **und** zum Hauptsatz gehört (sog. gemeinsames Subjekt). Im Deutschen stellen wir diesen vorgezogenen Satzteil in den Nebensatz; wir beginnen also mit der Konjunktion (dem Bindewort).
Multae vespae quia in vīllā sunt, agrícolās terrent.
Weil viele Wespen im Landhaus sind, erschrecken sie die Bauern.

Multae vespae ist Subjekt zu *sunt* und *terrent*. Deshalb steht es am Anfang des Satzgefüges. Im Deutschen beginnen wir mit der Konjunktion (Weil viele Wespen ...). Möglich ist es auch, zuerst den Hauptsatz zu übersetzen: Viele Wespen erschrecken ..., weil sie im Landhaus sind.

K 28a Das Imperfekt der ē- und ā-Konjugation

WS

circus	der Zirkus	*circle*	*zirzensisch*
lūdus	das Spiel; die Schule		*Präludium, Illusion*
ṓtium	die Ruhe, freie Zeit, Muße		
cēna	das Mahl, Essen		
invītā́re	einladen	*to invite*	
vexā́re	quälen, heimsuchen		*Vexierbild*
autem (*nachgestellt*)	aber		

EN

Horā́tius, -ī	Horaz (römischer Dichter)
Maecḗnas, -ā́tis	Mäcenas (Gönner von Künsten und Wissenschaften)

FB **Das Imperfekt:** die erste Vergangenheit
Das Tempus (Pl. **Tempora**): die Zeit

FL Das Imperfekt wird gebildet, indem zwischen dem Präsensstamm und der Endung das Tempuszeichen (Kennzeichen zur Bildung einer Zeit) ***-ba*** eingefügt wird. Die Endung in der 1. Person Singular lautet ***-m*** (vgl. *su-m*).

Das Imperfekt der ē-Konjugation

Person	Singular		Plural	
1. P.	habḗ-ba-m	ich hatte	habē-bā́-mus	wir hatten
2. P.	habḗ-bā-s	du hattest	habē-bā́-tis	ihr hattet
3. P.	habḗ-ba-t	er (sie, es) hatte	habḗ-ba-nt	sie hatten

Das Imperfekt der ā-Konjugation				
Person	Singular		Plural	
1. P.	laudā́-ba-m	ich lobte	laudā-bā́-mus	wir lobten
2. P.	laudā́-bā-s	du lobtest	laudā-bā́-tis	ihr lobtet
3. P.	laudā́-ba-t	er (sie, es) lobte	laudā́-ba-nt	sie lobten

ÜS Die Tempora (Zeiten) haben im Lateinischen oft eine andere Bedeutung als im Deutschen. Dies muss bei der Übersetzung berücksichtigt werden. Im Deutschen muss dann ein anderes Tempus (eine andere Zeit) oder eine Umschreibung verwendet werden.

Das lateinische Imperfekt (wörtlich: unvollendet: die erste Vergangenheit) bezeichnet eine Handlung bzw. einen Vorgang, der in der Vergangenheit liegt und noch nicht endgültig abgeschlossen ist. Es gibt die Dauer, die Wiederholung oder den Versuch an.
Tḗctum intrābā́mus: Wir waren gerade dabei, das Haus zu betreten. (Dauer)
Immer wieder (oft) betraten wir das Haus. (Wiederholung)
Wir versuchten das Haus zu betreten. (Versuch)
Die passende Übersetzung muss der Zusammenhang ergeben.

In den meisten Fällen kann das lateinische Imperfekt (die erste Vergangenheit) im Deutschen durch das Präteritum ausgedrückt werden, weil der Zusammenhang eindeutig ist. Mitunter ist jedoch eine der erwähnten Umschreibungen nötig, wenn der Sinn es erfordert.

K 29a Das Imperfekt von esse

WS

fortū́na	das Glück, Schicksal	*fortune*	*Fortune*
negṓtium (ṓtium)	das Geschäft, die Tätigkeit, Aufgabe		
várius, -a, -um	verschieden, mannigfaltig, bunt	*various*	*variabel*
numquam	niemals		

FB **Rhotazísmus:** Lautregel, nach der aus einem „s“ zwischen zwei Vokalen ein „r“ werden kann (vgl. im Deutschen: Fro<u>s</u>t – frie<u>r</u>en)

FL

Das Imperfekt (die erste Vergangenheit) von *esse*:
Das Imperfekt von *esse* wird gebildet, indem zwischen dem Präsensstamm und der Endung das Tempuszeichen (Kennzeichen zur Bildung einer Zeit) ***-a*** eingefügt wird. Es lautet demnach *es-a-m*. Hier tritt nun eine Lautregel ein, der sog. Rhotazísmus (ρ = Rho = die griechische Bezeichnung für r), der besagt, dass *s* zwischen zwei Vokalen zu *r* werden kann. Aus *es-a-m* wird demnach *e**r**-a-m*.

Das Imperfekt von esse

Person	Singular		Plural	
1. P.	ér-a-m	ich war	er-ā́-mus	wir waren
2. P.	ér-ā-s	du warst	er-ā́-tis	ihr wart
3. P.	ér-a-t	er (sie, es) war	ér-a-nt	sie waren

Das Imperfekt von posse

Person	Singular		Plural	
1. P.	pót-eram	ich konnte	pot-erā́mus	wir konnten
2. P.	pót-erās	du konntest	pot-erā́tis	ihr konntet
3. P.	pót-erat	er (sie, es) konnte	pót-erant	sie konnten

K 30a Das Plurale tantum

WS

īnsídiae, -ā́rum	der Hinterhalt, Überfall		
dīvítiae, -ā́rum	der Reichtum		
fortū́nae, -ā́rum	der Besitz, das Hab und Gut, (die „Glücksgüter“)	*fortune*	*Fortunatus*
líttera, -ae	der Buchstabe	*literature*	*Literatur,*
lítterae, -ā́rum	die Wissenschaften, der Brief, die Schrift (= das Buch);	*literarisch* *letter*	*Letter*
arma, -ṓrum n.	die Waffen	*arms*	*Armee, Armatur*
castra, -ṓrum n.	das Lager	*castle*	*Kastell*
impedīméntum	das Hindernis		
impedīménta, -ṓrum	der Tross		

Merke:	**lítterās dare ad amīcum**	dem Freund einen Brief schreiben
	lítterīs studēre	sich um die Wissenschaften (Schriften etc.) bemühen
	īnsídiās parāre	auflauern

FB **Plurale tantum:** Substantiv, das nur im Plural vorkommt

FL Im Lateinischen gibt es Wörter, die nur im Plural vorkommen (vgl. im Deutschen: die Leute, die Ferien). Im Lateinischen kennst du schon: *fériae, -ārum* die Ferien; *līberī, -ōrum* die Kinder; *cōpiae, -ārum* die Truppen. In manchen Fällen lässt sich das inhaltlich erklären: *castra, -ōrum* das Lager = die Zelte; *impedīménta, -ōrum* der Tross (der Teil eines Heeres, in dem Fahrzeuge, Verpflegung, Gerätschaften usw. der Soldaten mitgeführt werden) = die (beim Marsch hindernden) Gepäckstücke; *lítterae, -ārum* der Brief = viele Buchstaben.

ÜS Wenn ein Plurale tantum (Wort, das nur im Plural vorkommt) im Lateinischen Subjekt ist, steht das Verbum ebenfalls im Plural:
*Castr**a** magn**a** er**ant***: **Das** Lager **war** groß.

K 31a Das v-Perfekt

WS

officium	die Pflicht	*office*	*offiziell, Offizier*
dēlēre	zerstören	*to delete*	
com-, implēre	anfüllen	*complete*	*komplett*
explēre	ausfüllen, erfüllen		
flēre	(be)weinen		*flennen*
pugna	der Kampf, die Schlacht		
pugnāre	kämpfen		
op-pugnāre	belagern, angreifen		
ex-pugnāre	erobern		

Merke: pugnāre dē victōriā um den Sieg kämpfen

EN

Gráecia, -ae	Griechenland	**Gráecī, -ōrum**	die Griechen
Corínthus, -ī f.	Korinth		

FB **Das Perfekt:** die zweite Vergangenheit

FL **1.** Ein lateinisches Verbum hat zwei Stämme: den Präsens- und den Perfektstamm (Stamm der zweiten Vergangenheit).
Der **Präsensstamm**, von dem Präsens, Imperfekt und Futur (Zukunft) gebildet werden, endet bei den Verben der ā-Konjugation auf *-ā*, bei denen der ē-Konjugation auf *-ē*.

Für die Bildung des **Perfektstammes** (Stammes der zweiten Vergangenheit) gibt es verschiedene Möglichkeiten. Bei den meisten Verben der ā-Konjugation wird an den Präsensstamm ein **-v** angefügt:
Präsensstamm: *laudā-*; Perfektstamm ***laudāv-***.

Von den Verben der ē-Konjugation, die wir kennen lernen, haben nur drei den Perfektstamm mit -v:
dēlḗre - ***dēlēv-***; *flḗre* - ***flēv-***; *(com-, im-, ex-)plḗre: (com-, im-, ex-)****plēv-***.

2. Die Perfektendungen (Endungen der zweiten Vergangenheit), die an den Perfektstamm angefügt werden, sind:

Person	Singular	Plural
1. Pers.	-ī	-imus
2. Pers.	-istī	-istis
3. Pers.	-it	-ērunt

Es ergeben sich für das Perfekt (zweite Vergangenheit) also folgende Formen:

Das v-Perfekt der ā-Konjugation

Person	Singular		Plural	
1. Pers.	laudā́v-ī	ich habe gelobt	laudā́v-imus	wir haben gelobt
2. Pers.	laudāv-ístī	du hast gelobt	laudāv-ístis	ihr habt gelobt
3. Pers.	laudā́v-it	er (sie, es) hat gelobt	laudāv-ḗrunt	sie haben gelobt

Das v-Perfekt der ē-Konjugation

Person	Singular		Plural	
1. Pers.	flḗv-ī	ich habe geweint	flḗv-imus	wir haben geweint
2. Pers.	flēv-ístī	du hast geweint	flēv-ístis	ihr habt geweint
3. Pers.	flḗv-it	er (sie, es) hat geweint	flēv-ḗrunt	sie haben geweint

ÜS Das lateinische Perfekt (wörtlich: vollendet: zweite Vergangenheit) bezeichnet meist eine Handlung, die einmalig und in der Vergangenheit abgeschlossen ist (sog. historisches Perfekt). Damit ist das **Perfekt** im **Lateinischen** das **Erzähltempus** für Begebenheiten, die sich in der Vergangenheit einmal abgespielt haben. Im **Deutschen** wird jedoch für Erzählungen der Vergangenheit das **Präteritum** verwendet. Demnach muss das lateinische Perfekt in diesen Fällen im Deutschen meist durch Präteritum wiedergegeben werden.

K 32a Das u-Perfekt und Perfekt von esse

WS

plēbéius, -a, -um	aus dem niederen Volk stammend; Subst.: der Plebejer		*Plebejer*
(Nom. Plur.: **plēbéiī** *oder* **plēbéī**)			
patrícius, -a, -um	patrizisch; Subst.: der Patrizier		*Patrizier*
tenḗre	halten, innehaben		*Tenor*
con-tinḗre	zusammenhalten, festhalten, in Schranken halten	*continental*	*Kontinent*
ob-tinḗre	festhalten, innehaben	*to obtain*	
sus-tinḗre	aushalten, erhalten	*to sustain*	
ōlim	einst		

FL

Ein großer Teil der Verben der ē-Konjugation bildet den Perfektstamm (Stamm der zweiten Vergangenheit) auf *-u*. Statt des *ē* im Präsensstamm erscheint im Perfektstamm ein *ŭ*:

Präsensstamm: *monē-* ⇒ Perfektstamm: *monŭ-*

Der Perfektstamm von *esse* lautet *fŭ-*.

Das u-Perfekt der ē-Konjugation				
Person	Singular		Plural	
1. Pers.	mónu -ī	ich habe gemahnt	monú -imus	wir haben gemahnt
2. Pers.	monu -ístī	du hast gemahnt	monu -ístis	ihr habt gemahnt
3. Pers.	mónu -it	er (sie, es) hat gemahnt	monu -ḗrunt	sie haben gemahnt

Das Perfekt von esse				
Person	Singular		Plural	
1. Pers.	fú -ī	ich bin gewesen	fú -imus	wir sind gewesen
2. Pers.	fu -ístī	du bist gewesen	fu -ístis	ihr seid gewesen
3. Pers.	fú -it	er (sie, es) ist gewesen	fu -ḗrunt	sie sind gewesen

Die Endung des Infinitivs Perfekt ist *-isse*. Sie wird an den Perfektstamm angefügt.

monu-ísse	gemahnt zu haben
laudāv-ísse	gelobt zu haben
fu-ísse	gewesen zu sein
potu-ísse	gekonnt zu haben

WB In Zusammensetzungen mit Verben haben folgende Präfixe (Vorsilben) die Bedeutung:

ab-: von – weg; *abstinḗre*: sich (oder: von sich) fernhalten
con-: a) zusammen; b) Verstärkung;
continḗre: a) zusammenhalten; b) festhalten
ob-: entgegen; *obtinḗre*: „entgegenhalten", festhalten
re-: zurück; *retinḗre*: zurückhalten

K 33a Das Plusquamperfekt

WS

īgnā́vus, -a, -um	feig, untätig		
negā́re	verneinen, verweigern	*negative*	*Negation*
dēbilitā́re	schwächen		*debil*
concórdia	die Eintracht	*concord*	*Concorde, Konkordat*

EN **Menḗnius Agríppa, -ī -ae** Menenius Agrippa (Vermittler im Ständekampf)

FB **Das Plusquamperfekt:** die dritte Vergangenheit

FL

Das Plusquamperfekt wird gebildet, indem an den Perfektstamm Endungen angefügt werden, die den Imperfektendungen von *esse* entsprechen:

laudā́v-eram	ich hatte gelobt
flḗv-eram	ich hatte geweint
monŭ́-eram	ich hatte gemahnt
fŭ́-eram	ich war gewesen
potŭ́-eram	ich hatte gekonnt

Es ergeben sich für das Plusquamperfekt (die dritte Vergangenheit) also folgende **Formen:**

Das Plusquamperfekt - Perfektstamm auf -v				
Person	Singular		Plural	
1.	laudā́v -eram	ich hatte gelobt	laudāv -erā́mus	wir hatten gelobt
2.	laudā́v -erās	du hattest gelobt	laudāv -erā́tis	ihr hattet gelobt
3.	laudā́v -erat	er (sie, es) hatte gelobt	laudā́v -erant	sie hatten gelobt

Das Plusquamperfekt – Perfektstamm auf -u				
Person	Singular		Plural	
1.	monú -eram	ich hatte gemahnt	monu -erā́mus	wir hatten gemahnt
2.	monú -erās	du hattest gemahnt	monu -erā́tis	ihr hattet gemahnt
3.	monú -erat	er (sie, es) hatte gemahnt	monú -erant	sie hatten gemahnt

Das Plusquamperfekt von esse				
Person	Singular		Plural	
1.	fú -eram	ich war gewesen	fu -erā́mus	wir waren gewesen
2.	fú -erās	du warst gewesen	fu -erā́tis	ihr wart gewesen
3.	fú -erat	er (sie, es) war gewesen	fú -erant	sie waren gewesen

ÜS Das lateinische Plusquamperfekt wird im Deutschen grundsätzlich auch als Plusquamperfekt wiedergegeben:
Adversárii ígnávi fúerant. Die Gegner waren feige gewesen.

K 34a Das Personalpronomen

WS

memória	die Erinnerung, das Gedächtnis	*memorial*	*Memory, Memoiren*
amīcítia (amīcus)	die Freundschaft		
grātia	der Dank, die Gunst, das Ansehen	*grateful*	*gratis*
inter (mit Akk.)	zwischen, unter (= mitten unter), während	*inter-national*	*Interesse*

Merke:
memória tuī die Erinnerung an dich
grātiam habēre Dank wissen, danken
hábeō tē amīcum ich habe dich zum Freund
appéllō tē amīcum ich nenne dich Freund
inter vīcum et silvam zwischen dem Dorf und dem Wald
inter amīcōs unter Freunden
inter cēnam während des Essens

EN
Ariovístus, -ī Ariovíst (Suebenkönig)
Háeduī, -ōrum die Häduer (gallischer Volksstamm)

FB **Das Personalpronomen:** das persönliche Fürwort

FL Personalpronomina (persönliche Fürwörter) werden im Lateinischen im Nominativ nur dann verwendet, wenn sie besonders betont sind, etwa bei Gegensätzen:
Ego numquam in Itáliā fuī, tū saepe ibi erās.

Ansonsten geht der Nominativ des Personalpronomens (persönlichen Fürworts) aus der Endung des Verbums hervor.

Das Personalpronomen im Singular						
Kasus	1. Person		2. Person		3. Person	
Nominativ	ego	ich	tū	du	-	-
Genitiv	meī	meiner	tuī	deiner	suī	seiner
Dativ	mihi	mir	tibi	dir	sibi	sich
Akkusativ	mē	mich	tē	dich	sē	sich
Ablativ	ā mē	von mir	ā tē	von dir	ā sē	von sich
	mēcum	mit mir	tēcum	mit dir	sēcum	mit sich

Das Personalpronomen im Plural						
Kasus	1. Person		2. Person		3. Person	
Nominativ	nōs	wir	vōs	ihr	-	-
Genitiv	nostrī	unser	vestrī	euer	suī	ihrer
Dativ	nōbīs	uns	vōbīs	euch	sibi	sich
Akkusativ	nōs	uns	vōs	euch	sē	sich
Ablativ	ā nōbīs	von uns	ā vōbīs	von euch	ā sē	von sich
	nōbīscum	mit uns	vōbīscum	mit euch	sēcum	mit sich

1. In der 3. Person ist das Personalpronomen (persönliche Fürwort) reflexiv; es darf also nur verwendet werden, wenn es sich auf das Subjekt bezieht:
Mārcus sibi nocúerat. Markus hatte sich (selbst) geschadet.
Membra sibi nocúerant. Die Glieder hatten sich (selbst) geschadet.

2. Der Genitiv ist selten. Es ist darauf zu achten, dass die Form des Genitivs auch Genitiv Singular im Maskulinum/Neutrum oder Nominativ Plural im Maskulinum des Possessivpronomens (besitzanzeigenden Fürworts) sein kann. Aus dem Zusammenhang des Satzes ist die richtige Form zu erschließen.

memória meī, tuī, suī, nostrī, vestrī, suī:
die Erinnerung an mich, dich, sich, uns, euch, sich
(Gen. Sing. des Personalpronomens)

amī́cī meī, tuī, nostrī, vestrī:
meines, deines, unseres, eueres Freundes
(Gen. Sing. Mask./Neutr. des Possessivpronomens)

amī́cī meī, tuī, nostrī, vestrī:
meine, deine, unsere, euere Freunde
(Nom. Plur. Mask. des Possessivpronomens)

3. Die Präposition *cum* verschmilzt im Ablativ mit dem Personalpronomen (persönlichen Fürwort) zu einem Wort:
mēcum, tēcum, sēcum, nōbī́scum, vōbī́scum, sēcum: mit mir, dir, sich, uns, euch, sich

K 35a Das Relativpronomen

WS

honéstus, -a, -um	ehrenvoll, sittlich gut	*honorable*	*honorig*
prae-clā́rus, -a, -um (clārus)	herrlich, prächtig		
ubī́que	überall		
nunc	jetzt		*nun*

Merke:
victṓriam re-portā́re den Sieg davontragen

EN **Suḗbī, -ṓrum** die Sueben

FB **Das Relativpronomen:** das bezügliche Fürwort

FL Das Relativpronomen (bezügliche Fürwort) leitet einen Relativsatz ein; es bezieht sich auf ein Nomen, das es näher bestimmt. Der Relativsatz hat deshalb meist die Funktion eines Attributs.

Das Relativpronomen						
	Singular			Plural		
Kasus	Mask.	Fem.	Neutr.	Mask.	Fem.	Neutr.
Nom.	quī	quae	quod	quī	quae	**quae**
Gen.		cuius		quōrum	quārum	quōrum
Dat.		cui			quibus	
Akk.	quem	quam	quod	quōs	quās	**quae**
Abl.	quō	quā	quō		quibus	

	Singular			Plural		
Kasus	Mask.	Fem.	Neutr.	Mask.	Fem.	Neutr.
Nom.	der	die	das		die	
Gen.	dessen	deren	dessen		deren	
Dat.	dem	der	dem		denen	
Akk.	den	die	das		die	
Abl.	durch den	durch die	durch das		durch die	

Im Deutschen lautet das Relativpronomen gewöhnlich „der – die – das".
Die Formen „welcher – welche – welches" gelten als veraltet.

1. Das Relativpronomen (bezügliche Fürwort) stimmt in Numerus und Genus mit seinem Beziehungswort überein:

vir, quī ... der Mann, der ...
fḗminae, quae ... die Frauen, die ...

2. Ein Relativpronomen (bezügliches Fürwort) im Neutrum kann sich nicht nur auf ein Wort, sondern auch auf den Inhalt eines ganzen Satzes beziehen.

templum, quod ... der Tempel, der ...
Mē vīsitāvístī, quod exspectā́veram. Du besuchtest mich, **was** ich erwartet hatte.

3. Wie beim Personalpronomen (persönlichen Fürwort), so verbindet sich die Präposition *cum* im Ablativ ebenfalls mit dem Relativpronomen (bezüglichen Fürwort): ***quōcum – quācum – quibúscum*:** mit dem – mit der – mit denen

K 36a Das Interrogativpronomen

WS

rogā́re	fragen, bitten		*Rogate*
inter-rogā́re (intérrogō)	fragen		*Interrogativpronomen*
quandō?	wann?		
quot?	wie viele?		*Quote, Quotient*
quantus, -a, -um?	wie groß?	*quantity*	*Quantität*
firmus, -a, -um	stark, tapfer	*firm*	*Firmung*
grātus, -a, -um (grā́tia)	angenehm, dankbar	*grateful*	*graziös*

FB **Das Interrogativpronomen:** das fragende Fürwort

FL **1.** Das Interrogativpronomen (fragende Fürwort) kann substantivisch oder adjektivisch verwendet werden. **Substantivisch** bedeutet, dass es ein Substantiv vertritt, also für sich allein steht: *Quis cantat*? Wer singt? – *Quid laudās*? Was lobst du? Beim substantivischen Interrogativpronomen gibt es keine eigenen Formen für das Femininum.

2. Adjektivisch ist ein Interrogativpronomen (fragendes Fürwort) gebraucht, wenn es (wie ein Adjektiv) mit einem Substantiv verbunden ist:

Quī vir cantat?	Welcher Mann singt?
Quae fémina narrat?	Welche Frau erzählt?
Quod templum intrās?	Welchen Tempel betrittst du?

Die Formen des adjektivisch gebrauchten Interrogativpronomens (fragenden Fürwortes) sind mit denen des Relativpronomens gleich.

Das substantivisch gebrauchte Interrogativpronomen (fragende Fürwort), das nur im Singular vorkommt, hat folgende Formen:

Das Interrogativpronomen

Kasus	Maskulinum und Femininum		Neutrum
Nominativ	quis?		quid?
Genitiv		cuius?	
Dativ		cui?	
Akkusativ	quem?		quid?
Ablativ	ā quō? quōcum?		quō?

Kasus	Maskulinum und Femininum	Neutrum
Nominativ	wer?	was?
Genitiv	wessen?	wessen?
Dativ	wem?	wem?
Akkusativ	wen?	was?
Ablativ	von/mit wem?	von/mit was?

3. Im Ablativ verbindet sich die Präposition *cum* wieder mit dem Interrogativpronomen: *quōcum*? mit wem?

4. *Quis nostrum (vestrum)* wer von uns (euch)? *Nostrum* und *vestrum* sind Sonderformen des Genitivs zu *nōs* bzw. *vōs*, die nur in Verbindungen wie „wer von uns (euch), niemand von uns (euch)" etc. auftreten.

WB Das Präfix ***in-*** wandelt die Bedeutung eines Adjektivs in ihr Gegenteil (vgl. deutsch: ***un-***):
firmus stark – *īn-firmus* schwach
grātus angenehm, dankbar – *in-grátus* unangenehm, undankbar

K 37a Dritte Deklination: r-Stämme 1

WS

ōrā́tor, ōrātṓr-is (ōrā́re)	der Redner		*Oratorium*
imperā́tor, imperātṓr-is (imperā́re)	der Befehlshaber, Feldherr, Kaiser	*emperor*	*Imperativ*
dictā́tor, dictātṓr-is	der Diktator		*Diktatur*
praetor, praetṓr-is	der Prätor		*Prätorianer*
quaestor, quaestṓr-is	der Quästor		*Quästur*
labor, labṓr-is (labōrā́re)	die Arbeit, Mühe	*labour*	*Laboratorium*
dolor, dolṓr-is (dolḗre)	der Schmerz		*Dolores*

Merke:
imperā́tor Augústus der Kaiser Augustus
Varus imperā́tor der Feldherr Varus
Die Bezeichnung „imperā́tor" steht bei der Bedeutung „Kaiser" vor dem Namen, bei der Bedeutung „Feldherr" nach dem Namen.

EN

Cláudius, -ī; Sextus, -ī;	Claudius; Sextus; (römische Namen)
Lýdia, -ae	Lydia
Hánnibal, -ălis	Hannibal (karthagischer Feldherr)
Caesar, -ăris	Cäsar (römischer Feldherr u. Staatsmann)
Alpēs, -ium (Pl.)	die Alpen

FL Die dritte Deklination ist in zwei große Gruppen unterteilt: in die **konsonantischen Stämme** und die **i-Stämme**. Daneben besteht noch eine **Mischklasse**, deren Substantive im Singular wie die Konsonantenstämme, im Plural wie die i-Stämme dekliniert werden. Da es jeweils verschiedene Untergruppen gibt, ist es nötig, bei jedem Wort den Genitiv dazuzulernen. Denn nur so erkennst du den eigentlichen Stamm, von dem die übrigen Formen gebildet werden: **ōrātṓr-is**. Bei den Konsonantenstämmen endet der Stamm auf einen einzigen Konsonanten, meist auf *n, r, t* oder *c/g*.

Die Konsonantenstämme weisen im Singular folgende Endungen auf:

Kasus	Endung	Beispiel	
Nominativ	-s oder keine Endung	ōrấtor	der Redner
Genitiv	-is	ōrātṓr-is	des Redners
Dativ	-ī	ōrātṓr-ī	dem Redner
Akkusativ	-em	ōrātṓr-em	den Redner
Vokativ	wie Nominativ	ōrấtor	Redner
Ablativ	-e	cum ōrātṓr-e	mit dem Redner

Die r-Stämme auf *-or, -ṓris* sind Maskulina: *ōrấtor clārus* der berühmte Redner
Häufig drücken Substantive auf *-tor, -tṓris* die Person aus, die eine bestimmte Tätigkeit ausübt.

K 38a Dritte Deklination: r-Stämme 2

WS

amor, amṓr-is (amấre)	die Liebe	*amateur*	*Amateur*
clāmor, clāmṓr-is (clāmấre)	das Geschrei	*clamo(u)r*	
color, colṓr-is	die Farbe	*color*	*kolorieren*
error, errṓr-is	der Irrtum, die Irrfahrt	*error*	*Irrtum*
timor, timṓr-is (timḗre)	die Furcht	*timid*	
terror, terrṓr-is (terrḗre)	der Schrecken	*terror*	*Terrorismus*
victor, victṓr-is (victṓria)	der Sieger	*victory*	*Viktor*
gladiấtor, gladiātṓr-is	der Gladiator		

EN

Philíppus, -ī	Philipp (ursprünglich griech. Name, hier mit lat. Endung)		
Cláudius, -ī	Claudius (römischer Namen)		
Polyphḗmus, -ī	Polyphem	**Trōia, -ae**	Troja
Ulíxēs, -is	Odysseus	**Pēnélopa, -ae**	Penélope

FL

Die Konsonantenstämme weisen im Plural folgende Endungen auf:			
Kasus	Endung		Beispiel
Nominativ	-ēs	ōrātór-ēs	die Redner
Genitiv	-um	ōrātór-um	der Redner
Dativ	-ibus	ōrātór-ibus	den Rednern
Akkusativ	-ēs	ōrātór-ēs	die Redner
Vokativ	-ēs	ōrātór-ēs	Redner
Ablativ	-ibus	cum ōrātór-ibus	mit den Rednern

K 39a Dritte Deklination: r-Stämme 3

WS

áër, áër-is m.	die Luft	*airport*	*aerodynamisch*
pater, patr-is	der V a t e r	*father*	*Patriarch, Pater*
frāter, frātr-is	der B r u d e r	*fraternity*	*Frater*
māter, mātr-is f.	die M u t t e r	*mother*	*Matrone*
múlier, mulíer-is f.	die Frau, Ehefrau		
sorṓr, sorṓr-is f.	die Schwester		
uxor, uxṓr-is f.	die Gattin		
septem	s i e b e n		
octō	a c h t		
novem	neun		
decem	zehn		*Dezimalbruch*
dum (meist mit Präsens)	während		

Merke:

Dum laboro, te spectavi. Während ich arbeitete, erblickte ich dich.

EN **Lūcílius, -ī; Mánlius, -ī** Lucilius; Manlius (römische Namen)
Mārcus, -ī; Antōnia, -ae Markus; Antonia (römische Namen)

FB **Das Numerale:** das Zahlwort

FL **1.** Die r-Stämme auf *-er, -(e)ris* sind **Maskulina**: *pater bonus* der gute Vater

Dritte Deklination: Maskulina auf -er, -(e)ris				
Kasus	Singular		Plural	
Nominativ	pater	der Vater	patr-ēs	die Väter
Genitiv	patr-is	des Vaters	patr-um	der Väter
Dativ	patr-ī	dem Vater	pátr-ibus	den Vätern
Akkusativ	patr-em	den Vater	patr-ēs	die Väter
(Vokativ	pater	Vater	patr-ēs	Väter)
Ablativ	cum patr-e	mit dem Vater	cum pátr-ibus	mit den Vätern

2. Nach dem natürlichen Geschlecht sind **Feminina**:

māter clāra	die berühmte Mutter
múlier beāta	die glückliche Ehefrau
soror parva	die kleine Schwester
uxor íntegra	die ehrliche Gattin

3. Ein Teil der Numeralia (Grundzahlen von 4 bis 100) wird im Lateinischen nicht dekliniert: *septem frātrēs - septem frātrum - septem frātribus*

K 40a Dritte Deklination: r-Stämme 4

WS

senā́tor, senātŏ́r-is	der Senator	*senator*	*senatorisch*
māiṓrēs, māiŏ́r-um	die Vorfahren		*Majorität*
honōs, honŏ́r-is	die Ehre, das Ehrenamt	*hono(u)r*	*Honoratioren, Honorar*
mōs, mŏ́r-is	die Sitte	*morality*	*Moral*
mṓrēs, mŏ́r-um	der Charakter		
arbor, árbŏr-is f.	der Baum		
áequor, áequŏris n.	das Meer, die Meeresoberfläche		
mármor, mármŏr-is n.	der Marmor	*marble*	*marmoriert*
vastus, -a, -um	w ü s t , weit		*Wüste*

EN

Parus, -ī f.	Parus (griech. Insel)	**Augústus, -i**	Augustus
Parius, -a, -um	Parisch (von der Insel Paros stammend)		

FL **1.** Die r-Stämme auf *-or* (*-ōs*), *-ṓris* sind Maskulina, wenn das *o* in der Schlusssilbe des Stammes lang (betont) ist:

senā́tor clārus der berühmte Senator (Gen. *senātṓris clārī*)
honōs magnus die große Ehre.

2. Die r-Stämme auf *-or*, *-ŏris* haben ein anderes Geschlecht, wenn das *o* in der Schlusssilbe des Stammes kurz (unbetont) ist:

arbor praeclā́ra ein herrlicher Baum (Bäume sind Feminina, vgl. K 18a)
aequor vastum das weite Meer
marmor Párium Parischer Marmor

Dritte Deklination – Maskulina auf -or (ōs), -ōris				
Kasus	Singular		Plural	
Nominativ	hónōs	die Ehre	honṓr-ēs	die Ehren
Genitiv	honṓr-is	der Ehre	honṓr-um	der Ehren
Dativ	honṓr-ī	der Ehre	honṓr-ibus	den Ehren
Akkusativ	honṓr-em	die Ehre	honṓr-ēs	die Ehren
(Vokativ	hónōs	Ehre	honṓr-ēs	Ehren)
Ablativ	honṓr-e	durch Ehre	honṓr-ibus	durch Ehren

3. Erinnere dich daran, dass bei den Neutra grundsätzlich **Nominativ, Akkusativ und Vokativ gleich** sind und dass diese drei Kasus im **Plural** aller Deklinationen auf **-ă** enden!

Dritte Deklination: Neutra auf -or, -ŏris				
Kasus	Singular		Plural	
Nominativ	**áequor**	das Meer	**áequŏr-a**	die Meere
Genitiv	áequŏr-is	des Meeres	áequŏr-um	der Meere
Dativ	áequŏr-ī	dem Meer	aequŏ́r-ibus	den Meeren
Akkusativ	**áequor**	das Meer	**áequor-a**	die Meere
(Vokativ	**áequor**	Meer	**áequor-a**	Meere)
Ablativ	áequŏr-e	durch das Meer	aequŏ́r-ibus	durch Meere

4. Im Genitiv Singular ist der Stamm eines Substantivs der 3. Deklination enthalten:
z.B.: *honōs,* ***honṓr****-is*

Wenn du diesen Stamm (und das Geschlecht) kennst, kannst du jedes beliebige Substantiv der Konsonantenstämme der 3. Deklination deklinieren. Die Einteilung in die verschiedenen Gruppen spielt nur eine Rolle für das Geschlecht und die Betonungen.
z.B.: *coniūnx,* ***cóniŭg****-is f.: cóniugī, cóniugem*, ... (vgl. K 50a)

Vergegenwärtige dir nochmals die Endungen der Konsonantenstämme der 3. Deklination:

	Singular			Plural		
Kasus	Mask.	Fem.	Neutr.	Mask.	Femin.	Neutr.
Nominativ	-s; --		- . -	-ēs		-a
Genitiv		-is			-um	
Dativ		-ī			-ibus	
Akkusativ	-em		= Nom.	-ēs		-a
Vokativ	= Nom.		= Nom.	-ēs		-a
Ablativ		-e			-ibus	

K 41a Dritte Deklination: r-Stämme 5

WS

corpus, córpŏr-is	der Körper	*corporal*	*Korporation, Corpus delicti*
decus, décŏr-is	die Ehre; der Schmuck	*decoration*	*dekorieren*
fácinus, facínŏr-is	die Tat, Untat		
pectus, péctŏr-is	die Brust		*Angina pectoris*
tempus, témpŏr-is	die Zeit	*temporal*	*Tempo, temporär*
frīgus, frīgŏr-is	die Kälte	*fridge*	*Frigidarium*
rōbur, rṓbŏr-is	die Kraft; die Kerntruppe		*robust*

EN

Germā́nī, -ṓrum	die Germanen
Campus Martius	das Marsfeld (am Tiber gelegen)

FL Die r-Stämme auf *-us* (*-ur*), *-ŏris* sind Neutra; im Genitiv ist das *o* in der Schlusssilbe des Stammes kurz (unbetont):
corpus firmum der kräftige Körper

Dritte Deklination: Neutra auf -us, -ŏris				
Kasus	Singular		Plural	
Nominativ	**córpus**	der Körper	**córpŏr-a**	die Körper
Genitiv	córpŏr-is	des Körpers	córpŏr-um	der Körper
Dativ	córpŏr-i	dem Körper	corpŏ́r-ibus	den Körpern
Akkusativ	**córpus**	den Körper	**córpŏr-a**	die Körper
(Vokativ	**córpus**	Körper	**córpŏr-a**	Körper)
Ablativ	córpŏr-e	mit dem Körper	corpŏ́r-ibus	mit den Körpern

Erinnere dich daran, dass bei den Neutra grundsätzlich Nominativ, Akkusativ und Vokativ gleich sind und dass diese drei Kasus im Plural aller Deklinationen auf *-ă* enden!

K 42a Dritte Deklination: r-Stämme 6

WS

foedus, fóeder-is	das Bündnis	*federation*	*Föderalismus*
genus, géner-is	das Geschlecht, die Familie, die Art	*generation*	*Generation*
latus, láter-is	die Seite, Flanke	*lateral*	*bilateral*
mūnus, mū́ner-is	das Amt, die Aufgabe; das Geschenk		
opus, óper-is	das Werk		*Opus, Oper*
scelus, scéler-is	das Verbrechen		
sīdus, sī́der-is	der Stern, das Sternbild		
vulnus, vúlner-is	die Wunde		

EN

Homḗrus, -ī	Homer	**Téncterī, -ōrum**	die Tenkterer
Armínius, -ī	Arminius	**Vārus, -ī**	Varus

FL Die r-Stämme auf *-us, -eris* sind Neutra; im Genitiv ist das *e* in der Schlusssilbe des Stammes kurz (unbetont):
opus clārum ein berühmtes Werk

Dritte Deklination: Neutra auf -us, -ĕris

Kasus	Singular		Plural	
Nominativ	**ópus**	das Werk	**ópĕr-a**	die Werke
Genitiv	ópĕr-is	des Werkes	ópĕr-um	der Werke
Dativ	ópĕr-ī	dem Werk	opĕ́r-ibus	den Werken
Akkusativ	**ópus**	das Werk	**ópĕr-a**	die Werke
(Vokativ	**ópus**	Werk	**ópĕr-a**	Werke)
Ablativ	ópĕr-e	durch das Werk	opĕ́r-ibus	durch die Werke

Erinnere dich daran, dass bei den Neutra grundsätzlich Nominativ, Akkusativ und Vokativ gleich sind und dass diese drei Kasus im Plural aller Deklinationen auf *-ă* enden!

K 43a Dritte Deklination: t-Stämme 1

WS

comes, cómĭt-is	der Begleiter, Kamerad	*count*	
eques, équĭt-ĭs	der Reiter, Ritter	*equestrian*	
hospes, hóspĭt-is	der Gast, Gastfreund	*hospitality*	*Hospiz, Hospital*
mīles, mī́lĭt-is	der Soldat	*military*	*Militär*
pedes, pédĭt-is	der Soldat zu Fuß, Infanterist		
pēs, pedis	der Fuß		*Pedal*
furor, furṓris	die Raserei	*furious*	*Furie, furios*
cūrā́re (m. Akk.) (cura)	sich kümmern um, sorgen für, pflegen		*kurieren*

Merke:

pedem dóleō / **pēs mihi dolet**	mir tut der Fuß weh, ich habe Schmerzen am Fuß
hospitem cūrō	ich sorge für den Gast

EN

Mārcus Aurḗlius, -ī -ī	Mark Aurel (röm. Kaiser)
Alpēs, -ium	die Alpen

FL Die t-Stämme auf *-es, -ĭtis* sind Maskulina; im Genitiv ist das *i* in der Schlusssilbe des Stammes kurz (unbetont);
Maskulinum ist ebenso *pēs, pedis*:

mīles firmus	der tapfere Soldat
pēs parvus	der kleine Fuß

Dritte Deklination: Maskulina auf -es, -ĭtis

Kasus	Singular		Plural	
Nominativ	mī́les	der Soldat	mī́lĭt-ēs	die Soldaten
Genitiv	mī́lĭt -is	des Soldaten	mī́lĭt-um	der Soldaten
Dativ	mī́lĭt-ī	dem Soldaten	mīlĭ́t-ibus	den Soldaten
Akkusativ	mī́lĭt-em	den Soldaten	mī́lĭt-ēs	die Soldaten
(Vokativ	mī́les	Soldat	mī́lĭt-ēs	Soldaten)
Ablativ	ā mī́lĭt-ĕ	von dem Soldaten	ā mīlĭ́t-ibus	von den Soldaten

K 44a Dritte Deklination: t-Stämme 2

WS

aetās, aetắt-is	die Zeit, das Zeitalter		
auctṓritās, auctōrittắt-is	das Ansehen, der Einfluss	*authority*	*Autorität*
cī́vitās, cīvitắt-is	der Staat, die Bürgerschaft	*civil* *city*	*Zivilisation*
cupíditās, cupiditắt-is	die Begierde	*cupidity*	
lībértās, lībertắt-is (lī́ber, līberā́re)	die Freiheit	*liberty*	*liberal*
nōbílitās, nōbilitắt-is	der Adel, die Berühmtheit	*nobility*	*nobel, Nobilität*

FL Die t-Stämme auf *-ās*, *-ắtis* sind Feminina; im Genitiv ist das *a* in der Schlusssilbe des Stammes lang (betont).
cī́vitās Rōmắna der römische Staat

Dritte Deklination: Feminina auf -ās, -ắtis

Kasus	Singular		Plural	
Nominativ	cī́vitās	der Staat	cīvitắt-ēs	die Staaten
Genitiv	cīvitắt-is	des Staates	cīvitắt-um	der Staaten
Dativ	cīvitắt-ī	dem Staat	cīvitắt-ibus	den Staaten
Akkusativ	cīvitắt-em	den Staat	cīvitắt-ēs	die Staaten
(Vokativ	cī́vitās	Staat	cīvitắt-ēs	Staaten)
Ablativ	cīvitắt-e	durch den Staat	cīvitắt-ibus	durch die Staaten

FB Die Substantive auf *-ās*, *-ắtis* drücken oft einen Zustand aus:
lībértās ≈ der Zustand des Freiseins ≈ die Freiheit

K 45a Dritte Deklination: t-Stämme 3

WS

virtūs, virtū́t-is (vir)	die Tugend, Tapferkeit, Leistung	*virtue*	*Virtuosität*
iuvéntūs, iuventū́t-is	die Jugend	*juvenile*	
salūs, salū́t-is	die Rettung, das Heil, der Gruß		*Salut*
ū́tilitās, ūtilitā́t-is	der Nutzen	*utility*	*Utilitarismus*
fraus, fraud-is	der Betrug	*fraud*	
laus, laud-is (laudāre)	das Lob, der Ruhm		*Laudatio*

EN

Hérculēs, -is	Herkules (Held der griech. Mythologie)
Alcmḗna, -ae	Alkmene (Mutter des Herkules)
Sallústius, -ī	Sallust (röm. Geschichtsschreiber, 1. Jhdt. v. Chr.)

FL Die t-Stämme auf *-ūs*, *-ū́tis* (*-ū́dis*) sind Feminina; im Genitiv ist das *u* in der Schlusssilbe des Stammes lang (betont). Im Nominativ ist das *t* (*d*) vor *s* ausgefallen.

virtūs clāra die berühmte Leistung

Dritte Deklination: Feminina auf ūs, -ūtis (-ūdis)				
Kasus	Singular		Plural	
Nominativ	vírtūs	die Tugend	virtū́t-ēs	die Tugenden
Genitiv	virtū́t-is	der Tugend	virtū́t-um	der Tugenden
Dativ	virtū́t-ī	der Tugend	virtū́t-ibus	den Tugenden
Akkusativ	virtū́t-em	die Tugend	virtū́t-ēs	die Tugenden
(Vokativ	vírtūs	Tugend	virtū́t-ēs	Tugenden)
Ablativ	virtū́t-e	durch die Tugend	virtū́t-ibus	durch die Tugenden

K 46a Dritte Deklination: n-Stämme 1

WS

nātiō, nātiṓn-is	das Volk, der Volksstamm	*nationality*	*Nation, national*
rátiō, ratiṓn-is	der Verstand, Vernunft; die Rechnung; die Art und Weise	*rational, reason*	*Ration, rational*
légiō, legiṓn-is	die Legion		*Fremdenlegion*
ōratiō, ōrātiṓn-is (ōrā́tor)	die Rede		*Oratorium*
régiō, regiṓn-is	die Gegend	*region*	*Region, regional*
sermō, sermṓn-is m.	die Sprache, das Gespräch		*Sermon*

Merke:

sermō pátrius	die Muttersprache
ōrātiṓnem habḗre	eine Rede halten
sermṓnem habḗre	ein Gespräch führen

FL Die n-Stämme auf *-ō, -ṓnis* sind Feminina; im Genitiv ist das *o* in der Schlusssilbe des Stammes lang (betont).
nā́tiō clāra das berühmte Volk
Ausnahme: Maskulinum ist *sermō, sermṓnis:*
sermō noster unser Gespräch

Dritte Deklination: Feminina auf -ō, -ṓnis				
Kasus	Singular		Plural	
Nominativ	nā́tiō	das Volk	nātiṓn-ēs	die Völker
Genitiv	nātiṓn-is	des Volkes	nātiṓn-um	der Völker
Dativ	nātiṓn-ī	dem Volk	nātiṓn-ibus	den Völkern
Akkusativ	nātiṓn-em	das Volk	nātiṓn-ēs	die Völker
(Vokativ	nā́tiō	Volk	nātiṓn-ēs	Völker)
Ablativ	nātiṓn-e	durch das Volk	nātiṓn-ibus	durch die Völker

K 47a Dritte Deklination: n-Stämme 2

WS

imā́gō, imā́gin-is	das Bild, Abbild	*to imagine, imagination*	*imaginär, Image*
orī́gō, orī́gin-is	der Anfang, Ursprung	*original, origine*	*Original*
cōnsuētū́dō, cōnsuētū́din-is	die Gewohnheit, der Umgang		
magnitū́dō, magnitū́din-is (magnus)	die Größe	*magnitude*	
homō, hómin-is m.	der Mensch	*human*	*Humanität*
ōrdō, ṓrdin-is m.	die Ordnung, Reihe, Reihenfolge, der Stand	*order*	*Orden*
ī-gnōtus, -a, -um (notus)	unbekannt		

Merke:

ōrdō senātṓrius	der Senatorenstand
mihi cōnsuētū́dō tēcum est	ich habe Umgang mit dir

EN

Británnī, -ṓrum	die Britannier
Británnia, -ae	Britannien
Calgā́cus, -ī	Calgácus (Anführer des britannischen Heeres)
Agrícola, -ae	Agrícola (röm. Feldherr in Britannien)

FL Die n-Stämme auf *-ō, -ĭnis* sind Feminina; im Genitiv ist das *i* in der Schlusssilbe des Stammes kurz (unbetont).

imā́gō pulchra das schöne Bild

Ausnahme: Maskulina sind *ōrdō, ṓrdĭnis* und *homō, hóminis*:

ōrdō novus eine neue Ordnung, Reihenfolge, ein neuer Stand

cūnctī hóminēs alle Menschen

Dritte Deklination: Feminina auf -ō, -ĭnis				
Kasus	Singular		Plural	
Nominativ	imā́gō	das Bild	imā́gĭn-ēs	die Bilder
Genitiv	imā́gĭn-is	des Bildes	imā́gĭn-um	der Bilder
Dativ	imā́gĭn-ī	dem Bild	imāgí́n-ibus	den Bildern
Akkusativ	imā́gĭn-em	das Bild	imā́gĭn-ēs	die Bilder
(Vokativ	imā́gō	Bild	imā́gĭn-ēs	Bilder)
Ablativ	imā́gĭn-e	durch das Bild	imāgí́n-ibus	durch die Bilder

WB Nicht wenige Wörter der 3. Deklination werden mit dem Suffix *-tū́dō, -tū́dinis* gebildet; sie drücken meist einen Zustand aus:

magnitū́dō:	der Zustand des „Großseins“	die Größe
multitū́dō:	der Zustand des „Vielseins“	die große Zahl, Menge
beātitū́dō:	der Zustand des „Glücklichseins“	das Glück

K 48a Dritte Deklination: n-Stämme 3

WS

carmen, cármin-is	das Lied, Gedicht		*Carmen, Charme*
flūmen, flū́min-is	der Fluss	*fluent*	*Flut*
nōmen, nṓmin-is	der Name	*name*	*Pronomen*
ōmen, ṓmin-is	das Vorzeichen		*ominös*
crīmen, crī́min-is	der Vorwurf, das Verbrechen	*crime*	*Kriminalroman*
agmen, ágmin-is	die Schar, der Heereszug		
quattuor	vier		*Quadrat, Quader*
quinque	fünf		*Quintett*
sex	sechs	*six*	*Sextett*

Merke:

tibi crī́minī dō	ich mache dir zum Vorwurf
tibi crī́minī sum	mir wird von dir vorgeworfen
Mihi nōmen Cláudius (oder: **Cláudiō**) **est.**	Ich heiße Claudius.

FL **1.** Die n-Stämme auf *-men, -mĭnis* sind Neutra; im Genitiv ist das *i* in der Schlusssilbe des Stammes kurz (unbetont).
carmen pulchrum das schöne Lied

Dritte Deklination: Neutra auf -men, -mĭnis				
Kasus	Singular		Plural	
Nominativ	**cármen**	das Lied	**cármĭn-a**	die Lieder
Genitiv	cármĭn-is	des Liedes	cármĭn-um	der Lieder
Dativ	cármĭn-ī	dem Lied	carmĭ́n-ibus	den Liedern
Akkusativ	**cármen**	das Lied	**cármĭn-a**	die Lieder
(Vokativ	**cármen**	Lied	**cármĭn-a**	Lieder)
Ablativ	cármĭn-e	durch das Lied	carmĭ́n-ibus	durch die Lieder

Beachte wiederum, dass im **Neutrum** die Kasus **Nominativ, Akkusativ und Vokativ gleich** lauten und im **Plural** diese Kasus die Endung **-a** haben!

2. Erinnere dich: ein Teil der Numeralia (Grundzahlen von 4 bis 100) wird im Lateinischen nicht dekliniert (vgl. K 39a)
quattuor fíliī – quattuor fíliae – quattuor fíliīs

K 49a Dritte Deklination: c/g-Stämme mit einem Konsonanten

WS

lēx, lēg-is	das Gesetz	*legislation*	*legal, legitim*
rēx, rēg-is m.	der König	*to reign*	*Regent, regieren*
grex, greg-is m.	die Herde, Schar		*Kongregation*
dux, duc-is m.	der Anführer, Feldherr	*duke*	*Aquädukt*
vōx, vōc-is (vŏcāre)	die Stimme	*voice*	*Vokal*
lūx, lūc-is	das Licht, Tageslicht		*Luzifer*
pāx, pāc-is	der Friede	*peace*	*Pazifist*

Merke:
prīmā lūce bei Tagesanbruch, beim Morgengrauen

EN **Rómulus, -ī; Numa Pompílius, -ae -ī; Tullus Hostílius, -ī -ī** – Romulus; Numa Pompilius; Tullus Hostilius (röm. Könige)

FL Ein *x*, das im Nominativ erscheint, ist entstanden aus *c* + *s* oder *g* + *s*. Die Wörter, deren Stämme auf *c* oder *g* enden, sind **Feminina.**

Maskulina sind: *rēx, dux, grex*:

rēx clārus	der berühmte König
dux idóneus	der geeignete Anführer
parvus grex	die kleine Herde

Dritte Deklination: Feminina auf -s mit einem Konsonanten im Stammauslaut				
Kasus	Singular		Plural	
Nominativ	dux	der Anführer	duc-ēs	die Anführer
Genitiv	duc-is	des Anführers	duc-um	der Anführer
Dativ	duc-ī	dem Anführer	dúc-ibus	den Anführern
Akkusativ	duc-em	den Anführer	duc-ēs	die Anführer
(Vokativ	dux	Anführer	duc-ēs	Anführer)
Ablativ	cum duc-e	mit dem Anführer	cum dúc-ibus	mit den Anführern

K 50a Dritte Deklination: verschiedene Stämme mit einem Konsonanten

WS

coniūnx, cóniŭg-is	die Ehefrau, Gattin		*Konjunktion* *konjugieren*
plēbs, plēb-is	die Plebs, das niedere Volk		*Plebejer*
cṓnsul, cṓnsul-is m.	der Konsul	*to consult*	*Kónsul*
sōl, sōl-is m.	die Sonne		*Solarenergie*
sāl, săl-is m.	das S a l z, die Meeresflut	*salt*	*Saline*
éx(s)ul, éx(s)ul-is m.	der Verbannte		
ex(s)ílium	die Verbannung	*exile*	*Exil*

EN **Tarquínius Supérbus, -ī -ī** Tarquinius Superbus (röm. König)

FL Die Wörter, die im Nominativ Singular *-s* oder nur den bloßen Stamm aufweisen, sind **Feminina**.

Maskulina sind; *cōnsul, sal, sōl, ex(s)ul*:

cōnsul bonus	der tüchtige Konsul
sōl clārus	die helle Sonne
sāl grātus	das willkommene Salz
ex(s)ul miser	der arme Verbannte

Dritte Deklination: verschiedene Stämme mit einem Konsonanten im Auslaut

Kasus	Singular		Plural	
Nom.	sōl	die Sonne	sṓl-ēs	die Sonnen
Gen.	sōl-is	der Sonne	sṓl-um	der Sonnen
Dat.	sōl-ī	der Sonne	sṓl-ibus	den Sonnen
Akk.	sōl-em	die Sonne	sṓl-ēs	die Sonnen
(Vok.	sōl	Sonne	sṓl-ēs	Sonnen)
Abl.	sōl-e	durch die Sonne	sṓl-ibus	durch die Sonnen

Kasus	Singular		Plural	
Nom.	cóniūnx	die Gattin	cóniŭg-ēs	die Gattinnen
Gen.	cóniŭg-is	der Gattin	cóniŭg-um	der Gattinnen
Dat.	cóniŭg-ī	der Gattin	coniŭ́g-ibus	den Gattinnen
Akk.	cóniŭg-em	die Gattin	cóniŭg-ēs	die Gattinnen
(Vok.	coniūnx	Gattin	cóniŭg-ēs	Gattinnen)
Abl.	cum cóniŭg-e	mit der Gattin	cum coniŭ́g-ibus	mit den Gattinnen

K 51a ī-Konjugation

WS

audī́-re – audī́v-ī	hören	*audience*	*Audi, Auditorium* *Audienz*
ex-audī́-re	erhören		*audiovisuell*
sepelī́-re – sepelī́v-ī	bestatten		
aperī́-re – apéru-ī	öffnen		*Aperitif, aper*
operī́-re – opéru-ī	zudecken		
porta	das Tor, die Türe		*Pforte, Portal*
mórtuus, -a, -um	tot	*mortal*	

EN

Príamus, -ī	Priamus	**Héctor, -ŏris**	Hektor
Achíllēs, -is	Achill	**Mercúrius, -ī**	Merkur

FL Die Verben der 4. oder ī-Konjugation heißen so, weil der Präsensstamm auf -*ī* endet. Das *ī* ist lang; wenn jedoch auf das *i* ein Vokal oder ein auslautendes *t* folgt, wird es gekürzt: *áudĭ-o* (vgl. *hábĕ-ō*); *audĭt* (vgl. *habĕt*); *áudĭ-u-nt*.

> Die Formenbildung ist im Präsens fast genauso wie bei der ē- (und ā-) Konjugation, nämlich Stamm + Endung:
> *habē-re* : *audī-re*
> *hábĕ-ō* – *habē-s* – *hăbe-t* : *áudĭō* – *audī-s* – *audĭ-t*
> **Merke:** Die 3. Person Plural lautet: ***áudi-u-nt*** (vergl.: *s-**u**-nt*).
>
> Im Imperfekt wird in der ī-Konjugation das Tempuszeichen ***-ēba-*** zwischen Verbalstamm und Endung eingefügt:
> *audĭ-ḗba-m* – *audĭ-ēbā-s.....*

Das Perfekt weist in der ī-Konjugation verschiedene Bildungsmöglichkeiten auf. Eine bestimmte Regel gibt es nicht. Es ist deshalb nötig, zu jedem Verbum auch das Perfekt zu lernen. Wir beschränken uns vorerst auf das v- und u-Perfekt.

Der Infinitiv Perfekt wird wie in der ā- und ē-Konjugation vom Perfektstamm aus mit der Endung *-isse* gebildet:
laudáre: laudāv-ísse – audíre: audīv-ísse
monére: monu-ísse – aperíre: aperu-ísse.

ī-Konjugation: Präsensstamm						
P./N.	Präs. Indikativ		Präs. Imperativ		Imperfekt	
1. P. Sg.	áudi-ō	ich höre			audi-ḗba-m	ich hörte
2. P. Sg.	áudī-s	du hörst	áudī	höre	audi-ḗbā-s	du hörtest
3. P. Sg.	áudi-t	er (sie, es) hört			audi-ḗba-t	er (sie, es) hörte
1. P. Pl.	audī́-mus	wir hören			audi-ēbā́-mus	wir hörten
2. P. Pl.	audī́-tis	ihr hört	audī́-te	hört	audi-ēbā́-tis	ihr hörtet
3. P. Pl.	áudi-u-nt	sie hören			audi-ḗba-nt	sie hörten

ī-Konjugation: Perfekt Indikativ				
P./N.	v - Perfekt		u - Perfekt	
1. P. Sg.	audī́v-ī	ich habe gehört	apéru-ī	ich habe geöffnet
2. P. Sg.	audīv-ístī	du hast gehört	aperu-ístī	du hast geöffnet
3. P. Sg.	audī́v-it	er hat gehört	apéru-it	er hat geöffnet
1. P. Pl.	audī́v-imus	wir haben gehört	aperú-imus	wir haben geöffnet
2. P. Pl.	audīv-ístis	ihr habt gehört	aperu-ístis	ihr habt geöffnet
3. P. Pl.	audīv-ḗrunt	sie haben gehört	aperu-ḗrunt	sie haben geöffnet

K 52a Das Demonstrativpronomen is - ea - id

WS

scī-re – scĭ́ō – scīv-ī	wissen, kennen	*science*	*Science-fiction*
ne-scī́-re – nésciō – nescī́v-ī	nicht wissen, nicht kennen		
fīnī́-re – fīnī́v-ī	beenden, begrenzen	*finish*	*de-finieren, Finale*
servī́-re – servī́v-ī (servus)	dienen	*to serve, service*	*servieren*
iam	schon		
nōndum	noch nicht		

EN	**Mercúrius, -ī**	Merkur	**Minérva, -ae**	Minerva
	Príamus, -ī	Priamos	**Achíllēs, -is**	Achill
	Héctor, -ŏris	Hektor		

FB **Das Demonstrativpronomen:** das hinweisende Fürwort

GR **1.** Im Lateinischen gibt es – wie im Deutschen – mehrere Demonstrativpronomina (hinweisende Fürwörter).
Das schwächste von ihnen ist *is – ea – id*. Es bedeutet etwa ein verstärktes oder betontes „der – die – das“:
Is vir, quem exspectámus. Der Mann, den wir erwarten.

2. Verwendet wird *is – ea – id* auch in Verbindung mit dem Relativpronomen: *is, quī*: derjenige, der; *id, quod*: das, was; *ea, quae*: das, was. Im Nominativ kann dabei das Demonstrativpronomen (hinweisende Fürwort) fehlen.
Quī (is, quī) bellum fínīvit, in magnō honóre est.
Derjenige, der den Krieg beendet hat / Wer den Krieg beendet hat, steht in hohen Ehren.
Quod/Quae (id, quod/ea, quae) audīvístī, tē dēlectat/delectant).
Das, was du gehört hast/Was du gehört hast, macht dir Freude.

3. Am häufigsten wird jedoch das Demonstrativpronomen (hinweisende Fürwort) *is – ea – id* als Ersatz für das Personalpronomen (persönliches Fürwort) der dritten Person verwendet. Es ist im Gegensatz zu *suī – sibi – sē* nicht reflexiv:

Amícus sē amat.	Der Freund liebt sich (reflexiv – auf das Subjekt bezogen):
Eum amō.	Ich liebe ihn (nicht reflexiv – nicht auf das Subjekt bezogen):

4. Der Genitiv von *is – ea – id* wird auch als Ersatz für das nicht reflexive Possessivpronomen (besitzanzeigende Fürwort) der 3. Person gebraucht:

Pater fíliōs suōs amat.	Der Vater liebt seine (reflexiv) Söhne.
Fíliōs eius amō.	Ich liebe seine (nicht reflexiv) Söhne.
Mátrēs fíliās suās amant.	Die Mütter lieben ihre (reflexiv) Töchter.
Fíliās eārum amō.	Ich liebe ihre (nicht reflexiv) Töchter.

Das Demonstrativpronomen is - ea - id						
	Singular			Plural		
Kasus	mask.	fem.	neutr.	mask.	fem.	neutr.
Nominativ	is	ea	id	eī (iī)	eae	ea
Genitiv		**eius**		eṓrum	eā́rum	eṓrum
Dativ		**eī**			eīs (iīs)	
Akkusativ	eum	eam	id	eōs	eās	ea
Ablativ	eō	eā	eō		eīs (iīs)	

Der Vokativ ist nicht gebräuchlich.
Die meisten Pronomina bilden den Genitiv Singular auf *-ius* und den Dativ Singular auf *-ī*.

K 53a Das Demonstrativpronomen hĭc - haec - hŏc

WS

im-pedī́-re – im-pedī́v-ī (impedīméntum)	hindern		
ex-pedī́-re – ex-pedī́v-ī	frei machen, bereitmachen, mitteilen	*expedition*	*Expedition, Spedition*
mūnī́-re – mūnī́v-ī	befestigen		*Munition*
necā́re	töten		
incursā́re	angreifen		
propter (mit Akk.)	wegen		

Merke:

mīles expedī́tus	ein kampfbereiter Soldat (vom Gepäck frei)
propter pugnam	wegen der Schlacht

FL Das häufigste Demonstrativpronomen (hinweisende Fürwort) ist *hĭc – haec – hŏc*: dieser – diese – dieses. Es weist auf etwas hin, was räumlich oder zeitlich nahe beim Betrachter bzw. Sprecher liegt.

Das Demonstrativpronomen hic - haec - hoc						
	Singular			Plural		
Kasus	mask.	fem.	neutr.	mask.	fem.	neutr.
Nominativ	hĭc	haec	hŏc	hī	hae	**haec**
Genitiv		**huius**		hōrum	hārum	hōrum
Dativ		**huic**			hīs	
Akkusativ	hunc	hanc	hŏc	hōs	hās	**haec**
Ablativ	hōc	hāc	hōc		hīs	

Der Vokativ ist nicht gebräuchlich.

K 54a Das Demonstrativpronomen ille - illa - illud

WS

salī́-re – sálu-ī	springen		*Salto*
iūstus, -a, -um	gerecht	*justice*	*Justiz*
dīgnus, -a, -um	würdig	*dignified*	*Dignität*
probus, -a,-um	tüchtig, rechtschaffen	*probe*	*Probe*
dūrus, -a, -um	hart		*Dur*
vīvus, -a, -um (vīta)	lebend, zu Lebzeiten	*vivid*	*vital*
postquam (mit Perfekt)	nachdem		
ūnus, -a, -um	eins, ein einziger, als einziger		

Merke:

dīgnus honōre sum	ich verdiene Ehre
Postquam Príamus Achíllem spectā́vit, timuit.	Nachdem Priamus Achill(es) gesehen hatte, hatte er Angst.
Mārcus ūnus mē vīsitā́vit.	Markus hat als einziger mich besucht.

Dīgnus wird im Lateinischen mit dem Ablativ konstruiert (im Deutschen mit dem Genitiv: des Ruhmes würdig). *Dīgnus* kann im Lateinischen anders als im Deutschen mit einem positiven oder negativen Attribut verbunden sein. Deshalb ist eine wörtliche Übersetzung oft nicht möglich. In Verbindung mit *esse* wird *dīgnus* am besten mit „verdienen" wiedergegeben.

Die Konjunktion ***postquam*** nachdem wird im Lateinischen mit dem Indikativ Perfekt verbunden; im Deutschen muss in der Regel Plusquamperfekt verwendet werden:

Postquam id spectā́vī, timui. Nachdem ich das gesehen hatte, fürchtete ich mich.

FL Ein weiteres Demonstrativpronomen (hinweisendes Fürwort) ist *ille – illa – illud*: jener – jene – jenes. Es weist auf etwas hin, was in weiterer Entfernung liegt.

Das Demonstrativpronomen ille - illa - illud						
	Singular			Plural		
Kasus	mask.	fem.	neutr.	mask.	fem.	neutr.
Nominativ	ille	illa	**illud**	illī	illae	illa
Genitiv		**illī́us**		illṓrum	illā́rum	illṓrum
Dativ		**illī**			illīs	
Akkusativ	illum	illam	**illud**	illōs	illās	illa
Ablativ	illō	illā	illō		illīs	

Die meisten Pronomina bilden im Singular den Genitiv mit der Endung *-īus*, den Dativ mit der Endung *-ī*. Dies gilt auch für die Deklination von *ūnus* eins, ein einziger. Es wird nur dann übersetzt, wenn es besonders betont ist:
Ūnus vir iūstus fuit. Ein einziger Mann war gerecht.

Deklination von unus			
Nominativ	ūnus	ūna	ūnum
Genitiv		ūníus	
Dativ		ūnī	
Akkusativ	ūnum	ūnam	ūnum
Ablativ	ūnō	ūnā	ūnō

K 55a Dritte (konsonantische) Konjugation

WS

pét-ĕ-re – pétō – petī́v-ī	zu erreichen suchen	*com-petition*	*Petition*
ap-pét-ĕ-re – áp-pet-ō ap-petī́v-ī	begehren		*Appetit*
re-pét-ĕ-re – ré-pet-ō re-petī́v-ī	zurückfordern, wiederholen	*to repeat*	*repetieren*
arcéss-ĕ-re – arcéss-ō arcessī́v-ī	herbeiholen		
cól-ĕ-re – colō – cólu-ī –	verehren, pflegen, bebauen	*culture*	*Kult, kultiviert*
in-cól-ĕ-re – ín-col-ō – incólu-ī (íncola)	bewohnen		

cúp-ĕ-re – cúpi-ō – cúpīv-ī (cupíditās)	wünschen
ráp-ĕ-re – rápi-ō – rápu-ī	rauben
dīríp-ĕ-re – dīrípi-ō – dīrípu-ī	plündern

Merke:

auxílium pétĕre	um Hilfe bitten
adversárium pétĕre	einen Gegner angreifen

FB **Der Stammerweiterungsvokal:** Vokal, der zwischen Verbalstamm und Endung oder Tempuszeichen eingeschoben wird

FL **1.** In der dritten Konjugation endet der Verbalstamm meist auf einen Konsonanten (sog. konsonantische Konjugation).

In der ē-, ā- und ī-Konjugation treten die Endungen unmittelbar an den Verbalstamm: *hábe-ō – laudā-s – audi-t.*

> Bei der konsonantischen Konjugation muss ein Stamm-Erweiterungsvokal eingeschoben werden, wenn die Endung bzw. das Tempus- (oder Modus-) Zeichen nicht mit einem Vokal beginnt.
> Dieser Stammerweiterungsvokal lautet: vor *m, s, t*: **ĭ**
> vor *nt*: **ŭ**
> vor *r, ns, nd*: **ĕ**
> Die Stammerweiterungsvokale sind immer kurz.
>
> Unterscheide also genau: *monē: monḗre*; aber *pet[-ĕ]: pét-ĕ-re*

2. Die Endung des Imperativs lautet: ***-ĕ***, das Tempuszeichen des Imperfekts ***ēba***.

3. Für die Perfektbildung gibt es keine Regel; das Perfekt muss deshalb stets mitgelernt werden.

Dritte (konsonantische) Konjugation: Präsensstamm				
Person	Indikativ	Präsens	Imperfekt	
1. Sing.	cól-ō	ich pflege	col-ḗba-m	ich pflegte
2. Sing.	cól-ĭ-s	du pflegst	col-ḗbā-s	du pflegtest
3. Sing.	cól-ĭ-t	er (sie, es) pflegt	col-ḗba-t	er (sie, es) pflegte
1. Plur.	cól-ĭ-mus	wir pflegen	col-ēbā́-mus	wir pflegten
2. Plur.	cól-ĭ-tis	ihr pflegt	col-ēbā́-tis	ihr pflegtet
3. Plur.	cól-ŭ-nt	sie pflegen	col-ḗba-nt	sie pflegten

Person	Imperativ I	
2. Sing.	cól-ĕ	pflege
2. Pl.	cól-ĭ-te	pflegt

4. Einige wenige, aber wichtige und oft gebrauchte Verben der dritten Konjugation bilden den Präsensstamm auf ein kurzvokalisches ĭ, an das die Endungen angehängt werden. Es ist daher notwendig, bei den Verben der dritten Konjugation stets auch die 1. Person Präsens Singular sich einzuprägen:

Beispiel: cŏ́l-e-re – cŏl-ō – cŏ́lu-ī
aber: cúp-ĕ-re – cúpĭ-ō – cupī́v-ī

Dritte Konjugation: Präsensstamm auf i				
Person	Indikativ Präsens		Imperfekt	
1. Sing.	rápĭ-ō	ich raube	rapĭ-ḗba-m	ich raubte
2. Sing.	rapĭ-s	du raubst	rapĭ-ḗbā-s	du raubtest
3. Sing.	rapĭ-t	er raubt	rapĭ-ḗba-t	er raubte
1. Pl.	rápĭ-mus	wir rauben	rapĭ-ēbā́-mus	wir raubten
2. Pl.	rápĭ-tis	ihr raubt	rapĭ-ēbā́-tis	ihr raubtet
3. Pl.	rápĭ-u-nt	sie rauben	rapĭ-ḗba-nt	sie raubten

Person	Imperativ I	
2. Sing.	rap-ĕ	raube
2. Pl.	rápĭ-te	raubt

5. Die kurzvokalischen ĭ-Stämme der dritten Konjugation weisen im Präsensstamm in fast allen Formen ein ĭ auf.
Ausnahmen: *cúp-ĕ-re* und *cup-e*!

6. Im Unterschied zu den Verben der ī-Konjugation, deren Stamm auf ein langes *ī* endet, bildet bei den kurzvokalischen Stämmen der dritten Konjugation ein kurzes *ĭ* den Stammauslaut.

Unterscheide also: a*udī́-mus – salī́-tis (*von *audī́re, salī́-re)*
aber: *cúpĭ-mus, rápĭ-tis (*von *cúp-ĕ-re, ráp-ĕ-re)*

K 56a Der AcI 1

WS

sín-ĕ-re – sín-ō – sīv-ī	lassen, zulassen		
dē-sín-ĕ-re – dḗ-sin-ō – dḗsi-ī	ablassen, aufhören		
cōnsúl-ĕ-re – cṓnsul-ō – cōnsúlu-ī (cōnsul)	um Rat fragen, beraten; (mit Dativ) sorgen für	*to consult*	*Kónsul*
putā́re	glauben, meinen		*Computer*
aestimā́re	schätzen, glauben		
ī-gnōrā́re	nicht wissen		*Ignorant*

Merke:

frātrem cṓnsulō	ich frage den Bruder um Rat
frātrī cṓnsulō	ich sorge für den Bruder

EN

Apóllō, -ĭnis	Apoll(o)	**Cérēs, -ĕris**	Ceres
Mārs, -tis	Mars	**Mercúrius, -ī**	Merkur
Minérva, -ae	Minerva		

FB

AcI (Accusativus cum Infinitívo):	Akkusativ mit Infinitiv
Subjektsakkusativ:	Akkusativ im lateinischen AcI, der im deutschen dass-Satz Subjekt wird

GR Eine sehr häufige Konstruktion ist im Lateinischen der **AcI** (*Accusativus cum Infinitivo*). Er tritt auch – wenngleich wesentlich seltener – im Deutschen auf: Ich höre das Mädchen singen.

Der Ausdruck „das Mädchen singen“ ist ein Akkusativobjekt zu „ich höre“ (wen oder was höre ich: das Mädchen (*A*) -(*c*)- singen (*I*) d.h. den Gesang des Mädchens).

Der AcI hat demnach (meist) die Funktion eines Akkusativobjekts, ist also ein Satzteil, kein eigenständiger Satz. Das bedeutet, dass es innerhalb dieser Konstruktion keinen Nominativ gibt, ebenso keine finite Verbalform und kein Komma, da ein Objekt nicht vom restlichen Satz abgetrennt wird.

ÜS **1.** Übersetzung des AcI (Akkusativ mit Infinitiv):

Im **Deutschen** wird der AcI meist durch einen dass-Satz wiedergegeben:
Áudiō puéllam cantā́re: Ich höre, dass das Mädchen singt.

Wenn du also im Lateinischen einen AcI (Akkusativ mit Infinitiv) entdeckst, dann bilde zur Übersetzung zunächst sofort einen dass-Satz. Mache in diesem deutschen dass-Satz den lateinischen Akkusativ zum Subjekt und den Infinitiv zum Prädikat.

2. Es ist möglich, dass eine AcI-Konstruktion Subjekts- und Objektsakkusative enthält. Die Entscheidung muss der Zusammenhang ergeben

Sciō Achíllem Héctorem necāvísse.

a) Ich weiß, dass Achilles den Hektor getötet hat.
b) Ich weiß, dass Hektor den Achilles getötet hat.
Die richtige Übersetzung ist natürlich a), denn die Sage berichtet, dass Achilles den Hektor besiegt und getötet hat, nicht umgekehrt

3. Vom Deutschen ist das Übersetzen ins **Lateinische** einfacher; gehe in folgenden Schritten vor:
a) Lasse zunächst das Komma vor dem dass-Satz weg!
b) Setze jeden deutschen Nominativ im dass-Satz in den Akkusativ (auch ein Prädikatsnomen)!
c) Setze das Verbum des dass-Satzes in den Infinitiv!
Ich glaube, dass mein Freund Markus glücklich ist:
Putō Mārcum amī́cum beā́tum esse.

K 57a Der Acl 2

WS

sér-ĕ-re - sér-ō – séru-ī	aneinander reihen	*serial*	*Serie*
dē-sér-ĕ-re – dḗser-ō – dēséru-ī	im Stich lassen	*desert*	*Deserteur*
dis-sér-ĕ-re – dísser-ō – disséru-ī	erörtern		*Dissertation*
quáer-ĕ-re – quáer-ō – quaesī́v-ī	suchen, fragen	*question*	

ac-quī́r-ĕ-re – acquī́r-ō – acquīsī́v-ī	erwerben	
con-quī́r-ĕ-re – con-quī́r-ō – conquīsī́v-ī	sammeln	
cōnstat	es ist bekannt, steht fest	*konstatieren*

Merke:

amī́cum quaerō	ich suche den Freund
ex amī́cō quaerō	ich frage den Freund
bellum ē bellō sérĕre	einen Krieg an den anderen reihen

EN

Catilī́na, -ae	Catilína	**Sallústius, -ī**	Sallust
Cáesar, -ăris	Cäsar		

FB

Zeitverhältnis:	zeitliches Verhältnis zwischen zwei Handlungen
Gleichzeitigkeit:	Die Handlung des AcI und die des übergeordneten Verbums laufen zur gleichen Zeit ab.
Vorzeitigkeit:	Die Handlung des AcI erfolgt vor der des übergeordneten Verbums.

GR **1.** Der AcI wird im Lateinischen nur dann gebraucht, wenn der Inhalt eine Tatsache oder eine persönliche Meinung oder Stimmung des Sprechers ist. Ferner muss er abhängig sein von einem Verbum des Sagens (z.B.: *negā́re, narrā́re, docḗre*), des Meinens (z.B.: *putā́re, aestimā́re, scī́re, īgnōrā́re, memoriā tenḗre*), der Gefühlsstimmung (z.B.: *dolḗre*) oder von einem unpersönlichen Ausdruck (z.B.: *cōnstat*).

2. Das Tempus des Infinitivs drückt **keine Zeit**, sondern ein **Zeitverhältnis** aus.
Dabei bedeutet der **Infinitiv Präsens die Gleichzeitigkeit,** d. h., dass die Handlung des Infinitivs zur gleichen Zeit wie die des übergeordneten Verbums abläuft.

Audiō puéllam cantā́re.	Das Mädchen singt – ich höre es dabei (zur gleichen Zeit).

Der **Infinitiv Perfekt** drückt die **Vorzeitigkeit** aus, d. h., dass die Handlung des Infinitivs vor der des übergeordneten Verbums abgelaufen ist:

Sciō amī́cum vīvum fuisse.	Der Freund hat (damals noch) gelebt. Das weiß ich jetzt.

Bei der Bestimmung des Zeitverhältnisses ist immer von der Handlung des Infinitivs auszugehen, die mit der Handlung des übergeordneten Verbums zu vergleichen ist.

Unterscheide also:

Putō amīcum iūstum esse.	Ich glaube, dass der Freund (**jetzt, immer**) gerecht **ist** (gleichzeitig).
Putō amīcum iūstum fuisse.	Ich glaube, dass der Freund (**damals, früher**) gerecht **gewesen ist** (vorzeitig).

Das Tempus des übergeordneten Verbums spielt dabei im Lateinischen keine Rolle. Im korrekten Deutsch gibt es jedoch für den Tempusgebrauch feste Regeln: Bei Gleichzeitigkeit steht im übergeordneten Satz und im dass-Satz dasselbe Tempus; bei einem Präteritum im übergeordneten Satz kann bei Gleichzeitigkeit auch Präsens verwendet werden, wenn ausgedrückt werden soll, dass etwas immer besteht. Bei Vorzeitigkeit wird im dass-Satz Perfekt verwendet, wenn das übergeordnete Verbum im Präsens erscheint; eine Vergangenheitsform des übergeordneten Verbums hat im dass-Satz Plusquamperfekt zur Folge.

Putō *amīcum iūstum esse.*	Ich glaube, dass der Freund (jetzt, immer) gerecht **ist** (gleichzeitig).
Putābam *amīcum iūstum esse.*	Ich glaubte (z. B. gestern), dass der Freund (z. B. gestern) gerecht **war** (gleichzeitig) bzw. (immer) gerecht **ist**.
Putō *amīcum iūstum fuisse.*	Ich glaube, dass der Freund gerecht **gewesen ist**.
Putābam *amīcum iūstum fuisse.*	Ich glaubte (z. B. gestern), dass der Freund (z. B. vorgestern, früher) gerecht **gewesen war**.

3. Beim AcI ist zu beachten, dass auch die Nominative der Personalpronomina des deutschen dass-Satzes im Lateinischen in den Akkusativ gesetzt werden, auch wenn es im übergeordneten Satz dieselben sind:

Putō mē amīcum Mārcī esse.	Ich glaube, dass ich ein Freund des Markus bin.
Putās tē amīcum Mārcī fuisse.	Du glaubst, dass du ein Freund des Markus gewesen bist.

4. Wenn in einem AcI ein Personalpronomen oder ein Possessivpronomen der 3. Person steht, dann muss die reflexive Form *sui – sibi – se* bzw. *suus – sua – suum* verwendet werden, wenn es sich auf das Subjekt der übergeordneten Verbums bezieht.

Amīcus putat sē beātum esse.	Der Freund glaubt, dass er glücklich ist (sei).
Amīcus putat mē sibi nocuísse.	Der Freund glaubt, dass ich ihm geschadet habe (hätte).
Amīcus putat sē suās fortūnās servāvisse.	Der Freund glaubt, dass er seine Güter gerettet hat (habe).
Amīcus putat mē suās fortūnās servāvisse.	Der Freund glaubt, dass ich seine Güte gerettet habe (hätte).

Besteht diese Reflexivität nicht, muss die entsprechende Form von *is – ea – id* (beim Personalpronomen: *eum, eam, id – eōs, eās, ea;* beim Possessivpronomen *eius – eōrum, eārum*) verwendet werden.

Putō eum beātum (eam beātam) esse.	Ich glaube, dass er (sie) glücklich ist (sei).
Putō eōs beātōs (eās beātās) esse.	Ich glaube, dass sie (sie) glücklich sind (seien).
Putō mē eum (eam, eōs, eās) spectāvisse.	Ich glaube, das ich ihn (sie, sie, sie) gesehen habe (hätte).
Putō mē patrem eius (eōrum, eārum) spectāvisse.	Ich glaube, dass ich seinen (ihren, ihren) Vater gesehen habe (hätte).

5. Beachte:
Manchmal kann man einen AcI im Deutschen besser wiedergeben als mit einem dass-Satz:

Cōnstat amīcum probum esse.	(Es ist bekannt, dass der Freund tüchtig ist.) ⇒ Bekanntlich ist der Freund tüchtig.

K 58a Das Futur der ā- und ē-Konjugation

WS

aqua	das Wasser		*Aquarium, Aquädukt*
culpa	die Schuld		
fāma	das Gerede, Gerücht, der Ruf, Ruhm	*fame*	*infam*
nū́ntius	der Bote, die Nachricht		*Nuntius*
nūntiā́re	melden		
errā́re (error)	irren	*error*	*Irrtum*
diū	lange (Zeit)		

EN

Aenḗās, -ae	Äneas	**Iūlus, -ī**	Julus (Sohn des Aeneas)
Trōiā́nī, -ṓrum	die Trojaner	**Dīdō, ṓnis (= Elíssa, -ae)**	Dido

FB **Das Futur:** die Zukunft

FL

Das Futur (die Zukunft) wird in der ē- und ā- Konjugation gebildet, indem zwischen Präsensstamm und Endung als Tempuszeichen eingefügt wird:

a) in der 1. Person Singular: ***b***
b) in der 3. Person Plural: ***bŭ***
c) in allen anderen Personen: ***bĭ***

Das Futur der ē- und ā-Konjugation

Person	ē- Konjugation		ā-Konjugation	
1. Sg.	habḗ-b-ō	ich werde haben	laudā́-b-ō	ich werde loben
2. Sg.	habḗ-bi-s	du wirst haben	laudā́-bi-s	du wirst loben
3. Sg.	habḗ-bi-t	er (sie,es) wird haben	laudā́-bi-t	er (sie, es) wird loben
1. Pl.	habḗ-bĭ-mus	wir werden haben	laudā́-bĭ-mus	wir werden loben
2. Pl.	habḗ-bĭ-tis	ihr werdet haben	laudā́-bĭ-tis	ihr werdet loben
3. Pl.	habḗ-bu-nt	sie werden haben	laudā́-bu-nt	sie werden loben

ÜS Im Lateinischen ist der Gebrauch des Futurs viel strenger als im Deutschen, das häufig das Präsens verwendet, wenn aus dem Zusammenhang klar hervorgeht, dass die Handlung in der Zukunft liegt; z. B.: *Crās* (morgen) *tē vīsitā́bō*: Morgen besuche ich dich.

K 59a Das Futur der ī- und der 3. Konjugation

WS

modus	das Maß; die Art und Weise	*mode*	*Modus, modifizieren*
númerus	die Zahl	*number*	*Nummer*
óculus	das Auge	*ocular*	*Monokel*
equus	das Pferd	*equestrian*	
cōnsílium	der Rat, Plan		
exémplum	das Beispiel, Vorbild	*example*	*exemplarisch*
dōnum (dōnā́re)	das Geschenk		
sī	wenn, falls		
-que	und		

Merke:

modum habḗre	Maß halten
hōc modō	auf diese Art und Weise
puerī puellaeque	Jungen und Mädchen

EN

Ulíxēs, -is	Odysseus	**Trōia, -ae**	Troja
Graecī, -ṓrum	die Griechen	**Trōiā́nī, -ṓrum**	die Trojaner

FL

Das Futur wird in der ī- und in der konsonantischen Konjugation gebildet, indem zwischen Präsensstamm und Endung als Tempuszeichen eingefügt wird:
a) in der 1. Person Singular: ***a***
b) in allen anderen Personen: ***ē*** (3. Person Singular/Plural: ***ĕ***)

Futur der ī-Konjugation

Person		
1. Sg.	áudi- a- m	ich werde hören
2. Sg.	áudi- ē - s	du wirst hören
3. Sg.	áudi- e- t	er (sie, es) wird hören
1. Pl.	audi- ḗ - mus	wir werden hören
2. Pl.	audi- ḗ - tis	ihr werdet hören
3. Pl.	áudi- e -nt	sie werden hören

Futur der dritten Konjugation

Person	Konsonantenstämme		i-Stämme	
1. Sg.	pet-a-m	ich werde erbitten	rápi-a-m	ich werde rauben
2. Sg.	pet-ē-s	du wirst erbitten	rápi-ē-s	du wirst rauben
3. Sg.	pet-e-t	er (sie, es) wird erbitten	rápi-e-t	er (sie, es) wird rauben
1. Pl.	pet-ḗ-mus	wir werden erbitten	rapi-ḗ-mus	wir werden rauben
2. Pl.	pet-ḗ-tis	ihr werdet erbitten	rapi-ḗ-tis	ihr werdet rauben
3. Pl.	pet-e-nt	sie werden erbitten	rápi-e-nt	sie werden rauben

K 60a Das Futur von esse

WS	**condíciō, condiciṓn-is**	die Bedingung, Lage	*condition*	*Kondition*
	opīniō, opīniṓn-is	die Meinung	*opinion*	
	sacérdōs, sacerdṓt-is (sacer)	der Priester		
	custōs, custṓd-is	der Wächter		*Küster*
	mūrus	die M a u e r		
	duo, duae, duo	zwei	*two*	*Duo, Duett*

EN **Lāócoōn, -óntis** Laókoon (trojanischer Priester)

Das Futur von *esse* wird gebildet, indem zwischen Präsensstamm und Endung als Tempuszeichen eingefügt wird:

a) in der 1. Person Singular: **keines**
b) in der 3. Person Plural: ***ŭ***
c) in allen anderen Personen: ***ĭ***

Der Stamm *es-* wird zu *er-* (Rhotazismus; vgl. beim Imperfekt *eram*: K 29 a).

Person	**Futur von esse**		**Futur von posse**	
1. Sg.	er-ō	ich werde sein	pót-er-ō	ich werde können
2. Sg.	er-i-s	du wirst sein	pót-er-i-s	du wirst können
3. Sg.	er-i-t	er (sie, es) wird sein	pót-er-i-t	er (sie, es) wird können
1. Pl.	ér-i-mus	wir werden sein	pot-ér-i-mus	wir werden können
2. Pl.	ér-i-tis	ihr werdet sein	pot-ér-i-tis	ihr werdet können
3. Pl.	er-u-nt	sie werden sein	pót-er-u-nt	sie werden können

Deklination von duo

Kasus	mask.	fem.	neutr.
Nominativ	duo	duae	duo
Genitiv	duṓrum	duā́rum	duṓrum
Dativ	duṓbus	duā́bus	duṓbus
Akkusativ	duo (duōs)	duās	duo
Ablativ	duṓbus	duā́bus	duṓbus

K 61a Das Futur exakt

WS			
cōgitā́re	denken	*cogito, ergo sum.*	
iūdicā́re	urteilen, verurteilen, meinen	*iudicial*	*Judikative*
docḗre	lehren	*doctor*	*Doktor, dozieren*
placḗre	gefallen		*Plazet*
cēnsḗre	meinen, schätzen, mustern		*Zensor, Zensur*
ítaque	deshalb, daher		

Merke:

mihi placet	mir gefällt es, ich beschließe
pācem cōgitō	ich denke an Frieden
dóceō tē lítterās	ich lehre dich Wissenschaften (oder: Lesen und Schreiben)

EN **Alexánder Magnus, -drī -ī**	Alexander d. Gr.
Aristótelēs, -is	Aristoteles
Aegýptiī, -ṓrum	die Ägypter
Indus, -ī	der Indus
Persae, -ā́rum m.	die Perser

FB **Das Futur exakt:** die zweite (vollendete) Zukunft

FL Das Futur exakt (die zweite Zukunft) gibt an, dass eine Handlung, die in der Zukunft liegt, bereits vollendet ist, wenn eine andere ebenfalls zukünftige erst einsetzt. Beispiel (wörtlich): Wenn ich von der Reise zurückgekehrt sein werde, werde ich dich besuchen. Beide Handlungen, die Rückkehr und der Besuch, liegen in der Zukunft. Der Besuch wird aber erst dann erfolgen, wenn die Rückkehr vollendet ist.

> Da das Futur exakt (die zweite Zukunft) seinem Inhalt nach sowohl in die Vergangenheit als auch in die Zukunft weist, stammen seine Bildungselemente aus dem Perfekt und dem Futur:
> **Perfektstamm + Endungen, die den Futurformen von *esse* entsprechen**:
> *laudā́v-erō; dēlḗv-erō, monú-erō; fú-erō; audī́v-erō; salú-erō; petī́v-erō; serú-erō; cupī́v-erō; potú-erō.*
> Die Endung in der 3. Person Plural ist ***-erint***.

ÜS Im Deutschen gibt es zwar die Form des Futur exakt (ich werde zurückgekehrt sein), aber sie hat eine ganz andere Bedeutung.

Stell dir Folgendes vor: Du willst einen Freund besuchen, aber er ist nicht zu Hause. Auf deine Frage, wo er sein könnte, antwortet seine Mutter: „Er **wird** spazieren **gegangen sein**.“ Das ist der Form nach ein Futur exakt, dem Inhalt nach aber eine Vermutung. Das lateinische Futur exakt (die zweite Zukunft) muss also im Deutschen anders wiedergegeben werden:

In silvā ambulā́bō, sī officium explḗverō: Ich werde im Wald spazieren gehen, wenn ich meine Hausaufgabe erledigt habe.

Das Futur exakt (die zweite Zukunft) wird im **Deutschen** durch **Perfekt** oder **Präsens** (gelegentlich auch durch Futur) ausgedrückt.
Beispiel: Ich werde zum Arzt gehen, wenn der Hund mich **gebissen hat**.
wenn der Hund mich **beißt**.

Futur exakt – Perfektstämme auf -v				
Pers.	dēlḗre	amā́re	audī́re	pétere
1. Sg.	dēlḗv- erō	amā́v- erō	audī́v- erō	petī́v- erō
2. Sg.	dēlḗv- eris	amā́v- eris	audī́v- eris	petī́v- eris
3. Sg.	dēlḗv- erit	amā́v- erit	audī́v- erit	petī́v- erit
1. Pl.	dēlēv- érimus	amāv-érimus	audīv- érimus	petīv-érimus
2. Pl.	dēlēv- éritis	amāv- éritis	audīv- éritis	petīv- éritis
3. Pl.	**dēlḗv- erint**	**amā́v- erint**	**audī́v- erint**	**petī́v- erint**

Futur exakt – Perfektstämme auf -u				
Pers.	habḗre	cólere	salī́re	esse
1. Sg.	habú- erō	colú- erō	salú- erō	fú-erō
2. Sg.	habú- eris	colú- eris	salú- eris	fú-eris
3. Sg.	habú- erit	colú- erit	salú- erit	fú-erit
1. Pl.	habu- érimus	colu- érimus	salu- érimus	fu-érimus
2. Pl.	habu- éritis	colu- éritis	salu- éritis	fu-éritis
3. Pl.	**habú- erint**	**colú- erint**	**salú- erint**	**fú-erint**

K 62a Dritte Deklination - reine i-Stämme

WS

febris, -is	das Fieber	*fever*	*fiebrig*
puppis, -is	das Hinterdeck; Schiff		
sitis, -is	der Durst		
turris, -is	der Turm		
vīs	die Gewalt, Kraft, Menge; Pl. die Kräfte, Streitkräfte	*violence*	*violent*
altus, -a, -um	hoch, tief	*altitude*	*Altstimme*

Merke:
magna vīs pecū́niae eine große Menge Geld

EN

Típeris, -is m.	der Tiber	**Neā́polis, -is**	Neapel
Pharus, -ī	Pharus	**Phárius, -a, -um**	pharisch, von Pharos

FL Neben den Konsonantenstämmen gibt es in der dritten Deklination auch vokalische Stämme, die auf *-i* enden. Die Substantive dieser Lektion zählen zu den reinen i-Stämmen; sie weisen folgende von den Konsonantenstämmen abweichende Ausgänge auf:

Akkusativ Singular:	***-im***
Ablativ Singular:	***-ī***
Genitiv Plural:	***-ium***

Die reinen i-Stämme sind Feminina: *turris alta*: der hohe Turm
Tíberis ist nach dem natürlichen Geschlecht Maskulinum:
Tíberis altus: der tiefe Tiber

Vīs bildet im Singular nur den Nominativ, den Akkusativ und den Ablativ: *vīs – vim – vī*. Im Plural heißt *vī́rēs, -ium* die Kräfte, Streitkräfte

Dritte Deklination: reine i-Stämme				
	Singular		Plural	
Nominativ	turr-is	der Turm	túrr-ēs	die Türme
Genitiv	turr-is	des Turmes	**túrr-ium**	der Türme
Dativ	turr-ī	dem Turm	túrri-bus	den Türmen
Akkusativ	**turr-im**	den Turm	túrr-ēs (-īs)	die Türme
(Vokativ	turr-is	Turm	túrr-ēs	Türme)
Ablativ	**in turr-ī**	auf dem Turm	in túrri-bus	auf den Türmen

K 63a Dritte Deklination: Neutra der i-Stämme - Neutra einzelner Konsonantenstämme

WS			
mare, mar-is	das M e e r		*Marine*
ánimal, animā́l-is (ánimus)	das Lebewesen, Tier	*animal*	*animalisch*
pār, par-is	das P a a r		
vēr, vēr-is	der Frühling		
iter, itíner-is	der Weg, Marsch, die Reise		
ōs, ōr-is	der Mund, die Mündung	*oral*	*orales Medikament*
caput, cápit-is	das Haupt, der Kopf, die Hauptstadt	*capital*	*Kapitalverbrechen*

Merke:

terrā maríque	zu Wasser und zu Land
iter magnum	der Eilmarsch

EN

Scylla, -ae	Skylla	**Charýbdis, -is**	Charybdis
Aenéās, -ae	Äneas		

FL **1. Neutra der i-Stämme:**

Zu den i-Stämmen der dritten Deklination zählen auch die Substantive auf *-e, -al* und *-ar*. Häufiger kommen nur die drei oben angeführten Substantive vor. Ausgänge, die von den Konsonantenstämmen abweichen, sind:

Ablativ Singular:	***-ī***
Neutrum Plural (Akk. und Nom.):	***-ia***
Genitiv Plural:	***-ium***

Die Substantive auf *-e, -al* und *-ar* sind Neutra:

mare altum	die hohe See
ánimal firmum	das starke Tier
pār nōtum	das bekannte Paar

2. Die Substantive *vēr, iter, ōs (ōris)* und *caput* sind ebenfalls Neutra. Sie sind ungleichsilbig, d. h. die Zahl der Silben im Nominativ und Genitiv Singular ist unterschiedlich. Außerdem endet ihr Stamm nur auf einen Konsonanten. Substantive, die ungleichsilbig sind und deren Stamm auf nur einen Konsonanten endet, zählen in der Regel zu den **Konsonantenstämmen**.

Dritte Deklination: Neutra der i-Stämme

	Singular		Plural	
Nominativ	mar-e	das Meer	**már-ia**	die Meere
Genitiv	mar-is	des Meeres	**már-ium**	der Meere
Dativ	mar-ī	dem Meer	már-ibus	den Meeren
Akkusativ	**mar-e**	das Meer	**már-ia**	die Meere
(Vokativ	mar-e	Meer	**már-ia**	Meere)
Ablativ	**in mar-ī**	auf dem Meer	már-ibus	auf den Meeren

aber:

Dritte Deklination: Neutra (Einzelwörter – Konsonantenstämme)				
	Singular		Plural	
Nominativ	íter	der Weg	itíner-a	die Wege
Genitiv	itíner-is	des Weges	itíner-um	der Wege
Dativ	itíner-ī	dem Weg	itinér-ibus	den Wegen
Akkusativ	íter	den Weg	itíner-a	die Wege
(Vokativ	íter	Weg	itíner-a	Wege)
Ablativ	in itíner-e	auf dem Weg	in itinér-ibus	auf den Wegen

K 64a Dritte Deklination: Mischklasse - gleichsilbige Substantive auf -ēs und -is

WS

clādēs, clād-is	die Niederlage		
classis, class-is	die Flotte, Abteilung	*class*	*Klasse*
nāvis, nāv-is	das Schiff	*navy*	*Navigation*
hostis, host-is m.	der Feind	*hostility*	*Gast*
cīvis, cīv-is m. (cī́vitās)	der Bürger	*civil*	*zivil*

Merke:
nāvis longa das Kriegsschiff

EN **Sículī, -ṓrum** die Sikuler, Sizilier **Carthāginiḗnsēs, -ium** die Karthager

FL

Eine große Gruppe der Substantive der dritten Deklination gehört zur sog. **Mischklasse**. Sie bilden den Singular mit den Konsonantenstämmen, den Plural mit den i-Stämmen. Die Ausgänge lauten demnach im:

Akkusativ Singular: ***-em***
Ablativ Singuar: ***-e***
Genitiv Plural: ***-ium***

Zu dieser Mischklasse gehören die gleichsilbigen Substantive auf *-ēs (-is), -is*. Sie sind Feminina: *navis pulchra*: das schöne *Schiff*.

Nach dem natürlichen Geschlecht sind Maskulina:
hostis malus ein schlimmer Feind
cīvis bonus ein tüchtiger Bürger

Dritte Deklination: Mischklasse: gleichsilbige Substantive auf -ēs und -is

	Singular		Plural	
Nominativ	nāv-is	das Schiff	nā́v-ēs	die Schiffe
Genitiv	nāv-is	des Schiffes	**nā́v-ium**	der Schiffe
Dativ	nāv-ī	dem Schiff	nā́v-ibus	den Schiffen
Akkusativ	nāv-em	das Schiff	nā́v-ēs	die Schiffe
(Vokativ	nāv-is	Schiff	nā́v-ēs	Schiffe)
Ablativ	nāv-e	mit einem Schiff	nā́v-ibus	mit Schiffen

K 65a Dritte Deklination: Mischklasse - Substantive auf -s, Stamm mit zwei oder mehr Konsonanten 1

WS			
mēns, ment-is	der Geist, Verstand	*mental*	*Mentalität*
gēns, gent-is (genus)	das Volk, der Volksstamm; die Sippe, Familie	*gentleman*	*Generation*
frōns, front-is	die Stirn	*front*	*frontal, Front*
párēns, parént-is	der Vater, die Mutter		
paréntēs, -(i)um	die Eltern	*parents*	
dēns, dent-is m.	der Zahn	*dentist*	*Dentallabor*
fōns, font-is m.	die Quelle	*fountain*	*Fontäne*
mōns, mont-is m.	der Berg	*mount*	*Mountainbike*
pōns, pont-is m.	die Brücke		*Pontonbrücke*

Merke:
ā fronte vorn; von vorn

EN **Alpēs, -ium**	die Alpen	**Sicília,-ae**	Sizilien
Hispā́nia, -ae	Spanien	**Sagúntum, -ī**	Sagunt
Hánnibal, -ălis	Hannibal	**Hamílcar, -ăris**	Hamilkar
Carthāginiḗnsēs, -ium	die Karthager		

FL

Zur Mischklasse zählen auch die Substantive auf *-s*, deren Stamm auf zwei oder mehr Konsonanten endet. Sie haben demnach folgende Ausgänge:

Akkusativ Singular:	***-em***
Ablativ Singuar:	***-e***
Genitiv Plural:	***-ium***

Die Substantive auf *-s*, deren Stamm auf zwei oder mehr Konsonanten endet, sind meist Feminina:
frōns dūra eine harte Stirn

Maskulinum oder Femininum ist je nach Bedeutung *parēns*:
parēns clārus der berühmte Vater;
parēns proba die redliche Mutter
Im Plural ist *paréntēs* die Eltern Maskulinum:
paréntēs bonī die tüchtigen Eltern
Der Genitiv lautet *parentum* oder *parentium*

Maskulina sind:

dēns prīmus	der erste Zahn, Vorderzahn
fōns clārus	die klare Quelle
mōns altus	der hohe Berg
pōns longus	die lange Brücke

Dritte Deklination: Mischklasse – Substantive auf -s mit zwei oder mehr Konsonanten im Stammauslaut

	Singular		Plural	
Nominativ	gēns	das Volk	gént-ēs	die Völker
Genitiv	gent-is	des Volkes	**gént-ium**	der Völker
Dativ	gent-ī	dem Volk	gént-ibus	den Völkern
Akkusativ	gent-em	das Volk	gént-ēs	die Völker
(Vokativ	gēns	Volk	gént-ēs	Völker)
Ablativ	gent-e	durch das Volk	gént-ibus	durch die Völker

K 66a Dritte Deklination: Mischklasse - Substantive auf -s, Stamm mit zwei oder mehr Konsonanten 2

WS

ars, art-is	die Kunst	*art*	*Artist*
mors, mort-is (mórtuus)	der Tod	*mortality*	*amortisieren*
pars, part-is	der Teil	*part*	*Partei, partizipieren*
sors, sort-is	das Schicksal, Los	*sort*	*Sorte, sortieren*
nox, noct-is	die N a c h t	*night*	*Notturno*
urbs, urb-is	die Stadt	*urban*	*urban*
adulēscēns m. **adulēscént-is**	der Jugendliche, junge Mann (bis ca. 20 Jahre)		*Adoleszenz*

Merke:

nocte oder **noctū** in der Nacht

FL Die Substantive auf *-s*, deren Stamm auf zwei oder mehr Konsonanten endet, zählen zur Mischklasse. Sie sind meist Feminina:
urbs magna eine große Stadt

Maskulinum ist nach dem natürlichen Geschlecht:
adulḗscēns beā́tus der glückliche junge Mann

	Dritte Deklination: Mischklasse: Substantive auf -s mit zwei oder mehr Konsonanten im Stammauslaut			
	Singular		Plural	
Nominativ	ars	die Kunst	art-ēs	die Künste
Genitiv	art-is	der Kunst	**árt-ium**	der Künste
Dativ	art-ī	der Kunst	árt-ibus	den Künsten
Akkusativ	art-em	die Kunst	art-ēs	die Künste
(Vokativ	ars	Kunst	art-ēs	Künste)
Ablativ	art-e	durch die Kunst	árt-ibus	durch die Künste

K 67a Dritte Deklination: Mischklasse - Substantive auf -nis und ungleichsilbige Substantive auf -is

WS

fīnis, fīn-is	das Ende, die Grenze	*final*	*Finale*
fīnēs, fīn-ium	das Gebiet		
ignis, ign-is	das Feuer		
canis, can-is	der H u n d		
iúvenis, iúven-is (iuvéntūs)	der junge Mann (etwa 20 – 40 Jahre)		
lapis, lápid-is	der Stein		*lapidar*
sanguis, sánguin-is	das Blut		*Sanguiniker*
pulvis, púlver-is	der Staub		*Pulver*

EN

Hánnibal, -ălis	Hannibal	**Poenī, -ṓrum**	die Punier
Itálicus, -a, -um	italisch	**Pū́nicus, -a, -um**	punisch

GR **1.** Die gleichsilbigen Substantive auf *-ēs* und *-is* gehören zur Mischklasse (Genitiv Plural: ***-ium***).

Ausnahmen sind: *canis* und *iúvenis*, die den Genitiv Plural auf *-um* bilden:

magnṓrum canum	der großen Hunde
iúvenum firmṓrum	der tapferen jungen Männer

2. Die gleichsilbigen Substantive auf *-ēs* und *-is* sind meist **Feminina**. **Maskulina** sind die Substantive auf *-nis*:

magnī fīnēs	das große Gebiet
magnus canis	der große Hund
iúvenis firmus	der tapfere junge Mann
parvus ignis	das kleine Feuer

3. Die ungleichsilbigen Substative auf *-is* gehören zu den **Konsonantenstämmen**. Sie sind **Maskulina:**

lapis dūrus	der harte Stein	*pulvis malus*	schlimmer Staub
sanguis meus	mein Blut		

Dritte Deklination: ungleichsilbige Substantive auf -is				
Kasus	Singular		Plural	
Nominativ	lápis	der Stein	lápid-ēs	die Steine
Genitiv	lápid-is	des Steines	lápid-um	der Steine
Dativ	lápid-ī	dem Stein	lapíd-ibus	den Steinen
Akksuativ	lápid-em	den Stein	lápid-ēs	die Steine
(Vokativ	lápis	Stein	lápid-ēs	Steine)
Ablativ	lápid-e	mit dem Stein	lapíd-ibus	mit Steinen

K 68a Dritte Deklination: Mischklasse - Ergänzungen - Zusammenfassung

WS

mēnsis, mēns-is m.	der M o n a t		*Semester* *Menstruation*
piscis, pisc-is m.	der F i s c h	*fish*	
orbis, orb-is m.	der Kreis		*Orbit*
as, ass-is (assium) m.	der As		
cor, cord-is n. **(córdium)**	das Herz	*cordial*	
aes, aer-is n.	das Erz, Kupfer(geld)		
iūs, iūr-is n.	das Recht		*Justiz, Jura*

Merke:

mihi cordī est	es liegt mir am Herzen
tōtō orbe terrárum	auf dem ganzen Erdkreis
iūre	mit Recht

GR **1.** Die Substantive auf *-ēs (-is), -is* gehören zur Mischklasse und sind demnach meist Feminina. Als **Ausnahmen** merke ***mēnsis, piscis*** und ***orbis***:

mēnsis Iúlius	der Monat Juli
magnus piscis	der große Fisch
tōtus orbis terrárum	der ganze Erdkreis

2. Von den Einzelwörtern gehören ***as (assis)*** und ***cor (cordis)*** zur Mischklasse (Stammauslaut auf 2 Konsonanten!): *as (assis)* ist Maskulinum, *cor* ist Neutrum:

as ūnus	ein einziger As
cor firmum	ein starkes Herz

iūs und ***aes***, ebenfalls Neutra, zählen zu den Konsonantenstämmen (Stamm auf einen Konsonanten):

iūs hūmā́num	menschliches Recht
aes dūrum	hartes Erz

EN

Pū́nicus, -a, -um	punisch	**Poenī, -ṓrum**	die Punier
Tīcī́nus, -ī	Ticinus	**Scī́piō, -ṓnis**	Scipio
Iānuā́rius, -ī (mēnsis)	der (Monat) Januar		
Augústus, -ī (mēnsis)	der (Monat) August		
Iūlius (mēnsis)	der (Monat) Juli		

GR

Zusammenfassung der Substantive der 3. Deklination

a) Konsonantenstämme

r - Stämme

Maskulina
-or (-ōs), -ōris: ōrā́tor bonus
-er, -(e)ris: aër malus
Ausnahmen:
Feminina:
arbor alta
uxor íntegra
soror parva
múlier beā́ta
māter clāra
Neutra:
marmor Párium
aequor vāstum
ōs hūmā́num
aes nōtum

Neutra
-us (-ur), -oris: corpus firmum
magnum rōbur
-us, -eris: genus clārum

d-/t - Stämme

Maskulina
-es, -itis: mīles firmus

Feminina
-ās, -ā́tis: magna auctṓritās
-ūs, -ū́t(d)is: virtūs clāra
-(ē)s, -(e)dis: laus grāta
Maskulinum:
pēs tuus

n - Stämme

Feminina
-ō, -ṓnis: ōrā́tiō praeclā́ra
-ō, -ĭnis: imā́gō pulchra
Ausnahmen:
Maskulina:
sermō pátrius
ōrdō senātṓrius
homō bonus

Neutra
-men, -minis: carmen clārum

verschiedene Stämme

Maskulina:
-is, -is (ungleichsilbig): *lapis dūrus*

Feminina
-*s* oder bloßer Stamm (Stamm auf 1 Konsonanten): *lēx iūsta*
Ausnahmen:
Maskulina:
dux probus
rēx iūstus
grex magnus
sōl clārus
sāl grātus
cōnsul nōtus

Neutra
Einzelwörter
caput, cápitis: caput clārum
iter, itíneris: iter magnum
iūs, iūris: iūs Rōmānum
aes, aeris: aes dūrum

b) i - Stämme

Feminina	**Neutra**
reine i-Stämme	*-e, -al, -ar:*
-is, -is: turris alta	*mare vastum*
	ánimal firmum
	pār nōtum

c) Mischklasse

Feminina	**Neutra**
-ēs, -is (gleichsilbig): *clādēs magna*	Stamm (auf 2 Konsonanten):
-is, -is (gleichsilbig): *nāvis longa*	*cor firmum*
-s (Stamm auf 2 Konsonanten):	**Ausnahme:**
urbs praeclā́ra	**Maskulinum:**
Ausnahmen:	*as parvus*
Maskulina:	
mēnsis Augústus	
tōtus orbis terrā́rum	
magnus piscis	
Substantive auf *-nis*	
ignis clarus	

K 69a Drei- und zweiendige Adjektive der dritten Deklination

WS

ācer, ācris, ācre	scharf, heftig		
céler, céleris, célere	schnell	*celerity*	
brevis, breve	kurz	*brevity*	*Brief*
brevī	in Kürze, bald		
crūdḗlis, crūdḗle	grausam	*cruel*	
fácilis, fácile (fácinus)	leicht (zu tun)	*facility*	*Faktum*
diffícilis, diffícile	schwer (zu tun)	*difficult*	*diffizil*
gravis, grave	schwer (zu tragen)	*gravity*	*Gravitation*
quamquam	obwohl		

EN **Carthāginiēnsēs, -ium** die Karthager

FL Die Adjektive der ā- und o-Deklination hatten drei Endungen:

-us (-er)	für das Maskulinum
-a	für das Femininum
-um	für das Neutrum

Bei den Adjektiven der dritten Deklination unterscheiden wir zwischen:

dreiendigen Adjektiven	**zweiendigen** Adjektiven	**einendigen** Adjektiven

Die Adjektive der dritten Deklination weisen im Nominativ Singular folgende Ausgänge auf:

dreiendig:		**zweiendig:**		**einendig:**
Maskulinum:	***-er***	Maskulinum:	***-is***	gleich für alle
Femininum:	***-is***	Femininum:	***-is***	drei Genera:
Neutrum:	***-e***	Neutrum:	***-e***	meist ***-s***

Die Adjektive der 3. Deklination zählen zu den i-Stämmen. Das zeigt sich an folgenden Ausgängen:

Ablativ Singular:	***-ī***
Neutrum Plural:	***-ia***
Genitiv Plural:	***-ium***

3. Deklination: Dreiendige Adjektive						
Kasus	Singular			Plural		
	Mask.	Fem.	Neutr.	Mask.	Fem.	Neutr.
Nom.	ācer	ācr-is	ācr-e	ā́cr-ēs	ā́cr-ēs	**ā́cr-ia**
Gen.		ācr-is			**ā́cr-ium**	
Dat.		ācr-ī			ā́cr-ibus	
Akk.	ācr-em	ācr-em	ācr-e	ā́cr-ēs	ā́cr-ēs	**ā́cr-ia**
(Vok.	ācer	ācr-is	ācr-e	ā́cr-ēs	ā́cr-ēs	**ā́cr-ia)**
Abl.		**ācrī**			ā́cr-ibus	

3. Deklination: Zweiendige Adjektive					
Kasus	Singular			Plural	
	Mask./Fem.		Neutr.	Mask./Fem.	Neutr.
Nom.	fácil-is		fácil-e	fácil-ēs	**facíl-ia**
Gen.		fácil-is		**facíl-ium**	
Dat.		fácil-ī		facíl-ibus	
Akk.	fácil-em		fácil-e	fácil-ēs	**facíl-ia**
(Vok.	fácil-is		fácil-e	fácil-es	**facíl-ia)**
Abl.		**fácil-ī**		facíl-ibus	

K 70a Zweiendige Adjektive der dritten Deklination

WS

fortis, forte	tapfer, stark		*forte, Fort*
mortā́lis, mortā́le (mors)	sterblich	*mortality*	
levis, leve	leicht (zu tragen), leichtsinnig		
nṓbilis, nṓbile (nōbílitās)	adelig, vornehm, bekannt	*nobility*	*nobel, Nobilität*
omnis, omne	all, ganz, jeder		*Omnibus*
ū́tilis, ū́tile (ūtílitās)	nützlich	*utility*	*Utilitarist*
trēs, tria	d r e i	*three*	*Trio, Trikolore*

EN

Catṓ, -ṓnis	Cato	**Semprṓnia, -ae**	Sempronia
Cápua, -ae	Capua	**Taréntum, -ī**	Tarent
Máharbal, -ălis	Maharbal	**Cannḗnsis, -e**	bei Cannae (gelegen)

WB Viele Substantive werden von Adjektiven mit dem Suffix *-tās* oder *-tū́dō* abgeleitet. Sie bezeichnen einen Zustand oder eine Eigenschaft:

-tū́dō (-tū́din-is):

pulchritū́dō	der Zustand des Schön-Seins; die Schönheit
multitū́dō	der Zustand des Viel-Seins; die Menge, große Zahl
magnitū́dō	der Zustand des Groß-Seins; die Größe

-tās (-tā́t-is):

lévitās	der Zustand, die Eigenschaft des Leicht(sinnig)-Seins die Leichtigkeit, der Leichtsinn
ūtílitās	der Zustand des Nützlich-Seins; der Nutzen
vḗritās	der Zustand, die Eigenschaft des Wahr(haftig)-Seins; die Wahrheit, Wahrhaftigkeit

Deklination von trēs

Kasus	Maskulinum	Femininum	Neutrum
Nominativ	trēs	trēs	tria
Genitiv		trium	
Dativ		tribus	
Akkusativ	trēs	trēs	tria
Ablativ		tribus	

K 71a Einendige Adjektive der dritten Deklination

WS

ingēns, ingéntis	gewaltig, heftig		
audāx, audā́cis	kühn, tollkühn		
fēlīx, fēlī́cis	glücklich, erfolgreich		*Felix, Felicitas*
dīves, dī́vitis (dīvítiae)	reich		
pauper, páuperis	arm		
vetus, véteris	alt	*veteran*	*Veteran*

FL **1.** Einendige Adjektive der dritten Deklination:
Die einendigen Adjektive der dritten Deklination weisen im Nominativ Singular aller drei Genera nur eine einzige Endung auf. Im Nominativ Singular ist dies meist ein *s*.
Beispiel: *ingēns hostis – ingēns pugna – ingēns perī́culum*

Einendige Adjektive der 3. Deklination						
Kasus		Singular			Plural	
	Mask.	Fem.	Neutr.	Mask.	Fem.	Neutr.
Nominativ		ingēn-s		ingént-ēs		**ingént-ia**
Genitiv		ingént-is			**ingént-ium**	
Dativ		ingént-ī			ingént-ibus	
Akkusativ	ingént-em		ingēn-s	ingént-ēs		**ingént-ia**
(Vokativ		ingēn-s		ingént-ēs		**ingént-ia)**
Ablativ		**ingént-ī**			ingént-ibus	

2. Ausnahmen

Die Adjektive der dritten Deklination zählen zu den i-Stämme:
Ablativ Singular: ***-ī***;
Neutrum Plural: ***-ia***;
Genitiv Plural: ***-ium***

Ausnahmen sind: *dī́ves, pauper* und *vetus*, die wie Konsonantenstämme dekliniert werden (Neutrum Plural ist ungebräuchlich – außer: *vétera*):

Ablativ Singular:	*dī́vit-**e***	Genitiv Plural:	*dī́vit-**um***
	*páuper-**e***		*páuper-**um***
	*véter-**e***		*véter-**um***

Einendige Adjektive der dritten Deklination: keine i-Stämme						
Kasus		Singular			Plural	
	Mask.	Fem.	Neutr.	Mask.	Fem.	Neutr.
Nom.		dī́ves		dī́vit-ēs		(vétera)
Gen.		dī́vit-is			**dī́vit-um**	
Dat.		dī́vit-ī			dīvít-ibus	
Akk.	dī́vit-em		dī́ves	dī́vit-ēs		(vétera)
(Vok.		dī́ves		dī́vit-ēs		(vétera))
Abl.		**dī́vite**			dīvít-ibus	

WB Das Suffix *-ia, -tia* oder *-ítia* drückt bei Substantiven einen Zustand oder eine Eigenschaft aus:

misér-ia	der Zustand des Elend-Seins; das Elend, Unglück
audā́c-ia	der Zustand, die Eigenschaft des (Toll)Kühn-Seins; die (Toll)Kühnheit

K 72a — īre und Komposita

WS

ī-re	gehen	
ab-íre	weggehen	*Abitur*
ex-íre	herausgehen, hinausgehen	*exit*
per-íre	zugrunde gehen	
inter-íre	untergehen	
red-íre	zurückkehren	

EN

Cartháḡō, -inis	Karthago	**Sýria, -ae**	Syrien
Antíochus, -ī	Antiochus	**Prúsiās, -ae**	Prusias
Bīthýnia, -ae	Bithynien		

FL **1.** Der Präsensstamm von *īre*

Der Stamm des Verbums *īre* lautete ursprünglich **ei*; er entwickelte sich im Präsens vor Vokalen zu ***e*** und vor Konsonanten zu ***i***.

> An den Präsensstamm *e* oder *i* treten meist unmittelbar die Endungen bzw. die Tempuszeichen.
> Die 3. Person Plural Präsens lautet ***e-u-nt*** (vgl. *s-**u**-nt*).
>
> Imperfekt und Futur werden gebildet wie bei den Verben der ā- und ē-Konjugation:
>
> Stamm *i*; Tempuszeichen *ba* (Imperfekt) bzw. *b/bi/bu* (Futur); Endung

Der Präsensstamm von īre

Person	Präsens		Imperfekt		Futur	
1. Sg.	e-ō	ich gehe	ī-ba-m	ich ging	ī-b-ō	ich werde gehen
2. Sg.	ī-s	du gehst	ī-bā-s	du gingst	ī-bi-s	du wirst gehen
3. Sg.	i-t	er geht	ī-ba-t	er ging	ī-bi-t	er wird gehen
1. Pl.	ī-mus	wir gehen	ī-bá-mus	wir gingen	í-bi-mus	wir werden gehen
2. Pl.	ī-tis	ihr geht	ī-bá-tis	ihr gingt	í-bi-tis	ihr werdet gehen
3. Pl.	**é-u-nt**	sie gehen	í-ba-nt	sie gingen	ī-bu-nt	sie werden gehen

Person	Der Imperativ von īre	
2. Sing.	ī	geh!
2. Pl.	ī - te	geht!

2. Der Perfektstamm lautete ursprünglich *iv*. Durch Wegfall des v entwickelte er sich zu ***i***.
Merke: Wenn zwei *i* vor *s* zusammenstoßen, werden sie zu einem *ī* zusammengezogen.
Beispiel: *i-ístī* > *īsti; i-ístis* > *īstis*. Aber: *i-it* bleibt unverändert.

Der Perfektstamm von īre						
Tempus	Perfekt		Plusquamperfekt		Futur exakt	
Numerus	Singular	Plural	Singular	Plural	Singular	Plural
1. Person	i - ī	í - imus	í - eram	i - erā́mus	í - erō	i - érimus
2. Person	**ī - stī**	**ī - stis**	í - erās	i - erā́tis	í - eris	i - éritis
3. Person	i- it	i - ḗrunt	í - erat	í - erant	í - erit	í - erint

Die Infinitive lauten:
Präsens: *ī-re*
Perfekt: *ī-sse*

K 73a Reduplikationsperfekt

WS	**dă-re, d-ō, ded-ī**	geben		*Dativ*
	stă-re, st-ō, stet-ī	stehen	*station*	*stabil*
	spondḗ-re, spónde-ō, spo-pónd-ī	versprechen, geloben		
	re-spondḗ-re, re-spónde-ō, re-spónd-ī	antworten	*respond*	*Korrespondenz*
	cúrr-ĕ-re, curr-ō, cu-cúrr-ī	laufen	*currency*	*Kurier*
	con-cúrr-ĕ-re, con-cúrr-ō, con-cúrrī	zusammenlaufen, zusammenstoßen		*Konkurs*

EN **Aenéās** Äneas **Iuppiter** Jupiter (beachte die deutsche Schreibweise!)

Aenéās Äneas	**Iuppiter** Jupiter (beachte die deutsche Schreibweise!)
Aenéae	Iovis
Aenéae	Iovī
Aenéam	Iovem
cum Aenéā	cum Iove

FB **Reduplikation:** die Verdoppelung

FL Bisher hast du Verben kennen gelernt, deren Perfektstamm auf *–v* oder *–u* endet. An ihn wurden folgende Endungen angehängt:

Perfektendungen		
Person	**Singular**	**Plural**
1.	-ī	-imus
2.	-istī	-istis
3.	-it	-ērunt

Im Lateinischen gibt es allerdings Verben, die den Perfektstamm nicht auf *–v* oder *–u* bilden, sondern auf eine andere Art. Die Endungen bleiben so, wie du sie bisher gelernt hast. Bei allen diesen Verben musst du den Perfektstamm mitlernen. Präg dir diese Verben nach folgendem Schema ein:
Infinitiv Präsens – 1. Person Singular Präsens – 1. Person Singular Perfekt

Einige Verben bilden das Perfekt mit Reduplikation (Verdoppelung). Dabei wird der anlautende Konsonant verdoppelt und durch den Stammvokal des Präsens oder durch e mit dem Wortstock verbunden:
*cúrr-ĕ-re: c-**u**-cúrr-ī – dă-re: d-**e**-d-ī*
Bei Komposita unterbleibt die Reduplikation meistens: *con-cúrr-ĕ-re: con-cúrr-ī.*

Person	**Singular**		**Plural**	
1.	ded-ī	ich habe gegeben	déd-imus	wir haben gegeben
2.	ded-ístī	du hast gegeben	ded-ístis	ihr habt gegeben
3.	ded-it	er (sie, es) hat gegeben	ded-ērunt	sie haben gegeben

K 74a Perfektbildung auf s

WS

manḗ-re, máne-ō, māns-ī	bleiben, warten	*mansion*	*permanent*
re-manḗ-re, re-máne-ō, remā́ns-ī	zurückbleiben	*remain*	
rīdḗre, rī́deō, rīs-ī	lachen	*ridiculous*	
iubḗ-re, iúbe-ō, iuss-ī	befehlen, beauftragen		
sentī́-re, sénti-ō, sēns-ī	fühlen	*sensibility*	*sensibel*
dī́c-ĕ-re, dīc-ō, dīx-ī	sagen	*dictionary*	*Diktion*
dū́c-ĕ-re, dūc-ō, dūx-ī	führen	*duke*	*Doge*

Merke:
iúbeō tē ich befehle dir, ich beauftrage dich

FL

Eine andere Gruppe von Verben bildet das Perfekt auf *–s*. Dabei wird im Perfektstamm an den Wortstock ein *–s* angehängt:
manē-re : mān-s-ī

Zu beachten sind dabei folgende Lautregeln:

d oder *t* vor *s* fällt aus: *rīdḗ-re : rīd-s-ī > rīs-ī; sentī́-re: sent-s-ī > sēns-ī*
c oder *g* vor *s* ergibt *x*: *dī́c-ĕ-re: dīc-s-ī > dīx-ī; dū́c-ĕ-re: dūc-s-ī > dūx-ī*

GR Beachte, dass das Verbum *iubḗ-re* im Lateinischen mit Akkusativ konstruiert wird; im Deutschen steht bei „befehlen" der Dativ!

Pater fī́lium iussit officium servā́re: Der Vater befahl dem Sohn, seine Pflicht zu erfüllen. (oder: Der Vater beauftragte den Sohn ...)

K 75a Perfekt mit Dehnung des Stammvokals

WS

(ad-)iŭvā́-re, (ád-)iŭv-ō, (ad-)iū́v-ī	helfen		*Adjutant*
vĭdḗ-re, vĭ́de-ō, vīd-ī	sehen	*television*	*Vision*
mŏvḗ-re, mŏ́ve-ō, mōvī	bewegen	*move*	*Motor*
vĕnī́re, vĕ́ni-ō, vēn-ī	kommen		*Advent*
vĭ́nc-ĕ-re, vĭnc-ō, vīc-ī (victor)	siegen		*Viktor*
fŭ́g-e-re, fŭ́gi-ō, fūg-ī (m. Akk.)	fliehen (vor), entgehen		*Fuge*

Merke:

ádiŭvō tē	ich helfe dir, unterstütze dich
mortem fŭ́giō	ich entgehe dem Tod

FL

Eine weitere Gruppe bildet den Perfektstamm dadurch, dass der im Präsensstamm kurze Stammvokal gedehnt wird:
vĭ́de-ō : vīd-ī - vĕ́ni-ō : vēn-ī - mŏ́ve-ō : mōv-ī.
Sprich die Längen und die Kürzen genau aus; unterscheide deutlich den Präsens- und den Perfektstamm!

Person	Singular		Plural	
1.	vīd-ī	ich habe gesehen	vī́d-imus	wir haben gesehen
2.	vīd-ístī	du hast gesehen	vīd-ístis	ihr habt gesehen
3.	vīd-it	er (sie, es) hat gesehen	vīd-ḗrunt	sie haben gesehen

EN **Áeolus, -ī** Äolus (Gott der Winde)

GR Das Verbum *adiŭvā́re* wird im Lateinischen mit Akkusativ konstruiert. Wird es im Deutschen mit „helfen" übersetzt, muss der Dativ damit verbunden werden: *Rōmanī Găllōs adiūvḗrunt*: Die Römer halfen den Galliern (oder: Die Römer unterstützten die Gallier).

K 76a Perfekt ohne Veränderung des Stammvokals

WS

dēfénd-ĕ-re, defénd-ō dēfénd-ī	verteidigen, abwehren	*defend*	*Defensive*
offénd-ĕ-re, offénd-ō offénd-ī	angreifen	*offence*	*Offensive*
accénd-ĕ-re, accénd-ō, accénd-ī	anzünden		
vért-ĕ-re, vert-ō, vert-ī	wenden		*Version*
minŭ́-ĕ-re, mínu-ō mínu-ī	vermindern	*minor*	*Minuend, minus*

EN

Carthā́gō, -ĭnis	Karthago
Cătō, -ṓnis	Cato (römischer Staatsmann)

FL Eine letzte Gruppe von Verben bildet das Perfekt ohne Veränderung des Präsensstammes. Dabei ergibt es sich, dass einige Formen im Präsens und im Perfekt gleich sind; ob Präsens oder Perfekt vorliegt, muss der Zusammenhang entscheiden.

Vergleiche:

	Präsens		**Perfekt**	
1. Pers. Sg.	vert-ō	ich wende	vert-ī	ich habe gewendet
2. Pers. Sg.	vert-is	du wendest	vert-ístī	du hast gewendet
3. Pers. Sg.	vert-it	er (sie, es) wendet	vert-it	er (sie, es) hat gewendet
1. Pers. Pl.	vért-imus	wir wenden	vért-imus	wir haben gewendet
2. Pers. Pl.	vért-itis	ihr wendet	vert-ístis	ihr habt gewendet
3. Pers. Pl.	vert-unt	sie wenden	vert-ḗrunt	sie haben gewendet

K 77a velle

WS

velle	wollen	*will*	*Wille*
causa	die Sache, Ursache, der Grund, Prozess	*cause*	*kausal*
béstia	das (wilde) Tier	*beast*	*Bestie, Biest*
fuga (fúgere)	die Flucht		*Fuge*
īra	der Zorn		

Merke:

eā (hāc) dē causā	aus diesem Grund
rēctā (viā)	geradeaus, geradewegs
fugā salū́tem pétere	sein Heil in der Flucht suchen

EN

Carthāginiḗnsēs, -ium die Karthager **Carthā́gō, -ĭnis** Karthago

Scīpiō Aemiliā́nus, Scīpiṓnis Aemiliā́nī Scipio Aemilianus (römischer Feldherr)

FL

Das Verbum *velle* (entstanden durch Assimilation aus **vel-se* - vgl. *es-se*) weist im Präsens verschiedene Stämme auf:

- ***vol-*** vor Vokalen außer *i*
- ***vel-*** vor *i* und *l*
- ***vul-*** vor *t*

Die Form *volunt* ist wie *eunt* und *sunt* gebildet.
Die 2. Person Singular lautet im Präsens: ***vīs.***
Das Tempuszeichen im Imperfekt ist *ēba*.
Das Futur wird wie in der 3. und 4. Konjugation gebildet.

Der Präsensstamm von velle

Person	Präsens		Imperfekt	
1. P. Sg.	vol-ō	ich will	vol-ḗba-m	ich wollte
2. P. Sg.	vīs	du willst	vol-ḗbā-s	du wolltest
3. P. Sg.	vul-t	er (sie, es) will	vol-ḗba-t	er (sie, es) wollte
1. P. Pl.	vól-u-mus	wir wollen	vol-ēbā́-mus	wir wollten
2. P. Pl.	vúl-tis	ihr wollt	vol-ēbā́-tis	ihr wolltet
3. P. Pl.	vól-u-nt	sie wollen	vol-ḗba-nt	sie wollten

Futur		
1. P. Sg.	vol-a-m	ich werde wollen
2. P. Sg.	vol-ē-s	du wirst wollen
3. P. Sg.	vol-e-t	er wird wollen
1. P. Pl.	vol-ḗ-mus	wir werden wollen
2. P. Pl.	vol-ḗ-tis	ihr werdet wollen
3. P. Pl.	vol-e-nt	sie werden wollen

Der **Perfektstamm** von velle endet auf -u:

vól-u-ī	ich habe gewollt
vol-ú-eram	ich hatte gewollt
vol-ú-erō	(ich will - habe gewollt)

K 78a nolle und malle

WS

nōlle	nicht wollen		
mālle	lieber wollen		
dīgnitās, dīgnitā́t-is (dīgnus)	die Würde, das Ansehen	*dignity*	*indigniert*
píetās, pietā́t-is (pius)	die Frömmigkeit, Redlichkeit, Achtung, das Pflichtbewusstsein		*Pietät*
tempéstās, tempestā́t-is (tempus)	das Unwetter, der Sturm; die Zeit	*tempest*	
quam	als (bei Steigerung)		

Merke:
Mālō cantāre quam laborāre. Ich will lieber singen als arbeiten.

EN **Sallústius, -i** Sallust

Die Verben *nōlle* und *mālle* entstanden aus **ne velle* und **ma(gis) velle.*

FL

Indikativ Präsens von nōlle und mālle

Person	nōlle		mālle	
1. P. Sg.	nōl-ō	ich will nicht	māl-ō	ich will lieber
2. P. Sg.	**nōn vīs**	du willst nicht	**mā-vīs**	du willst lieber
3. P. Sg.	**nōn vul-t**	er (sie, es) will nicht	**mā-vult**	er (sie, es) will lieber
1. P. Pl.	nṓl-u-mus	wir wollen nicht	mā́l-u-mus	wir wollen lieber
2. P. Pl.	**nōn vúl-tis**	ihr wollt nicht	**mā-vúl-tis**	ihr wollt lieber
3. P. Pl.	nṓl-u-nt	sie wollen nicht	mā́l-u-nt	sie wollen lieber

Das **Imperfekt** wird mit dem Tempuszeichen ***ēba*** gebildet:
nōl-éba-m ich wollte nicht
māl-éba-m ich wollte lieber
Im **Futur** folgen *nōlle* und *mālle* den **Verben der 3. und 4. Konjugation**:

nōl-ā-m	ich werde nicht wollen	*māl-ā-m*	ich werde lieber wollen
nōl-ē-s	du wirst nicht wollen	*māl-ē-s*	du wirst lieber wollen

Der **Perfektstamm** von *nōlle* und *mālle* endet auf ***-u***:

nṓl-u-ī	ich habe nicht gewollt	*māl-u-ī*	ich habe lieber gewollt
nōl-ú-eram	ich hatte nicht gewollt	*māl-ú-eram*	ich hatte lieber gewollt
nōl-ú-erō	(ich will nicht - habe nicht gewollt)	*māl-ú-erō*	(ich will lieber - habe lieber gewollt)

K 79a Numeralia

WS

secúndus, -a, -um	der zweite	*second-hand-shop*	*sekundär*
tértius, -a, -um	der dritte	*third*	*Terz*
quārtus, -a, -um	der vierte	*quarter*	
quīntus, -a, -um	der fünfte		*Quint*
sextus, -a, -um	der sechste	*sixth*	*Sextett*
séptimus, -a, -um	der siebte		*Septett*
octā́vus, -a, -um	der achte		*Oktav*
nōnus, -a, -um	der neunte		
décimus, -a, -um	der zehnte		*Dezimalbruch*

FB **Kardinalzahl:** die Grundzahl
Ordinalzahl: die Ordnungszahl

FL Von den Kardinalzahlen von 1 – 10 werden nur die ersten drei dekliniert, die anderen bleiben immer unverändert. Die Ordinalzahlen werden wie ein Adjektiv auf *-us, -a, -um* verwendet.

Bei Jahresangaben verwendet man im Lateinischen die Ordinalzahl (Ordnungszahl), im Deutschen die Kardinalzahl (Grundzahl). Der Zusatz a. Chr. n. (*ante Chrīstum nātum* vor Christi Geburt oder vor Christus) bzw. p. Chr. n. (*post Chrīstum nātum* nach Christi Geburt oder nach Christus) steht zwischen der entsprechenden Form von *annus* und dem Zahlwort:
annō p. Chr. n. nōnō im Jahr neun nach Christi Geburt = nach Christus = n.Chr.
annō a. Chr. n. décimō im Jahre zehn vor Christi Geburt = vor Christus = v. Chr.

Eigennamenverzeichnis

Das Eigennamensverzeichnis enthält die geographischen Namen, Personennamen und sonstigen Eigennamen, die in den A-, B-, C- und D-Teilen der K-Kapitel von AUSPICIA I vorkommen.

Abusína, -ae	Eining (bei Abensberg); römisches Lager
Achaía, -ae	Achaia; Landschaft in der nördlichen Peloponnes (Griechenland)
Achílles, -is	Achill(es); griechischer Held vor Troja, Sohn des Peleus und der Thetis
Aegátae, -árum	Ägatische Inseln; nordwestlich von Sizilien (241 v. Chr. Entscheidungsschlacht im 1. Punischen Krieg)
Aegýptus, -i	Ägypten
Aenéas, -ae	Äneas; trojanischer Held, Sohn der Venus, mythischer Stammvater der Römer
Áeolus, -i	Äolus; Gott der Winde
Aesculápius, -i	Äskulap; Gott der Heilkunst (griech. Asklepios)
Aesópus, -i	Äsop; griechischer Fabeldichter
África, -ae	Afrika
Africánus, -a, -um	afrikanisch
Agamémno(n), -onis	Agamemnon; König von Mykene, Anführer der Griechen vor Troja
Agénor, -oris	Agenor; phönizischer König
Agrícola, -ae, Cn. Iulius	Agriola; römischer Feldherr in Britannien, Schwiegervater des Geschichtsschreibers Tacitus
Aiax, -ácis	Aias; griechischer Held vor Troja
Alamánni, -órum	Alamannen; germanischer Volksstamm
Alba Longa, -ae -ae	Alba Longa, Mutterstadt Roms
Albis, -is	Elbe
Alcména, -ae	Alkmene; Gattin des Amphytrion, Mutter des Herkules
Alexánder Magnus, -dri -i	Alexander d. Gr.; bedeutendster Makedonenkönig, Eroberer des Perserreiches
Alexandría, -ae	Alexandria; Stadt im Norden Ägyptens
Allóbroges, -um	Allobroger; gallischer Volksstamm
Alpes, -ium	Alpen
Amúlius, -i	Amulius; König von Alba Longa, Bruder des Numitor
Anchíses, -ae	Anchises; Vater des Äneas
Ancus Mártius, -i -i	Ancus Martius; 4. römischer König
Antíochus, -i	Antiochos; König von Syrien
Antónia, -ae	Antonia; römischer Frauenname
Antonínus Pius, -i –i, Titus Aurélius ~ ~	Antoninus Pius; römischer Kaiser 138 – 161 n. Chr.
Antónius, -i, Marcus	Antonius; einer der Triumvirn, Gegner Octavians
Apennínus, -i	Apennin; Gebirgszug in Italien
Apóllo, -inis	Apoll(o), Gott der Musik und Weissagung (griech. Apollon)
Aprílis, -is (mensis)	(Monat) April
Argi, -órum	Argos; griechische Stadt auf der Peloponnes
Ariovístus, -i	Ariovist; König der Sueben, Gegner Cäsars
Aristóteles, -is	Aristoteles; griechischer Philosoph, Erzieher Alexanders d. Gr.
Arménia, -ae	Armenien; Hochland Asiens am Euphrat
Armínius, -i	Arminius; Name eines Germanen

Armínius, -i	Arminius (Hermann); Cheruskerfürst, der 9 n. Chr. die römischen Truppen unter Varus vernichtend geschlagen hat
Arnus, -i	Arno, Fluss in Etrurien
Ásia, -ae	Asien; bes. Kleinasien bzw. die römische Provinz Asia
Assýrius, -a, -um	assyrisch; Subst.: der Assyrer
Athéna, -ae	Athene; griechische Göttin (Minerva)
Athénae, -árum	Athen; Hauptstadt Attikas
Atóssa, -ae	Atossa; Gemahlin der Perserkönigs Darius I.
Áttica, -ae	Attika; griechische Landschaft um Athen
Augústa Teverórum; -ae ~	Trier; Hauptstadt der Provinz Gallia Belgica
Augústa Vindélicum, -ae ~	Augsburg; römisches Lager
Augústus, -i (mensis)	(Monat) August
Augústus, -i, C. Iúlius Caesar Octaviánus ~	Augustus; 1. römischer Kaiser
Aventínus, -i	Aventin; einer der sieben Hügel Roms
Bábylon, -ónis	Babylon; Stadt am Euphrat
Bacchus, -i	Bacchus; Gott des Weines (griech. Bakchos oder Dionysos)
Barca, -ae	Barka; Stammvater der Barkiden (z. B. des Hannibal)
Bellum Gállicum, -i -i	Bellum Gallicum; Schrift Cäsars über der gallischen Krieg
Biriciána urbs, -ae -is	Weißenburg; römisches Lager
Bithýnia, -ae	Bithynien; Landschaft in Kleinasien
Bósp(h)orus, -i	Bosporus; Meerenge zwischen Europa u. Asien
Británni, -órum	Britannier
Británnia, -ae	Britannien (heutiges England u. Schottland)
Brutus, -i, L. Iúnius~	Brutus; beseitigt die Königsherrschaft, erster Konsul
Brutus, -i, M. Iúnius~	Brutus; einer der Cäsarmörder
Byrsa, -ae	Byrsa; Burg von Karthago
Cáelius, -i	Caelius; einer der sieben Hügel Roms
Cáesar, -aris, C. Iúlius	Cäsar; römischer Politiker, Feldherr u. Schriftsteller, 100 v. Chr. geboren, 44 v. Chr. ermordet
Calgácus, -i	Calgacus; Anführer des britannischen Heeres gegen die Römer
Cambodúnum, -i	Kempten; Hauptstadt der römischen Provinz Raetien
Campus Mártius, -i -i	Marsfeld; Versammlungs- und Sportplatz in Rom
Cannae, -árum	Cannä; Ort in Süditalien (216 v. Chr. schlimmste Niederlage der Römer gegen Hannibal)
Cannénsis, -e	cannensisch; zu Cannä gehörig, bei Cannä
Capitolínus, -i	Kapitol; einer der sieben Hügel Roms
Cápua, -ae	Capua; Hauptstadt Kampaniens
Capys, -yis	Kapys; Trojaner, Gefährte des Äneas
Cares, -um	Karer; Einwohner von Karien im südwestlichen Kleinasien
Cárolus, -i	Carolus, Karl; Germane
Carthaginiénses, -ium	Karthager; Bewohner von Karthago
Carthágo, -inis	Karthago; punische Handelsstadt in Nordafrika (heute: Tunis)
Cássius, -i	Cassius; Verschwörer gegen Cäsar
Castra Bátava, -órum -órum	Passau; römisches Lager
Castra Régina, -órum -órum	Regensburg; römisches Lager
Castra Vétera, -órum -um	Xanten; römisches Lager
Catilína, -ae, L. Sérgius	Catilina; Anstifter einer Verschwörung 63 v. Chr., von Cicero aufgedeckt und niedergeschlagen
Cato, -ónis, maior	Cato; sittenstrenger römischer Staatsmann, Redner und Schriftsteller (234-149 v. Chr.)

Celtae, -árum	Kelten (Gallier)
Ceres, -ris	Ceres; Göttin der Fruchtbarkeit (griech. Demeter)
Chaeronéa, -ae	Chaironeia; Stadt in Mittelgriechenland, bei der Philipp von Makedonien 338 v. Chr. über die Athener siegte
Charýbdis, -is	Charybdis; Seeungeheuer (gefährlicher Strudel in der Meerenge zwischen Italien und Sizilien)
Chatti, -órum	Chatten; germanischer Volksstamm
Christiánus, -a, -um	christlich; Subst.: der Christ
Cherúsci, -órum	Cherusker; germanischer Volksstamm
Cícero, -ónis, M. Túllius	römischer Redner, Politiker u. Philosoph 1. Jh. v. Chr.
Cimbri, -órum	Kimbern; germanischer Volksstamm
Circus Máximus, -i -i	Zirkus Maximus; Rennbahn in Rom zwischen Palatin und Aventin
Cláudia, -ae	Claudia; römischer Frauenname
Cláudius, -i	Claudius; römischer Personenname; Name eines Gladiators
Cláudius, -i, Tib. ~ Drusus Nero Germánicus	Claudius; römischer Kaiser (41 – 54 n. Chr.)
Cloáca máxima, -ae -ae	Cloaca maxima; Hauptabwasserkanal in Rom
Colónia Agrippína (Agrippinénsis), -ae -ae (-is)	Köln
Colosséum, -i	Kolosseum; römisches Amphitheater
Constantínus, -i, C. Flávius Valérius ~	Konstantin; römischer Kaiser (306/7 – 337 n. Chr.)
Corínthius, -a, -um	korinthisch; Subst. der Korinther
Corínthus, -i	Korinth; griechische Handelsstadt am Isthmus, 146 v. Chr. von den Römern zerstört
Cornélia, -ae	Cornelia; Mutter der Gracchen
Creta, -ae	Kreta; griechische Insel in der Ägäis
Creténses, -ium	Kreter; Bewohner der Insel Kreta
Cursus honórum	Cursus honorum; Ämterlaufbahn (Quästor - Ädil - Prätor - Konsul)
Cyprus, -i	Zypern; griechische Insel im Mittelmeer
Dánai, -órum	Danaer = Griechen vor Troja
Danúvius, -i	(obere) Donau
Daríus, -i	persischer Königsname
Daríus I. der Große	Darius I.; Perserkönig (Niederlage 490 v. Chr. bei Marathon gegen die Griechen)
Daríus III. Codománnus	Darius III.; Perserkönig (Niederlage 333 v. Chr. bei Issos gegen Alexander d. Gr.)
Decémber, -bris (mensis)	(Monat) Dezember
Decémviri, -órum	Dezemvirn; Zehnmänner-Kollegium für bestimmte Aufgaben
Delphi, -órum	Delphi; berühmtestes Orakel in Griechenland
Délphicus, -a, -um	delphisch; zu Delphi gehörig
Delus, -i	Delos; griechische Insel in der Ägäis
Diána, -ae	Diana; Göttin der Jagd, Zwillingsschwester Apollos (griech. Artemis)
Dido, -ónis	Dido; Gründerin u. Königin Karthagos
Dioméedes, -is	Diomedes; griechischer Held vor Troja
Drusus, -i, Claúdius Nero ~	Drusus; römischer Feldherr, Stiefsohn des Augustus
Drýades, -um	Dryaden; Baumnymphen
Elíssa, -ae	Elissa = Dido
Eos	Eos; Göttin der Morgenröte (lat. Auróra)
Epéus, -i	Epeios; Erbauer des trojanischen Pferdes
Éphesus, -i	Ephesos; Hafenstadt in Kleinasien
Esquilínus, -i	Esquilin; einer der sieben Hügel Roms
Etrúsci, -órum	die Etrusker; Volk zwischen Arno u. Tiber
Etrúscus, a, -um	etruskisch
Európa, -ae	Europa; Erdteil, benannt nach der Tochter des Königs Agenor, von Zeus nach Kreta entführt

Fábius, -i, Q. ~ Máximus Cunctátor	Fabius Maximus; Gegner Hannibals
Faustína, -ae	Faustina; Gemahlin des Kaisers Mark Aurel
Fáustulus, -i	Faustulus; Hirte, der Romulus u. Remus entdeckte u. aufzog
Februárius, -i (mensis)	(Monat) Februar
Fébruus, -i	Februus; Totengott bei den Etruskern
Flaminínus, -i, C.	Flamininus; römischer Feldherr u. Konsul im Kampf gegen Hannibal
Fortúna, -ae	Fortuna; Schicksals- und Glücksgöttin
Forum Románum, -i –i	römisches Forum; Hauptplatz zwischen Kapitol u. Palatin
Gaius, -i	Gaius; römischer Vorname
Galli, -órum	Gallier; keltische Volksstämme links des Rheins
Gállia, -ae	Gallien (heutiges Frankreich)
Gállia Bélgica, -ae -ae	Gallia Belgica; römische Provinz in NW-Gallien
Gállia cisalpína, -ae -ae	Gallia cisalpina; römische Provinz diesseits der Alpen (Poebene)
Gállia transalpína, ae -ae	Gallia transalpina; römische Provinz jenseits der Alpen; südlicher Teil Galliens (heute: Provence)
Gállicus, -a, -um	gallisch
Gaugaméla, -órum	Gaugamela; Ort in Assyrien (Sieg Alexanders d. Gr. 331 v. Chr. über die Perser)
Géllius, -i, Aulus	Gellius; römischer Schriftsteller des 2. Jh. n. Chr., Verfasser der „Noctes Atticae"
Geórgica, -órum	Georgica; Lehrgedicht Vergils über den Ackerbau
Germáni, -órum	Germanen; Volksstämme rechts des Rheins
Germánia, -ae	Germanien
Germánicus, -a, -um	germanisch
Gracchi, -órum	die Gracchen; Volkstribune u. Agrarreformer in Rom
Gracchus, -i, C. Semprónius	C. Gracchus; Volkstribun und Agrarreformer (121 v. Chr. getötet)
Gracchus, -i, Tib. Semprónius	Tiberius Gracchus; Volkstribun und Agrarreformer (133 v. Chr. getötet)
Gráecia, -ae	Griechenland
Graecus, -a, -um	griechisch; Subst.: der Grieche
Granícus, -i	Granikos; Fluss in Kleinasien
Hadriánus, -i, P. Aélius ~	Hadrian; römischer Kaiser (117 – 138 n. Chr.)
Háedui, -órum	Häduer; gallischer (keltischer) Volksstamm
Halicarnássus, -i	Halikarnass; Hafenstadt im südwestlichen Kleinasien
Hamílcar, -aris	Hamilkar Barkas; Vater des Hannibal
Hánnibal, -alis	Hannibal; karthagischer Feldherr und Todfeind der Römer
Hásdrubal, -alis	Hasdrubal; Schwiegersohn des Hamilkar Barkas
Hector, -oris	Hektor; trojanischer Held, Sohn des Priamos
Helvétii, -órum	Helvetier; gallischer (keltischer) Volksstamm
Hércules, -is	Herkules; Halbgott u. Held der griechischen Mythologie, Sohn des Zeus u. der Alkmene (griech. Herakles)
Heródotus, -i	Herodót; griechischer Geschichtsschreiber ca. 484 – 430 v. Chr.
Hispáni, -órum	Spanier
Hispánia, -ae	Spanien
Homérus, -i	Homer; griechischer Dichter (Ilias u. Odyssee)
Horátius, -i, Q. ~ Flaccus	Horaz; größter römischer Lyriker 65 – 8 v. Chr
Hydáspes, -is	Hydaspes; Fluss in Indien
Ianuárius, -i (mensis)	(Monat) Januar

Ianus, -i	Janus; Gott des Ein- und Ausgangs, Anfangs und Endes
Ibérus, -i	Ebro; Fluss in Spanien
Idus, -us	Iden; der Erste eines Monats
Ílium, -i (Ílion, -i)	Ilion = Troja
I(u)lus, -i	Julus (Ilus); Sohn des Äneas
Iónes, -um	Jonier; griechischer Volksstamm
Iúnius, -i (*siehe auch*: **Brutus)**	Junius; römischer Gentilname
Ísara, -ae	Isar; Nebenfluss der Donau
Ísara, -ae	Isère; Nebenfluss der Rhône
Issus, -i	Issos; Stadt in Kilikien (Sieg Alexanders d.Gr. 333 v. Chr über die Perser)
Isthmus, -i	Isthmus; Landenge zwischen Mittel-griechenland u. Peloponnes
Ítali, -órum	Ital(ik)er; Volksstämme in Italien
Itália, -ae	Italien
Itálicus, -a, -um	italisch; zu Italien gehörig
Íthaca, -ae	Ithaka; griechische Insel im jonischen Meer, Heimat des Odysseus
Iúlia, -ae	Julia; römischer Frauenname
Iúlius, -i	Julius; römischer Geschlechtsname
Iúlius, -i (mensis)	(Monat) Juli
Iúnius, -i (mensis)	(Monat) Juni
Iuno, -ónis	Juno; Gemahlin Jupiters, Schützerin der Ehe (griech. Hera)
Iúppiter, Iovis	Jupiter; höchster Gott, Wettergott (griech. Zeus)
Laócoon, -óntis	Laokoon; trojanischer Priester, der vor dem hölzernen Pferd warnte u. deshalb von Schlagen getötet wurde
Lares, Larum	die Laren; römische Hausgötter
Látium, -i	Latium; Landschaft um Rom herum
Lepos, -óris	Lepos; römischer Tänzer
Liber, -i	Liber = Bacchus
Líbya, -ae	Libyen (Nordafrika)
Líbyes, -um	Libyer; Bewohner Libyens
Limes, -itis	Limes; Grenzbefestigungsanlage der Römer
Lívius, -i	Livius; römischer Geschichtsschreiber (142 Bücher „ab urbe condita“)
Lucánus, -i, M. Annáeus	Lukan; römischer Dichter im 1. Jh. n. Chr.
Lucílius, -i	Lucilius; Freund Senecas, Adressat seiner Briefe
Lucílius, -i	Lucilius; römischer Senator
Lúcius, -i	Lucius; römischer Personenname
Lutátius, -i, C. ~ Cátulus	Lutatius; römischer Konsul u. Sieger über die Karthager im 1. Punischen Krieg
Lýdia, -ae	Lydia; römischer Personenname
Macédones, -um	die Makedonen (Makedonier), Volk in Nord-griechenland
Macedónia, -ae	Makedonien; Nordgriechenland, seit 148 v. Chr. römische Provinz
Maeánder, -dri	Mäander; Fluss in Kleinasien
Maecénas, -átis, C. Cílnius ~	Mäzenas; Gönner von Kunst u. Wissen-schaften, bes. der Dichter, Vertrauter des Kaisers Augustus
Mago, -ónis	Mago; Bruder Hannibals
Mahárbal, -alis	Maharbal; Befehlshaber der punischen Reiterei bei Cannä
Máia, -ae	Maja; Mutter des Merkur, Tochter des Atlas
Máius, -i (mensis)	(Monat) Mai
Mánlius, -i	Manlius; römischer Senator
Marcománni, -órum	Markomannen; suebischer Volksstamm
Marcus, -i	Markus; römischer Vorname

Marcus Aurélius, -i –i	Mark Aurel; römischer Kaiser 161 – 180 n. Chr, Gründer des Römerlagers Castra Régina (Regensburg)
Márius, -i, C.	Marius; mehrfacher römischer Konsul, Gegner Sullas, Sieger über Jugurtha sowie über die Kimbern u. Teutonen
Mars, -tis	Mars; Kriegsgott (griech. Ares)
Martiális, -is, M. Valérius	Martial; römischer Dichter 1. Jh. n. Chr.
Mártius, -i (mensis)	(Monat) März
Mausoléum, -i	Mausoleum; Grabmal des Mausolos
Mausólus, -i	Mausolos; Tyrann von Halikarnass
Mégara, -ae	Megara; Vorstadt von Karthago
Mémphis, -idis	Memphis; eine der Hauptstädte im Alten Ägypten
Menénius Agríppa, -i -ae	Menenius Agrippa; Vermittler im Streit zwischen Patriziern u. Plebejern (Fabel mit Magen u. den Gliedern)
Mercúrius, -i	Merkur; Gott der Kaufleute u. Diebe, Götterbote (griech. Hermes)
Mesopotámia, -ae	Mesopotamien; Zweistromland zwischen Euphrat u. Tigris
Metáurus, -i	Metaurus; Fluss in Umbrien
Milétus, -i	Milet; griechische Stadt an der Westküste Kleinasiens
Minérva, -ae	Minerva; Göttin der Weisheit u. Künste (griech. Athene)
Minos, -óis	Minos; mythischer König von Kreta, Sohn des Zeus u. der Europa
Moenus, -i	Main
Mogontíacum, -i	Mainz; römisches Lager
Monáchium (Mónacum), -i	München
Mons Gráupius, -tis -i	Mons Graupius; Berg im heutigen Schottland
Múmmius, -i, L. ~ Acháicus	Mummius; Eroberer u. Zerstörer Korinths 146 v. Chr.
Mylae, -árum	Mylae; Stadt an der Nordküste Siziliens
Myrmídones, -um	Myrmidonen; Gefolgsleute des Achill
Neoptólemus, -i	Neoptolemus; Sohn des Achill, der Priamos getötet hat
Neptúnus, -i	Neptun; Gott des Meeres (griech. Poseidon)
Nero, -ónis, Tib. Claúdius ~	Nero; römischer Kaiser (54 – 68 n. Chr.)
Nestor, -óris	Nestor; König von Pylos, Berater der Griechen vor Troja
Nilus, -i	Nil; Hauptstrom Ägyptens
Nóricum, -i	Noricum; römische Provinz
Nováesium, -i	Neuss; römisches Lager
Novémber, -bris (mensis)	(Monat) November
Noviómagus, -i	Nimwegen; römisches Lager
Numa Pompílius, -ae, -i	Numa Pompilius; 2. römischer König
Númidae, -árum	Numidier; Einwohner Numidiens in Nordafrika
Numídicus, -a, -um	numidisch
Númitor, -óris	Numitor; König von Alba Longa, Vater der Rhea Silvia, Großvater des Romulus und Remus
Octóber, -bris (mensis)	(Monat) Oktober
Olýmpia, -ae	Olympia; griechischer Ort in Elis
Olýmpias, -adis	Olympias; Gattin Philipps II. von Makedonien
Olýmpus, -i	Olymp; Gebirge in Nordgriechenland, Sitz der Götter
Óstia, -ae	Ostia, Hafenstadt Roms
Padus, -i	Po; Hauptfluss in Oberitalien
Palamédes, -is	Palamedes; griechischer Held vor Troja
Palatínus, -i	Palatin; einer der sieben Hügel Roms
Pannónia, -ae	Pannonien; römische Provinz
Paris, -idis	Paris; Sohn des Priamos, Entführer der Helena

Párius, -a, -um	parisch, von der Insel Paros stammend
Parus, -i	Paros; griechische Kykladeninsel, berühmt für ihren Marmor
Pátroclus, -i	Patroklos; griechischer Held vor Troja, Freund des Achill
Paulus, -i (apóstolus)	hl. Paulus; Apostel aus Tarsos
Paulus, -i, Iulius	Paulus; römischer Jurist Anfang 3. Jh. n. Chr.
Péleus, -i	Peleus; König in Thessalien, Vater Achills
Pelídes, -ae	Pelide; Sohn des Peleus = Achill
Peloponnésus, -i	Peloponnes; südliche Halbinsel Griechenlands
Penélopa, -ae	Penelope; Gattin des Odysseus
Persae, -árum	Perser
Perseus, -i	Perseus; Halbgott, Sohn des Zeus u. der Danaë
Pérsia, -ae	Persien
Phárius, -a, -um	pharisch; zu Pharos gehörend
Pharus, -i	Pharos; Insel an der Hafeneinfahrt von Alexandria
Phídias, -ae	Phidias; größter Bildhauer und Erzgießer Athens Mitte des 5. Jh. v. Chr.
Philíppus, -i II.	Philipp; Makedonenkönig, Vater Alexanders
Philíppus, -i	Philipp; Name eines Gladiators
Phoeníces, -um	Phönizier; Seefahrervolk im heutigen Syrien
Pistórium, -i	Pistorium (heute: Pistoia); Stadt in Etrurien, bekannt durch die Niederlage Catilinas
Plato, -ónis	Platon; griechischer Philosoph 427 – 347 v. Chr., Schüler des Sokrates
Plebs urbána, -bis -ae	großstädtische Plebs; einfache Bevölkerung in Rom
Plínius, -i, C. ~ Caecílius Secúndus	Plinius d. Jüngere; Verfasser von Briefen
Plutárchus, -i	Plutarch; griechischer Historiker, Biograph u. Philosoph 1./2. Jh. n. Chr.
Pluto(n), -onis	Pluto; Gott der Unterwelt (griech. Pluton oder Hades)
Poeni, -órum	Punier; karthagischer Volksstamm
Póenicus, -a, -um	punisch, karthagisch
Polýbius, -i	Polybios; griechischer Geschichtsschreiber 2. Jh. v. Chr.
Polyphémus, -i	Polyphem; einäugiger Kyklop, Sohn des Poseidon
Pompeíus, -i, Cn. ~ Magnus	Pompejus; römischer Feldherr u. Staatsmann 1. Jh. v. Chr., Mitglied des 1. Triumvirats, dann Gegner Cäsars
Pontus Euxínus, -i -i	Schwarzes Meer
porta decumána, -ae -ae	Porta decumana; 2. Haupttor des römischen Lagers
Porta Nigra, -ae -ae	Porta Nigra; Tor des Römerlagers in Trier
porta praetória, -ae -ae	Porta praetoria; Haupttor des römischen Lagers
Porta Praetória, -ae -ae	Porta Prätoria; Tor des Römerlagers in Regensburg
porta principális dextra, -ae -is -ae	Porta principalis dextra; Seitentor des römischen Lagers
porta principális sinístra, -ae -is -ae	Porta principalis sinistra; Seitentor des römischen Lagers
Porus, -i	Poros; König in Indien
Praetórium; -i	Praetorium; Feldherrnzelt im römischen Lager
Príamus, -i	Priamos; letzter König von Troja
Princípia, -órum	Principia; Hauptquartier im römischen Standlager
Proca(s), -ae	Proca; König von Alba Longa, Vater des Numitor u. Amulius

Prosérpina, -ae	Proserpina; Gattin des Pluto, Tochter der Demeter (griech. Persephone)
Prúsias, -ae	Prusias; König von Bithynien
Púnicus (= Póenicus), -a, -um	punisch, karthagisch
Pydna, -ae	Pydna; Stadt in Nordgriechenland, wo die Römer 168 v. Chr. über die Makedonen siegten
Pyrámides, -um	Pyramiden; Bauwerke (Grabmäler) in Ägypten
Pythágoras, -ae	Pythagoras; griechischer Philosoph und Mathematiker im 6. Jh. v. Chr.
Quintána, -ae	Künzing; römisches Lager
Quirinális, -is	Quirinal; einer der sieben Hügel Roms
R(h)ea Sílvia, -ae -ae	Rhea Silvia; Vestalin, Tochter des Numitor
Ráetia, -ae	Rätien; römische Provinz
Ratisbonénsis urbs, -is -is	Regensburg
Remus, -i	Remus; Zwillingsbruder des Romulus, von diesem getötet
Rhadamánthus, -i	Rhadamanthys; Bruder des Minos
Rhenus, -i	Rhein; Grenzfluss zwischen Gallien u. Germanien
Rhódanus, -i	Rhône; Fluss in Gallien
Rhodus, -i	Rhodos; griechische Insel in der Ägäis
Roma, -ae	Rom, Hauptstadt des römischen Reiches
Románus, -a, -um	römisch; Subst.: der Römer
Rómulus, -i	Romulus; Sohn des Mars u. der Rhea Silvia, Gründer u. 1. König Roms
Sagúntum (-us), -i	Sagunt; Stadt in Spanien
Sallústius, -i, C. ~ Crispus	Sallust; römischer Geschichtsschreiber 86 - ca. 35 v. Chr.
Samus, -i	Samos; griechische Insel
Sardínia, -ae	Sardinien; Insel im Mittelmeer
Sarpédon, -onis	Sarpedon; Bruder des Minos
Saturnália, -órum	Saturnalienfest; Freudenfest in Rom zu Ehren des Saturn
Satúrnus, -i	Saturn; Gott der Fruchtbarkeit, Vater des Zeus (griech. Kronos)
Scípio, -ónis	Scipio; Angehöriger der gens Cornelia
Scípio, -ónis, P. Cornélius	Scipio; Konsul 218 v. Chr.
Scípio, -ónis, P. Cornélius Africánus	Scipio Africanus; Sieger über Hannibal bei Zama 202 v. Chr.
Scípio, -ónis, P. Cornélius Aemiliánus Africánus minor	Scipio Africanus minor; Eroberer von Karthago 146 v. Chr. u. von Numantia 133 v. Chr.
Scylla, -ae	Skylla; Seeungeheuer (Felsen am Eingang der Meerenge zwischen Italien und Sizilien gegenüber dem Strudel Charybdis)
Semíramis, -idis od. -idos	Semiramis; Königin in Babylon
Semprónia, -ae	Sempronia; römischer Frauenname
Séneca, -ae, L. Annáeus	Seneca; stoischer Philosoph u. Schriftsteller im 1. Jh. n. Chr., Erzieher Neros
Septémber, -bris (mensis)	(Monat) September
Séquani, -órum	Sequaner; gallischer (keltischer) Volksstamm
Sérvius Túllius, -i -i	Servius Tullius; 6. römischer König
Sextílis, -is (mensis)	Sextilis; achter Monat, später August genannt
Sextus, -i	Sextus; römischer Personenname
Sicília, -ae	Sizilien; Insel im Mittelmeer
Sículi, -órum	Sikuler; Bewohner von Sizilien
Sidon, -ónis	Sidon; phönizische Stadt
Sinon, -ónis	Sinon; scheinbarer Griechenfeind, der die Trojaner dazu bringt, das hölzerne Pferd in ihre Stadt zu ziehen
Sol, -is	Sol; Sonnengott (griech. Helios)

Sorviodúrum	Straubing
Sýria, -ae	Syrien; Gegend an der Ostküste des Mittelmeers
Tácitus, -i, P. Cornélius	Tacitus; bedeutendster römischer Geschichtsschreiber der Kaiserzeit
Tarquínius Priscus, -i -i	Tarquinius Priscus; 5. römischer König
Tarquínius Supérbus, -i -i	Tarquinius Superbus; 7. und letzter römischer König
Tártarus, -i	Tartaros; Unterwelt
Téncteri, -órum	Tenkterer; germanischer Volksstamm
Ténedus, -i	Tenedos; Insel vor Troja
Teutoburgiénsis silva (saltus), -is -ae	Teutoburger Wald
Téutones, -um	Teutonen; germanischer Volksstamm
Teutónicus, -a, -um	teutonisch, germanisch
Thebae, -árum	Theben; Hauptstadt Böotiens
Thetis, -idis od. -idos	Thetis; Nereide, Gattin des Peleus, Mutter des Achill
Thucýdides, -is	Thukydides; griechischer Geschichtsschreiber (ca. 460 – 400 v. Chr.) über den peloponnesischen Krieg
Thymóetes, -ae	Thymoites; einer der Ältesten Trojas, der dazu riet, das hölzerne Pferd in die Stadt zu ziehen
Tíberis, -is	Tiber; Fluss durch Rom
Tibérius, -i	Tiberius; römischer Personenname
Tibérius, -i, ~ Cláudius Nero	Tiberius; Stiefsohn des Augustus, römischer Kaiser (14 – 37 n. Chr.)
Ticínus, -i	Ticinus (Tecino); Nebenfluss des Po
Titus, -i, ~ Flávius Vespasiánus	Titus; römischer Kaiser 79 – 81 n. Chr.
Traiánus, -i, M. Úlpius	römischer Kaiser 98 – 117 n. Chr. (größte Ausdehnung des römischen Reiches)
Trasuménus lacus, -i -us	Trasumener See (217 v. Chr. Niederlage der Römer gegen Hannibal)
Trébia, -ae	Trebia; Nebenfluss des Po
Trívia, -ae	Hekate; Göttin der Zauberei
Tróes, -um	Troer = Trojaner
Troia, -ae	Troja; Stadt im Nordwesten Kleinasiens, Schauplatz des trojanischen Krieges
Troiáni, -órum	Trojaner; Bewohner der Stadt Troja
Túllia, -ae	Tullia; römischer Frauenname
Tullus Hostílius, -i -i	Tullus Hostilius; 3. römischer König
Tyros, -i od. Tyrus, -i	Tyros; phönizische Stadt
Úbii, -órum	Ubier; germanischer Volksstamm
Ulíxes, -is	Odysseus; griechischer Held vor Troja
Ulpiánus, -i, Domítius	Ulpian; römischer Jurist Anfang 3. Jh. n. Chr.
Usípetes, -um	Usipeter; germanischer Volksstamm
Útica, -ae	Utika; Stadt nordwestlich von Karthago
Varus, -i, P. Quinctílius ~	Varus; römischer Feldherr, 9 n. Chr. gegen Arminius den Cherusker gefallen
Venus, -eris	Venus; Göttin der Liebe und Schönheit (griech. Aphrodite); Mutter des Äneas
Vergílius, -i, P. ~ Maro	Vergil; römischer Nationaldichter 70 - 19 v. Chr
Vespasiánus, -i, T. Flávius ~	Vespasian; römischer Kaiser (69 - 79 n. Chr.)
Vesta, -ae	Vesta; Göttin des Herdfeuers (griech. Hestia)
Via praetória, -ae -ae	Via praetoria; eine der Hauptstraßen im römischen Lager
Via principális, -ae -is	Via principalis; eine der Hauptstraßen im römischen Lager
Viminális, -is	Viminal; einer der sieben Hügel Roms
Vulcánus, -i	Vulkan; Gott des Feuers u. der Schmiede (griech. Hephaistos)
Zama, -ae	Zama; Stadt in Nordafrika (202 v. Chr. Sieg Scipios über die Karthager)

Verzeichnis der Fachbegriffe

Das Verzeichnis der Fachbegriffe enthält die grammatischen Fachausdrücke, die in AUSPICIA I vorkommen. Die Zahlen in Klammern geben das Kapitel an, in dem der betreffende Begriff zum ersten Mal eingeführt wird.

Ablativ, der	der 6. Fall (K 22a)
Ablativus instrumentalis, der	der Ablativ des Mittels (K 23a)
Ablativus separationis, der	der Ablativ der Trennung (K 22a)
AcI, der **(Accusativus cum Infinitivo)**	der Akkusativ mit Infinitiv (K 56a)
Adjektiv, das	das Eigenschaftswort (K 15a)
Adverbiale, das	die Umstandsbestimmung (K 22a)
Akkusativ, der	der 4. Fall (K 7a)
Artikel, der	das Geschlechtswort (K 7a)
Assimilation, die	die Konsonantenangleichung (K 26a)
assimilieren	Konsonanten angleichen (K 16a)
Attribut, das	die Beifügung (K 9a)
Dativ, der	der 3. Fall (K 9a)
Deklination, die	die Beugung des Hauptwortes (K 7a)
deklinieren	ein Hauptwort beugen (K 7a)
Demonstrativpronomen, das	das hinweisende Fürwort (K 52a)
Dreisilbengesetz, das	Regel, nach der im Lateinischen die vorletzte Silbe betont wird, wenn sie lang ist, ansonsten die drittletzte (K 1a)
Femininum, das	das weibliche Geschlecht (K 15a)
Fremdwort, das	Wort, das aus einer anderen Sprache entlehnt wurde und sich der aufnehmenden Sprache in Schreibweise und Betonung noch nicht voll angepasst hat (K 2)
Futur exakt (Futur II), das	die zweite (vollendete) Zukunft (K 61a)
Futur, das	die Zukunft (K 58a)
Genitiv, der	der 2. Fall (K 9a)
Genus, das	das Geschlecht (K 15a)
Gleichzeitigkeit	zeitgleicher Ablauf zweier Handlungen (K 57a)
Imperativ, der	die Befehlsform (K 5a)
Imperfekt, das	die erste Vergangenheit (K 28a)
Indikativ, der	die Wirklichkeitsform (K 2a)
Infinitiv, der	die Grundform des Zeitwortes (K 2a)
Interrogativpronomen, das	das fragende Fürwort (K 36a)
Kardinalzahl, die	die Grundzahl (K 79a)
Kasus, der	der Fall (K 7a)
Kompositum, das	das zusammengesetzte Verbum (K 16a)
kongruent	übereinstimmend (K 15a)
Kongruenz, die	die Übereinstimmung (K 15a)
Konjugation, die	die Beugung des Zeitwortes (K 2a)
konjugieren	ein Zeitwort beugen (K 2a)
Konjunktion, die	das Bindewort (K 27a)
Konsonant, der	der Mitlaut (K 1a)
kontrahieren	Selbstlaute zusammenziehen, verschmelzen (K 4a)
Kontraktion, die	das Zusammenziehen, Verschmelzen von Selbstlauten (K 4a)
koordinierend	bei-, gleichordnend (K 27a)
Lehnwort, das	Wort, das sehr früh aus einer anderen Sprache übernommen und völlig „eingedeutscht" wurde (W 1)
Lokativ, der	der Ablativ des Ortes und der Zeit (K 24a)
Maskulinum, das	das männliche Geschlecht (K 15a)
Naturlänge, die	Länge einer Silbe durch einen langen Vokal (K 1a)
Neutrum, das	das sächliche Geschlecht (K 15a)
Nomen, das	das Namenwort: Substantiv (K 22a) oder Adjektiv
Nominativ, der	der 1. Fall (K 7a)
Numerale, das	das Zahlwort (K 79a)
Numerus, der	die Zahl (K 2a)

Objekt, das	die notwendige Satzergänzung (K 7a)
Ordinalzahl, die	die Grundzahl (K 79a)
Perfekt, das	die zweite Vergangenheit (K 31a)
Personalpronomen, das	das persönliche Fürwort (K 34a)
Plural, der	die Mehrzahl (K 3a)
Plurale tantum, das	ein Substantiv, das nur im Plural vorkommt (K 12a)
Plusquamperfekt, das	die dritte Vergangenheit (K 33a)
Positionslänge, die	Längung einer Silbe durch zwei oder mehr nachfolgende Konsonanten (K 1a)
Possessivpronomen, das	das besitzanzeigende Fürwort (K 19a)
Prädikat, das	die Satzaussage (K 7a)
Prädikatsnomen, das	Substantiv oder Adjektiv zur Ergänzung eines Hilfszeitwortes (K 16a)
Präfix, das	die Vorsilbe (K 5a)
Präposition, die	das Verhältniswort (K 25a)
Präsens, das	die Gegenwart (K 2a)
Pronomen, das	das Fürwort (K 19a)
Reduplikation, die	die Verdoppelung des anlautenden Konsonanten (K 73a)
reflexiv	rückbezüglich (auf das Subjekt) (K 19a)
Relativpronomen, das	das bezügliche Fürwort (K 35a)
Rhotazismus; der	Lautgesetz, nach dem „s“ zwischen zwei Vokalen zu „r“ werden kann (K 29a)
Singular, der	die Einzahl (K 2a)
Stammerweiterungsvokal, der	Vokal, der zwischen Verbalstamm und Endung oder Tempuszeichen eingeschoben wird (K 55a)
Subjekt, der	der Satzgegenstand (K 7a)
Subjektsakkusativ, der	der lateinische Akkusativ, der bei der Wiedergabe des lateinischen AcI mit einem dass-Satz im Deutschen Subjekt wird (K 56a)
subordinierend	unterordnend (K 27a)
Substantiv, das	das Hauptwort (K 7a)
substantivieren	eine andere Wortart als Substantiv verwenden (K 20a)
Substantivierung, die	die Verwendung einer anderen Wortart als Substantiv (K 20a)
Tempus, das	die Zeit (K 28a)
Tempuszeichen, das	das Kennzeichen zur Bildung einer Zeit (K 28a)
Verbum, das	das Zeitwort (K 2a)
Vokal, der	der Selbstlaut (K 1a)
Vokativ, der	der 5. Fall (Anredefall) (K 21a)
Vorzeitigkeit, die	früherer Ablauf einer Handlung vor einer anderen (K 57a)
Zeitverhältnis, das	zeitliches Verhältnis beim Ablauf zweier Handlungen (K 57a)

Verzeichnis der Abkürzungen

Abl.	Ablativ	Nom.	Nominativ
Akk.	Akkusativ	Neutr.	Neutrum
Dat.	Dativ	P. (Pers.)	Person
EN	Eigennamen	Pl. (Plur.)	Plural
FB	Fachbegriff	Sg. (Sing.)	Singular
Fem.	Femininum	SP	Sprache
FL	Formenlehre	ÜS	Hinweise zur Übersetzung
Gen.	Genitiv	Vgl.	vergleiche
GR	Grammatikalische Erklärungen	Vok.	Vokativ
K.	Kasus	WB	Wortbildung
Mask.	Maskulinum	WS	Wortschatz
N.	Numerus		

Bei Übersetzungsübungen vom Deutschen ins Lateinische bedeutet ° hinter einem Wort, dass dieses nicht übersetzt wird. Ein Verbum ist im Lateinischen mit Perfekt wiederzugeben, wenn ihm (P) folgt. Ist in einem Satz dass unterstrichen, dann soll AcI gesetzt werden.

Deutsch-lateinisches Wörterverzeichnis

Das Wörterverzeichnis enthält die in den Übersetzungen und Übungsübungen vorkommenden deutschen Wörter von AUSPICIA I ohne die Eigennamen. Die Zahlen in Klammern geben das Kapitel an, in dem das betreffende Wort zum ersten Mal vorkommt und im Lernwortschatz aufgeführt ist.

Abend(stern)	vesper, -ī (K 12a)
am Abend	vésperī (K 24a)
aber	sed (K 5a) autem (nachgest.) (K 28a)
ablassen	dēsínĕre, dḗsinō, dḗsiī (K 56a)
Abteilung	classis, ~ (K 64a)
abwehren	arcḗre (K 2a), dēféndĕre, dēféndō, dēféndī (K 76a)
acht	octō (K 39a)
der achte	octā́vus, -a, -um (K 79a)
Achtung	pietās, -tā́tis (K 78a)
Acker	ager, agrī (K 13a)
Adel	nōbílitās, -tā́tis (K 44a)
adelig	nṓbilis, -le (K 70a)
all	omnis, -ne (K 70a)
alle	cunctī, -ae, -a (K 23a)
als (bei Steigerung)	quam (K 78a)
alt	antíquus, -a, -um (K 15a), vetus, -teris (K 71a)
Amt	munus, múneris (K 42a)
an	in (+ Abl. / Akk.) (K 27a), ad (+ Akk.) (K 26a)
ein anderer	álius, -a, -ud (K 23a)
der eine ... der andere	álius ... álius (K 23a)
aneinander reihen	sérĕre, serō, séruī (K 57a)
Anfang	orígō, -ginis (K 47a)
Anführer	dux, ducis (K 49a)
anfüllen	complḗre (K 31a), implḗre (K 31a)
angenehm	grātus, -a, -um (K 36a)
angreifen	temptā́re (K 23a), oppūgnā́re (K 31a), incursā́re (K 53a), offéndĕre, offéndō, offéndī (K 76a)
einen Gegner angreifen	adversā́rium pétĕre (K 55a)
anreden	appellā́re (K 6a)
sich anschicken	parā́re (K 6a)
Ansehen	grā́tia (K 34a), auctṓritās, -tā́tis (K 44a)
anstatt	prō (+ Abl.) (K 25a)
antworten	respondḗre, respóndeō, respóndī (K 73a)
anzünden	accéndĕre, accéndō, accéndī (K 76a)
Arbeit	labor, -bṓris (K 37a)
arbeiten	labōrā́re (K 6a)

arm	miser, -a, -um (K 17a), pauper, -peris (K 71a)
Art und Weise	rátiō, -ṓnis (K 46a), modus (K 59a)
Arzt	médicus (K 10a)
As	as, assis m. (K 68a)
auch	étiam (K 6a)
auf	in (+ Abl. / Akk.) (K 27a)
Aufgabe	negṓtium (K 29a), munus, múneris (K 42a)
aufhören	dēsínĕre, dḗsinō, dḗsiī (K 56a)
auflauern	īnsídiās parā́re (K 30a)
aufrichtig	vērus, -a, -um (K 20a)
Auge	óculus (K 59a)
aus	ex (ē) (+ Abl.) (K 25a)
ausfüllen	explḗre (K 31a)
aushalten	sustinḗre (K 32 a)
außerhalb	extrā (+ Akk.) (K 27a)
Bauer	agrícola (K 18a)
Baum	arbor, árbŏris f. (K 40a)
beabsichtigen	parā́re (K 6a)
beauftragen	iubḗre, iúbeō, iussī (+ Akk.) (K 74a)
bebauen	cólĕre, colō, cóluī (K 55a)
Bedingung	condíciō, -ciṓnis (K 60a)
beenden	fīnī́re (K 52a)
Befehl	impérium (K 14a)
befehlen	imperā́re (K 4a), iubḗre, iúbeō, iussī (+ Akk.) (K 74a)
Befehlshaber	imperā́tor, -tṓris (K 37a)
befestigen	mūnī́re (K 53a)
befreien	līberā́re (K 22a)
begehren	appétĕre, áppetō, appetī́vī (K 55a)
Begierde	cupíditās, -tā́tis (K 44a)
Begleiter	comes, comitis (K 43a)
begrenzen	fīnī́re (K 52a)
behalten	retinḗre (K 32a)
bei	ad (+ Akk.), apud (+ Akk.) (K 26a)
Beispiel	exémplum (K 59a)
bekannt	nōtus, -a, -um (K 20a)
es ist bekannt	cōnstat (K 57a)
belagern	oppūgnare (K 31a)
sich bemühen	studḗre (K 3a)
beraten	cōnsúlĕre, cṓnsulō, cōnsúluī (+ Akk.) (K 56a)

berauben	spoliā́re (K 22a)
bereitmachen	expedī́re (K 53a)
bereiten	parā́re (K 6a)
Berg	mōns, montis (K 65a)
berühmt	clārus, -a, -um (K 19a)
Berühmtheit	nōbílitās, -tā́tis (K 44a)
Beschäftigung	stúdium (K 14a)
ich beschließe	mihi placet (K 61a)
besiegen	superā́re (K 23a), víncere (K 75a)
Besitz	fortū́nae, -ā́rum (K 30a)
besorgen,	cūrā́re (K 53a)
bestatten	sepelī́re, sepéliō, sepelī́vī (K 51a)
besuchen	vīsitā́re (K 11a)
beten	ōrāre (K 5a)
betreten	intrā́re (K 9a)
Betrug	fraus, fraudis (K 45a)
bewahren	servā́re (K 21a)
bewegen	mŏvḗre, mṓveō, mōvī (K 75a)
beweinen	flḗre (K 31a)
bewohnen	incólĕre, íncolō, incóluī (K 55a)
Bewohner	íncola (K 18a)
Bild	imā́gō, -ginis (K 47a)
bitten	ōrāre (K 5a), rogā́re (K 36a)
um Hilfe bitten	auxílium pétĕre (K 55a)
bleiben	manḗre, máneō, mānsī (K 74a)
Blut	sanguis, -quinis (K 67a)
Bote	nū́ntius (K 58a)
bringen	portā́re (K 27a)
Brief	lítterae, -ā́rum (K 30a)
Brücke	pōns, pontis (K 65a)
Bruder	frāter, -tris (K 39a)
Brust	pectus, péctŏris (K 41a)
Buch	liber, librī (K 13a)
Buchstabe	líttera (K 30a)
Bündnis	foedus, foéderis (K 42a)
bunt	várius, -a, -um (K 29a)
Bürger	cīvis, ~ m. (K 64a)
Bürgerschaft	cī́vitās, -ātis (K 44a)
Charakter	mōres, mōrum (K 40a)
da (= dann)	tum (K 12a)
Dach	tēctum (K 14a)
daher	ítaque (K 61a)
damals	tum (K 12a)
Dank	grā́tia (K 34a)
danken	grā́tiam habḗre (K 34a)
dankbar	grātus, -a, -um (K 36a)
dann	tum (K 12a)
dein	tuus, -a, -um (K 19a)
denken (an)	cōgitā́re (Akk.) (K 61a)
denn	nam (K 3a)
dennoch	tamen (K 20a)
der, ... (Relativpron.)	quī, ... (K 35a)
deshalb	ítaque (K 61a)
dich	tē (K 1a)
Dichter	poḗta (K 7a)
dienen	servī́re (K 52a)
dieser, ...	is, ... (K 52a), hic,... (K 53a)
Diktator	dictā́tor, -tṓris (K 37a)
dir	tibi (K 1a)
(unbefestigtes) Dorf	vīcus (K 26a)
dort	ibī (K 7a)
drei	trēs, tria (K 70a)
der dritte	tértius, -a, -um (K 79a)
du, ...	tū, ... (K 34a)
durch	per (+ Akk.) (K 27a)
Durst	sitis, ~ (K 62a)
Ehefrau	múlier, -líeris (K 39a), cóniūnx, -iūgis (K 50a)
Ehre	honōs, -nṓris (K 40a), decus, décŏris (K 41a)
ehrenvoll	honéstus, -a, -um (K 35a)
Eifer	stúdium (K 14a)
eilen	properā́re (K 26a), volā́re (K 27a)
Eilmarsch	iter magnum (K 63a)
der eine ... der andere	álius ... álius (K 23a)
Einfluss	auctṓritās, -tā́tis (K 44a)
einladen	invītā́re (K 28a)
eins	ūnus, -a, -um (K 54a) (ūnī́us, ūnī)
einst	ōlim (K 32a)
Eintracht	concórdia (K 33a)
eintreten in	intrā́re (K 9a)
einziger	ūnus, -a, -um (K 54a) (ūnī́us, ūnī)
Eltern	paréntes, -t(i)um (K 65a)
Ende	fīnis, ~ (K 67a)
endlich	tandem (K 18a)
entbehren	carḗre (+ Abl.) (K 22a)
entgehen	fŭ́gĕre, fŭ́giō, fūgī (+ Akk.) (K 75a)
Erde	terra (K 8a)
der ganze Erdkreis	tōtus orbis terrārum (K 68a)
erfreuen	dēlectā́re (K 11a),
erfüllen	explḗre (K 31a)
erhalten	sustinḗre (K 32a)
erhören	exaudī́re (K 51a)
Erinnerung	memória (K 34a)
erobern	expūgnā́re (K 31a)
erörtern	dissérĕre, dísserō, disséruī (K 57a)
zu erreichen suchen	pétĕre, petō, petī́vī (K 55a)
erschrecken (jem.)	terrḗre (K 2a)
der erste	prīmus, -a, -um (K 24a)
erwarten	exspectā́re (K 12a)
erwerben	acquī́rĕre, acquī́rō, acquīsī́vī (K 57a)

Erz	aes, aeris n. (K 68a)
erzählen	narrā́re (K 4a)
Erzählung	fā́bula (K 7a)
Essen	cēna (K 28a)
euer	vester, -stra, -um (K 19a)
existieren	esse (K 16a)
falls	sī (K 59a)
Familie	família (K 12a), genus, géneris (K 42a), gēns, gentis (K 65a)
Farbe	color, -lṓris (K 38a)
Feiertage	fḗriae, -ā́rum (K 24a)
feig	ignā́vus, -a, -um (K 33a)
Feind	adversarius (K 23a), hostis, ~ (K 64a)
Feld	ager, agrī (K 13a)
Feldherr	imperā́tor, -tṓris (K 37a), dux, ducis (K 49a)
Ferien	fḗriae, -ā́rum (K 24a)
sich fern halten	abstinḗre (+ Abl.) (K 22a)
festhalten	obtinḗre (K 32a)
Feuer	ignis, ~ (K 67a)
Fieber	febris, ~ (K 62a)
Fisch	piscis, ~ m. (K 68a)
Flanke	latus, láteris (K 42a)
Fleiß	indústria (K 13a)
fliegen	volā́re (K 27a)
fliehen vor	fū́gĕre, fū́giō, fūgī (+ Akk.) (K 75a)
Flotte	classis, ~ (K 64a)
Flucht	fuga (K 77a)
sein Heil in der Flucht suchen	fugā salū́tem pétĕre (K 77a)
Fluss	flūmen, -minis (K 48a)
fragen	(inter)rogā́re (K 36a), quaérĕre, quaerō, quaesī́vī (ex) (K 57a)
den Freund fragen	ex amī́cō quaérĕre (K 57a)
Frau	fḗmina (K 7a), múlier, -líeris (K 39a)
frei	liber,-a, -um (K 17a)
frei machen	expedī́re (K 53a)
frei sein	vacā́re (K 22a)
freie Zeit	ṓtium (K 28a)
Freiheit	lībértās, -tā́tis (K 44a)
fremd	aliḗnus, -a, -um (K 20a)
Freund	amī́cus (K 10a)
Freundin	amī́ca (K 9a)
Freundschaft	amīcítia (K 34a)
Friede	pāx, pācis (K 49a)
Frömmigkeit	píetās, -tā́tis (K 78a)
Frühling	vēr, vēris (K 63a)
fühlen	sentī́re, séntiō, sēnsī (K 74a)
führen	dū́cĕre, dūcō, dūxī (K 74a)

fünf	quīnque (K 48a)
der fünfte	quīntus, -a, -um (K 79a)
für	prō (+ Abl.) (K 25a)
Furcht	timor, -mōris (K 38a)
fürchten, sich fürchten	timḗre (K 3a)
Fuß	pes, pedis (K 43a)
ganz	tōtus, -a, -um (K 24a), omnis, -ne (K 70a)
Gast(freund)	hospes, hospitis (K 43a)
Gattin	uxor, uxṓris (K 39a), cóniūnx, -iūgis (K 50a)
geben	dăre, dō, dedī (K 4a, K 73a)
Gebiet	fīnēs, -ium (K 67a)
Gedächtnis	memória (K 34a)
Gedicht	carmen, -minis (K 48a)
geeignet	idṓnĕus, -a, -um (K 24a)
Gefahr	perī́culum (K 22a)
gefallen	placḗre (K 61a)
mir gefällt es	mihi placet (K 61a)
gegen	contrā (+ Akk.) (K 26a)
Gegend	régiō, -ṓnis (K 46a)
Gegner	adversārius (K 23a)
gehen	īre (K 72a)
gehorchen	pārḗre (K 3a)
Geist	mēns, mentis (K 65a)
Geld	pecū́nia (K 8a)
(Kupfer-)Geld	aes, aeris n. (K 68a)
geloben	spondḗre, spóndeō, spopóndī (K 73a)
Gepäck	impedīméntum (K 30a)
gerecht	iūstus, -a, -um (K 54a)
Gerede	fāma (K 58a)
Gerücht	fāma (K 58a)
Geschäft	negṓtium (K 29a)
Geschenk	munus, múneris (K 42a), dōnum (K 59a)
Geschichte	fā́bula (K 7a)
Geschlecht	genus, géneris (K 42a)
Geschrei	clāmor, -mṓris (K 38a)
Gesetz	lex, legis (K 49a)
Gespräch	sermō, -ṓnis (K 46a)
ein Gespräch führen	sermṓnem habḗre (K 46a)
Gewalt	vīs, vim, vī (K 62a)
gewaltig	ingēns, -gḗntis (K 71a)
geweiht	sacer, -cra, -um (K 17a)
Gewohnheit	cōnsuētū́dō, -dinis (K 47a)
Gladiator	gladiā́tor, -tṓris (K 38a)
glauben	aestimā́re, putā́re (K 56a)
Glück	fortū́na (K 29a)
glücklich	beā́tus, -a, -um (K 15a), fēlīx, -lī́cis (K 71a)
Glücksgüter	fortū́nae, -ā́rum (K 30a)
Gott	deus (K 10a)
Göttin	dea (K 9a)

grausam	crūdḗlis, -le (K 69a)
Grenze	fīnis, ~ (K 67a)
groß	magnus,- a, -um (K 15a)
wie groß?	quantus, -a, -um? (K 36a)
Größe	magnitū́dō, -dinis (K 47a)
Grund	causa (K 77a)
aus diesem Grund	eā (hāc) dē causā (K 77a)
Gunst	grā́tia (K 34a)
(sittlich) gut	bonus, -a, -um (K 15a)
Hab und Gut	fortū́nae, -ā́rum (K 30a)
haben	habḗre (K 2a)
halten	tenḗre (K 32a)
hart	asper, -a, -um (K 17a), dūrus, -a, -um (K 54a)
Haupt	caput, cápitis (K 63a)
Hauptstadt	caput, cápitis (K 63a)
Haus (auf dem Lande)	vīlla (K 7a)
Haus	tēctum (K 14a)
zu Hause	domī (K 24a)
Hausgemeinschaft	família (K 12a)
Heereszug	agmen, -minis (K 48a)
heftig	ācer, ācris, ācre (K 69a), ingēns, -gḗntis (K 71a)
Heil	salūs, -lū́tis (K 45a)
sein Heil in der Flucht suchen	fugā salū́tem pétĕre (K 77a)
heilen	sānā́re (K 11a)
heilig	sacer, -cra, -um (K 17a)
Heilmittel	medicī́na (K 11a)
Heimat	pátria (K 8a)
heimsuchen	vexā́re (K 28a)
ich heiße ...	nōmen ... mihi est (K 48a)
helfen	(ad)iŭvā́re, (ad)iŭvō, (ad)iūvī [+ Akk.](K 75a)
hell	clārus, -a, -um (K 19a)
herausgehen	exī́re (K 72a)
herbeiholen	arcéssĕre (K 55a)
Herde	grex, gregis (K 49a)
Herr	dóminus (K 10a)
Herrin	dómina (K 9a)
herrlich	praeclā́rus, -a, -um (K 35a)
Herrschaft	impérium (K 14a)
Herz	ánimus (K 18a), cor, cordis n. (K 68a)
es liegt mir am Herzen	cordī mihi est (K 68a)
Hilfe	auxílium (K 22a)
Himmel	caelum (K 20a)
hinausgehen	exī́re (K 72a)
hindern	impedī́re (K 53a)
Hindernis	impedīméntum (K 30a)
hinter	post (+ Akk.) (K 26a)
Hinterdeck	puppis, ~ (K 62a)
Hinterhalt	īnsídiae, -ārum (K 30a)
hoch	altus, -a, -um (K 62a)
hören	audī́re (K 51a)
Hund	canis, ~ (K 67a)
ich, ...	ego, ... (K 34a)
ihr (reflex. Possessivpron.)	suus, -a, -um (K 19a)
ihr, ... (Personalpron.)	vōs, ... (K 34a)
immer	semper (K 13a)
imstande sein	posse, possum (K 17a)
in	in (+ Abl. / Akk.) (K 27a)
Infanterist	pedes, péditis (K 43a)
innehaben	tenḗre, obtinḗre (K 32a)
innerhalb	intrā (+ Akk.) (K 27a)
Insel	ī́nsula (K 8a)
irren	errā́re (K 58a)
Irrtum, Irrfahrt	error, -rṓris (K 38a)
Jahr	annus (K 24a)
jeder	omnis, -ne (K 70a)
jener, ...	ille, ... (K 54a)
jenseits	trāns (+ Akk.) (K 27a)
jetzt	nunc (K 35a)
Jugend	iuventūs, -tū́tis (K 45a)
junge Frau	virgō, -ginis (K 47a)
junger Mann	adulḗscēns, -céntis (K 66a), iuvenis, ~ (K 67a)
Kaiser	imperā́tor, -tṓris (K 37a)
Kälte	frigus, frígŏris (K 41a)
Kamerad	comes, cómitis (K 43a)
Kampf	pūgna (K 31a)
kampfbereiter Soldat	expedī́tus mīles (K 53a)
kämpfen	pūgnā́re (K 31a)
kennen	scī́re (K 52a)
Kerntruppe	robur, robŏris (K 41a)
Kinder	lī́berī, -ṓrum (K 12a)
klar	clārus, -a, -um (K 19a)
klein	parvus, -a, -um (K 19a)
Klima	caelum (K 20a)
Knabe	puer, -i (K 12a)
kommen	vĕnī́re, vḗniō, vēnī (K 75a)
König	rēx, rēgis (K 49a)
können	posse, possum (K 17a)
Konsul	cṓnsul, -lis (K 50a)
Kopf	caput, cápitis (K 63a)
Körper	corpus, córpŏris (K 41a)
Kraft	robur, robŏris (K 41a), vīs, vim, vī (K 62a)
Kräfte	vīrēs, -rium (K 62a)
Krankheit	morbus (K 11a)
Kreis	orbis, ~ m. (K 68a)
Krieg	bellum (K 23a)
Kriegsschiff	nāvis longa (K 64a)
kühn	audāx, -dā́cis (K 71a)
sich kümmern um	cūrā́re (m. Akk.) (K 43a)
Kunst	ars, artis (K 66a)
kurz	brevis, -ve (K 69a)
lachen	rīdḗre, rī́deō, rīsī (K 74a)
Lage	condíciō, -ciṓnis (K 60a)
Lager	castra, -ṓrum (K 30a)

Land	terra (K 8a)
zu Wasser und zu Land	terrā marī́que (K 63a)
Landhaus	vīlla (K 7a)
lang	longus, -a, -um (K 15a)
lange (Zeit)	diū (K 58a)
lassen	sínĕre, sinō, sīvī (K 56a)
laufen	cúrrĕre, currō, cucúrrī (K 73a)
Leben	vīta (K 18a)
lebend (= zu Lebzeiten)	vīvus, -a, -um (K 54a)
Lebewesen	ánimal, -ālis (K 63a)
leer sein	vacā́re (K 22a)
Legion	légiō, -ṓnis (K 46a)
lehren	docḗre (K 61a)
Lehrer	magíster, -ístrī (K 13a)
leicht (zu tragen)	levis, -ve (K 70a)
leicht (zu tun)	fácilis, -le (K 69a)
leiden	labōrā́re (+ Abl.) (K 6a)
Leistung	virtūs, -tū́tis (K 45a)
Leiter	magíster, -ístrī (K 13a)
Licht	lūx, lūcis (K 49a)
Liebe	amor, amṓris (K 38a)
lieben	amā́re (K 6a)
lieber wollen	malle (K 78a)
Lied	carmen, -minis (K 48a)
Lob	laus, laudis (K 45a)
loben	laudā́re (K 4a)
Los	sors, sortis (K 66a)
Luft	áër, áëris m. (K 39a)
Mädchen	puélla (K 7a)
Mahl	cēna (K 28a)
mahnen	monḗre (K 3a)
Mann	vir, virī (K 12a)
junger Mann	adulḗscēns, -céntis (K 66a), iuvenis, ~ (K 67a)
mannigfaltig	várius, -a, -um (K 29a)
Marmor	mármor, mármŏris n. (K 40a)
Marsch	iter, itíneris (K 63a)
Maß	modus (K 59a)
Matrose	nauta m. (K 21a)
Mauer	mūrus (K 60a)
Meer	aéquor, aéquŏris n. (K 40a), mare, -ris (K 63a)
Meeresoberfläche	aéquor, aéquŏris n. (K 40a)
mein	meus, -a, -um (K 19a)
meinen	putā́re (K 56a), cēnsḗre (K 61a), iudicā́re (K 61a)
Meinung	opiniō, -niṓnis (K 60a)
melden	nūntiā́re (K 58a)
Menge	cṓpia (K 18a), vīs, vim, vī (K 62a)
Mensch	homō, -minis (K 47a)
menschlich	hūmā́nus, -a, -um (K 23a)
mich	mē (K 1a)
mir	mihi (K 1a)
mit	cum (+ Abl.) (K 25a)
mitteilen	expedī́re (K 53a)
Monat	mēnsis, ~ m. (K 68a)
bei Morgengrauen	prīmā lūce (K 49a)
Mühe	labor, -bṓris (K 37a)
Mund	ōs, ōris (K 63a)
Mündung	ōs, ōris (K 63a)
Muße	ṓtium (K 28a)
müssen	dēbḗre (K 2a)
mustern	cēnsḗre (K 61a)
Mut	ánimus (K 18a)
Mutter	māter, -tris (K 39a), párēns, -réntis f. (K 65a)
Muttersprache	sermō pátrius (K 46a)
nach	post (+ Akk.) (K 26a), in (+ Abl. / Akk.) (K 27a)
nachdem	postquam (+ Perfekt) (K 54a)
Nachricht	nū́ntius (K 58a)
Nacht	nox, noctis (K 66a)
in der Nacht, nachts	nocte, noctū (K 66a)
Name	nōmen, -minis (K 48a)
nämlich	nam (K 3a)
nennen	appellā́re (K 6a)
neu	novus, -a, -um (K 20a)
neun	novem (K 39a)
der neunte	nōnus, -a, -um (K 79a)
nicht	nōn (K 1a)
nicht dürfen	nōn dēbḗre (K 2a)
nicht haben	carḗre (+ Abl.) (K 22a)
nicht kennen	nescī́re (K 52a)
nicht wissen	nescī́re (K 52a), ignōrā́re (K 56a)
nicht wollen	nōlle (K 78a)
niederes Volk	plēbs, plēbis (K 50a)
Niederlage	clādes, -dis (K 64a)
niemals	numquam (K 29a)
noch nicht	nōndum (K 52a)
Not	inópia (K 23a)
Nutzen	utílitās, -tā́tis (K 45a)
nützlich	ū́tilis, -le (K 70a)
es nützt	éxpedit (K 53a)
obwohl	quamquam (K 69a)
oder	aut (K 9a)
öffnen	aperī́re, apériō, apéruī (K 51a)
oft	saepe (K 17a)
ohne	sine (+ Abl.) (K 25a)
Ordnung	ōrdō, -dinis (K 47a)
Ort	lŏcus (K 24a)
Orte (im Gelände)	lŏca, -ṓrum (K 24a)
Paar	pār, pāris (K 63a)
passend	idṓnëus, -a, -um (K 24a)
Pferd	equus (K 59a)
pflegen	cólĕre, colō, cóluī (K 55a), cūrā́re (m. Akk.) (K 43a)
Pflicht	officium (K 31a)

Pflichtbewusstsein	pietās, -tā́tis (K 78a)
Plan	cōnsílium (K 59a)
Plätze (im Gelände)	lōca, -ṓrum (K 24a)
Plebs	plēbs, plēbis (K 50a)
plündern	dīrípĕre, dīrípiō, dīrípuī (K 55a)
prächtig	praeclā́rus, -a, -um (K 35a)
Prätor	praetor, -tṓris (K 37a)
Priester	sacérdōs, -dṓtis (K 60a)
Prozess	causa (K 77a)
quälen	vexā́re (K 28a)
Quästor	quaestor, -tṓris (K 37a)
Quelle	fōns, fontis (K 65a)
Raserei	furor, -roris (K 43a)
Rat	cōnsílium (K 59a)
um Rat fragen	cōnsúlĕre, cṓnsulō, cōnsúluī (+ Akk.) (K 56a)
rau	asper, -a, -um (K 17a)
rauben	spoliā́re (K 22a), rápĕre, rápiō, rápuī (K 55a)
Rechnung	rátiō, -ṓnis (K 46a)
Recht	iūs, iūris n. (K 68a)
mit Recht	iūre (K 68a)
rechtschaffen	probus, -a, -um (K 54a)
Rede	ōrā́tiō, -ṓnis (K 46a)
eine Rede halten	ōrātiṓnem habḗre (K 46a)
redlich	integer, -egra, -um (K 17a)
Redlichkeit	píetās, -tā́tis (K 78a)
Redner	ōrā́tor, -tṓris (K 37a)
Reich	impérium (K 14a)
reich	dīves, -vitis (K 71a)
Reichtum	divítiae, -ā́rum (K 30a)
Reihe(nfolge)	ōrdō, -dinis (K 47a)
Reise	iter, itíneris (K 63a)
Reiter	eques, équitis (K 43a)
retten	servā́re (K 21a)
Rettung	salūs, -lū́tis (K 45a)
Ruf	fāma (K 58a)
rufen	vocā́re (K 5a)
Ruhe	ṓtium (K 28a)
Ruhm	glṓria (K 21a), laus, laudis (K 45a), fāma (K 58a)
Sache	causa (K 77a)
Sage	fā́bula (K 7a)
sagen	dī́cĕre, dīcō, dīxī (K 74a)
Salz	sāl, sālis (K 50a)
sammeln	conquī́rĕre, conquī́ro, conquīsī́vī (K 57a)
schaden	nocḗre (K 19a)
Schar	agmen, -minis (K 48a), grex, gregis (K 49a)
scharf	ācer, ācris, ācre (K 69a)
schätzen	aestimā́re (K 56a), cēnsḗre (K 61a)
schauen	spectā́re (K 12a)

schenken	dōnā́re (K 5a)
Schicksal	fortū́na (K 29a), sors, sortis (K 66a)
Schiff	nāvis, ~ (K 64a), puppis, ~ (K 62a)
Schlacht	pūgna (K 31a)
schlecht	malus, -a, -um (K 15a)
Schmerz	dolor, -lṓris (K 37a)
Schmerz empfinden	dolḗre (K 3a)
ich habe Schmerzen am Fuß	pedem doleō, pes mihi dolet (K 43a)
Schmuck	decus, décŏris (K 41a)
schmücken	ōrnā́re (K 4a)
schnell	céler, -leris, -lere (K 69a)
schon	iam (K 52a)
schön	pulcher, -chra, -um (K 17a)
Schrecken	terror, -rṓris (K 38a)
schreiben (einen Brief, an jemanden)	lítterās dāre ad (+ Akk.) (K 30a)
schreien	clāmā́re (K 5a)
schroff	asper, -a, -um (K 17a)
Schuld	culpa (K 58a)
schulden	debḗre (K 2a)
Schule	schola (K 13a), lūdus (K 28a)
schwächen	dēbilitā́re (K 33a)
schweigen	tacḗre (K 2a)
schwer (zu tragen)	gravis, -ve (K 69a)
schwer (zu tun)	diffícilis, -le (K 69a)
Schwester	soror, -ṓris (K 39a)
schwierig	diffícilis, -le (K 69a)
sechs	sex (K 48a)
der sechste	sextus, -a, -um (K 79a)
Seemann	nauta m. (K 21a)
Seeräuber	pīrā́ta (K 8a)
sehen	spectā́re (K 12a), vīdḗre, vī́deō, vīdī (K 75a)
sein (Hilfszeitw.)	esse (K 16a), fuī (K 32a)
sein (reflex. Possessivpron.)	suus, -a, -um (K 19a)
Seite	latus, láteris (K 42a)
Senator	senā́tor, -tṓris (K 40a)
Senatorenstand	ōrdō senātṓrius (K 47a)
sieben	septem (K 39a)
der siebte	séptimus, -a, -um (K 79a)
(befestigte) Siedlung	óppidum (K 26a)
Sieg	victṓria(K 21a)
den Sieg davontragen	victṓriam reportā́re (K 35a)
siegen	vī́ncĕre, vīncō, vīcī (K 75a)
Sieger	victor, -tṓris (K 38a)
singen	cantā́re (K 5a)
Sinn	ánimus (K 18a)
Sippe	gēns, gentis (K 65a)
Sitte	mōs, mṓris (K 40a)
sittlich gut	honéstus, -a, -um (K 35a), bonus (K 15a)

Sklave	servus (K 10a)
Sohn	fī́lius (K 10a)
Soldat	miles, militis (K 43a)
Soldat zu Fuß	pedes, péditis (K 43a)
sondern	sed (K 5a)
Sonne	sōl, sōlis (K 50a)
sooft	cum (K 15a)
Sorge	cūra (K 8a)
sorgen	cūrā́re (+ Akk.) (K 43a)
sorgen für	cōnsúlĕre, cṓnsulō, cōnsúluī (+ Dat.) (K 56a)
Speise	cibus (K 11a)
Spiel	lūdus (K 28a)
Sprache	sermō, -ṓnis (K 46a)
springen	salī́re (K 54a)
Staat	cī́vitās, -ātis (K 44a)
Stadt	óppidum (K 26a), urbs, urbis (K 66a)
Stand	ōrdō, -dinis (K 47a)
stark	firmus, -a, -um (K 36a), fortis, -te (K 70a)
Statue	státua (K 9a)
Staub	pulvis, -veris (K 67a)
stehen	stāre, stō, stetī (K 73a)
es steht fest	cōnstat (K 57a)
Stein	lapis, -pidis (K 67a)
Stelle	lŏcus (K 24a)
Stellen in Büchern	lŏcī, -ṓrum (K 24a)
sterblich	mortā́lis, -le (K 70a)
Stern, Sternbild	sidus, sideris (K 42a)
im Stich lassen	desérĕre, déserō, deséruī (K 57a)
Stimme	vōx, vōcis (K 49a)
Stirn	frōns, frontis (K 65a)
Straße	via (K 7a)
streben	studḗre (K 3a)
Streitkräfte	vīrēs, -rium (K 62a)
Sturm	tempéstās, -tā́tis (K 78a)
zu erreichen suchen	pétĕre, petō, petī́vī (K 55a)
sein Heil in der Flucht suchen	fugā salū́tem pétĕre (K 77a)
suchen	quaérĕre, quaerō, quaesī́vī (K 57a)
den Freund suchen	amī́cum quaérĕre (K 57a)
bei Tagesanbruch	prīmā lūce (K 49a)
tapfer	firmus, -a, -um (K 36a), fortis, -te (K 70a)
Tapferkeit	virtūs, -tū́tis (K 45a)
Tat	fácinus, facínŏris (K 41a)
Tätigkeit	negṓtium (K 29a)
Teil	pars, partis (K 66a)
Tempel	templum (K 14a)
Theater	theā́trum (K 14a)
tief	altus, -a, -um (K 62a)
Tier	ánimal, -ā́lis (K 63a)
(wildes) Tier	bḗstia (K 77a)

Tochter	fī́lia (K 9a)
Tod	mors, mortis (K 66a)
tollkühn	audāx, -dā́cis (K 71a)
Tor	porta (K 51a)
tot	mórtuus, -a, .-um (K 51a)
töten	necā́re (K 53a)
Tross	impedīménta, -ṓrum (K 30a)
Truppen	cṓpiae, -ā́rum (K 18a)
tüchtig	bonus, -a, -um (K 15a), probus, -a, -um (K 54a)
Tugend	virtūs, -tū́tis (K 45a)
Türe	porta (K 51a)
Turm	turris, ~ (K 62a)
üben	exercḗre (K 2a)
über	de (+ Abl.) (K 25a)
über – hinüber	trāns (+ Akk.) (K 27a)
überall	ubī́que (K 35a)
Überfall	īnsídiae, -ārum (K 30a)
übertreffen	superā́re (K 23a)
um – herum	circā (+ Akk.), circum (+ Akk.) (K 26a)
Umgang	cōnsuētū́dō, -dinis (K 47a)
ich habe Umgang mit dir	mihi cōnsuētū́dō tēcum est (K 47a)
unbekannt	īgnōtus, -a, -um (K 47a)
unbescholten	integer, -egra, -um (K 17a)
und	et (K 2a), -que (K 59a)
unglücklich	miser, -a, -um (K 17a)
Unrecht	iniū́ria (K 22a)
unser	noster, -stra, -um (K 19a)
Untat	fácinus, facínŏris (K 41a)
untätig	ignā́vus, -a, -um (K 33a)
unter	sub (+ Abl./Akk.) (K 27a)
unter (= zwischen)	inter (+ Akk.) (K 34a)
untergehen	interī́re (K 72a)
unverletzt	integer, -egra, -um (K 17a)
Unwetter	tempéstās, -tā́tis (K 78a)
Ursache	causa (K 77a)
Ursprung	origō, -ginis (K 47a)
urteilen	iudicā́re (K 61a)
Vater	pater, -tris (K 39a) párēns, -réntis m. (K 65a)
Vaterland	pátria (K 8a)
Verbannter	éx(s)ul, éx(s)ulis (K 50a)
Verbannung	ex(s)ílium (K 50a)
Verbrechen	scelus, sceleris (K 42a)
Verbrechen	crīmen, -minis (K 48a)
etwas verdienen	dīgnum esse + Abl. (K 54a)
verehren	cólĕre, colō, cóluī (K 55a)
(ver)mindern	minū́ĕre, mínuō, mínuī (K 76a)
verneinen	negā́re (K 33a)
Vernunft	rátiō, -ṓnis (K 46a)
verschieden	várius, -a, -um (K 29a)
versprechen	spondḗre, spóndeō, spopóndī (K 73a)

Verstand	ánimus (K 18a), rátiō, -ṓnis (K 46a), mēns, mentis (K 65a)
versuchen	temptā́re (K 23a)
verteidigen	dēféndĕre, dēféndō, dēféndī (K 76a)
verurteilen	iudicā́re (K 61a)
verweigern	negā́re (K 33a)
verwüsten	vastā́re (K 6a)
viel (Adv.)	multum (K 19a)
viele	multī, -ae, -a (K 19a)
vier	quáttuor (48 a)
der vierte	quārtus, -a, -um (K 79a)
wie viele?	quot? (indekl.) (K 36a)
Volk	pópulus (K 21a), nā́tiō, -ṓnis (K 46a), gēns, gentis (K 65a)
(niederes) Volk	plēbs, plēbis (K 50a)
Volksstamm	nā́tiō, -ṓnis (K 46a), gēns, gentis (K 65a)
von – herab	de (+ Abl.) (K 25a)
von – weg	ab (ā) (+ Abl.) (K 25a)
vor	ante (+ Akk.) (K 26a), prō (+ Abl.) (K 25a)
Vorbild	exémplum (K 59a)
Vorfahren	maiṓrēs, -ṓrum (K 40a)
vorhaben	parā́re (K 6a)
vorlesen	recitā́re (K 4a)
vorn, von vorn	ā fronte (K 65a)
vornehm	nṓbilis, -le (K 70a)
Vorrat	cṓpia (K 18a)
vorwerfen: mir wird von dir vorgeworfen	crī́minī tibi sum (K 48a)
Vorwurf	crīmen, -minis (K 48a)
ich mache dir zum Vorwurf	crī́minī tibi dō (K 48a)
Vorzeichen	ōmen, -minis (K 48a)
Wächter	custōs, -tōdis (K 60a)
Waffen	arma, -ṓrum (K 30a)
wahr	vērus, -a, -um (K 20a)
während (Konjunktion)	dum (K 21a)
während (Präposition)	inter (+ Akk.) (K 34a)
Wald	silva (K 26a)
wann?	quandō? (K 36a)
warten	manḗre, máneō, mānsī (K 74a)
warum?	cūr? (K 4a)
was?	quid? (K 36a)
Wasser	aqua (K 58a)
zu Wasser und zu Land	terrā marī́que (K 63a)
Weg	via (K 7a), iter, itíneris (K 63a)
wegen	propter (+ Akk.) (K 53a)
weggehen	abīre (K 72a)
weh tun: mir tut der Fuß weh	pedem dóleō, pes mihi dolet (K 43a)
weil	quia (K 1a), quod (K 10a)
Wein	vīnum (K 27a)
weinen	flḗre (K 31a)
weit	longus, -a, -um (K 15a), vastus, -a, -um (K 40a)
welcher, ... (Relativpron.)	quī, ... (K 35a)
wenden	vértĕre, vertō, vertī (K 76a)
wenige	paucī, -ae, -a (K 20a)
wenn	sī (K 59a)
(immer) wenn	cum (K 15a)
wer?	quis? (K 36a)
Werk	opus, operis (K 42a)
wieder	rursus (K 18a)
wie groß?	quantus, -a, -um? (K 36a)
wie viele?	quot? (indekl.) (K 36a)
wiederholen	repétĕre, répetō, repetī́vī (K 55a)
Wind	ventus (K 19a)
wir, ...	nōs, ... (K 34a)
wissen	scī́re (K 52a)
Wissenschaft(en)	líttterae, -ā́rum (K 30a)
wo?	ubī (K 19a)
Wohnblock	īnsula (K 8a)
wollen	velle (K 77a)
Wort	verbum (K 14a)
Wunde	vulnus, vúlneris (K 42a)
wünschen	cúpĕre, cúpiō, cupī́vī (K 55a)
Würde	dī́gnitās, -tā́tis (K 78a)
würdig	dīgnus, -a, -um (+ Abl.) (K 54a)
wüst	vastus, -a, -um (K 40a)
Zahl	númerus (K 59a)
Zahn	dēns, dentis (K 65a)
zehn	decem (K 39a)
der zehnte	décimus, -a, -um (K 79a)
zeigen	mōnstrā́re (K 5a)
Zeit	tempus, -pŏris (K 41a), aetās, -tā́tis (K 44a), tempéstās, -tā́tis (K 78a)
freie Zeit	ōtium (K 28a)
Zeitalter	aetās, -tā́tis (K 44a)
zerstören	dēlḗre (K 31a)
Zirkus	circus (K 28a)
Zorn	īra (K 77a)
zu	ad (+ Akk.) (K 26a)
zudecken	operī́re, opériō, opéruī (K 51a)
zufrieden	conténtus, -a, -um (K 29a)
zugrunde gehen	perī́re (K 72a)
zulassen	sínĕre, sinō, sīvī (K 56a)
zurückfordern	repétĕre, répetō, repetī́vī (K 55a)
zurückkehren	redī́re (K 72a)
zusammenlaufen, zusammenstoßen	concúrrĕre, concúrrō, concúrrī (K 73a)
zwei	duo, duae, duo (K 60a)
der zweite	secúndus, -a, -um (K 79a)
zwischen	inter (+ Akk.) (K 34a)

Lateinisch-deutsches Wörterverzeichnis

Das Wörterverzeichnis enthält den gesamten Lernwortschatz von AUSPICIA I ohne die Eigennamen. Die Zahlen in Klammern geben das Kapitel an, in dem das betreffende Wort zum ersten Mal vorkommt und im Lernwortschatz aufgeführt ist.

ab (ā) (+ Abl.)	von – weg (K 25a)
abīre	weggehen (K 72a)
abstinḗre (+ Abl.)	sich fern halten (K 22a)
accéndĕre, accéndō, accéndī	anzünden (K 76a)
ācer, ācris, ācre	scharf, heftig (K 69a)
acquī́rĕre, acquī́rō, acquīsī́vī	erwerben (K 57a)
ad (+ Akk.)	zu, bei, an (K 26a)
adiŭvā́re, ádiŭvō, adiū́vī	helfen, erfreuen (K 75a)
aduléscēns, -céntis	der junge Mann (K 66a)
adversā́rius	der Gegner, Feind (K 23a)
áequor, áequŏris n.	das Meer, die Meeresoberfläche (K 40a)
āër, āëris m.	die Luft (K 39a)
aes, aeris n.	das Erz, Kupfer(geld) (K 68a)
aestimā́re	schätzen, glauben (K 56a)
aetās, -tā́tis	die Zeit, das Zeitalter (K 44a)
ager, agrī	der Acker, das Feld (K 13a)
agmen, -minis	die Schar, der Heereszug (K 48a)
agrícola	der Bauer (K 18a)
aliḗnus, -a, -um	fremd (K 20a)
álius, -a, -ud	ein anderer (K 23a)
álius ... álius	der eine ... der andere (K 23a)
altus, -a, -um	hoch, tief (K 62a)
amā́re	lieben (K 6a)
amī́ca	die Freundin (K 9a)
amī́cus	der Freund (K 10a)
amīcítia	die Freundschaft (K 34a)
amor, amṓris	die Liebe (K 38a)
ánimal, -ālis	das Lebewesen, Tier (K 63a)
ánimus	das Herz, der Mut, der Verstand, Sinn (K 18a)
annus	das Jahr (K 24a)
ante (+ Akk.)	vor (K 26a)
antíquus, -a, -um	alt (K 15a)
aperī́re, apériō, apéruī	öffnen (K 51a)
appellā́re	anreden, nennen (K 6a)
appétĕre, áppetō, appetī́vī	begehren (K 55a)
apud (+ Akk.)	bei (K 26a)
aqua	das Wasser (K 58a)
arbor, árbŏris f.	der Baum (K 40a)
arcḗre	abwehren (K 2a)
arcéssĕre, arcéssō, arcessī́vī	herbeiholen (K 55a)
arma, -ṓrum	die Waffen (K 30a)
ars, artis	die Kunst (K 66a)
as, assis m.	der As (K 68a)
asper, -a, -um	rau, hart, schroff (K 17a)

auctṓritās, -tā́tis	das Ansehen, der Einfluss (K 44a)
audāx, -dā́cis	kühn, tollkühn (K 71a)
audī́re	hören (K 51a)
aut	oder (K 9a)
autem (nachgestellt)	aber (K 28a)
auxílium	die Hilfe (K 22a)
beā́tus, -a, -um	glücklich (K 15a)
bellum	der Krieg (K 23a)
bḗstia	das (wilde) Tier (K 77a)
bonus, -a, -um	(sittlich) gut, tüchtig (K 15a)
brevis, -ve	kurz (K 69a)
caelum	der Himmel, das Klima (K 20a)
canis, ~	der Hund (K 67a)
cantā́re	singen (K 5a)
caput, cápitis	das Haupt, der Kopf, die Hauptstadt (K 63a)
carḗre (+ Abl.)	nicht haben, entbehren (K 22a)
carmen, -minis	das Lied, Gedicht (K 48a)
castra, -ṓrum	das Lager (K 30a)
causa	die Sache, Ursache, der Grund, Prozess (K 77a)
eā (hāc) dē causā	aus diesem Grund (K 77a)
céler, -leris, -lere	schnell (K 69a)
cēna	das Mahl, Essen (K 28a)
cēnsḗre	meinen, schätzen, mustern (K 61a)
cibus	die Speise (K 11a)
circā (+ Akk.)	um – herum (K 26a)
circum (+ Akk.)	um – herum (K 26a)
circus	der Zirkus (K 28a)
cī́vis, ~ m.	der Bürger (K 64a)
cī́vitās, -ā́tis	der Staat, die Bürgerschaft (K 44a)
clādes, -dis	die Niederlage (K 64a)
clāmā́re	schreien (K 5a)
clāmor, -mṓris	das Geschrei (K 38a)
clārus, -a, -um	hell, klar, berühmt (K 19a)
classis, ~	die Flotte, Abteilung (K 64a)
cōgitā́re (Akk.)	denken (an) (K 61a)
cólĕre, colō, cóluī	verehren, pflegen, bebauen (K 55a)
color, -lṓris	die Farbe (K 38a)
comes, cómitis	der Begleiter, Kamerad (K 43a)
complḗre	anfüllen (K 31a)
concórdia	die Eintracht (K 33a)
concúrrĕre, concúrrō, concúrrī	zusammenlaufen, zusammenstoßen (K 73a)
condíciō, -ciṓnis	die Bedingung, Lage (K 60a)
coniūnx, cóniŭgis	die Ehefrau, Gattin (K 50a)
conquī́rĕre, conquī́rō, conquīsī́vī	sammeln (K 57a)
cōnsílium	der Rat, Plan (K 59a)

cōnstat	es ist bekannt, steht fest (K 57a)
cōnsuētū́dō, -dinis	die Gewohnheit, der Umgang (K 47a)
mihi cōnsuētū́dō tēcum est	ich habe Umgang mit dir (K 47a)
cṓnsul, -lis	der Konsul (K 50a)
cōnsúlĕre, cṓnsulō, cōnsúluī (+ Akk.)	um Rat fragen, beraten;
(+ Dat.)	sorgen für (K 56a)
contentus, -a, -um	zufrieden (K 23a)
contrā (+ Akk.)	gegen (K 26a)
cṓpia	die Menge, der Vorrat (K 18a)
cṓpiae, -ā́rum	die Truppen (K 18a)
cor, cordis n.	das Herz (K 68a)
mihi cordī est	es liegt mir am Herzen (K 68a)
corpus, córpŏris	der Körper (K 41a)
crīmen, -minis	der Vorwurf, das Verbrechen (K 48a)
tibi crī́minī dō	ich mache dir zum Vorwurf (K 48a)
tibi crī́minī sum	mir wird von dir vorgeworfen (K 48a)
crūdḗlis, -le	grausam (K 69a)
culpa	die Schuld (K 58a)
cum (+ Abl.)	mit (K 25a)
cum (Konj.)	(immer) wenn, sooft (K 15a)
cunctī, -ae, -a	alle (K 23a)
cúpĕre, cúpiō, cupī́vī	wünschen (K 55a)
cupíditās, -tā́tis	die Begierde (K 44a)
cūr?	warum? (K 4a)
cūra	die Sorge (K 8a)
cūrā́re (+ Akk.)	(be)sorgen, sich kümmern um, pflegen (K 43a)
cúrrĕre, currō, cucúrrī	laufen (K 73a)
custōs, -tōdis	der Wächter (K 60a)
dăre, dō, dedī	geben (K 4a, K 73 a)
de (+ Abl.)	von – herab; über (K 25a)
dea	die Göttin (K 9a)
deus	der Gott (K 10a)
dēbḗre	schulden, müssen (K 2a)
non dēbḗre	nicht dürfen (K 2a)
dēbilitā́re	schwächen (K 33a)
decem	zehn (K 39a)
décimus, -a, -um	der zehnte (K 79a)
decus, décŏris	die Ehre, der Schmuck (K 41a)
dēféndĕre, dēféndō, dēféndī	verteidigen, abwehren (K 76a)
dēlectā́re	erfreuen (K 11a)
dēlḗre	zerstören (K 31a)
dēns, dentis	der Zahn (K 65a)
desérĕre, déserō, déseruī	im Stich lassen (K 57a)
dēsínĕre, dḗsinō, dḗsiī	ablassen, aufhören (K 56a)
dīcĕre, dīcō, dīxī	sagen (K 74a)
dictā́tor, -tṓris	der Diktator (K 37a)
difficilis, -le	schwer (zu tun), schwierig (K 69a)
dīgnitās, -tā́tis	die Würde (K 78a)
dīgnus, -a, -um (+ Abl.)	würdig (K 54a)
dīgnum esse + Abl.	etwas verdienen (K 54a)
dīrípĕre, dīrípiō, dīrípuī	plündern (K 55a)
dissérĕre, dísserō, disséruī	erörtern (K 57a)
diū	lange (Zeit) (K 58a)
dīves, -vitis	reich (K 71a)
divítiae, -ā́rum	der Reichtum (K 30a)
docḗre	lehren (K 61a)
dolḗre	Schmerz empfinden (K 3a)
dolor, -lṓris	der Schmerz (K 37a)
domī	zu Hause (K 24a)
dómina	die Herrin (K 9a)
dóminus	der Herr (K 10a)
dōnā́re	schenken (K 5a)
dōnum	das Geschenk (K 59a)
dū́cĕre, dūcō, dūxī	führen (K 74a)
dum	während (K 21a)
duo, duae, duo	zwei (K 60a)
dūrus, -a, -um	hart (K 54a)
dux, ducis	der Anführer, Feldherr (K 49a)
ego	ich (K 34a)
eques, équitis	der Reiter (K 43a)
equus	das Pferd (K 59a)
errā́re	irren (K 58a)
error, -rṓris	der Irrtum, die Irrfahrt (K 38a)
esse, sum, fuī	sein, existieren (K 16a, 32a)
et	und (K 2a)
étiam	auch (K 6a)
ex (ē) (+ Abl.)	aus (K 25a)
exaudī́re	erhören (K 51a)
exémplum	das Beispiel, Vorbild (K 59a)
exercḗre	üben (K 2a)
ex(s)ílium	die Verbannung (K 50a)
éx(s)ul, éx(s)ulis m.	der Verbannte (K 50a)
exī́re	heraus-, hinausgehen (K 72a)
expedī́re	frei machen, bereitmachen, mitteilen (K 53a)
expedī́tus mīles	ein kampfbereiter Soldat (K 53a)
explḗre	ausfüllen, erfüllen (K 31a)
expūgnā́re	erobern (K 31a)
exspectā́re	erwarten (K 12a)
extrā (+ Akk.)	außerhalb (K 27a)
fā́bula	die Sage, Erzählung, Geschichte (K 7a)
fácilis, -le	leicht (zu tun) (K 69a)
fácinus, facínŏris	die Tat, Untat (K 41a)
fāma	das Gerede, Gerücht, der Ruf, Ruhm (K 58a)
família	die Familie, Hausgemeinschaft (K 12a)
febris, ~	das Fieber (K 62a)
fēlīx, -lī́cis	glücklich (K 71a)
fḗmina	die Frau (K 7a)
fḗriae, -ā́rum	die Feiertage, Ferien (K 24a)
fī́lia	die Tochter (K 9a)
fī́lius	der Sohn (K 10a)
fīnī́re	beenden, begrenzen (K 52a)
fīnis, ~	das Ende, die Grenze (K 67a)
fīnēs, -ium	die Grenzen, das Gebiet (K 67a)

firmus, -a, -um	stark, tapfer (K 36a)
flḗre	(be)weinen (K 31a)
flūmen, -minis	der Fluss (K 48a)
foedus, foéderis	das Bündnis (K 42a)
fōns, fontis	die Quelle (K 65a)
fortis, -te	tapfer, stark (K 70a)
fortū́na	das Glück, Schicksal (K 29a)
fortū́nae, -ā́rum	der Besitz, das Hab und Gut, Glücksgüter (K 30a)
frāter, -tris	der Bruder (K 39a)
fraus, fraudis	der Betrug (K 45a)
frīgus, frīgŏris	die Kälte (K 41a)
frōns, frontis	die Stirn (K 65a)
ā fronte	vorn, von vorn
fuga	die Flucht (K 77a)
fugā salū́tem pétĕre	sein Heil in der Flucht suchen (K 77a)
fŭ́gĕre, fŭ́giō, fūgī (+ Akk.)	fliehen vor, entgehen (K 75a)
furor, -rōris	die Raserei (K 43a)
gēns, gentis	das Volk, der Volksstamm, die Sippe, die Familie (K 65a)
genus, géneris	das Geschlecht, die Familie (K 42a)
gladiā́tor, -tōris	der Gladiator (K 38a)
glṓria	der Ruhm (K 21a)
grā́tia	der Dank, die Gunst, das Ansehen (K 34a)
grātiam habḗre	Dank abstatten, danken (K 34a)
grātus, -a, -um	angenehm, dankbar (K 36a)
gravis, -ve	schwer (zu tragen) (K 69a)
grex, gregis	die Herde, Schar (K 49a)
habḗre	haben (K 2a)
hic, haec, hoc (Demonstrativpron.)	dieser (K 53a)
homō, -minis	der Mensch (K 47a)
honéstus, -a, -um	ehrenvoll, sittlich gut (K 35a)
honōs, -nṓris	die Ehre (K 40a)
hospes, hospitis	der Gast, Gastfreund (K 43a)
hostis, ~	der Feind (K 64a)
hūmā́nus, -a, -um	menschlich (K 23a)
iam	schon (K 52a)
ibī	dort (K 7a)
idṓnĕus, -a, -um	passend, geeignet (K 24a)
īgnā́vus, -a, -um	feig, untätig (K 33a)
īgnōtus, -a, -um	unbekannt (K 47a)
ignis, ~	das Feuer (K 67a)
īgnōrā́re	nicht wissen (K 56a)
ille, illa, illud (Demonstrativpron.)	jener (K 54a)
imā́gō, -ginis	das Bild (K 47a)
impedīméntum	das Hindernis, Gepäck (K 30a)
-ménta, -ṓrum	der Tross (K 39a)
impedī́re	hindern (K 53a)
imperā́re	befehlen (K 4a)
imperā́tor, -tṓris	der Befehlshaber, Feldherr, Kaiser (K 37a)
impérium	die Herrschaft, das Reich, der Befehl (K 14a)
implḗre	anfüllen (K 31a)
in (+ Abl. u. Akk.)	in, an, auf, nach (K 27a)
íncola	der Bewohner (K 18a)
incólĕre, íncolō, incóluī	bewohnen (K 55a)
incursā́re	angreifen (K 53a)
indústria	der Fleiß (K 13a)
ingēns, -gḗntis	gewaltig, heftig (K 71a)
iniū́ria	das Unrecht (K 22a)
inópia	die Not (K 23a)
īnsídiae, -ārum	der Hinterhalt, Überfall (K 30a)
īnsídiās parā́re	auflauern (K 30a)
īnsula	die Insel; der Wohnblock (K 8a)
íntegеr, -egra, -um	unbescholten, unverletzt, redlich (K 17a)
inter (+ Akk.)	zwischen, unter, während (K 34a)
interī́re	untergehen (K 72a)
interrogā́re	fragen (K 36a)
intrā (+ Akk.)	innerhalb (K 27a)
intrā́re	eintreten in, betreten (K 9a)
invītā́re	einladen (K 28a)
īra	der Zorn (K 77a)
īre	gehen (K 72a)
is, ea, id (Demonstrativpron.)	dieser (K 52a)
itaque	deshalb, daher (K 61a)
iter, itíneris	der Weg, Marsch, die Reise (K 63a)
iter magnum	der Eilmarsch (K 63a)
iubḗre, iúbeō, iussī (+ Akk.)	befehlen, beauftragen (K 74a)
iudicā́re	urteilen, verurteilen, meinen (K 61a)
iūs, iūris n.	das Recht (K 68a)
iūre	mit Recht (K 68a)
iūstus, -a, -um	gerecht (K 54a)
iŭvā́re, iŭvō, iūvī	helfen, erfreuen (K 75a)
iuvenis, ~	der junge Mann (K 67a)
iuventūs, -tū́tis	die Jugend (K 45a)
labor, -bṓris	die Arbeit, Mühe (K 37a)
labōrā́re	arbeiten;
+ Abl.	leiden an (K 6a)
lapis, -pidis	der Stein (K 67a)
latus, láteris	die Seite, Flanke (K 42a)
laudā́re	loben (K 4a)
laus, laudis	das Lob, der Ruhm (K 45a)
légiō, -ṓnis	die Legion (K 46a)
levis, -ve	leicht (zu tragen) (K 70a)
lex, legis	das Gesetz (K 49a)
liber, librī	das Buch (K 13a)
līber,-a, -um	frei (K 17a)
līberā́re	befreien (K 22a)
līberī, -ṓrum	die Kinder (K 12a)
lībértās, -tā́tis	die Freiheit (K 44a)
líttera	der Buchstabe (K 30a)
lítterae, -ā́rum	die Wissenschaft(en), der Brief (K 30a)
lŏcus	der Ort, die Stelle (K 24a)
lŏca, -ṓrum	die Orte, Plätze (im Gelände)
lŏcī, -ṓrum	die Stellen in Büchern
longus, -a, -um	lang, weit (K 15a)

lūdus	das Spiel, die Schule (K 28a)
lūx, lūcis	das Licht (K 49a)
prīmā lūce	bei Tagesanbruch, bei Morgengrauen (K 49a)
magíster, -ístrī	der Leiter, Lehrer (K 13a)
magnitū́dō, -dinis	die Größe (K 47a)
magnus,- a, -um	groß (K 15a)
maiṓrēs, -ṓrum	die Vorfahren (K 40a)
mālle	lieber wollen (K 78a)
malus, -a, -um	schlecht (K 15a)
manḗre, máneō, mānsī	bleiben, warten (K 74a)
mare, -ris	das Meer (K 63a)
mármor, mármŏris n.	der Marmor (K 40a)
māter, -tris	die Mutter (K 39a)
mē	mich (K 1a)
medicī́na	das Heilmittel (K 11a)
médicus	der Arzt (K 10a)
memória	die Erinnerung, das Gedächtnis (K 34a)
mēns, mentis	der Geist, Verstand (K 65a)
mēnsis, ~ m.	der Monat (K 68a)
meus, -a, -um	mein (K 19a)
mihi	mir (K 1a)
miles, mílitis	der Soldat (K 43a)
minŭ́ĕre, mínuō, mínuī	(ver)mindern (K 76a)
miser, -a, -um	arm, unglücklich (K 17a)
modus	das Maß. die Art und Weise (K 59a)
monḗre	mahnen (K 3a)
mōns, montis	der Berg (K 65a)
mōnstrā́re	zeigen (K 5a)
morbus	die Krankheit (K 11a)
mors, mortis	der Tod (K 66a)
mortā́lis, -le	sterblich (K 70a)
mórtuus, -a, .-um	tot (K 51a)
mōs, mṓris	die Sitte (K 40a)
mōres, mōrum	der Charakter (K 40a)
mŏvḗre, mṓveō, mōvī	bewegen (K 75 a)
múlier, -líeris	die Frau, Ehefrau (K 39a)
multī, -ae, -a	viele (K 19a)
multum	viel (Adv.) (K 19)
mūnī́re	befestigen (K 53a)
munus, múneris	das Amt, die Aufgabe; das Geschenk (K 42a)
mūrus	die Mauer (K 60a)
nam	denn, nämlich (K 3a)
narrā́re	erzählen (K 4a)
nātiō, -ṓnis	das Volk, der Volksstamm (K 46a)
nauta m.	der Seemann, Matrose (K 21a)
nāvis, ~	das Schiff (K 64a)
nāvis longa	das Kriegsschiff (K 64a)
necā́re	töten (K 53a)
negā́re	verneinen, verweigern (K 33a)
negōtium	das Geschäft, die Tätigkeit, Aufgabe (K 29a)
nescī́re	nicht wissen, nicht kennen (K 52a)
nṓbilis, -le	adelig, vornehm (K 70a)
nōbílitās, -tā́tis	der Adel, die Berühmtheit (K 44a)
nocḗre	schaden (K 19a)
nōlle	nicht wollen (K 78a)
nōmen, -minis	der Name (K 48a)
mihi nōmen ... est	ich heiße ... (K 48a)
nōn	nicht (K 1a)
nōndum	noch nicht (K 52a)
nōs	wir, uns (K 34a)
noster, -stra, -um	unser (K 19a)
nōtus, -a, -um	bekannt (K 20a)
novem	neun (K 39a)
nōnus, -a, -um	der neunte (K 79a)
novus, -a, -um	neu (K 20a)
nox, noctis	die Nacht (K 66a)
nocte, noctū	in der Nacht, nachts (K 66a)
númerus	die Zahl (K 59a)
numquam	niemals (K 29a)
nunc	jetzt (K 35a)
nūntiā́re	melden (K 58a)
nū́ntius	der Bote, die Nachricht (K 58a)
obtinḗre	festhalten, innehaben (K 32a)
octō	acht (K 39a)
octā́vus, -a, -um	der achte (K 79a)
óculus	das Auge (K 59a)
offéndĕre, offéndō, offéndī	angreifen (K 76a)
offícium	die Pflicht (K 31a)
ōlim	einst (K 32a)
ōmen, -minis	das Vorzeichen (K 48a)
omnis, -ne	all, ganz, jeder (K 70a)
operī́re, opériō, opéruī	zudecken (K 51a)
opiniō, -niṓnis	die Meinung (K 60a)
óppidum	die (befestigte) Siedlung, Stadt (K 26a)
oppūgnā́re	belagern, angreifen (K 31a)
opus, óperis	das Werk (K 42a)
ōrā́re	beten, bitten (K 5a)
ōrātiō, -ōnis	die Rede (K 46a)
ōrātiṓnem habḗre	eine Rede halten (K 46a)
ōrā́tor, -tṓris	der Redner (K 37a)
orbis, ~ m.	der Kreis (K 68a)
tōtus orbis terrā́rum	der ganze Erdkreis (K 68a)
ōrdō, -dinis	die Ordnung, Reihe(nfolge), der Stand (K 47a)
ōrdō senātṓrius	der Senatorenstand (K 47a)
origō, -ginis	der Anfang, Ursprung (K 47a)
ōrnā́re	schmücken (K 4a)
ōs, ōris	der Mund, die Mündung (K 63a)
ṓtium	die Ruhe, freie Zeit, Muße (K 28a)
pār, pāris	das Paar (K 63a)
parā́re	bereiten; sich anschicken, vorhaben, beabsichtigen (K 6a)
párēns, -réntis	der Vater, die Mutter (K 65a)
paréntes, -t(i)um	die Eltern (K 65a)
pārḗre	gehorchen (K 3a)

pars, partis	der Teil (K 66a)
parvus, -a, -um	klein (K 19a)
pater, -tris	der Vater (K 39a)
pátria	die Heimat, das Vaterland (K 8a)
patrícius, -a, -um	patrizisch; Patrizier (K 32a)
paucī, -ae, -a	wenige (K 20a)
pauper, -peris	arm (K 71a)
pāx, pācis	der Friede (K 49a)
pectus, péctŏris	die Brust (K 41a)
pecū́nia	das Geld (K 8a)
pedes, péditis	der Soldat zu Fuß, Infanterist (K 43a)
per (+ Akk.)	durch (K 27a)
perī́culum	die Gefahr (K 22a)
perī́re	zugrunde gehen (K 72a)
pes, pedis	der Fuß (K 43a)
pedem doleō, pes mihi dolet	mir tut der Fuß weh, ich habe Schmerzen am Fuß (K 43a)
pétĕre, petō, petī́vī	zu erreichen suchen (K 55a)
auxílium pétĕre	um Hilfe bitten (K 55a)
adversā́rium pétĕre	einen Gegner angreifen (K 55a)
píetās, -tā́tis	die Frömmigkeit, Redlichkeit, Achtung, das Pflichtbewusstsein (K 78a)
pīrā́ta m.	der Seeräuber (K 8a)
piscis, ~ m.	der Fisch (K 68a)
placḗre	gefallen (K 61a)
mihi placet	mir gefällt, ich beschließe (K 61a)
plēbḗius, -a, -um	aus dem niedrigen Volk stammend; Plebejer (K 32a)
plēbs, plēbis	die Plebs, das niedere Volk (K 50a)
poḗta	der Dichter (K 7a)
pōns, pontis	die Brücke (K 65a)
pópulus	das Volk (K 21a)
porta	das Tor, die Türe (K 51a)
portā́re	bringen (K 27a)
posse, possum	können, imstande sein (K 17a)
post (+ Akk.)	nach, hinter (K 26a)
postquam (+ Perfekt)	nachdem (K 54a)
praeclā́rus, -a, -um	herrlich, prächtig (K 35a)
praetor, -tṓris	der Prätor (K 37a)
prīmus, -a, -um	der erste (K 24a)
prō (+ Abl.)	vor; für; anstatt (K 25a)
probus, -a, -um	tüchtig, rechtschaffen (K 54a)
properā́re	eilen (K 26a)
propter (+ Akk.)	wegen (K 53a)
puélla	das Mädchen (K 7a)
puer, -i	der Knabe (K 12a)
pūgna	der Kampf, die Schlacht (K 31a)
pūgnā́re	kämpfen (K 31a)
pulcher, -chra, -um	schön (K 17a)
pulvis, -veris	der Staub (K 67a)
puppis, ~	das Hinterdeck, Schiff (K 62a)
putā́re	glauben, meinen (K 56a)
quaérĕre, quaerō, quaesī́vī	suchen, fragen (K 57a)
amī́cum quaérĕre	den Freund suchen
ex amī́cō quaérĕre	den Freund fragen
quaestor, -tṓris	der Quästor (K 37a)
quam	als (bei Steigerung) (K 78a)
quamquam	obwohl (K 69a)
quandō?	wann? (K 36a)
quantus, -a, -um?	wie groß? (K 36a)
quáttuor	vier (K 48a)
quārtus, -a, -um	der vierte (K 79a)
-que	und (K 59a)
quī, quae, quod (Rel.-Pron.)	der, welcher (K 35a)
quia	weil (K 1a)
quīnque	fünf (K 48a)
quīntus, a, -um	der fünfte (K 79a)
quis? quid? (Fragepron.)	wer? was? (K 36a)
quod	weil (K 10a)
quot? (indekl.)	wie viele? (K 36a)
rápĕre, rápiō, rápuī	rauben (K 55a)
rátiō, -ṓnis	der Verstand, die Vernunft, die Rechnung, die Art und Weise (K 46a)
recitā́re	vorlesen (K 4a)
redī́re	zurückkehren (K 72a)
régiō, -ṓnis	die Gegend (K 46a)
repétĕre, répetō, repetī́vī	zurückfordern, wiederholen (K 55a)
respondḗre, respóndeō, respóndī	antworten (K 73a)
rēx, rēgis	der König (K 49a)
rī́dēre, rī́deō, rīsī	lachen (K 74a)
rōbur, róbŏris	die Kraft; die Kerntruppe (K 41a)
rogā́re	fragen, bitten (K 36a)
rursus	wieder (K 18a)
sacer, -cra, -um	heilig, geweiht (K 17a)
sacérdōs, -dōtis	der Priester (K 60a)
saepe	oft (K 17a)
sāl, salis	das Salz (K 50a)
salī́re	springen (K 54a)
salūs, -lū́tis	die Rettung, das Heil (K 45a)
sānā́re	heilen (K 11a)
sanguis, -quinis	das Blut (K 67a)
scelus, scéleris	das Verbrechen (K 42a)
schola	die Schule (K 13a)
scī́re	wissen, kennen (K 52a)
secúndus, -a, -um	der zweite (K 79a)
sed	aber, sondern (K 5a)
semper	immer (K 13a)
senā́tor, -tṓris	der Senator (K 40a)
sentī́re, séntiō, sēnsī	fühlen (K 74a)
sepelī́re, sepéliō, sepelī́vī	bestatten (K 51a)
septem	sieben (K 39a)
séptimus, -a, -um	der siebte (K 79a)
sérĕre, serō, séruī	aneinander reihen (K 57a)

sermō, -ṓnis	die Sprache, das Gespräch (K 46a)
sermō pátrius	die Muttersprache (K 46a)
sermṓnem habḗre	ein Gespräch führen (K 46a)
servā́re	retten, bewahren (K 21a)
servī́re	dienen (K 52a)
servus	der Sklave (K 10a)
sex	sechs (K 48a)
sextus, -a, -um	der sechste (K 79a)
sī	wenn, falls (K 59a)
sīdus, sīderis	der Stern, das Sternbild (K 42a)
silva	der Wald (K 26a)
sine (+ Abl.)	ohne (K 25a)
sínĕre, sinō, sīvī	lassen, zulassen (K 56a)
sitis, ~	der Durst (K 62a)
sōl, sōlis	die Sonne (K 50a)
soror, -ṓris	die Schwester (K 39a)
sors, sortis	das Los, Schicksal (K 66a)
spectā́re	sehen, schauen (K 12a)
spoliā́re	rauben, berauben (K 22a)
spondḗre, spóndeō, spopóndī	versprechen, geloben (K 73a)
stāre, stō, stetī	stehen (K 73 a)
státua	die Statue (K 9a)
studḗre	streben, sich bemühen (K 3a)
stúdium	der Eifer, die Beschäftigung (K 14a)
sub (+ Abl. u. Akk.)	unter (K 27a)
superā́re	übertreffen, besiegen (K 23a)
sustinḗre	aus-, erhalten (K 32a)
suus, -a, -um	sein, ihr (K 19a)
tacḗre	schweigen (K 2a)
tamen	dennoch (K 20a)
tandem	endlich (K 18a)
tē	dich (K 1a)
tēctum	das Dach, das Haus (K 14a)
tempéstās, -tā́tis	das Unwetter, der Sturm; die Zeit (K 78a)
templum	der Tempel (K 14a)
temptā́re	versuchen, angreifen (K 23a)
tempus, témpŏris	die Zeit (K 41a)
tenḗre	halten, innehaben (K 32a)
terra	das Land, die Erde (K 8a)
terrā marī́que	zu Wasser und zu Land (K 63a)
terrḗre	(jem.) erschrecken(K 2a)
terror, -rṓris	der Schrecken (K 38a)
theā́trum	das Theater (K 14a)
tibi	dir (K 1a)
timḗre	(sich) fürchten (K 3a)
timor, -mōris	die Furcht (K 38a)
tōtus, -a, -um	ganz (K 24a)
trāns (+ Akk.)	über – hinüber, jenseits (K 27a)
trēs, tria	drei (K 70a)
tértius, -a, -um	der dritte (K 79a)

tū	du (K 34a)
tuus, -a, -um	dein (K 19a)
tum	da, dann, damals (K 12a)
turris, ~	der Turm (K 62a)
ubī	wo? (K 19a)
ubī́que	überall (K 35a)
ūnus, -a, -um (ūnī́us, ūnī)	eins, (ein, als) Einziger (K 54a)
urbs, urbis	die Stadt (K 66a)
ū́tilis, -le	nützlich (K 70a)
ūtílitās, -tā́tis	der Nutzen (K 45a)
uxor, uxṓris	die Gattin (K 39a)
vacā́re	leer sein, frei sein (K 22a)
várius, -a, -um	verschieden, mannigfaltig, bunt (K 29a)
vastā́re	verwüsten (K 6a)
vastus, -a, -um	wüst, weit (K 40a)
velle	wollen (K 77a)
vĕnī́re, vḗniō, vēnī	kommen (K 75a)
ventus	der Wind (K 19a)
vēr, vēris	der Frühling (K 63a)
verbum	das Wort (K 14a)
vértĕre, vertō, vertī	wenden (K 76a)
vērus, -a, -um	wahr, aufrichtig (K 20a)
vesper, -ī	der Abend(stern) (K 12a)
vésperī	am Abend (K 24a)
vetus, -teris	alt (K 71a)
vexā́re	quälen, heimsuchen (K 28a)
via	der Weg, die Straße (K 7a)
victor, -tṓris	der Sieger (K 38a)
victṓria	der Sieg (K 21a)
victṓriam reportā́re	den Sieg davontragen (K 35a)
vīcus	das (unbefestigte) Dorf (K 26a)
vidḗre, vídeō, vīdī	sehen (K 75a)
vīlla	das Haus, Landhaus (K 7a)
vĭncĕre, vĭncō, vīcī	siegen (K 75a)
vīnum	der Wein (K 27a)
vir, virī	der Mann (K 12a)
virtūs, -tū́tis	die Tugend, Tapferkeit, Leistung (K 45a)
vīs, vim, vī	die Gewalt, Kraft, Menge (K 62a)
vīrēs, -rium	die Kräfte, Streitkräfte (K 62a)
vīsitā́re	besuchen (K 11a)
vīta	das Leben (K 18a)
vīvus, -a, -um	lebend, zu Lebzeiten (K 54a)
vocā́re	rufen (K 5a)
volā́re	fliegen, eilen (K 27a)
vōs	ihr, euch (K 34a)
vester, -stra, -um	euer (K 19a)
vōx, vōcis	die Stimme (K 49a)
vulnus, vúlneris	die Wunde (K 42a)

Italia
Allobroges
Rhodanus
Ticinus
Padus
Padus
Dalmatia
Arnus
Lacus Trasimenus
Tiberis
Corsica
Mare Tyrrhenum
Mare Adriaticum
Roma
Ostia
Sardinia
Capua
Neapolis
Cannae
Brundisium
Tarentum
Sicilia
Mare Siculum
Carthago
Syracusae
0
100
200
300